> 罪種別・事例中心

現行犯人逮捕手続書
緊急逮捕手続書
被害届

作成ハンドブック

殿井 憲一 編著

立花書房

本書は時々・情勢の必要に応じ，内容を変更・追加等する場合があります。

はしがき

　警察官は，犯罪が発生したとき，迅速かつ適正な捜査を行い，犯人を検挙し，事件を検察官に送致する責務を負っている。このような捜査の過程において，警察官は，捜査結果を迅速に捜査書類としてまとめていかなければならない。そして，作成された捜査書類は，その後の捜査・公判において証拠として活用されることになる。
　したがって，捜査書類は，捜査や公判での判断の誤りを生じさせないよう，その記載内容には正確さが求められる。また，捜査書類は，捜査・公判の各段階において他の警察官，検察官，裁判官が読むものであるから，読み手にとって理解しやすいように作成しなければならない。つまり，捜査書類の作成に当たっては，「迅速さ」，「正確さ」，「分かりやすさ」の3点を十分に心掛けなければならないのである。

　ところが，ある程度の時間的余裕をもって作成できる捜査書類であればまだしも，捜査の初期段階の急を要する場面で作成しなければならない捜査書類では，そうもいかない場合がある。
　特に新人警察官や，警察官としての経験はある程度有しているものの捜査に関する経験の浅い警察官にとっては，焦りを感じながら作成しなければならないことも多い。また，日々発生する事件は多種多様であり，経験豊富な警察官であっても，経験したことのない事件を取り扱う場合には，参考となる記載例が欲しいと感じるのではないだろうか。

　本書は，このような悩みに対応すべく，現場の警察官が急を要する場面で手早く作成しなければならない捜査書類として，「現行犯人逮捕手続書（甲，乙及び簡易書式）」，「緊急逮捕手続書」，「被害届（別記様式第6号，万引き専用及び乗り物盗専用）」の3点に絞り，これらの捜査書類の作成に当たって理解しておくべき法律上の基本的事項や，実際に書類を作成する際の留意点を解説した上，罪種別に，多数の作成事例を収録したものである。

作成ハンドブックと銘打ったように，本書は手引書として活用されることを目指し，本文中の各項において作成事例を一覧表形式で表示したほか，巻末にも作成事例の索引を設け，参考記載例を引きやすくするといった工夫を加え，また，各作成事例の末尾には，「一口メモ」として，参考となる事項を付記した。執務机の片隅や備え付けの書棚等の身近な場所に置き，手軽に利用していただきたい。

本書が，多忙を極める第一線の警察官の，執務の参考となれば幸いである。

最後に，本書の出版に当たり，立花書房出版部馬場野武部長及び金山洋史氏には，企画，編集，校正等の各段階で大変なご尽力をいただいた。この場をお借りして，心より感謝申し上げる次第である。

平成28年7月

東京区検察庁刑事部長　　殿井　憲一
（地域・刑事実務研究会顧問）

目　次

はしがき

第1章　捜査書類作成上の留意事項 …………………………………… 1

1　捜査書類作成の目的 ……………………………………………… 1
2　捜査書類作成上の一般的留意事項 ……………………………… 1
3　捜査書類作成上の一般的要件 …………………………………… 3
4　捜査書類作成上の具体的留意事項 ……………………………… 6

第2章　現行犯人逮捕手続書（基本書式例・簡易書式例）……… 9

1　現行犯人の要件 …………………………………………………… 9
2　現行犯人に関する刑訴法上の条文の解説と
　　現行犯人認定上の留意点 ………………………………………… 13
3　具体的作成要領 ………………………………………………… 21

現行犯人逮捕手続書（甲）の作成事例 ……………………… 30

①「現に罪を行っている」現行犯人

(1)　公務執行妨害 …………………………………………… 35
(2)　公務執行妨害 …………………………………………… 37
(3)　公務執行妨害 …………………………………………… 39
(4)　公務執行妨害 …………………………………………… 41
(5)　公務執行妨害 …………………………………………… 43
(6)　公務執行妨害 …………………………………………… 45
(7)　住居侵入 ………………………………………………… 47
(8)　傷　害 …………………………………………………… 49
(9)　暴　行 …………………………………………………… 51
(10)　暴　行 …………………………………………………… 53
(11)　未成年者誘拐 …………………………………………… 55
(12)　窃盗（空き巣） ………………………………………… 57
(13)　窃盗（オートバイ盗） ………………………………… 59
(14)　窃盗（車上ねらい） …………………………………… 62
(15)　詐欺未遂 ………………………………………………… 65
(16)　恐　喝 …………………………………………………… 67
(17)　恐喝未遂 ………………………………………………… 69
(18)　公用文書毀棄 …………………………………………… 72
(19)　器物損壊（自動車のタイヤ） ………………………… 74
(20)　暴力行為等処罰に関する法律違反（数名共同して）… 76
(21)　覚醒剤取締法違反 ……………………………………… 78
(22)　覚醒剤取締法違反 ……………………………………… 80
(23)　覚醒剤取締法違反 ……………………………………… 82
(24)　銃砲刀剣類所持等取締法違反 ………………………… 85
(25)　軽犯罪法違反（侵入用具，軽微事件の現行犯人）… 87

2 「現に罪を行い終った」現行犯人

 (1) 公然わいせつ……………………………………………… 90
 (2) 強制わいせつ……………………………………………… 92
 (3) 強制わいせつ……………………………………………… 94
 (4) 殺　人……………………………………………………… 96
 (5) 傷　害……………………………………………………… 98
 (6) 傷　害……………………………………………………… 100
 (7) 傷　害……………………………………………………… 102
 (8) 傷　害……………………………………………………… 104
 (9) 傷　害……………………………………………………… 106
 (10) 監　禁……………………………………………………… 108
 (11) 窃盗（空き巣）…………………………………………… 110
 (12) 窃盗（電話機荒し）……………………………………… 112
 (13) 強　盗……………………………………………………… 114
 (14) 詐欺（クレジットカード）……………………………… 116
 (15) 恐喝未遂…………………………………………………… 119
 (16) 恐　喝……………………………………………………… 122
 (17) 器物損壊…………………………………………………… 124
 (18) 暴力行為等処罰に関する法律違反（示凶器脅迫）…… 126
 (19) 暴力行為等処罰に関する法律違反（持凶器傷害）…… 128
 (20) 暴力行為等処罰に関する法律違反（団体仮装）……… 131

3 準現行犯人

 〈追呼されているとき〉

 (1) 窃盗未遂（空き巣）……………………………………… 133
 (2) 恐　喝……………………………………………………… 135

 〈贓物を所持しているとき〉

 (3) 窃盗（居空き）…………………………………………… 137
 (4) 窃盗（置引き）…………………………………………… 139
 (5) 窃盗（ひったくり）……………………………………… 141
 (6) 窃盗（車上ねらい）……………………………………… 144
 (7) 窃盗（色情ねらい）……………………………………… 146
 (8) 強盗致傷（事後強盗）…………………………………… 148
 (9) 恐　喝……………………………………………………… 150

〈明らかに犯罪の用に供したと思われる凶器を所持しているとき〉

　(10)　傷　害……………………………………………………152
　(11)　過失運転致死等（ひき逃げ）………………………………154
　(12)　強盗（タクシー強盗）………………………………………156

〈明らかに犯罪の用に供したと思われるその他の物を所持しているとき〉

　(13)　窃盗（居空き）………………………………………………159
　(14)　公職選挙法違反（自由妨害）………………………………162

〈身体に犯罪の顕著な証跡があるとき〉

　(15)　強制性交等未遂………………………………………………164

〈被服に犯罪の顕著な証跡があるとき〉

　(16)　強盗致傷（コンビニ強盗）…………………………………167
　(17)　強制わいせつ…………………………………………………170
　(18)　傷　害…………………………………………………………173

〈誰何されて逃走しようとするとき〉

　(19)　詐欺（留守宅）………………………………………………175
　(20)　強制わいせつ…………………………………………………177

現行犯人逮捕手続書（乙）の作成事例 …………181

　(1)　住居侵入…………………………………………………………183
　(2)　住居侵入（のぞき目的）………………………………………185
　(3)　強制わいせつ……………………………………………………187
　(4)　強制わいせつ……………………………………………………189
　(5)　傷　害……………………………………………………………191
　(6)　傷　害……………………………………………………………193
　(7)　傷　害……………………………………………………………195
　(8)　傷害（逮捕者が負傷し緊急入院のため署名押印が不能）……198
　(9)　窃盗（空き巣）…………………………………………………201
　(10)　窃盗（車上ねらい）……………………………………………203
　(11)　窃盗（置引き）…………………………………………………206
　(12)　窃盗（色情ねらい）……………………………………………209
　(13)　窃盗（居空き）…………………………………………………211
　(14)　窃盗（自動販売機ねらい）……………………………………213

(15) 窃盗（ひったくり）……………………………………216
(16) 窃盗（仮睡者ねらい）…………………………………218
(17) 強盗（事後強盗）………………………………………221
(18) 強盗・銃刀法違反………………………………………224
(19) 詐欺（無銭）……………………………………………227
(20) 詐欺（無銭）……………………………………………230
(21) 迷惑防止条例違反（痴漢）……………………………233
(22) 迷惑防止条例違反（盗撮）……………………………236
(23) 迷惑防止条例違反（カメラの差し向け）……………239

現行犯人逮捕及び捜索差押手続書（(簡)様式第1号)の作成事例 …… 246

(1) 傷　害……………………………………………………247
(2) 傷　害……………………………………………………248
(3) 暴　行……………………………………………………249
(4) 窃盗（玄関荒し）………………………………………250
(5) 窃盗（自動車盗）………………………………………251
(6) 窃盗（オートバイ盗）…………………………………252
(7) 窃盗（万引き）…………………………………………253
(8) 詐欺（無銭）……………………………………………254
(9) 詐欺（無銭）……………………………………………255

〈軽微な現行犯人〉

(10) めい規法違反（警察官の制止に従わない）…………256
(11) 軽犯罪法違反（刃物）…………………………………257
(12) 軽犯罪法違反（侵入用具）……………………………258
(13) 軽犯罪法違反（はり札）………………………………259

現行犯人逮捕手続書（(簡)様式第3号)の作成事例 …………… 261

(1) 傷　害……………………………………………………262
(2) 暴　行……………………………………………………263
(3) 窃盗（車上ねらい）……………………………………264
(4) 窃盗（万引き）…………………………………………265
(5) 窃盗（さい銭ねらい）…………………………………266
(6) 窃盗（庭荒し）…………………………………………267
(7) 詐欺（無銭）……………………………………………268

第3章　緊急逮捕手続書（様式第15号） …… 269

1　緊急逮捕の合憲性 …………………………………… 269
2　緊急逮捕の要件 ……………………………………… 269
3　逮捕の手続 …………………………………………… 271
4　逮捕後の手続 ………………………………………… 271
5　刑法上の主な非緊急逮捕罪名 ……………………… 272
6　具体的作成要領 ……………………………………… 272

緊急逮捕手続書の作成事例 …………………………………… 275

(1)　強制わいせつ（逮捕状発付まで） ………………… 278
(2)　住居侵入，強制性交等 ……………………………… 281
(3)　強制性交等 …………………………………………… 284
(4)　殺　人 ………………………………………………… 287
(5)　傷　害 ………………………………………………… 290
(6)　傷　害 ………………………………………………… 293
(7)　傷　害 ………………………………………………… 296
(8)　傷　害 ………………………………………………… 300
(9)　傷　害 ………………………………………………… 303
(10)　逮捕監禁致傷（中国人同士） ……………………… 306
(11)　窃盗（空き巣） ……………………………………… 309
(12)　窃盗（空き巣） ……………………………………… 312
(13)　窃盗（出店荒し） …………………………………… 315
(14)　窃盗（出店荒し） …………………………………… 318
(15)　窃盗（出店荒し） …………………………………… 321
(16)　窃盗（事務所荒し） ………………………………… 324
(17)　窃盗（ひったくり） ………………………………… 327
(18)　窃盗（自動車盗） …………………………………… 330
(19)　窃盗（自動車盗） …………………………………… 333
(20)　窃盗（自動車盗） …………………………………… 336
(21)　窃盗（オートバイ盗） ……………………………… 339
(22)　窃盗（オートバイ盗） ……………………………… 342
(23)　窃盗（車上ねらい） ………………………………… 345
(24)　窃盗（置引き） ……………………………………… 348
(25)　窃盗（部品ねらい） ………………………………… 351

(26) 強盗（店舗強盗（コンビニ））……………………………354
(27) 強盗（金融機関（サラ金）強盗）……………………………357
(28) 詐欺（横取り）……………………………………………360
(29) 恐　喝………………………………………………………364
(30) 暴力行為（団体を仮装して）………………………………367

第4章 被 害 届 ………………………………………………… 370

1　被害届の意義及び重要性 ……………………………………… 370
2　被害届を受理するに当たっての留意事項 …………………… 370
3　被害届の受理要領 ……………………………………………… 371
4　被害届作成上の留意事項 ……………………………………… 372
5　被害届の具体的作成要領（別記様式第6号）……………… 373
6　被害届と被害者調書等との関係における留意事項 ………… 379

被害届の作成事例 ………………………………………………… 381

　　(1)　窃盗（空き巣）………………………………………… 385
　　(2)　窃盗（空き巣）………………………………………… 387
　　(3)　窃盗（空き巣）………………………………………… 389
　　(4)　窃盗（忍込み）………………………………………… 391
　　(5)　窃盗（忍込み）………………………………………… 393
　　(6)　窃盗（居空き）………………………………………… 395
　　(7)　窃盗（事務所荒し）…………………………………… 397
　　(8)　窃盗（事務所荒し）…………………………………… 400
　　(9)　窃盗（出店荒し）……………………………………… 402
　　(10)　窃盗（倉庫荒し）……………………………………… 404
　　(11)　Ⅰ.窃盗（自動車盗）…………………………………… 406
　　(12)　Ⅱ.窃盗（オートバイ盗）……………………………… 408
　　(13)　Ⅲ.窃盗（自転車盗）…………………………………… 409
　　(14)　Ⅳ.窃盗（乗り物盗その他）…………………………… 410
　　(15)　窃盗（万引き）………………………………………… 411
　　(16)　窃盗（万引き）………………………………………… 413
　　(17)　窃盗（万引き）………………………………………… 415
　　(18)　住居侵入（窃盗目的）………………………………… 417
　　(19)　住居侵入（のぞき）…………………………………… 419
　　(20)　詐欺（無銭）…………………………………………… 421
　　(21)　詐欺（無銭）…………………………………………… 423
　　(22)　詐欺（無銭）…………………………………………… 425
　　(23)　詐欺（留守宅）………………………………………… 427
　　(24)　恐　喝…………………………………………………… 429
　　(25)　放　火…………………………………………………… 431

⑯　放　　火……………………………………………………433
⑰　公務執行妨害………………………………………………435
⑱　公務執行妨害・傷害………………………………………437
⑲　暴　　行……………………………………………………439
㉚　暴　　行……………………………………………………441
㉛　傷　　害……………………………………………………443
㉜　傷　　害……………………………………………………445
㉝　傷　　害……………………………………………………447
㉞　傷　　害……………………………………………………449
㉟　傷　　害……………………………………………………451
㊱　脅　　迫……………………………………………………453
㊲　器物損壊……………………………………………………455
㊳　器物損壊……………………………………………………457
㊴　器物損壊……………………………………………………459
⑷　威力業務妨害………………………………………………461
⑸　迷惑防止条例違反（盗撮）………………………………463

「被害の模様」欄のみ

⑷　学校荒し……………………………………………………465
⑷　旅館荒し……………………………………………………465
⑷　病院荒し……………………………………………………466
⑷　給油所荒し…………………………………………………466
⑷　工場荒し……………………………………………………467
⑷　更衣室荒し…………………………………………………467
⑷　金庫破り……………………………………………………468
⑷　職権盗………………………………………………………468
⑸　さい銭ねらい………………………………………………469
⑸　部品ねらい…………………………………………………469
⑸　色情ねらい…………………………………………………470
⑸　非侵入盗その他（船上ねらい）…………………………470
⑸　車上ねらい…………………………………………………471
⑸　工事場ねらい（資材置き場荒し）………………………471
⑸　工事場ねらい………………………………………………472
⑸　玄関荒し……………………………………………………472
⑸　非侵入窃盗その他（庭荒し）……………………………473
⑸　非侵入窃盗その他（野荒し）……………………………473
⑹　ひったくり…………………………………………………474

(61) す　り……………………………………………………………474
(62) 仮睡者ねらい………………………………………………475
(63) 脱衣場ねらい………………………………………………475
(64) 非侵入窃盗その他（電話機荒し）………………………476
(65) 自動販売機ねらい…………………………………………476
(66) 非侵入窃盗その他（店舗荒し）…………………………477
(67) 置引き………………………………………………………477

各作成事例の一覧……………………………………………479

第1章 捜査書類作成上の留意事項

1 捜査書類作成の目的

　捜査とは，犯罪の嫌疑がある場合に，犯人を発見し，必要があればその身柄を確保し，その者に対する公訴の提起及び遂行のために必要な証拠を収集・確保する捜査機関の活動である。

　捜査書類は，このような捜査活動の過程において，捜査官が体験・認識したことを記録するとともに，捜査における処分や手続が適正になされたかどうかを証明するために作成するものである。

　そして，捜査書類は，他の捜査員や上司が読むなどしてその後の捜査に活用されたり，後に各種令状請求の際の疎明資料とされたりし，また，事件を検察官に送致した後は，起訴・不起訴の判断材料としての証拠とされ，起訴後は有罪・無罪の判断や量刑決定のための証拠として使用されるのである。

　したがって，警察官は，自らが作成する捜査書類が警察内部で使用されるにとどまらず，将来において検察官や裁判官の判断のための重要な資料（証拠）となることを十分に理解し，その判断に誤りを生じさせないよう，正確に，かつ，理解しやすく作成しなければならない。

2 捜査書類作成上の一般的留意事項

(1) **基本書式例等の規定により書式が定められている捜査書類は，その書式によって作成する。**

　捜査書類には，捜査報告書や答申書等のように書式が定められていないものと，基本書式例や簡易書式例のように書式が定められているものがあるが，書式の定められているものについては，その書式によって作成しなければならな

い。

　また，その内容については，法律によって記載要件が定められているものがあり，その要件を満たさないときは，訴訟法上の効力に影響を及ぼすものも少なくないことから，自由な形式で作成することは慎まなければならない。

　なお，書式例には，その欄外に関係法条及び記載上の注意事項が記載されているので，書類作成に当たっては，用いるべき書式をよく検討するとともに，注意事項をよく読んで誤りがないよう留意しなければならない。

⑵　常に目的を念頭に置いて作成する。

　捜査書類は，最終的には公判において立証のために使用されるものであり，それぞれ作成の目的があるので，作成に当たっては，その目的を常に念頭に置いて，この書類は何のために作成するのか，何の立証に使用されるのか，どこが重要なのかを十分に見極めて作成しなければならない。

⑶　できるだけ早い時期に作成する。

　人間は，誰しもが時間が経過するに従って記憶が薄れるので，正確な書類を作成するためには，できるだけ早い時期に作成する必要がある。

⑷　誇張したり美辞麗句を並べたりせず，事実をありのまま記載する。

　捜査書類は，その内容が真実であることが命であり，その信用性を保つための最大の要件である。

　したがって，捜査書類を作成するに当たっては，事実をありのまま記載し，決して，うそや誇張によって正当付けようとしたり，また美辞麗句を並べ立てたりしてはならない。

⑸　事情を知らない人が読んで理解できるよう，分かりやすく表現する。

　冒頭に記したように，捜査書類は，検察官や裁判官等の第三者に読ませるために作成するのであり，近時においては裁判員裁判も行われるようになったので，これまで以上に分かりやすく，全く事情を知らない人が読んでも十分に理解できるように作成しなければならない。そのためには，次の事項に注意しなければならない。

ア　平易な言葉ややさしい文字を用いること。古めかしい用語や分かりにくい言葉は使わない。
　　　例　手拳→拳骨　殴打→殴る　申し向け→言い　畏怖させ→怖がらせ
イ　人の名前や地名には独特な読み方をするものがあるので，読みにくい文字には振り仮名を付ける配慮をすること。
ウ　脅迫や侮辱的な言葉は，その状況を明確にする最大の方法であることから，その言葉が方言，隠語，外国語等であるときはそのまま記載し，その後にその言葉を分かりやすく説明しておくこと。
エ　捜査書類は，前述したように，第三者に読ませるために作成するのであるから，文字は丁寧・正確に記載すること。
オ　地名や人名等の固有名詞は，その性質上常用漢字によることはできないが，そのような例外を除き，常用漢字及び現代仮名遣いを用いること。

> 例　執拗→執よう　嘘→うそ　　　摑む→つかむ
> 　　激昂→激高　撫でる→なでる　揉む→もむ

(6)　句読点について

　公文書では，横書きの場合，句点は縦書きと同様に「。」（まる）を用いるが，読点は「，」（コンマ）使用し，「、」（てん）は使わない。実際に，中央官庁で作成する公文書では全て「，」を使用しており，裁判所や検察庁でも「，」を使用している。
　警察では，横書きの場合でも「、」を使う例が多いようであり，いずれを使用するかの判断と運用は読者にお任せするが，本書では「，」を使用することとしたい。

3　捜査書類作成上の一般的要件

(1)　作成年月日を記載すること（刑訴規則58条1項，犯罪捜査規範56条1項）

　作成年月日とは，捜査を行った日ではなく，現実にその書類を作成した日であるので留意する。

(2) 署名押印すること（刑訴規則58条1項，犯罪捜査規範56条1項）

　「署名」とは，作成者自身が自分の氏名を書くことであって，他人に書かせたり，ゴム印を押したりする場合等の「記名」とは異なる。

　「押印」とは，印章を押すことである。私人の場合には，押印することができないときは指印しなければならないが，公務員が書類を作成する場合には，原則として認印を使用することになっている。

(3) 所属官公署を表示すること（刑訴規則58条1項，犯罪捜査規範56条1項）

　例えば，「神奈川県川崎警察署　司法巡査　甲田　乙郎」などと記載する。

(4) 毎葉に契印すること（刑訴規則58条2項，犯罪捜査規範56条3項）

　捜査書類が2枚以上にわたった場合には，毎葉に契印しなければならない。

　これは，各葉が継続して1通の書類を形成することを証明するとともに，綴り合わせ書類が差し替えられたりしていないことを担保するものである。

　契印する場合には，書類を編てつした後，書類の中央部を縦に折り，その上部欄外の中央に両葉にまたがって押印するのが適当である。

(5) 文字を改変しないこと（刑訴規則59条，犯罪捜査規範57条）

　文字の改変とは，一旦書いた文字自体を他の文字に変更することで，例えば，日を月に直したり，3を8に直したりすることをいう。

　文字を改変することは，その書類の真実性や信用性を失うことであるから絶対にしてはならない。

(6) 文字を訂正する場合は，加除，訂正を行うこと（刑訴規則59条，犯罪捜査規範57条）

　一旦書いた文字は絶対に訂正してはならないということではなく，文字を加え，又は削るときは，その範囲を明らかにして，訂正した部分に押印しなければならない。ただし，削った部分は，これを読むことができるように字体を残さなければならない。

ア 文字を加える場合

　既存の文字の上側に，加えるべき文字を記載した上，加えるべき文字との間に後日文字を追加できる余白を残さないように挿入記号を付し，その起点に認印する。

```
          加える
  例　文字を⌒場合
```

イ 文字を削る場合

　削るべき文字を横に２本線で削除し，その削除した文字の前後に括弧を付して，後日既存の線を延長して文字の削除範囲を拡大することができないようにした上，文字を削除している線上の一箇所に認印する。削られる文字が複数行にわたる場合には，各行毎に括弧を付して認印する。

```
  例　文字を（削る）場合
```

ウ 文字の記載の誤りを正す場合

　削るべき文字を横に２本線で削除した上，その削除した文字の前後に括弧を付し，加えるべき文字を，削除した文字の上側に記載し，前記線上のいずれかの点を起点として，加えるべき文字との間に後日文字を追加できる余白を残さないように挿入記号を付し，その起点に認印する。

```
           正す
  例　文字を（削る）場合
```

(7) 余白又は空白には，斜線を引いて押印すること（犯罪捜査規範56条4項）

　これは，記載する事項がなかったことを明らかにすることと，作成後に文字を書き加えたりして信用性を損なうことのないようにするためである。

　斜線は余白又は空白の左上隅から右下隅に引き，その線上の中央部に作成者として用いた印章を押印する。

(8) 私人作成の捜査書類
　ア　作成年月日は必ず記載する。
　イ　押印は原則として印章を用いる。印章を持っていないなどの理由により押印できない場合は、指印によることが許されている。
　ウ　警察官が代書した場合には、代書した事項が本人の意思と相違しないことを確かめた上、「……依頼により代書した。」とか、「本人が右手を負傷し記載できないので代書した。」などと代書の理由を記載して当該警察官が署名押印しなければならない。
　エ　外国人に署名（サイン）をさせる場合には、その国の文字で署名させる。押印の慣習がない外国人に署名をさせる場合には、署名をさせれば足り、無理に押印又は指印させる必要はない。

4　捜査書類作成上の具体的留意事項

(1)　本　　　籍
　戸籍の所在する場所を正確に記載する。

　　外国人──国籍を記載する。

(2)　住　　　居
　住所又は居所を記載する。家があっても家出をしたり、寄り付いたりしない場合は住居不定であるが、本人が継続して住む意思があれば、例えば、バラック小屋や旅館の一室であっても、そこを住居と認めるべきである。
　「住居」とするか、「住居不定」とするかの認定は、住居の態様、例えば寮か、飯場か、あるいは宿泊所か、居住期間、住民登録の有無等居住自体の安定性、その者の地位、生活の安定状態等の諸事情から総合的に判断する。
　また、「住居不定」と「住居不詳」の違いは、「住居不定」が一定した住居が存在しないのに対し、「住居不詳」は住居の存否が明らかでない場合をいう。

　　外国人──本国の住居地を記載することなく、日本国内の住居を記載する。観光などの目的で入国し、日本国内に住居を構えていない短期滞在者について

は，日本における現在の宿泊先，止宿先を記載する。

(3) 職　　業

職業は，時として，その人の社会的信用性を判断する材料にもなるので，ある程度具体的に記載しておく必要がある。

会社員とか工員などと抽象的な書き方をせず，○○株式会社営業係，株式会社○○製作所工員などとできるだけ具体的に記載する。

また，○○屋との記載は好ましくないので，例えば，八百屋は青果商，魚屋は鮮魚商などと記載する。

無職の場合で元の職業が判明している場合は，元の職業も，無職と記載した次に括弧書きで記載しておく。例えば，無職（元鮮魚商）というように記載する。

外国人——日本国内における職業を記載する。日本国内に職業がない場合は，本国における職業を記載する。

(4) 氏　　名

戸籍に表示されている氏名を正確に記載する。本名以外に偽名，あだ名，通称，芸名，ペンネーム等の別名がある場合は，まず別名を記載してから本名を記載し，別名と本名の間に「こと」を入れる。例えば，ヤマちゃんこと山口一郎というように記載する。

氏名だけでは性別が分からないときは，氏名の次に括弧書きで性別を明らかにしておくとよい。例えば，山口薫（男）というように記載する。また，読みにくい氏名には，振り仮名を付けておくとともに，氏名不詳の場合は，人相，特徴等を記載する。

外国人——全国的に見れば都道府県警察ごとに多少の差異があると思われるが，概ね以下のとおりであり，姓と名等の間にスペースを入れ，次のように記載するのが基本である。

① 「漢字使用圏の外国人（中華人民共和国，大韓民国等）」
　　母国語読みを確認し，漢字名ことカタカナ名で記載する。
　　例：金　成潤ことキム　ソンユン

② 「在日外国人」

　漢字名を日本語読みにする者については，漢字表記のみで記載する。

　　例：金村　成一こと金　成潤

　　在日外国人であっても母国語読みが判明していれば，漢字名ことカタカナ名で記載する。

　　例：金村　成一こと金　成潤ことキム　ソンユン

③ 「上記以外の者」

　ファーストネーム，ミドルネーム，ラストネームの順で，カタカナで記載する。

(5)　年　　　齢

満年齢を記載する。「才」を用いないで「歳」と記載する。

　外国人──西暦で記載する。

(6)　数字の表現

数字を用いる場合には，算用数字を用いる。数字の桁の区切り方は3位区切りで，符号には「，」（コンマ）を用いる。ただし年号，電話番号等には，区切りの符号は付けない。

第2章
現行犯人逮捕手続書
（基本書式例・簡易書式例）

1 現行犯人の要件

(1) はじめに

　現行犯人逮捕手続書を作成するに当たっては，その前に，その者が現行犯人に当たるのかどうか，すなわち，現行犯人と認定するには，どんな要件（状況）が必要であるか，あるいはどんな点に留意して認定すべきかなどについて，しっかり理解しておかなければならない。そして，もしその者が現行犯人に該当すると認定した場合は，その旨を正しく現行犯人逮捕手続書に記載しなければならない。

　緊急逮捕すべきところを，現行犯逮捕に対する理解不足から現行犯人に該当すると判断して現行犯人逮捕手続書を作成したり，あるいは誰が判断してもその者は現行犯人に該当すると認定することができ，かつ，作成者もそのように認定したのにもかかわらず，作成者の現行犯人逮捕手続書に対する作成能力不足から，現実に作成された当該手続書の記載にその要件が具備されていなかったりする事例が見受けられる。それでは折角の現行犯逮捕が水泡となってしまうので，そのようなことにならないよう現行犯人について以下のことをしっかり理解する必要がある。

(2) 現行犯人・準現行犯人

　刑訴法は次の者を現行犯人又は準現行犯人として規定している。
　① 現に罪を行っている者（212条1項前段）
　② 現に罪を行い終わった者（212条1項後段）
　③ 罪を行い終わってから間がないと明らかに認められ，かつ，
　　○ 犯人として追呼されているとき

- ○ 贓物又は明らかに犯罪の用に供したと思われる凶器その他の物を所持しているとき
- ○ 身体又は被服に犯罪の顕著な証跡があるとき
- ○ 誰何されて逃走しようとするとき

という一定の状況下にある者（212条2項）

（以下、前記①と②を「狭義の現行犯人」、③を「準現行犯人」とし、①～③を単に「現行犯人」という。）。

また、同法213条は「現行犯人は、何人でも、逮捕状なくしてこれを逮捕することができる。」と規定しているところ、捜査機関に限らず私人であっても逮捕することができ、しかも、逮捕状なしで逮捕できるとしているのは、現行犯人は犯罪と犯人が明白であり、誤認逮捕の危険が少なく、速やかな逮捕の必要があるからである。令状主義の例外のひとつであり、無令状での逮捕が認められ、私人にも逮捕権が与えられている。

(3) 現行犯逮捕の具体的要件

現行犯逮捕が許されるのは、単に犯罪の嫌疑が十分であるというだけでなく、

---
① 犯人が特定の犯罪を行っていること（現に行い終わったこと、行い終わって間がないこと）が明らかであること
② 将来の事件や過去の事件でなく現在の事件であること

という要件（状況）が認められる場合に限られるのである。

すなわち、犯人を逮捕するに当たり、これが現行犯人といえるか否かは、

---
① 犯人による犯罪であることが明らかであるか（犯罪と犯人の外部的明白性）
② 犯行は逮捕者の目前で行われたか、少なくとも犯行後、時間的に接着したものであることが明らかであるか（現行性・時間的接着性の明白性）

の2つを確認できたか否かということである。この①と②の要件を欠くものは現行犯人とはいえず、したがって現行犯逮捕できない。

以上から、現行犯人逮捕手続書を作成するに当たっては、

- ○ 犯罪と犯人の外部的明白性（→後述(4)）

○　現行性・時間的接着性の明白性（→後述(5)）
○　現行犯人の要件及び現行犯人認定上の留意点（→後述**2**）

について理解する必要があるので，以下この点について説明する。

(4) 犯罪と犯人の外部的明白性
ア　犯罪と犯人の外部的明白性の認定

現行犯人といえるためには，前述したように，逮捕者において犯罪と犯人が外部的に明白でなければならない。

すなわち，逮捕者において，外見上その者が現行犯人であることを覚知できるものでなければならないのである。

したがって，被害者からの通報を受けた警察官が犯行を現認していない場合において，同警察官が現行犯逮捕するためには，単に被害者の申告のみによるのではなく，例えば，現場の状況，被害者の負傷状況，盗品の所持，目撃者の有無，被疑者の言動等の様々な要素を総合的に検討して，現行犯人といえるかどうかを検討する必要がある。

なお，被害者の申告のみによって現行犯逮捕した事案について，これを違法とした事例につき下記大阪高判昭33.2.28参照。

> **犯罪と犯人の外部的明白性が認められない事例**
>
> ●　犯人甲が被害者Ａと話し合っている間，その付近で待機していた警察官はその会話の内容を聞くことができず，また甲の態度，行動等からＡを恐喝した事実を覚知できなかった。しかし，警察官は，その場でＡから「甲に脅迫されて金銭を要求された」旨の申告を受けたので，その申告のみに基づいて甲を恐喝未遂の現行犯人として逮捕した。
>
> この事案に対して，大阪高判昭33.2.28は，現行犯人として逮捕し得るためには，現に罪を行い，又は現に罪を行い終わったものであることが，現場の状況等から逮捕者に直接覚知し得る場合でなければならないのであって，被害者の報告以外に外観上犯罪のあったことを直接覚知し得る状況がないから，これを現行犯人として逮捕したのは違法たるを免れないと判示している。

この事例において，
○　被害者Ａの顔面に恐怖の状況がみられ，おどおどしながら犯人甲に金

銭を渡していた
○ 犯人甲が被害者Aをにらみつけていた

などの状況が現認できていて，その状況が現行犯人逮捕手続書の「現行犯人と認めた理由」欄に記載され，被害者Aの申告以外に犯罪の行われたことが明白であったことが認められるなら，おそらく現行犯逮捕は認められたと考えられる。

もっとも，逮捕者が，現場の状況等から，被逮捕者が現に罪を行い，又は現に罪を行い終わったことを直接覚知しなかった場合であっても，これを直接覚知した被害者等の要求により，本来，逮捕権を行使し得るこの者に代わって現行犯逮捕することは許される。

なぜなら，この場合は，現行犯人の認定自体は犯行を直接目撃した被害者等によってなされており，警察官は，その認定に従って，その者に代わって逮捕権を行使するにすぎないと解されるのであって，警察官が被害者等の通報だけを資料として，自己が覚知しない現行犯人を現行犯人として認定したわけでないからである。

また，被害者からの通報等がない状況において，単なる不審者を職務質問したところ，直前に行った窃盗事件を自供したことから直ちに捜査した結果，自供どおりの犯罪事実が判明し，所持品が贓物であることが確認されたような場合（いわゆるたぐり捜査）は，いかに犯行後の時間的接着性があっても，準現行犯とは認められない（大阪地決昭33.10.6，東京地決昭42.11.9）。

イ 被害者たる私人が，犯罪と犯人が明白なものとして現行犯逮捕することが認められる範囲
(ア) 犯人と被害者とが引き続き犯行現場にいるとき
(イ) 被害者が犯人を犯行現場から継続して追呼（尾行も含む。）しているとき（一時的に見失っても，間もなく発見して継続して追呼していると認められる場合ならよい。）
(ウ) 犯人が逃走したとか，被害者が現場から離れた場合でも，準現行犯人の要件を満たしたとき

(5) 現行性・時間的接着性の明白性
現行犯人であると認定するためには，前述した犯罪と犯人の外部的明白性の

ほか，犯罪が現に行われたこと（現行性），あるいは犯行後時間的に接着したもの（時間的接着性）であることが明らかでなければならない。

ところで，実行行為終了時から逮捕までの時間経過がどの程度であれば時間的接着性が認められるのであろうか。これについては，実行行為終了後約30〜40分経過して逮捕した事案につき現に罪を行い終わった者に当たるとした事例（最決昭31.10.25）があり，また，実行行為終了後の1時間ないし1時間40分経過して逮捕した事案につき準現行犯に当たるとした事例（最決平8.1.29）がある。しかしながら，現に罪を行い終わった現行犯人といえるのか，準現行犯人と認め得るのかは，実行行為終了時と逮捕時の時間的接着性だけでなく，犯行現場と逮捕場所との場所的近接性や実行行為終了から逮捕までの経緯等の様々な要素をも考慮して決すべきものである。したがって，個別の具体的事案において，これらの事情を総合的に判断すべきであり，一般的に時間的接着性を数字で表すことは困難である。

2 現行犯人に関する刑訴法上の条文の解説と現行犯人認定上の留意点

(1) 「現に罪を行っている」現行犯人

犯罪の実行行為を行いつつある者をいう。

犯罪の実行に着手し，その行為が続いている者であることが必要である。継続犯については，犯罪が既遂に達した後にも実行行為が続いている限りこれに当たる。

> 「現に罪を行っている」と認められた事例
>
> ○ 犯人甲は，被害者Aに対し「今日の午後5時，JR新宿駅前の公衆電話ボックスのところまで，100万円持って来い。持って来ないと命は保障しない。」と脅迫した。Aは，この事実を警察に届け出て現金を用意して警察官とともにJR新宿駅前の公衆電話ボックスのところに行ったところ，甲が現れた。
> この事例の問題点は，Aが警察に届け出たときに甲の恐喝罪が未遂に終わったとみるかどうかである。もし終わったとみるなら，指定の場所に甲が現れたのは，既に恐喝未遂罪という犯罪を行い終わった者が現れたにすぎない。

しかし，一般に警察に届け出たというだけで恐喝罪が未遂として終了とはいえない。警察に届け出ても甲が指定の場所に現れた状態まで甲の恐喝罪の実行行為はなお継続しているとみるべきであり，実行行為が継続しつつある以上，甲は「現に罪を行っている者」である。

「現に罪を行っている」と認められない事例

● スリ甲が電車の中で視線を走らせて盗取の相手方を物色しているときは，まだ窃盗罪の実行行為に着手しているとはいえず，理論的には予備の段階である。しかし，刑法には窃盗予備の規定はないので，甲は「現に罪を行っている者」とはいえない（東京高判昭27.12.26）。

【認定上の留意点】
「現に罪を行っている」ことが現行犯人であることの最も顕著な場合であることから，認定上特に問題はない。

(2)「現に罪を行い終った」現行犯人
犯罪の実行行為を終了した直後の者，すなわち犯行の終了した瞬間ないしこれに引き続く極めて短時間内にある者をいう。

時間的段階における観念であって場所的観念でないから，たとえ犯行現場から多少異なった場所にいたとしても，これを現行犯人として取り扱い得る（福岡高判昭28.6.5）。

「現に罪を行い終った」と認められた事例

○ 暴行の犯行後30～40分経った後，現場から約20メートル隔てて発見された犯人は，「現に罪を行い終った」現行犯人といえる（最決昭31.10.25）。
○ 住居侵入の直後，急報に接して自転車で現場に駆け付け，住居侵入の現場から約30メートル離れた所にいる犯人を発見したときは，「現に罪を行い終った」者に当たる（最決昭33.6.4）。
○ 器物投棄等の電話申告により，直ちに犯行現場の喫茶店に行ってみると，同店内は額縁が壊れているなど乱雑になっており，犯人は屋外で「徹底的に

やってやる」とわめいていた。このような状況下における犯人は「現に罪を行い終った」者であることは明らかである（名古屋高判昭 24.12.27）。
○ 自転車盗の犯行を現認した A 女が犯人甲の居宅入口まで跡をつけ，甲がその居宅に贓品の自転車を持ち込んだことを見届け，時を移さず所轄警察署に届け出たので，警察官が直ちに甲方居室に赴いたときは，本件被害発生との時間的接着性との点から甲はまだ「現に罪を行い終った」者である（仙台高秋田支判昭 25.3.29）。

「現に罪を行い終った」と認められない事例

● 被害者が映画館の中で強制わいせつ行為をされたときから，警察官が映画館に急行し館内から出て来た犯人甲を被害者から指示されたときまでに，約 1 時間 5 分という時間が経過しており，甲は，犯行場所から移動しなかったとはいえ，警察官が到着するまでの経緯に加えて，約 1 時間 5 分が経過した以上，それはもはや犯行終了に密接する短い時間内にある犯人とはいえないので，甲を「現に罪を行い終った者」として現行犯人逮捕をすることはできない（大阪高判昭 40.11.8）。

【認定上の留意点】
① 時間的接着性があること。
　▶ 犯罪の実行行為が終了した直後であることを要し，罪を行い終わった瞬間からそれに引き続く罪を行い終わった直後のごく短時間の状態にある場合をいう。
② 場所的に近接していること。
　▶ 犯罪の現場又はその付近にいた者であること。
　▶ 場所的に多少離れてもよいが，その間の行動に中断があってはならない。
　▶ 犯人が犯行現場から移動していた場合，その経過を明らかにし，犯行現場と犯人との関連性を立証しなければならない。
③ 犯人であることの明白性があること。
　▶ 逮捕者が客観的にみて，その者の言動及び現場の状況等から犯人であることが認められるものでなければならない。
　▶ 犯人の言動，状況だけで認定できなくても，他のあらゆる資料を総合的に検討してその場で認定できるものであってもよい。
　▶ 明白性は，逮捕者が客観的に見た犯人の人相，服装及び言動等によって立証するものであるから，次のような点に特に配意すること。

- 手配の人相・着衣と犯人の人相・着衣とが類似しているか。
- 大声でわめいている,被害者と口論を続けているなどの具体的言動はないか。

⑶ 「準現行犯人」(罪を行い終わってから間がないと明らかに認められ,かつ刑訴法212条2項各号のひとつに該当する現行犯人)

① 狭義の現行犯人における「現に罪を行い終った」よりも時間的にゆるやかな概念で,犯行直後,すなわち犯行終了に接着した時間内に限るものではなく,時間的に近接しているだけで足りる(福岡高宮崎支判昭32.9.10)。

② 条文上は場所的制限がないが,時間的近接性が必要であることを前提とすると,その時間に対応した場所的近接性は考慮される必要がある。

③ 明白性は,狭義の現行犯人についての場合と同趣旨であるが,刑訴法212条2項各号のひとつに該当する事実が外部的に明白であれば,明白性の立証になることもある。

「罪を行い終ってから間がない」と認められた事例

○ 贓物である荷車を所持しているのを発見し,窃盗犯として逮捕しようとしたときは,窃取してから2時間10分後であることが明らかであるから準現行犯人といえる(広島高松江支判昭27.6.30)。

○ 犯行後1時間半を経過したところに犯行現場から200数十メートルしか離れていない地点で発見されたことなどの状況からみて,犯人は「罪を行い終って間がないと明らかに認められる」といえる(福岡高判昭29.5.9)。

○ 酒気帯び運転の際に交通事故を起こして自ら負傷した者について,病院搬送後の治療の後,飲酒検知等を行い,運転終了から約52分後に現行犯逮捕したときは,刑訴法212条2項3号の「身体又は被服に犯罪の顕著な証跡があるとき」の準現行犯人に当たる(名古屋高判平元.1.18)。

「罪を行い終ってから間がない」と認められない事例

● ボストンバッグを所持し周囲に注意しながら歩いているのを不審にいだき職務質問したところ,男は,ボストンバッグに入れていた銅線は職務質問される直前に窃取してきたものであることを自供したので,男を窃盗罪の現行

犯人として逮捕した事案について，東京地裁は，
- 準現行犯逮捕が許されるためには，原則として被疑者の挙動，証跡，その他の客観的状況（被害者等の事前通報を含む。）により，誰の目にも「罪を行い終ってから間がない」ことが明らかであることを要する
- いわば確認的な職務質問を行った場合は準現行犯人と認められる余地がある

としながらも，本件の場合，緊急逮捕によるものは格別，準現行犯逮捕は，たとえ客観的に犯行が直前に行われたものであっても，「罪を行い終って間がないと明らかに認められる」ものではないから，現行犯逮捕は違法であると判示した。

職務質問の結果，犯人の自供により犯罪と犯人及び時間的接着性が明らかとなっても，それは事後に明らかになったものであるから現行犯人，準現行犯人とは認められない（東京地決昭42.11.9）。

このような事案においては，前記裁判例も指摘するとおり緊急逮捕によることを検討すべきである。

【認定上の留意点】

① 罪を行い終わって間がないことが明らかであること。

不審者を交番等に同行した後に，取り調べたり，被害者に面通しをさせたりした上で犯人と認定したような場合は，現行犯人としての明白性を欠く場合が多い。

- ▶ 明白性というためには，その犯罪の発生を事前に認知している必要がある場合が多い。
- ▶ 逮捕者から見て，その者が犯人ではないかと認められる外見的状況がなければならない。

② 犯行現場からの行動に継続性があること。

- ▶ 逃走途中において犯人の行動に中断がある場合，例えば，自宅に立ち戻って着替えをしたりするなどの行動がある場合は，その間において誰かが監視しているなどの特殊事情がない限り，時間的に間がないものであっても，準現行犯に当たらない場合が多い。
- ▶ 自動車を窃取して逃走中の者を発見した場合には，犯行現場からの行動に継続性があれば，距離的に相当離れた場所であっても準現行犯人と認定できる場合がある。

なお，準現行犯人とするには疑義がある場合には，他の証拠等も考慮して，緊急逮捕や通常逮捕によることを検討すべきである。

ア 「犯人として追呼されているとき」(刑訴法212条2項1号)
　犯人であることを明確に認識している者により逮捕を前提とした追跡ないし呼号を受けている場合を意味し，一般的には
　　○　「泥棒，泥棒」と呼称して追跡しているとき
　　○　無言で追い掛けているとき
　　○　追跡はされていないが，逃げる犯人の後方から「泥棒，泥棒」と呼ばれているとき
　である。

「追呼」とは認められない事例

● 警察官は，被害者Aらから被害の申告を受け，Aらとともに現場付近に戻ったところ，付近にいた者らがAらに対し，犯人甲が犯行場所から約25メートル離れた喫茶店内に入った旨を告げたことから，Aらが同店に入り，甲を準現行犯人として逮捕した。なお，犯行後逮捕までの時間は約30分である。
　この事案について東京地決昭43.9.7は，第三者（付近にいた者ら）の追呼は，犯人が喫茶店に入る段階までのものであり，その時点において断絶していることから，断絶した後において，単に犯人が喫茶店に入ったという指示をしたのみでは「追呼」とはいえないとして，現行犯，準現行犯のいずれの逮捕も許されないと判断している。

【認定上の留意点】
① 「追呼」は，逮捕者以外の者が追呼している場合である。逮捕者が追跡して逮捕する場合は，この場合にいう追呼には当たらない。
② 「追呼」といえるためには，追呼の状態が継続していること。
　▶　途中で一時的に姿を見失った場合であっても，すぐ発見するなど，全体的にみて追呼の継続とみられる状況であればよい。しかし，追呼している者が姿を見失い，相当時間捜索した後に発見した場合は，追呼の継続とはみられない。
　▶　追呼者は必ずしも1人であることを要せず，数人がリレー式に追呼している場合であってもよい。
③ 次の場合は，「追呼」に当たる。
　▶　特定の犯罪の犯人として追跡，呼号されているということが，直接知ることができるとき。

> 　第三者には外見上明白ではないが，被害者が犯人を継続して尾行し，途中出会った警察官に被害状況を申告し，警察官が犯人を職務質問したところ，犯人が狼狽，あるいは謝罪するなどの状況のあるとき。
> 　被害者が犯行現場で犯人を注視しているとき。
> 　犯行現場において，被害者に事実を追及され，犯人が自認しているとき。

④　被害者が交番等でたまたま被疑者を発見して，犯人として指示しても「追呼」ではない。

⑤　パトロールカー等に乗車して捜索中，犯人を発見しても「追呼」ではない。

イ　「贓物又は明らかに犯罪の用に供したと思われる凶器その他の物を所持しているとき」（刑訴法212条2項2号）

(ア)　「贓物」

　　財産犯によって不法に領得されたもので，被害者が法律上それを追求することのできるものをいう。したがって，賭博の賭金や賄賂の金品等は贓物ではない。

(イ)　「凶器」

　　人を殺傷すべき特性を有する一切の物をいう。本来，人を殺傷する用途に製作された，いわゆる性質上の凶器のみならず，その用法によっては人を殺傷することができる，いわゆる用法上の凶器をも含む。しかし，人を殺傷できる物であっても，社会通念上危険を感じさせないような物はここにいう凶器ではない。

(ウ)　「その他の物」

　　贓物や凶器以外の物であって，犯人と思料すべき事情の存する物件の総称である。例えば，侵入盗に用いた合鍵やドライバー，各種偽造罪の偽造用具等である。

　　犯罪の用に供した物に限らず，犯罪を組成した物，犯罪から生じた物，犯罪から得た物を含む。

(エ)　「所持」

　　現実に身に付けたり，携帯したりしている場合や，現実に事実上の支配下にある場合のみを指し，自宅に保管しているなど，その支配力を及ぼし得る場所に置いてあるにすぎない場合は含まない。

> 「所持」とは認められない事例
>
> ● 男がネームの違うオーバーを入質に来ている，という連絡に接して入質者を職務質問し，男の自供により，オーバーは，入質5分前，質店から50メートル離れた場所において盗難被害に遭っている物と確認された事案について大阪地決昭33.10.6は，職務質問した際，相手方の所持する物が自供のみでなく，明らかに贓物であって，しかも犯行を行い終わって間がないとはっきりしていることが必要であり，本件のように，いわゆるたぐって初めて贓物であることが確認されたような場合は，いかに犯行後の時間的接着性があっても「所持」しているとは認められず，準現行犯とは認められないとしている。

【認定上の留意点】
① 現行犯人と認定したときに所持していればよく，逮捕する瞬間まで継続して所持している必要はない。
② 被害の急訴等により，事前に贓物等についての知識があって確認したような場合であっても，「所持」の認定に問題はない。
③ 交番等に同行した後，照会等で確認できたような場合には，「所持」には当たらない。

ウ 「身体又は被服に犯罪の顕著な証跡があるとき」(刑訴法212条2項3号)
　　例えば，殺人罪，傷害罪又は暴行罪が推認されるような衣服の破れや，被服に生々しい血痕が付着しているなどの状況があること，あるいは，放火犯人の手に石油が染み付いている場合などをいう。

【認定上の留意点】
　「犯罪の顕著な証跡があるとき」を認定するには，犯罪の顕著な証跡が，目撃者の証言，犯行現場などから明らかであることが必要であり，犯人の自供等により初めて犯罪と証跡の関係を確認したときは，「犯罪の顕著な証跡があるとき」とは認められず，準現行犯とは認められない。

エ 「誰何されて逃走しようとするとき」(刑訴法212条2項4号)
　　「誰か」と問うのが「誰何」であるが，そのほか，「どこへ行くのか」などと質問するのも「誰何」であり，単に「もしもし」と呼び掛けるだけでも「誰何」である。

「逃走しようとする」とは，逃走しようとする様子が認められる場合のことであるが，現実に逃走した場合も含む。

私人の「誰何」でもよいが，一般に警察官から「誰何」されながら，何の挨拶・返答もせず，突然逃げ出したような場合がこれに当たる。

なお，本号は，犯罪と犯人を結び付ける力が強いとはいえないので，1号から3号と比較して，犯罪との時間的接着性や場所的接着性は高度なものが必要である。

「誰何されて逃走しようとするとき」と認められた事例

犯罪の発生後直ちに現場に急行した警察官が，引き続き犯人を捜索し，犯行後40～50分経過した頃，現場から約1,100メートルの場所で，犯人と思われる者を懐中電灯で照らし，同人に向かって警笛を鳴らしたのに対し，相手方がこれによって警察官と知って逃走しようとしたときは，口頭で「誰か」と問わないまでも，「誰何されて逃走しようとするとき」に当たる（最決昭42.9.13）。

【認定上の留意点】
① 「誰何」の主体は何人でもよい。
② 他人に誰何されて逃走しようとするのを逮捕者が目撃した場合も，「誰何されて逃走しようとするとき」に当たる。
③ 「誰何」しなくても，警察官の姿を見ていきなり逃げ出した場合も，「誰何されて逃走しようとするとき」に当たる。
④ 交番に同行して取調べ中にいきなり逃走した場合などは，「誰何されて逃走しようとするとき」に当たらない。

3 具体的作成要領

(1) 現行犯人逮捕手続書（甲）（様式第17号）

本様式は，司法警察職員が，自ら現行犯人を逮捕した場合に，その逮捕者が作成する。

数名の警察官が協力して逮捕した場合は連名で作成してもよいが，この場合には協力，分担の状況を明らかにしておくとともに，必ず各人が署名する。

ア 「被疑者の住居,職業,氏名,年齢」欄

(ア) この欄は,被逮捕者の人定事項であるので,判明している事項を正確に記載する。

(イ) 弁解録取書を作成する段階や取調べの段階において,住居や氏名等が判明したり,また正しい住居や本名が判明した場合でも,既に記載してある手続書を書き改めたり,訂正したりすることなく,その経過を捜査報告書や供述調書によって明らかにしておくこと。

(ウ) 住居,職業,氏名,年齢が本人の自供だけで,自動車運転免許証やその他の身分証明書等身分を確認する物などを所持しておらず,また電話等で照会しても相手方が電話に出ないなど,供述の真偽に疑問があるときは,一応被疑者の供述する住居等を自称として,「自称」と冠してその住居等を記載する。

この場合,「住居」については被疑者の供述どおり居住しているか否かを早急に捜査し,その結果を捜査報告書等で明らかにしておくこと。

(エ) 面識のある者であっても,本人が黙秘するときは,「推定」と表示して被疑者の住居,氏名等を書き,その推定の経緯を別に捜査報告書で明らかにしておくこと。

(オ) なお,この欄の作成に当たっては,前記第1章「**4 捜査書類作成上の具体的留意事項**」(6頁)も参照されたい。

① 「住　　　居」

「住居」とは,住所と居所とを含む概念で,住所とは,人の生活の本拠をいい,居所とは,人の生活の本拠ではないが,多少の期間継続して居住する場所をいう。

したがって,生活の本拠とはいえないが,一定期間継続して滞在している場所があるときは,その場所が「住居」である。

被疑者の「住居」が不詳であるか,あるいは定まった「住居」があるか否かは,逮捕,勾留などの要件があるか否かに関連してくるので,この点について必ず確認すること。

定まった住居を有しているか否かの判断は,前記第1章「**4 捜査書類作成上の具体的留意事項**の(2)住居」(6頁)のとおり,総合的に判断して決定する。

したがって，簡易宿泊所等でも生活の本拠地としての安定性があれば「住居」といえるが，単なる止宿，投宿は「住居」とはいえない。

また，1週間くらい前まで親元に住んでいたが，以後サウナなどで夜を過ごしているような場合は，住居不定とし，親元の住所を括弧内に「元」と冠して記載する。ただし，家出中であっても，家出した期間が短期間であり，親元へ帰る意思があって，家族も迎え入れる意思があれば，親元の住居を「住居」とする。

住居が分からないときは，「不詳」とし，元の住居が判明しているときは「不詳」の次に，「元」と冠して判明している住居を括弧内に記載する。

② 「職　　　業」

この欄も住居と同様，被疑者を特定する一資料となると同時に，逃走のおそれの有無等を判断する資料となるので具体的に記載する。すなわち，単に会社員などと抽象的に記載せず，○○株式会社営業課長などと，ある程度具体的に記載する。

職業が分からない場合は「不詳」とし，無職者については無職と記載し，元の職業が分かれば，その次に，「元」と冠して判明している職業を括弧内に記載する。

③ 「氏　　　名」

戸籍上の氏名を正確に記載する。

通称名，偽名，芸名等がある場合は，△△こと○○○○と記載する。

黙秘をして被疑者の氏名が明らかでない場合は，他の者と区別できる程度に次のとおり記載する。

「不詳（黙秘）」と記載し，続いて次のような事項で特定する。

　　○　推定年齢，性別
　　○　身長，体格，顔型，髪型，あざなど個人特定に役立つ特徴
　　○　衣服の種類・色，履物の種別・色など
　　○　一見して推定できる風体
　　○　留置番号

また，黙秘しているが，以前逮捕されたことがあることから氏名等を把握していたり，あるいは所持している身分証明書等が本人のものと推定される場合は，「推定」と冠してその氏名を記載する。自称のみで確認でき

ない場合は，「自称」とし，人相，特徴等を記載する。

逮捕時に偽名を用いたため偽名を記載し，あるいは黙秘等のため「不詳」と記載したが，その後，本名が判明したときは，前述したように，既に作成済みの現行犯人逮捕手続書を作成し直すようなことをせず，捜査報告書や供述調書等によって本名が判明したことを明らかにしておくこと。

④ 「年　　齢」

この欄も住居，氏名等と同様，個人を特定する一資料であるので，生年月日を記載した上，満年齢を括弧内に記載する。

イ 「逮捕の年月日時」欄

この欄は，送致の時間的制限の記載となるので，被疑者を現実に逮捕者の実力支配下に置いた時刻を正確に記載する。なるべく「○分頃」という「頃」の記載は避ける。ただし，群衆犯罪事件の場合のように，時間の特定が困難であるときや時計を見ることができなかったようなときは，無理せず「○分頃」と記載する。

ウ 「逮捕の場所」欄

逮捕に着手した場所でなく，逮捕行為を完了した場所，すなわち逮捕者の実力支配下に置いた場所を記載する。番地だけでなく，できる限り不動建物など場所が特定できるように記載する。

エ 「現行犯人と認めた理由及び事実の要旨」欄

㋐ 現行犯人と認めた理由について

この欄は，当該逮捕手続書の中心となる最も重要なところである。すなわち，その逮捕が現行犯人の要件を具備していて適法になされたものであることを明らかにするための欄であり，その記載内容は，当該犯罪事実を直接立証する資料となるのである。

したがって，現行犯又は準現行犯としての要件を具備するように，具体的かつ詳細に記載しなければならない。

また，逮捕に関与した者が複数名いる場合，当該逮捕手続書を読んだ者が正確に理解できるように，誰がどのような経緯で何を覚知・認識したのか，逮捕に至るまでの間に誰がどのような行為を担ったのかが分かるようにしておく必要がある。そのためには，単に「本職らは」と記載するのではなく，「本職（○○巡査部長）は」と記載したり，「○○巡査部長は」と

記載したりして，行為の主体を明らかにしておかなければならない。
　なお，いかなる犯罪の現行犯人として認めるに至ったかの理由が明確に記載されている場合には，「事実の要旨」を重複して記載する必要はない。
(イ)　事実の要旨について
　事実の要旨を記載するに当たっては，六何の原則（八何の原則）を念頭に置きながら，特定の犯罪構成要件に該当する全ての事実を具体的に記載することが必要である。
　捜査の初期の段階で余事記載を気にする必要はないが，構成要件に該当する事実以外の事柄を書きすぎると分かりにくくなるので，記載しない方がよい場合が多い。
　例えば

> 　被疑者は，平成○年○月○日午後11時00分頃，東京都渋谷区幡ヶ谷1丁目2番3号スナック葵こと青井京子方において，日頃から口が悪くささいなことで因縁をつけるため同店従業員ミキこと高橋美紀子（当時20歳）からいやな顔をされたことや同人がテーブルにビール瓶を強く置いたことに憤慨し，「ちゃんと置けよ。注意しろ。」などと怒鳴りながら，いきなりそばにあったコップ及び鉄製灰皿を同人の顔面に投げつけ，よって，同人に対し，前額部裂創等の傷害を負わせたものである。

という事実の要旨のうち，＿＿＿＿の部分は，被疑者と被害者の関係，犯行に至る経緯，犯行の動機及び原因等を表すもので，事案全般の概要を知る上では大切な部分といえる。しかし，被疑者が憤慨した理由や被害者を怒鳴るなどの言動があったことは，傷害罪や暴行罪の構成要件に該当する事実ではなく，その他の部分の「00分」や「青井京子方」などは，そもそも記載不要なものである。そして，これらの記載は，事実を端的に理解するのを妨げている。
　そこで，それらの部分を══════で削除しつつ，不足の部分を＿＿＿＿で補うと次のとおりとなる。

> 　被疑者は，平成○年○月○日午後11時~~00分~~頃，東京都渋谷区幡ヶ谷1丁目2番3号スナック葵~~こと青井京子方~~において，~~日頃から目が悪くささいなことで因縁をつけるため~~同店従業員~~ミキこと~~高橋美紀子（当時20歳）に対し，その顔面に~~からいやな顔をされたことや同人がテーブルにビール瓶を強く置いたことに憤慨し，「ちゃんと置けよ。注意しろ。」などと怒鳴りながら，いきなりそばにあった~~ガラス製コップ及び鉄製灰皿を~~同人の顔面に~~投げつけ，よって，同人に~~対し，~~前額部裂創等の傷害を負わせたものである。

　このままの表示だと分かりにくいので，前記の削除部分と補充部分を整理したものが，次に掲げる事実の要旨である。

> 　被疑者は，平成○年○月○日午後11時頃，東京都渋谷区幡ヶ谷1丁目2番3号スナック葵において，同店従業員高橋美紀子（当時20歳）に対し，その顔面にガラス製コップ及び鉄製灰皿を投げつけ，よって，同人に前額部裂創等の傷害を負わせたものである。

　この事実の要旨は，六何の原則「①誰が（犯罪の主体），②いつ（犯罪の日時），③どこで（犯罪の場所），④誰に，何に（犯罪の客体），⑤どのような方法で（犯罪の手段・方法），⑥何をしたか，どうなったか（犯罪の行為と結果）」に従って記載され，傷害罪の構成要件に該当する事実が全て盛り込まれており，これで十分である（傷害の程度（全治期間や加療期間）を記載していないのは，現行犯逮捕や緊急逮捕の時点では不明であることが多いからであり，判明していれば記載する。）。

　検察官が逮捕状請求や勾留請求の際に記載する被疑事実や起訴状に記載する公訴事実は概ねこの程度であり，犯罪構成要件に該当する事実以外の事実は原則として記載していない。

　また，裁判員裁判が施行されたのを契機に，裁判所や検察庁では，分かりやすい表記を採用することとなり，古めかしい言い回しや一般的でない言葉は使用しないようになった。現在では，例えば，「〜しようと企て」

は「〜しようと考え」,「架電する」は「電話をかける」,「所有にかかる」は「所有の」,「管理にかかる」は「管理の」,「手拳で殴打」は「拳骨で殴る」,「その反抗を抑圧して強いて同人と性交をし」は「その反抗を著しく困難にして同人と性交をし」などと表記している。

　なお,後掲の作成事例のうち,現行犯人逮捕手続書(乙)(181頁〜241頁)及び緊急逮捕手続書(275頁〜369頁)には事実の要旨を記載してあるので,犯罪事実の記載例としても活用されたい。

(ウ) 「現に罪を行っている者」を逮捕した場合

　逮捕者が現認しているのであるから,見たままの状況,すなわち被疑者が現に犯罪を実行中であったことを明確に記載する。

(エ) 「現に罪を行い終った者」を逮捕した場合

　犯罪行為が終了した直後又は極めて近接した時間内であることなどを記載するが,具体的には,犯行との時間的(場所的)接着性に配意する。

　また,前述したように,時間的接着性のほか,犯罪と犯人の外部的明白性についての配意を忘れてはならない。

(オ) 「準現行犯人」を逮捕した場合

　次のことを明らかにする。
　　○　被疑者が特定の犯罪を行い終わってから間がないと明らかに認められること。
　　○　被疑者が刑訴法212条2項各号のいずれかに該当すること。
　　○　現場の状況等から逮捕者に,被疑者が特定の犯罪を行ったことが直接覚知し得ること,すなわち犯罪と犯人の外部的明白性があること。

　この欄の見出しとして,「及び事実の要旨」とあるが,いかなる犯罪の現行犯人として認めるに至った理由が明確に表現されていれば,「事実の要旨」を重複して記載する必要はない。

　なお,この欄の記載に当たっては,前記「**1　現行犯人の要件**」,「**2　現行犯人に関する刑訴法上の条文の解説と現行犯人認定上の留意点**」(9頁及び13頁)を参照されたい。

オ　「逮捕時の状況」欄

　この欄は,留置の要否の判断,更には勾留の必要性の判断上,極めて重要であることから,具体的に記載する。

被疑者を逮捕する際における被疑者の言動，行動，態度等を記載する。特に暴行・脅迫等による抵抗，逃走のおそれ，罪証隠滅のおそれに関係のある言動等があった場合は具体的に記載する。

　また，事実の認否に関する言動があったときには，それも記載しておくこと。これは，後に被疑者が認否を変更した場合に，逮捕時の認否に関する言動を知る上で有用だからである。

　逮捕者が2名以上の場合は，各逮捕者の逮捕時の状況を明らかにする。また，第三者に協力を求めた事実があれば，その点も具体的に記載する。

　なお，軽微な事件は，①犯人の住居若しくは氏名が明らかでない場合，②犯人が逃亡するおそれがある場合のほかは現行犯人として逮捕できない（刑訴法217条）ので，犯人の住居若しくは氏名が明らかでないこと，又は逃亡のおそれがあることをこの欄に記載する。

カ　「証拠資料の有無」欄

　逮捕した際に得られた証拠資料を記載する。都道府県警察によっては，証拠物に限って「あり」とするところもあるが，逮捕時に得られた目撃者等まで含んで「あり」とするところもある。

　この欄で注意しなければならないのは，被疑者の犯行に関する一切の証拠資料を「あり」とするのではなく，前記したように，被疑者を逮捕した際に得られた証拠資料を対象とすることである。

キ　「引致」欄

　「引致」とは，逮捕した被疑者の身柄の措置を決定するため，その権限ある司法警察員の元に強制力を用いて被疑者を連行することをいう。

　司法巡査は，逮捕後の被疑者の身柄の措置を決定する権限がないから，逮捕したときは直ちに司法警察員に引致しなければならない（刑訴法202条）。

　ここにいう「直ちに」とは，速やかにより早く，「他の事務に優先して」と解され，通常は，逮捕の現場における所要の措置，例えば，逮捕の現場における捜索，差押え等の措置を執った後，直ちに被疑者を権限ある司法警察員の元に連行しなければならない。

　なお，司法巡査は，私人から現行犯人を受け取ったときは，速やかに司法警察員に引致しなければならない（刑訴法215条1項）とされており，

直ちに引致することを要求されていないが，これは，同条2項の手続を要するからである。

　司法警察員が自ら被疑者を逮捕した場合は，刑訴法上は引致の手続は不要であるが，被疑者の身柄の措置をより慎重に判断するため，より上級の司法警察員又は当該事件を最終的に処理するのに最も適した司法警察員に引致することは，実務上行われているところである。

　この欄の記載に当たっては，前記した「逮捕の年月日時」欄と矛盾しないように記載しなければならない。

ク 「備考」欄

　この欄には，特別の事情により引致が遅れたとき，その理由を記載する。

　例えば，逮捕の際に被疑者が怪我したため，引致の前に病院で治療する必要がある場合や，天災・事変・交通事故などのため引致に通常要する時間を著しく超えるような場合は特別の事情に当たるので，その理由をこの欄に記載する。

　例えば，警視庁大島警察署管内など島等で被疑者を現行犯逮捕し，東京地方検察庁の検察官に船舶等で身柄を送致する場合に，天候等の事情により，逮捕の時から48時間以内に送致の手続をとることができないときには，引致の奥書は通常どおり記載するが，その事由を疎明するために，「遅延事由報告書」（基本書式例第56号）を作成しておかなければならない。

　また，「上記引致の日」の次に逮捕者の氏名等を記載するが，作成者は，後日，証人として裁判所に召喚されることがあるので，名目だけの名前を連ねることは，厳に慎まなければならない。

ケ 「末尾余白」欄

　現行犯人逮捕手続書（甲）及び（乙）の末尾には，送致のための奥書を記載するための余白のほか，検察官が送致を受けた年月日を記載し記名押印することから，そのための余白を残しておかなければならず，余白がない場合には，次葉に何の記載もない継続用紙を付けて作成者の契印をしておかなければならない。

現行犯人逮捕手続書（甲）の作成事例

1 「現に罪を行っている」現行犯人

罪　名	事　例	参照頁
(1) 公務執行妨害	保護しようとした警察官に，無線受令機を奪い地面にたたきつけるなどの暴行（送致手続まで）	35頁
(2) 公務執行妨害	飲食店で暴れている男を制止しようとした警察官にその者が暴行	37頁
(3) 公務執行妨害	傷害罪で逮捕連行中の警察官にその者が暴行	39頁
(4) 公務執行妨害	強盗事件の緊急配備中，職務質問した警察官にその者が暴行	41頁
(5) 公務執行妨害	酒酔い運転の疑いで同行を求めた警察官にその者が暴行	43頁
(6) 公務執行妨害	めい規法違反で制止しようとした警察官にその者が暴行	45頁
(7) 住居侵入	アパートに侵入し，部屋のドア錠を破ろうとしている男を現認	47頁
(8) 傷　害	酒場内で暴力団員風の男が顔面から血を流している男性を殴ったのを現認	49頁
(9) 暴　行	スナック店内で暴力団員風の男が客の顔面を殴ったのを現認	51頁
(10) 暴　行	飲食店内で顔見知りの暴力団員が暴行に及んだのを現認	53頁
(11) 未成年者誘拐	110番指令により検索中，被害者の手を引いて歩いている被疑者を現認	55頁
(12) 窃　盗（空き巣）	110番により現場に急行し，犯行を現認	57頁
(13) 窃　盗（オートバイ盗）	通行人の訴え出により，現場で犯行を現認	59頁

	罪　名	事　例	参照頁
(14)	窃　盗 （車上ねらい）	目撃者の訴え出により，現場で犯行を現認	62頁
(15)	詐欺未遂	届出により銀行の窓口において盗難通帳で現金を払い戻そうとしている男を現認	65頁
(16)	恐　喝	警ら中，犯行を現認	67頁
(17)	恐喝未遂	被害者からの届出により張込み中，現金を受け取りに来た男を現認	69頁
(18)	公用文書毀棄	反則切符を作成，署名押印を求めたところ反則切符を破棄	72頁
(19)	器物損壊 （自動車のタイヤ）	多発したことから張込み中，犯行を現認	74頁
(20)	暴力行為等処罰に関する法律違反 （数名共同して）	警ら中，公園内で犯行を現認	76頁
(21)	覚醒剤取締法違反	窃盗事件で捜索中，白色粉末を発見，予試験して陽性	78頁
(22)	覚醒剤取締法違反	任意同行途中の交通事故の当事者が捨てた覚醒剤らしき物を予試験して陽性	80頁
(23)	覚醒剤取締法違反	外車を職務質問，交番で予試験して陽性	82頁
(24)	銃砲刀剣類所持等取締法違反	職務質問し，車内のカバンから拳銃を発見	85頁
(25)	軽犯罪法違反 （侵入用具，軽微事件の現行犯人）	職務質問し，カバン内に隠し持っていたガラス切り等を発見	87頁

2 「現に罪を行い終った」現行犯人

	罪　名	事　例	参照頁
(1)	公然わいせつ	犯行直後，被害者が現場で被疑者を指差す（釈放手続まで）	90頁
(2)	強制わいせつ	犯行直後，駅ホーム上で被害者が被疑者を訴える	92頁

(3)	強制わいせつ	犯行直後,被害者が犯行場所の草むらから飛び出した男を指差す	94頁
(4)	殺　人	犯行直後,現場である自宅で被疑者が認める	96頁
(5)	傷　害	警ら中,犯行直後の状態を現認	98頁
(6)	傷　害	犯行直後,現場のスナック店内で被害者が被疑者を訴える	100頁
(7)	傷　害	犯行直後,現場において被害者が被疑者を指差す	102頁
(8)	傷　害	犯行直後,被害者が現場付近を歩いている被疑者を指差す	104頁
(9)	傷　害	犯行直後,現場の被害者宅で被害者が被疑者を訴える	106頁
(10)	監　禁	片手錠の中国人が逃走直後近くの監禁場所へ案内し,同所にいた被疑者を指差す	108頁
(11)	窃　盗 （空き巣）	帰宅直後に犯行を目撃した被害者の訴え出を受け,被害者方に向かったところ,勝手口付近で被疑者を発見	110頁
(12)	窃　盗 （電話機荒し）	犯行直後,訴出人である目撃者が,現場付近で被疑者を指差す	112頁
(13)	強　盗	警ら中,犯行直後の状態を現認	114頁
(14)	詐　欺 （クレジットカード）	犯行直後,被欺罔者が現場付近で下2桁のナンバーが一致する車両の運転手を指差す	116頁
(15)	恐喝未遂	訴え出により犯行直後の状態を現認し,逃走した被疑者を追跡	119頁
(16)	恐　喝	犯行直後,訴え出により被害者と検索中,被害者が現場付近で被疑者を指差す	122頁
(17)	器物損壊	犯行直後,現場から飛び出して来た被疑者を追跡	124頁
(18)	暴力行為等処罰に関する法律違反 （示凶器脅迫）	犯行直後,現場のコンビニエンスストア店内で被害者が被疑者を訴える	126頁

	罪　名	事　例	参照頁
(19)	暴力行為等処罰に関する法律違反（持凶器傷害）	犯行直後，被害者を病院に搬送途中，被害者が現場付近で被疑者を指差す	128 頁
(20)	暴力行為等処罰に関する法律違反（団体仮装）	現場の酒場内で被害者が被疑者を訴える	131 頁

③ 準現行犯人

	罪　名	事　例	参照頁

〈追呼されているとき〉

	罪　名	事　例	参照頁
(1)	窃盗未遂（空き巣）	被害者に追い掛けられている被疑者を引き留めたところ，追いついた被害者が被疑者を指差す	133 頁
(2)	恐　喝	被疑者の後を無言で追い掛けていた被害者が偶然居合わせた警察官に訴え出る	135 頁

〈贓物を所持しているとき〉

	罪　名	事　例	参照頁
(3)	窃盗（居空き）	検索中，発見した似寄り人相の男がカバン内に贓物を所持	137 頁
(4)	窃盗（置引き）	検索中，発見した似寄り人相の男が贓物を所持	139 頁
(5)	窃盗（ひったくり）	ひったくった現金の費消が予想された場所で，ナンバー下2桁が一致するオートバイに乗った男がポケット内等に贓物を所持	141 頁
(6)	窃盗（車上ねらい）	目撃者等と検索中，目撃者が指差した男がジャンパーのポケットに贓物を所持	144 頁
(7)	窃盗（色情ねらい）	逃走方向を検索中，発見した不審な男がズボンのポケット内に贓物を所持	146 頁
(8)	強盗致傷（事後強盗）	被疑者を見失った現場付近を検索中，被害者が指差した男がカバン内に贓物を所持	148 頁
(9)	恐　喝	奪った現金の費消が予想されたためパチンコ店で被害者とともに被疑者を検索中，被害者が指差した男がハーフコートのポケット内に贓物を所持	150 頁

〈明らかに犯罪の用に供したと思われる凶器を所持しているとき〉

(10)	傷　害	検索中，発見した似寄り人相の男が，犯行に使用した棒を所持	152頁
(11)	過失運転致死等 （ひき逃げ）	検索中，発見した手配人相に酷似した男が，フロントガラス破損等，手配ナンバーの車両を運転	154頁
(12)	強　盗 （タクシー強盗）	検索中，発見した似寄り人相の男が，犯行に使用したカッターナイフを所持	156頁

〈明らかに犯罪の用に供したと思われるその他の物を所持しているとき〉

(13)	窃　盗 （居空き）	検索中，発見した似寄り人相の男が，犯行に使用したピッキング用具を所持	159頁
(14)	公職選挙法違反 （自由妨害）	検索中，発見した似寄り人相の男が，犯行に使用したマジックを所持	162頁

〈身体に犯罪の顕著な証跡があるとき〉

(15)	強制性交等未遂	逃走方向を検索中，発見した似寄り人相の男の右小指等に被害者にかまれた傷跡を認める	164頁

〈被服に犯罪の顕著な証跡があるとき〉

(16)	強盗致傷 （コンビニ強盗）	緊急配備検問中，逃走車両と下2桁のナンバーが一致するオートバイに乗車していた男のジャンパー右袖部分に生々しい血痕が付着	167頁
(17)	強制わいせつ	検索中，発見した似寄り人相の男のワイシャツに口紅が付着	170頁
(18)	傷　害	検索中，発見した似寄り人相の男の背広右袖に生々しい血痕が付着	173頁

〈誰何されて逃走しようとするとき〉

(19)	詐　欺 （留守宅）	検索中，発見した似寄り人相・服装の男に声を掛けたところ逃走	175頁
(20)	強制わいせつ	検索中，似寄り人相の男を発見したので背後から声を掛けたところ逃走しようとした	177頁

1 「現に罪を行っている」現行犯人

| (1) 公務執行妨害 | 保護しようとした警察官に，無線受令機を奪い地面にたたきつけるなどの暴行（送致手続まで） |

様式第17号（刑訴第212条，第213条，第216条，第202条，第203条，第217条）

現行犯人逮捕手続書（甲）
下記現行犯人を逮捕した手続は，次のとおりである。
記
1　被疑者の住居，職業，氏名，年齢
神奈川県川崎市川崎区川崎1丁目2番3号
無職（元土木作業員）
石川　光男
昭和〇年9月13日生（30歳）
2　逮捕の年月日時
平成 〇 年 7月 28日午後 9時 58分
3　逮捕の場所
東京都大田区西蒲田5丁目4番3号
そば店「松月庵」前路上
4　現行犯人と認めた理由及び事実の要旨
本日午後9時50分頃，本職が管内大田区西蒲田5丁目4番3号そば店「松月庵」前路上を警ら中，顔を真っ赤にして酒の臭いをプンプンさせ，酔っ払った年齢30歳くらい，身長約170センチメートル，体格ガッチリ，一見土木作業員風の男（被疑者）が，本職に近づいて来て，本職に対し，「お巡り，そんな所に立っていると邪魔なんだよ，あそこに止まっている車を取り締まれよ，ボサッとつっ立っているんじゃないよ。」などとからむので，本職は，被疑者に対し，駐車している車は違反でないことを説明するとともに，早く帰るように説得すると，被疑者は，「なにい，帰ろうと帰るまいと俺の勝手だ，お巡りにそんな事を言う権利があるのか。」などと，いきり立ち，今度は，大声で歌を歌ったり，騒いだりするので，その言動及び酔いの程度から，本人のために保護することが必

（注意）この手続書の末尾に，検察官が送致を受けた年月日時を記載し記名押印することができる余白を
　　　残しておくこと。

要と認め，無線受令機にて警ら用無線自動車の応援を求めたところ，それを聞いていた被疑者は，「お巡り，誰を呼ぶんだよ。」などと叫び，いきなり本職が右肩に掛けていた無線受令機を右手でむしり取ってその場にたたきつけ，更に本職の顔面を右拳骨で殴り，頭突きしたので，被疑者を公務執行妨害の現行犯人と認めた。

5　逮捕時の状況

　　本職は，公務執行妨害の現行犯人として逮捕すべく，被疑者の暴行を制止しながら「何をする。」と一喝すると，被疑者は，「何言ってんだ。」などとわめきながらなおも右拳骨で殴り掛かろうとしたので，その手をつかみ，その場に倒して逮捕した。

6　証拠資料の有無

　　あり

　　本職は，平成〇年7月28日午後10時25分，被疑者を警視庁蒲田警察署司法警察員に引致した。

　　　上記引致の日

　　　　　　　　　　　　　　　警視庁蒲田警察署

　　　　　　　　　　　　　　　　　　　司法警察員巡査部長　　上原　　正　㊞

　　本職は，平成〇年7月30日午前8時30分，被疑者を関係書類等とともに，東京地方検察庁　　　　検察官に送致する手続をした。

　　　上記送致の日

　　　　　　　　　　　　　　　警視庁蒲田警察署

　　　　　　　　　　　　　　　　　　　司法警察員警部補　　土川　一郎　㊞

一口メモ　本事案では，「4　現行犯人と認めた理由及び事実の要旨」欄において，いかなる犯罪の現行犯人と認めるに至ったかの理由が明確に記載されているので，「事実の要旨」を重ねて記載する必要はない。
　　　末尾の余白が少ない。このような場合は，検察庁での受理手続に使用するスペースに余裕がないので，念のため，継続用紙を付けて作成者が契印しておくとよい。前記第2章3(1)ケ「末尾余白」欄参照（29頁）。

1 「現に罪を行っている」現行犯人

| (2) 公務執行妨害 | 飲食店で暴れている男を制止しようとした警察官にその者が暴行 |

様式第17号（刑訴第212条，第213条，第216条，第202条，第203条，第217条）

現行犯人逮捕手続書（甲）
下記現行犯人を逮捕した手続は，次のとおりである。
記
1　被疑者の住居，職業，氏名，年齢 　　東京都三鷹市下連雀5丁目4番3号　五月荘 　　　　会社員（有限会社三鷹商事営業担当） 　　　　　小笠原　大蔵 　　　　　　昭和○年11月6日生（45歳）
2　逮捕の年月日時 　　平成○年　9月　1日午後　11時　15分
3　逮捕の場所 　　東京都新宿区歌舞伎町2丁目3番4号 　　　　大衆酒場「歌舞伎」店内
4　現行犯人と認めた理由及び事実の要旨 　　本日午後11時10分頃，本職が歌舞伎町交番で見張勤務中，「新宿区歌舞伎町2丁目3番4号大衆酒場『歌舞伎』店内で酔っ払いが暴れている。」との110番通報を無線受令機で傍受した。 　　本職は，直ちに前記大衆酒場「歌舞伎」に急行すると，同店内の中央付近で，年齢45～46歳くらい，身長約165センチメートル，小太り，黒色オープンシャツ，黒色半ズボンをはいた一見サラリーマン風の男（被疑者）が，年齢22～23歳くらい，一見工具風の男に対し，「おまえ，生意気に俺に意見するのか，偉そうに，この野郎。」などと大声で怒鳴りつけ，今にも殴りそうな勢いを示していた。 　　本職は，被疑者に対し，「乱暴はやめろ。」と警告したが，被疑者は本職をにらみつけ

（注意）この手続書の末尾に，検察官が送致を受けた年月日時を記載し記名押印することができる余白を残しておくこと。

ながら「ポリ公，引っ込んでいろ。おまえは関係ない。」とわめきながら右手を振り上げ，相手を殴ろうとするので，その手を押さえ制止した。

　すると被疑者は，「何するんだ。」と大声を上げながら，両手で本職の胸元をつかんで，後方へ強く押し，右拳骨で顔面めがけて殴り掛かり，さらに，大腿部を右足で蹴り上げたので，被疑者を公務執行妨害の現行犯人と認めた。

5　逮捕時の状況

　本職は，被疑者の両腕をつかんで逮捕する旨を告げたところ，被疑者は，「お巡り，余計なことをするんじゃないよ。」などとわめいて暴れ出したので，両手に手錠を掛けて逮捕した。

6　証拠資料の有無

　あり

　本職は，平成○年9月1日午後11時35分，被疑者を警視庁新宿警察署司法警察員に引致した。

　　上記引致の日

　　　　　　　　　　　　　　警視庁新宿警察署

　　　　　　　　　　　　　　　　司法警察員巡査部長　松永　亘　㊞

一口メモ　公務執行妨害の事案については，被疑者の言動及び実行行為等の犯行状況だけでなく，被害を受けた警察官の職務すなわち妨害された公務の内容がいかなるものであるかが分かるように記載すること。

第2章 現行犯人逮捕手続書(基本書式例・簡易書式例)

1 「現に罪を行っている」現行犯人

(3) 公務執行妨害	傷害罪で逮捕連行中の警察官にその者が暴行

様式第17号(刑訴第212条,第213条,第216条,第202条,第203条,第217条)

現行犯人逮捕手続書(甲)

下記現行犯人を逮捕した手続は,次のとおりである。

記

1 被疑者の住居,職業,氏名,年齢

東京都足立区西新井1丁目2番3号　若葉荘

無職(元鳶職)

小宮山　賢一

平成○年8月2月生(25歳)

2 逮捕の年月日時

平成 ○ 年　6月　10日午後　10時　25分

3 逮捕の場所

東京都港区新橋8丁目1番2号

警視庁愛宕警察署新橋駅前交番前路上

4 現行犯人と認めた理由及び事実の要旨

本日午後10時15分頃,本職が新橋駅前交番で見張勤務中,港区新橋8丁目7番6号山崎ビル2階酒場「樽」の店主鈴木勇が駆け込んで来て,「店で喧嘩しています,すぐ来てください。」と訴えたので,直ちに,訴出人を同道して約100メートル離れた現場に急行した。

現場である「樽」店内には4~5人の客がおり,カウンター前に年齢50歳くらい,紺色長袖シャツを着た一見会社員風の男(傷害の被害者)がうずくまり,顔面が血だらけで,両手で頭部を押さえており,その前に年齢25~26歳くらい,身長約175センチメートル,体格ガッチリで,一見暴力団員風の男(被疑者)が立っており,うずくまっている男に対し「偉そうに,余計なことを言うんじゃないよ。」などと怒鳴りながら,更に

(注意)この手続書の末尾に,検察官が送致を受けた年月日時を記載し記名押印することができる余白を残しておくこと。

右足で被害者の頭部付近を蹴り上げたので，本職は，被疑者を現に罪を行っている傷害の現行犯人として，午後10時20分，その場で逮捕し，新橋駅前交番へ連行を開始した。

連行中，被疑者は，「あの野郎。」などと怒鳴ったりしていたが，交番前まで来た時，被疑者は，やにわに「ポリ公，なぜ俺を交番まで連れて行くんだ。」などと怒鳴り出し，本職のつかんでいた右手を振り払い，本職の左顔面を右拳骨で殴り，さらに，右足で左大腿部を足蹴りしたので，被疑者を公務執行妨害の現行犯人と認めた。

5　逮捕時の状況

被疑者がなおも足蹴りしようとするので，本職は，それを制止したところ，やにわに逃走しようとしたので，被疑者の右腕をねじ上げ，両手に手錠を掛けて逮捕した。

6　証拠資料の有無

あり

本職は，平成○年6月10日午後10時50分，被疑者を警視庁愛宕警察署司法警察員に引致した。

上記引致の日

　　　　　　　　　　　　　警視庁愛宕警察署

　　　　　　　　　　　　　　　司法警察員巡査部長　広尾　清　㊞

一口メモ　逮捕時に有形力を行使した場合には，それが逮捕行為によるもので違法なものでないことを明らかにする意味でも，その状況を正確に記載しておく必要がある。

① 「現に罪を行っている」現行犯人

| (4) 公務執行妨害 | 強盗事件の緊急配備中，職務質問した警察官にその者が暴行 |

様式第17号（刑訴第212条，第213条，第216条，第202条，第203条，第217条）

現行犯人逮捕手続書（甲）

下記現行犯人を逮捕した手続は，次のとおりである。

記

1　被疑者の住居，職業，氏名，年齢

　　住居不詳（元東京都新宿区新宿1丁目2番3号）

　　　　無職（元自動車運転手）

　　　　　　早川　清雄

　　　　　　平成○年10月10日生（20歳）

2　逮捕の年月日時

　　平成 ○ 年　8月　25日午前　10時　32分

3　逮捕の場所

　　東京都新宿区四谷2丁目3番8号

　　　　楠ビル前路上

4　現行犯人と認めた理由及び事実の要旨

　　本職は，管内新宿区四谷1丁目2番3号佐藤酒店内において発生した強盗事件の緊急配備中の午前10時20分頃，同区四谷2丁目3番先路上を検索していたところ，強盗事件の犯人と酷似する年齢20歳くらい，身長約170センチメートル，白色オープンシャツ姿の一見暴力団員風の男（被疑者）が本職と視線が合うと，急に目をそらし慌てた様子で右側の路地に曲がろうとした。

　　本職は，不審と認め，直ちに追い掛け，職務質問をするため「もしもし」と声を掛けたが，被疑者が更に足早になったので，「お急ぎでしょうが，ちょっとお聞きしたいことがありますので。」と声を掛けると，被疑者は，本職に対し，「お巡り，何で付いて来るんだ。俺は何もしていない，しつこいぞ。」と言って，なおも止まろうとしなかったため，

（注意）この手続書の末尾に，検察官が送致を受けた年月日時を記載し記名押印することができる余白を残しておくこと。

同区四谷2丁目3番8号楠ビル前路上に至り、本職が被疑者の前に回り込んで、「これから何所へ行くのですか。」と言うと、被疑者は、「うるさいんだよ。」と怒鳴りながら、いきなり左右の拳骨で、本職の顔面を連続的に殴ってきた。

本職は、あまりの突然のことであり、避けることができず、まともに顔面を殴られ、その場に倒れてしまったが、被疑者は倒れた本職の腹部を更に足蹴りしたので、被疑者を公務執行妨害の現行犯人と認めた。

5 逮捕時の状況

本職は、すぐに立ち上がり、被疑者に対し、公務執行妨害罪で逮捕する旨を告げたところ、被疑者はやにわに逃走する気配を示したので、被疑者の右手をつかみ、両手に手錠を掛けて逮捕した。

6 証拠資料の有無

あり

本職は、平成○年8月25日午前11時、被疑者を警視庁四谷警察署司法警察員に引致した。

上記引致の日

警視庁四谷警察署

司法巡査　斉藤　吉一　㊞

一口メモ　本事案では引致時刻が「11時」となっているが「11時0分」でも「11時00分」でも誤りではない。パソコンで作成した場合には、「分」を削除して空白部分を詰めることも可能であり、要は正確に記載されており、後に改ざんできないような真正な記載であれば、いずれの記載方法でも差し支えない。他の部分の時刻でも同様である。

① 「現に罪を行っている」現行犯人

| (5) 公務執行妨害 | 酒酔い運転の疑いで同行を求めた警察官にその者が暴行 |

様式第17号（刑訴第212条，第213条，第216条，第202条，第203条，第217条）

現行犯人逮捕手続書（甲）
下記現行犯人を逮捕した手続は，次のとおりである。
記
1　被疑者の住居，職業，氏名，年齢
東京都台東区上野3丁目2番1号
左官見習い
海野　秀雄
平成〇年6月7日生（22歳）
2　逮捕の年月日時
平成 〇 年 5月 7日午後 7時 40分
3　逮捕の場所
東京都港区三田2丁目3番4号
山本ビル前路上
4　現行犯人と認めた理由及び事実の要旨
本職らは，本日午後7時30分頃，警ら用無線自動車（運転本職，補助川村巡査）に乗車し，管内港区三田1丁目2番先第一京浜国道を警ら中，同国道をJR品川駅方向からJR田町駅方向に向かい，前照灯をスモールにし，蛇行しながら走ってくる自家用普通乗用自動車を認めた。
本職らは，無免許運転又は酒酔い運転ではないかと思い，警ら用無線自動車を走行しながら同車の右側方に近づけ，助手席の川村巡査が「止まれ。」と叫びながら懐中電灯を振って停車の合図をした。運転者（被疑者）は川村巡査の方を見たが停車せず，そのまま々スピードを上げて，同方向に向かって走行したので，川村巡査が大声を上げて停止するよう命じたところ，約80メートル先の港区三田2丁目3番4号山本ビル前路上

（注意）この手続書の末尾に，検察官が送致を受けた年月日時を記載し記名押印することができる余白を残しておくこと。

で停車した。本職らは，被疑者に対し，自動車運転免許証の提示を求めたところ，被疑者は，素直に応じたが，被疑者の目は充血し，酒の臭いも著しかったので，酒酔い運転の疑いで交番まで同行を求めた。被疑者は，車から降りたが，また車内に入ろうとするので，被疑者の右肩に軽く手を掛けて引き止めると，被疑者は，「俺が何をしたというのだ。ポリ公，あまり威張るな。」などとからみ，同行に応じなかったため，更に説得したところ「お巡り，どうしても俺を連れて行こうとするんだ。俺は何もしてないのに。」と叫びながら，両手で川村巡査の胸元をつかんで強く押したり引いたりしながら，顔面めがけて唾を吐き，右足で本職の陰部を蹴り上げたので，被疑者を公務執行妨害の現行犯人と認めた。

5　逮捕時の状況

　本職は，直ちに被疑者の行為を制止し，逮捕しようとしたところ，被疑者は「ちょっとぐらい酒を飲んで運転したからと言って大騒ぎをするんじゃない。」などとわめき，その場で両膝をつき同行に応じようとしないので，川村巡査と協力して被疑者の両手に手錠を掛けて逮捕した。

6　証拠資料の有無

　あり

　本職らは，平成〇年5月7日午後8時5分，被疑者を警視庁三田警察署司法警察員に引致した。

　　上記引致の日

　　　　　　　　　　　警視庁三田警察署
　　　　　　　　　　　　　　司法警察員巡査部長　　中野　　弘　㊞

　　　　　　　　　　　　　　　　　　司法巡査　　川村　太一　㊞

一口メモ　本事案は，逮捕者が複数のパターンである。適宜，「本職は」を「本職らは」と記載したり，誰がどのような経緯で何を覚知・認識したのか，逮捕に至るまでの間に誰がどのような行為を担ったのかを明らかにしておかなければならない。

　末尾の余白が少ない。このような場合は，検察庁での受理手続に使用するスペースに余裕がないので，念のため，継続用紙を付けて作成者が契印しておくとよい。前記第2章3(1)ケ「末尾余白」欄参照（29頁）。

1　「現に罪を行っている」現行犯人

| (6)　公務執行妨害 | めい規法違反で制止しようとした警察官にその者が暴行 |

様式第17号（刑訴第212条，第213条，第216条，第202条，第203条，第217条）

現行犯人逮捕手続書（甲）

下記現行犯人を逮捕した手続は，次のとおりである。

記

1　被疑者の住居，職業，氏名，年齢

　　東京都足立区梅田5丁目4番3号　梅田荘

　　　　飲食店「スポン」経営

　　　　　　藤田　幸次郎

　　　　　　　　昭和〇年12月10日生（50歳）

2　逮捕の年月日時

　　平成　〇　年　10　月　6日午後　8時　15分

3　逮捕の場所

　　東京都足立区西新井4丁目3番

　　　　東武伊勢崎線西新井駅ホーム上

4　現行犯人と認めた理由及び事実の要旨

　　本日午後8時10分，本職が管内足立区西新井4丁目3番東武伊勢崎線西新井駅前を警ら中，同駅員が駆け込んで来て，「お巡りさん，ホームで酔っ払いが乗客にからんでいるので，すぐ来てください。」との訴出を受けた。

　　本職は，駅員と同道して同駅構内に入ると，ホームの階段付近で，年齢50歳くらい，身長約168センチメートル，体格ガッチリ，カーキ色ジャンパーを着た一見土木作業員風の男（被疑者）が顔を赤くし，酒の臭いをプンプンさせ，フラフラしながらそばにいた年齢25～26歳くらい，身長約165センチメートル，やせ型，黒色背広上下の一見会社員風の男の右腕をつかみ，顔を近づけながら「俺に文句があるか。」などといいがかりをつけ，つかんだ腕を放そうとしないので，会社員風の男がそれを払おうともがいていた。

（注意）この手続書の末尾に，検察官が送致を受けた年月日時を記載し記名押印することができる余白を残しておくこと。

本職は，被疑者に近づき「この人が迷惑しているからやめなさい。」と警告し，両名の間に入り，被疑者がつかんでいた手を離させて制止した。すると，被疑者は「お巡り，どけよ。」と言いながら本職を押しのけて，前記会社員風の男に近寄り「君，そんなにツンツンするな。」などとわめき，再び同人にからもうとした。

　会社員風の男は，被疑者に対し，「あなたにそんなことを言われる筋合いはない。」と言いながら迷惑そうにその場を離れた。

　被疑者は，なおも「バカヤロー。」などと大声を上げ，他の乗降客達にからんでいこうとしたので，本職は，これを制止すべく，被疑者の前に立ちはだかったところ，被疑者はいきなり本職の顔面を殴るとともに，右足で大腿部を数回蹴り上げたので，被疑者を公務執行妨害の現行犯人と認めた。

5　逮捕時の状況

　本職は，被疑者の両腕をつかんで被疑者に対し，公務執行妨害の現行犯人として逮捕する旨を告げ逮捕しようとしたところ，被疑者は「ポリ公，おまえは関係ないよ。」と言いながら，右手を振り回し，本職に対し抵抗しようとしたが，これを制止し，被疑者の両手に手錠を掛けて逮捕した。

6　証拠資料の有無

　あり

　本職は，平成○年10月6日午後8時40分，被疑者を警視庁西新井警察署司法警察員に引致した。

　上記引致の日

警視庁西新井警察署

司法巡査　久保田　勇　㊞

一口メモ　余白が2行しかないため，送致奥書と検察庁における受理奥書を記載するスペースが確保できない。このような場合は，継続用紙をもう1枚付けて契印しておくこと。前記第2章3(1)ケ「末尾余白」欄参照（29頁）。

1 「現に罪を行っている」現行犯人

(7) 住居侵入	アパートに侵入し，部屋のドア錠を破ろうとしている男を現認

様式第17号（刑訴第212条，第213条，第216条，第202条，第203条，第217条）

現行犯人逮捕手続書（甲）

下記現行犯人を逮捕した手続は，次のとおりである。

記

1 被疑者の住居，職業，氏名，年齢

　住居不定（元山梨県甲府市丸の内5丁目4番2号　平和荘）

　　　無職（元青果店店員）

　　　　笠原　康夫

　　　　　平成〇年10月3日生（22歳）

2 逮捕の年月日時

　平成　〇　年　2月　4日午　後　3時　20分

3 逮捕の場所

　山梨県甲府市丸の内2丁目3番4号

　　　寿荘8号室内穴沢義隆方居室前廊下上

4 現行犯人と認めた理由及び事実の要旨

　本日午後3時15分頃，本職（佐藤巡査部長）が甲府東交番で勤務中，甲府市丸の内2丁目3番4号寿荘20号室居住の主婦根岸文子（38歳）が駆け込んで来て，「お巡りさん，うちのアパートで物音がするので，そっと見たところ，男の人がアパートの各部屋の出入口ドアの錠をいじったりしており，泥棒ではないかと思います。すぐ来てください。」と訴え出た。

　本職は，相勤者芳賀巡査とともに，訴出人を同道して訴出人が言うアパートに急行し，同アパートの出入口のところで様子を見ていたところ，年齢22～23歳くらい，身長約165センチメートル，やせ型，黒色オーバーを着た一見会社員風の男（被疑者）が辺りを警戒しながら各部屋のドア錠を見たり，触ったりしており，8号室の穴澤義隆方前に

（注意）この手続書の末尾に，検察官が送致を受けた年月日時を記載し記名押印することができる余白を残しておくこと。

至ると，被疑者はオーバーのポケットからドライバーの様な物を取り出し，それでドア錠を壊そうとしてガチャガチャし始めた。

本職は，被疑者を空き巣犯ではないかと思い，相勤者芳賀巡査を同アパートの外（同廊下の西方）に回らせ，本職は同廊下の東方から静かに被疑者のいる8号室に向かった。

被疑者は，本職の姿を見て慌てて，何もしていない素振りをして手で頭を押さえながらその場を離れようとしたため，本職が，被疑者に対し，「何をしているんだ。」と語気を強く尋ねたところ，被疑者は，「ここの人に用事があって来た。」と答えた。しかし，その態度に落ち着きがなく，本職は，8号室のドア錠のところを見たところ，錠の部分がこじ破られていたので，当該部分を指差し「これは君がやったのか。」と追及したところ，被疑者は，オーバーの右ポケットからドライバー1本を取り出し，「すみません，この部屋に泥棒に入ろうとしました。」と申し立てたので，被疑者を現に罪を行っている住居（アパート）侵入の現行犯人と認めた。

5 逮捕時の状況

本職が被疑者に対し，住居侵入罪で逮捕する旨を告げたところ，被疑者は無言で下を向いていたが，隙あらば逃走する気配が見受けられたので，芳賀巡査が被疑者の両手に手錠を掛けて逮捕した。

6 証拠資料の有無

あり

本職らは，平成○年2月4日午後3時45分，被疑者を山梨県甲府警察署司法警察員に引致した。

　　上記引致の日

　　　　　　　　　　　　　　　　山梨県甲府警察署

　　　　　　　　　　　　　　司法警察員巡査部長　佐藤　定雄　㊞

　　　　　　　　　　　　　　　　司法巡査　芳賀　忠彦　㊞

一口メモ　手続書の末尾に余白がないときは，何も記載していない継続用紙を付けて作成者が契印しておくこと。なお，前記第2章3(1)ケ「末尾余白」欄参照（29頁）。

第2章　現行犯人逮捕手続書（基本書式例・簡易書式例）　49

1　「現に罪を行っている」現行犯人

| (8) 傷　害 | 酒場内で暴力団員風の男が顔面から血を流している男性を殴ったのを現認 |

様式第17号（刑訴第212条，第213条，第216条，第202条，第203条，第217条）

現行犯人逮捕手続書（甲）

下記現行犯人を逮捕した手続は，次のとおりである。

記

1　被疑者の住居，職業，氏名，年齢

　　宮城県仙台市泉区泉1丁目2番3号　泉荘3号室

　　　　土木作業員（㈱山下組）

　　　　　丹野　雄一郎

　　　　　　平成○年8月10日生（25歳）

2　逮捕の年月日時

　　平成　○　年　2月　10日午後　8時　15分

3　逮捕の場所

　　宮城県仙台市青葉区本町3丁目2番1号

　　　　酒場「松島」脇路上

4　現行犯人と認めた理由及び事実の要旨

　　本日午後8時10分頃，本職が仙台駅前交番で勤務中，「青葉区本町3丁目2番1号酒場『松島』脇で喧嘩の模様。」という110番指令を傍受し，直ちに現場へ急行したところ，同店内出入口のところで年齢25〜26歳くらい，茶色コート姿の一見暴力団員風の男（被疑者）が，左眼の下を赤く腫らし，額，口，鼻付近から血を出している年齢40歳くらい，紺色背広上下を着た一見会社員風の男（被害者）の胸倉をつかんで，同酒場の壁に押し付け「馬鹿野郎，気をつけろ。」と大声で怒鳴り，右手で同人の顔面を殴り，右手で同人の腹部を突いたので，被疑者を現に罪を行っている傷害の現行犯人と認めた。

5　逮捕時の状況

　　本職が傷害の現行犯人として逮捕する旨を告げたところ，被疑者は，被害者の方を向

（注意）この手続書の末尾に，検察官が送致を受けた年月日時を記載し記名押印することができる余白を
　　　残しておくこと。

いて「この野郎がよそ見して肩に突っかかってきたのに，何も言わずに行こうとしたから。」などと言いながらふてくされた態度で逮捕に応じた。

6　証拠資料の有無

　あり

　本職は，平成○年2月10日午後8時35分，被疑者を宮城県仙台中央警察署司法警察員に引致した。

　上記引致の日

　　　　　　　　　　　　　宮城県仙台中央警察署
　　　　　　　　　　　　　　　　　　司法巡査　山田　豊　㊞

一口メモ　傷害事件で医師の診断を受ける前であるが，被害者が出血しており負傷していることが明らかなので，傷害罪で現行犯逮捕している。しかし，負傷しているかが不明又は微妙な事案の場合には，暴行罪で現行犯逮捕すること。

1 「現に罪を行っている」現行犯人

(9) 暴　行	スナック店内で暴力団員風の男が客の顔面を殴ったのを現認

様式第17号（刑訴第212条，第213条，第216条，第202条，第203条，第217条）

現行犯人逮捕手続書（甲）

下記現行犯人を逮捕した手続は，次のとおりである。

記

1　被疑者の住居，職業，氏名，年齢

　　東京都北区赤羽1丁目2番3号　青空荘2号室

　　　　無職（元ゲームセンター店員）

　　　　　佐々木　清雄

　　　　　昭和〇年7月8日生（30歳）

2　逮捕の年月日時

　　平成〇年　4月　16日午後　10時　35分

3　逮捕の場所

　　埼玉県さいたま市浦和区高砂3丁目3番4号

　　　スナック「あけぼの」店内

4　現行犯人と認めた理由及び事実の要旨

　　本日午後10時30分頃，本職が管内さいたま市浦和区高砂3丁目2番1号吉川洋品店前路上を警ら中，「浦和区高砂3丁目3番4号スナック『あけぼの』で，客同士の喧嘩。」との110番指令を無線受令機で傍受した。

　　本職は，直ちに，200メートル離れた現場に急行し，前記「あけぼの」店内に入ると，店内中央付近にコップやビールびんが割れて落ちており，年齢30歳くらい，身長約170センチメートル，体格ガッチリ，紺色セーターを着た一見暴力団員風の男（被疑者）と年齢50歳くらい，身長約165センチメートル，やせ型，黒色背広上下の一見会社員風の男（被害者）が割れ落ちているコップやビールびんなどを挟むように立ち，被疑者が左手で被害者の右腕をつかみ，右手は被害者の頸部にあてて壁の方に押し付けていた。

（注意）この手続書の末尾に，検察官が送致を受けた年月日時を記載し記名押印することができる余白を残しておくこと。

本職は，直ちに制止すべく近寄ったところ，被疑者は，被害者の頸部にあてていた右手を離し，いきなり，「この野郎，口のきき方に気をつけろ。」などと怒鳴った瞬間，右挙骨で被害者の顔面を2～3発続けざまに殴ったので，被疑者が現に罪を行っている暴行の現行犯人と認めた。

5　逮捕時の状況

本職は，被疑者が被害者を殴った瞬間，「やめろ。」と言って制止したところ，被疑者は，被害者の方を向いて「この野郎，何様と思っているんだ。」などとつぶやくように言ったが，本職が暴行の現行犯人として逮捕する旨を告げたところ，被疑者は，「やり過ぎたかなあー」などと言いながら，素直に逮捕に応じた。

6　証拠資料の有無

あり

本職は，平成○年4月16日午後11時，被疑者を埼玉県浦和東警察署司法警察員に引致した。

　　上記引致の日

　　　　　　　　　　埼玉県浦和東警察署

　　　　　　　　　　　　　　　　司法巡査　村山　二男　㊞

一口メモ　本事案では引致時刻が「11時」となっているが「11時0分」でも「11時00分」でも誤りではない。パソコンで作成した場合には，「分」を削除して空白部分を詰めることも可能であり，要は正確に記載されており，後に改ざんできないような真正な記載であれば，いずれの記載方法でも差し支えない。他の部分の時刻でも同様である。

第2章 現行犯人逮捕手続書（基本書式例・簡易書式例）

1 「現に罪を行っている」現行犯人

(10) 暴　行	飲食店内で顔見知りの暴力団員が暴行に及んだのを現認

様式第17号（刑訴第212条，第213条，第216条，第202条，第203条，第217条）

現行犯人逮捕手続書（甲）
下記現行犯人を逮捕した手続は，次のとおりである。
記
1　被疑者の住居，職業，氏名，年齢
北海道旭川市一条通1丁目2番地
無職（元自動車運転手）
山村　一郎
昭和○年1月10日生（30歳）
2　逮捕の年月日時
平成　○　年　1　月　18日午後　8時　30分
3　逮捕の場所
北海道札幌市中央区北二条西4丁目3番2号
大衆酒場「赤木屋」店内
4　現行犯人と認めた理由及び事実の要旨
本日午後8時25分頃，本職が管内札幌市中央区北二条西4丁目3番2号大衆酒場「赤木屋」前路上を警ら中，同店内から「この野郎。」などと言い争っているような大きな声が聞こえたので，出入口ガラス窓を通して店内を見ると，年齢25～26歳くらい，黒色背広上下を着た一見会社員風の男（被害者）が，以前本職が傷害罪で取り扱ったことのある暴力団○○組員の男（被疑者）に両肩を押さえ付けられていたので，本職が出入口であるガラス戸を開けて店内に入った瞬間，前記被疑者が被害者の顔面を2発殴ったので，被疑者を現に罪を行っている暴行の現行犯人と認めた。
5　逮捕時の状況
本職が「やめろ。」と言いながら被疑者を逮捕しようとすると，被疑者は，「あの野郎，

（注意）この手続書の末尾に，検察官が送致を受けた年月日時を記載し記名押印することができる余白を残しておくこと。

俺をジロジロ見るので，にらんでやったところ，文句があるような顔をするんで頭に来た。」などと言いながら，まだおさまらない様子であったが，被疑者の右腕をつかんで逮捕した。

6　証拠資料の有無

　あり

　本職は，平成〇年1月18日午後8時55分，被疑者を北海道札幌中央警察署司法警察員に引致した。

　上記引致の日

　　　　　　　　　　　　　　北海道札幌中央警察署
　　　　　　　　　　　　　　　　　　司法巡査　佐藤　道男　㊞

―口メモ　「6　証拠資料の有無」欄は，都道府県警察によっては，証拠物のある場合に限って「あり」としているところもある。

第2章　現行犯人逮捕手続書（基本書式例・簡易書式例）　55

1　「現に罪を行っている」現行犯人

(11)　未成年者誘拐	110番指令により検索中，被害者の手を引いて歩いている被疑者を現認

様式第17号（刑訴第212条，第213条，第216条，第202条，第203条，第217条）

現行犯人逮捕手続書（甲）

下記現行犯人を逮捕した手続は，次のとおりである。

記

1　被疑者の住居，職業，氏名，年齢

　　住居不定（東京都台東区日本堤3丁目2番1号　台東簡易宿泊所止宿）

　　　　無職（元土木作業員）

　　　　　川島　武章

　　　　　　昭和○年11月10日生（50歳）

2　逮捕の年月日時

　　平成　○　年　10月　15日午後　6時　55分

3　逮捕の場所

　　東京都町田市旭町5丁目4番3号

　　　　熊野神社境内

4　現行犯人と認めた理由及び事実の要旨

　　本日午後6時頃，本職（秋永巡査部長）が町田駅前交番で見張勤務中，本署から「管内町田市旭町1丁目2番3号医師高取重夫方の長女さゆりちゃん3歳が遊びに行くと言って出掛けたまま，まだ帰らない。同児の知能程度や日頃の行動等から迷い子になることは考えられず，何らかの事件に巻き込まれた可能性が高い。同児の人相等は年齢相当に見える，身長120センチメートル，髪オカッパ，白色地に赤い花模様のワンピース，サンダル履き，自分の名前は言える。」という内容の110番指令を無線受令機で傍受した。

　　本職は，相勤員原田巡査とともに，公園，神社，仏閣，ゲームセンターなどに対して検索中の午後6時50分頃，高取方から約200メートル離れた同町5丁目4番3号熊野神社境内において手配人相，服装に似ている女の子の手を引いて歩いている年齢50歳く

（注意）この手続書の末尾に，検察官が送致を受けた年月日時を記載し記名押印することができる余白を残しておくこと。

らい，身長約160センチメートル，やせていて，白色長袖シャツ，カーキ色ズボン，一見労務者風の男（被疑者）を発見し，直ちに呼び止めて職務質問を開始した。

被疑者は，本職らの姿を見るなり，慌てた様子であったが，原田巡査が女の子に対し名前を尋ねたところ「タカトリサユリ3歳」と答えたので，間髪を入れずに本職が被疑者を追及したところ，被疑者は，「すみません，旭町1丁目の旭公園で遊んでいるこの子があまりにも可愛いかったので，悪いとは知りながら，ここまで連れてきた。」と申し立てたので，被疑者を現に罪を行っている未成年者誘拐の現行犯人と認めた。

5 逮捕時の状況

本職が被疑者に対し，未成年者誘拐罪の現行犯人として逮捕する旨を告げたところ，被疑者は，一瞬慌てた様子であったが観念してか，無言のまま両手を差し出したので，原田巡査が両手に手錠を掛けて逮捕した。

6 証拠資料の有無

あり

本職らは，平成〇年10月15日午後7時15分，被疑者を警視庁町田警察署司法警察員に引致した。

上記引致の日

　　　　　　　　　　　　警視庁町田警察署

　　　　　　　　　　　　　　司法警察員巡査部長　秋永　清　㊞

　　　　　　　　　　　　　　　　　　　司法巡査　原田　忠彦　㊞

一口メモ 未成年者誘拐罪の客体は未成年者であるから，被害者の年齢を明記しておく必要がある。

1 「現に罪を行っている」現行犯人

(12) 窃　盗 　　（空き巣）	110番により現場に急行し，犯行を現認

様式第17号（刑訴第212条，第213条，第216条，第202条，第203条，第217条）

現行犯人逮捕手続書（甲）

下記現行犯人を逮捕した手続は，次のとおりである。

記

1　被疑者の住居，職業，氏名，年齢

　　住居不定（元青森県弘前市弘前3丁目2番1号）

　　　　無職（元飲食店店員）

　　　　　　岡田　徹男

　　　　　　　平成〇年4月3日生（25歳）

2　逮捕の年月日時

　　平成　〇　年　11月　9日午後　3時　40分

3　逮捕の場所

　　青森県青森市新町3丁目2番1号　青山荘3号室

　　　　阿部隆夫方居室

4　現行犯人と認めた理由及び事実の要旨

　　本職は，本日午後3時30分頃，青森駅前交番で勤務中，「隣に住んでいる人からの110番，青森市新町3丁目2番1号青山荘3号室の阿部隆夫方が留守なのに物音がする。」という110番指令に接し，直ちに同荘3号室に赴いたところ，同室のドア錠付近にドライバー様のものでこじ開けられた跡があり，ドアが少し開いていた。

　　本職は，「阿部さん。」と低い声で呼びながら，室内に入ると，整理ダンス，洋服ダンスなどの引出しが引き出されており，引出し内の洋服や書類などが畳上に投げ出されていたので，奥の押入れを開けたところ，年齢25～26歳くらい，黒色ジャンパーに黒ズボンをはいた一見紳士そうな男（被疑者）がうずくまっていた。

　　本職は，被疑者に対し「何をしているんだ。」と質問すると，被疑者は「阿部さんの帰

（注意）この手続書の末尾に，検察官が送致を受けた年月日時を記載し記名押印することができる余白を残しておくこと。

りを待っている。」などと答えたが、落ち着きがなく、隙あらば逃走する気配を示したので、これを制止し、被疑者の承諾を得て、被疑者が着用しているジャンパーの左ポケット付近を上から軽く触ったところ、通帳の様なものが入っているようであった。本職は、「これは何ですか。」と追及したところ、被疑者は、「すみません。盗みに入りました。」と言いながら、1万円札で12枚（現金12万円）、それに阿部隆夫名義の銀行預金通帳1通及び阿部と刻印された印鑑1個を差し出したので、被疑者を現に罪を行っている住居侵入及び窃盗の現行犯人と認めた。

5 逮捕時の状況

　本職が、窃盗の現行犯人として逮捕する旨を告げたところ、被疑者は「今日、何か捕まる予感がしたよ。やめれば良かった。」などと半ばふてくされた態度で逮捕に応じた。

6 証拠資料の有無

　あり

　本職は、平成〇年11月9日午後4時5分、被疑者を青森県青森東警察署司法警察員に引致した。

　　上記引致の日

　　　　　　　　　　　　　青森県青森東警察署

　　　　　　　　　　　　　　　司法警察員巡査部長　堀部　修一　㊞

―ロメモ　被疑者が隙があれば逃走する気配を見せている事案であり、逮捕の必要性を如実に表す事情であるから、そのような状況は必ず記載しておくこと。

1 「現に罪を行っている」現行犯人

(13) 窃　盗 　　（オートバイ盗）	通行人の訴え出により，現場で犯行を現認

様式第17号（刑訴第212条，第213条，第216条，第202条，第203条，第217条）

現行犯人逮捕手続書（甲）

下記現行犯人を逮捕した手続は，次のとおりである。

記

1　被疑者の住居，職業，氏名，年齢

　　　福島県福島市杉妻町13番10号　山吹荘2号室

　　　　　無職（元有限会社野田製作所工員）

　　　　　　大田　大輔

　　　　　　　平成〇年1月10日生（20歳）

2　逮捕の年月日時

　　平成〇年2月5日午後1時45分

3　逮捕の場所

　　福島県福島市杉妻町8番10号

　　　　福島県福島中央警察署福島駅前交番内

4　現行犯人と認めた理由及び事実の要旨

　　本日午後1時30分頃，本職（森島巡査部長）は，福島駅前交番で勤務中，通行人である福島市杉妻町4番5号桑原功が交番に駆け込んできて，「お巡りさん，駅前の駐車場に自動車を止めに行ったところ，駐車場の奥の方でオートバイをドライバー様の物でいじったり，エンジンをかけたりしている男がいて，オートバイを盗もうとしているのではないかと思いますので，一緒に来てください。」という訴え出を受けた。

　　本職は，相勤員相馬巡査とともに，訴出人を同道して，交番から約150メートル離れた同町5番6号JR福島駅前の杉妻駐車場に行くと，同駐車場の奥の柱を背にして，年齢20歳くらい，小太り，カーキ色の作業衣を着た一見工員風の男（被疑者）が，辺りを見回し，警戒しながらオートバイのエンジンを懸命にかけていた。本職は，被疑者の様

（注意）この手続書の末尾に，検察官が送致を受けた年月日時を記載し記名押印することができる余白を残しておくこと。

子を見てオートバイ盗でないかと思い、相馬巡査に対し、被疑者に分からないように同駐車場の出口の方に回るよう指示し、本職が被疑者に気がつかれないように近づき声を掛けた瞬間、エンジンがかかり、出口の方向へ走り出した。本職は、直ちに「ちょっと待ってください。」と言って停止するよう求めたところ、被疑者は、本職の姿を見て慌てた様子であったが、同駐車場の出口を出てスピードを上げて道路に出ようとしたので、相馬巡査がオートバイの前方に立ち停止を求めた。

　被疑者は、観念してか、その場にオートバイを止めたので、本職が近づき、オートバイを見ると、エンジンキーがなく配線が直結にしてあったので、被疑者に対し、「オートバイは君の物か。」と質問したところ、「友達から借りている。キーをなくしてしまった。」などと要領を得ない言葉を繰り返した。

　そこで、本職は、被疑者に対し、「なぜ直結にしているのだ。」と鋭く追及したところ、被疑者は、逃れられないと知ってか、「すみません。あまりにも格好の良いオートバイなので。」などと犯行を自供した。

　一方、相馬巡査がオートバイのナンバーから所有者を調査し、所有者である木村正に電話照会をしたところ、同人は「オートバイは、今朝杉妻駐車場に止めた。誰にも貸していない。」ということであり、被疑者を現に罪を行っている窃盗の現行犯人と認めた。

5　逮捕時の状況

　本職が被疑者に対し、窃盗の現行犯人として逮捕する旨を告げたところ、被疑者は、「見つかったのではしょうがない。」などとふてくされた態度をとったが、相馬巡査が被疑者の両手に手錠を掛けて逮捕した。

6　証拠資料の有無

　あり

　本職らは、平成○年2月5日午後2時15分、被疑者を福島県福島中央警察署司法警察員に引致した。

上記引致の日
福島県福島中央警察署
司法警察員巡査部長　森島　一郎 ㊞
司法巡査　相馬　良雄 ㊞

1 「現に罪を行っている」現行犯人

(14) 窃　盗 　（車上ねらい）	目撃者の訴え出により，現場で犯行を現認

様式第17号（刑訴第212条，第213条，第216条，第202条，第203条，第217条）

現行犯人逮捕手続書（甲）

下記現行犯人を逮捕した手続は，次のとおりである。

記

1　被疑者の住居，職業，氏名，年齢

　　長野県長野市北長野350番地

　　　　会社員（株式会社長野製作所営業担当）

　　　　　　山本一男こと山口　智男

　　　　　　昭和○年10月9日生（32歳）

2　逮捕の年月日時

　　平成 ○ 年 6月 19日午後 7時 10分

3　逮捕の場所

　　長野県長野市大字南長野字幅下700番地

　　　　小田駐車場内

4　現行犯人と認めた現由及び事実の要旨

　　本日午後7時頃，本職らは，管内長野市大字南長野字幅下700番地小田駐車場付近を同行警ら中，同駐車場に接する同番地メゾン「川島」302号室川原信行（40歳）が走って来て，「お巡りさん，私はあそこの3階に住んでいるのですが，外をじーっと見ていたところ，あの駐車場で誰かが車をいじっているのが見えました。」とメゾン「川島」を指差して訴え出を受けた。

　　本職らは，直ちに駐車場に急行したところ，同駐車場は出入口以外はブロック塀で囲まれ，出入口はロープが張られ，ロープには「用のない者入るべからず。」と記載されている貼り札が付けられており，駐車場の南西隅の方に目をやると，その方向に駐車中の車両のところに人影が見え隠れしていた。そこで，本職らは，他の車両越しにその人影

（注意）この手続書の末尾に，検察官が送致を受けた年月日時を記載し記名押印することができる余白を残しておくこと。

の様子を見ていたところ、年齢30歳前後、黒色ジャンパー姿の男（被疑者）が辺りを警戒しながら「長野」ナンバーの普通乗用自動車のドアをいじっていたかと思うと、そのうちドアを開けて車内に入り込んでグローブボックスなどを開けるなどしているのが見えた。

本職（安田巡査部長）は、車上ねらいではないかと思い、素早く近づき、被疑者に対し、「何しているんだ。」と言ったところ、被疑者はびっくりした様子で車から降りながら「忘れ物をしたので。」などと、さも、同車が自分の車であるかのように装っていたが、その態度には落ち着きがなかった。被疑者は、「名前は山本一男で、免許証は家に置いてある。」などと答えたが、自動車検査証の名義人が村田功となっていたことから追及したところ、黙り込んでしまった。

一方、自動車検査証の名義人村田功が近くに居住していたことから同人に来てもらい、被疑者に面通しをさせたところ、全然知らない男で、「グローブボックスの中に置いていた現金6,000円がなくなっています。」と答えた。

本職は、被疑者に対し、その点を追及すると、被疑者は「すみません、盗みました。」と言いながら、裸のままの千円札6枚（6,000円）をジャンパー右ポケットから取り出して差し出したので、被疑者を現に罪を行っている窃盗の現行犯人と認めた。

5　逮捕時の状況

本職が被疑者に対し、窃盗罪で現行犯逮捕する旨を告げたところ、被疑者は「すみません。」と謝ったが、隙あらば逃走する気配が見受けられたので、関口巡査が被疑者の両手に手錠を掛けて逮捕した。

6　証拠資料の有無

あり

本職らは、平成〇年6月19日午後7時40分、被疑者を長野県長野警察署司法警察員に引致した。

上記引致の日
長野県長野警察署
司法警察員巡査部長　安田　勲　㊞
司法巡査　関口　正治　㊞

1 「現に罪を行っている」現行犯人

(15) 詐欺未遂	届出により銀行の窓口において盗難通帳で現金を払い戻そうとしている男を現認

様式第17号（刑訴第212条，第213条，第216条，第202条，第203条，第217条）

現行犯人逮捕手続書（甲）

下記現行犯人を逮捕した手続は，次のとおりである。

記

1　被疑者の住居，職業，氏名，年齢

住居不定（元神奈川県川崎市川崎区川崎1丁目2番3号）

　　無職（元飲食店店員）

　　　　黒木　清

　　　　平成○年8月10日生（25歳）

2　逮捕の年月日時

　平成　○　年　4月　13日午前　10時　15分

3　逮捕の場所

　東京都世田谷区世田谷1丁目10番11号

　　　三井住友銀行世田谷支店前路上

4　現行犯人と認めた理由及び事実の要旨

　本日午前10時10分頃，本職は，世田谷交番で見張勤務中，「三井住友銀行世田谷支店に盗難通帳で金をおろしに来ている男がいる。」という110番指令を無線受令機で傍受し，自転車にて同銀行に急行した。

　急行途中，通信指令本部から「今から1時間前，世田谷区世田谷1丁目2番3号小島敏男方において10分くらいの間の留守中に泥棒に入られ，現金や三井住友銀行世田谷支店発行で同人名義の銀行預金通帳，それに印鑑1個を窃取されるという訴え出があり，男はその通帳を使ったと思われる。」という追加手配を受理した。

　本職が同銀行に到着したところ，女子行員千葉春子が同銀行の出入口のところで待っており，本職の姿を見るや走って来て，「お巡りさん，あの男です。」と銀行内待合室の

（注意）この手続書の末尾に，検察官が送致を受けた年月日時を記載し記名押印することができる余白を残しておくこと。

長椅子一番前の左端に座っている年齢25歳くらい，やせ型，黒色ジャンパー，黒色ズボン，一見工員風の男（被疑者）を指差したので，本職は，同銀行内に入り，被疑者を後刻到着した警ら用無線自動車世田谷2号の車内に同行した。

　被疑者は，最初のうちぼう然としていたが，その後，顔は青ざめ，落ち着きがなく，本職が氏名を尋ねたところ，「黒木清」と答えるだけで，その後は黙秘をし始めた。

　本職は，氏名と通帳の名義人が異なることから，この点を追及したところ，被疑者は，「すみません，1時間前頃に，小島という表札のある2階建ての家に入り，現金と通帳と印鑑を盗み，今，小島さんになりすまして金をおろそうとしました。」と申し立てたので，被疑者を現に罪を行っている詐欺未遂の現行犯人と認めた。

5　逮捕時の状況

　被疑者は「もうバレたか，ついていないなあ，家の者がまだ帰って来ないと思ったが。」と言いながら，素直に逮捕に応じた。

6　証拠資料の有無

　あり

　本職は，平成〇年4月13日午前10時45分，被疑者を警視庁世田谷警察署司法警察員に引致した。

　　上記引致の日

　　　　　　　　　　　　警視庁世田谷警察署

　　　　　　　　　　　　　　　　　司法巡査　　高野　　正　㊞

第2章 現行犯人逮捕手続書（基本書式例・簡易書式例） 67

1 「現に罪を行っている」現行犯人

(16) 恐 喝	警ら中，犯行を現認

様式第17号（刑訴第212条，第213条，第216条，第202条，第203条，第217条）

現行犯人逮捕手続書（甲）

下記現行犯人を逮捕した手続は，次のとおりである。

記

1 被疑者の住居，職業，氏名，年齢

　　静岡県静岡市葵区追手町35番8号　青田荘10号室

　　　　鳶（有限会社大山組）

　　　　　田村　文夫

　　　　　　昭和〇年12月9日生（30歳）

2 逮捕の年月日時

　　平成 〇 年　8月　9日午後　2時　25分

3 逮捕の場所

　　静岡県静岡市葵区追手町10番11号

　　　　パチンコ店「百万ドル」前路上

4 現行犯人と認めた理由及び事実の要旨

　　本日午後2時15分頃，本職らは，管内静岡市葵区追手町10番11号パチンコ店「百万ドル」前路上を警ら中，同パチンコ店脇の路地の奥の方で年齢20歳くらい，身長約170センチメートル，中肉，白色半袖シャツ，黒ズボン姿の一見学生風の男（被害者）が，年齢30歳くらい，身長約175センチメートル，体格ガッチリ，黒色半袖シャツ，白色ズボン姿の一見暴力団員風の男（被疑者）に胸倉をつかまれ「この野郎。」などと怒鳴られているのを現認した。

　　本職らがその様子を注視したところ，被害者は，顔が青ざめ，怯えている様子で，頭を下げながらズボンのポケットから財布の様な物を出し，その中から現金を被疑者に渡そうとしていた。

（注意）この手続書の末尾に，検察官が送致を受けた年月日時を記載し記名押印することができる余白を残しておくこと。

被疑者は，被害者に対し「分かればいいんだ。」などと言いながら，その現金をひったくるようにして取り，本職らの方に向かって歩いて来たが，本職らの姿を見てびっくりした様子で，すばやく立ち去ろうとしたので，本職（原田巡査）は，被疑者の左肩を軽くたたき，「ちょっと待ってください。」と言って被疑者を呼び止めた。

　一方，下里巡査は，被害者に対し，どうして現金を渡したかなどを尋ねたところ，被害者は，被疑者を指差し「あの男と隣同士でパチンコをやっていたのですが，そのうち，あの男がパチンコ台を何回もたたくので，男の顔をにらんでやったところ，男に，『顔を貸せ』と言われて，あそこの路地に連れ込まれ，男に胸倉をつかまれて一発顔面を殴られ現金3万円を取られました。」と申し立てた。

　そこで，本職は，被疑者に対し，「そんなことをやったのか。」と質問すると，被疑者は，「ああ，あの野郎，変な目をするので，落とし前として3万円もらった。」などと申し立てたので，被疑者を現に罪を行っている恐喝の現行犯人と認めた。

5　逮捕時の状況

　本職は，被疑者に対し，恐喝の現行犯人として逮捕する旨を告げたところ，被疑者は「今日は，パチンコも負けるし，さんざんだよ。」とふてくされた態度を示したが，下里巡査が被疑者の右腕をつかんで逮捕した。

6　証拠資料の有無

　あり

　本職らは，平成〇年8月9日午後2時55分，被疑者を静岡県静岡東警察署司法警察員に引致した。

　　上記引致の日

　　　　　　　　　　　　　　　静岡県静岡東警察署
　　　　　　　　　　　　　　　　　　　司法巡査　原田　孝一　㊞
　　　　　　　　　　　　　　　　　　　司法巡査　下里　照彦　㊞

一口メモ　この事案では，手続書の末尾に余白がないため，送致奥書が記載できず，また，検察官が送致を受けた年月日を記載し記名押印することができないので，次葉に何の記載もない継続用紙をつけて，作成者の契印をしておくこと。前記第2章3(1)ケ「末尾余白」欄参照（29頁）。

1 「現に罪を行っている」現行犯人

(17) 恐喝未遂	被害者からの届出により張込み中，現金を受け取りに来た男を現認

様式第17号（刑訴第212条，第213条，第216条，第202条，第203条，第217条）

現行犯人逮捕手続書（甲）

下記現行犯人を逮捕した手続は，次のとおりである。

記

1 被疑者の住居，職業，氏名，年齢

　東京都新宿区新宿1丁目2番3号　マンション富士見302号室

　　不動産業　(有)淀橋不動産）

　　　　成瀬　茂幸

　　　　昭和○年8月10日生（35歳）

2 逮捕の年月日時

　平成 ○ 年　1月　10日午後　7時　5分

3 逮捕の場所

　東京都江東区新木場1丁目2番

　　東京メトロ有楽町線新木場駅公衆電話ボックス前路上

4 現行犯人と認めた理由及び事実の要旨

　本日午後6時10分頃，本職（坂田警部補）が警視庁城東警察署において宿直勤務中，年齢25～26歳くらい，一見会社員風の男（被害者）が来署し，本職に対し「暴力団員風の男に脅され現金を要求されている。」と訴え出たので，詳しい事情を聴取したところ，同人は，「年齢35～36歳くらい，身長175センチメートルくらい，体格ガッチリ，髪が短い，ダブルの黒色背広上下を着た一見暴力団員風の男（被疑者）に呼び出されて，『俺の女に手を出したな，現金300万円用意しろ。』と脅されている。男は，『言う通りにしないと，命は保障しないぞ，今日の午後7時，東京メトロ有楽町線の新木場駅の電話ボックス前に現金を持って来い。目印に紙袋を持って立っていろ，警察に知らせたらどうなるか分かっているだろう。』と言われ，恐くて恐くてどうしようもありません。」などと

(注意) この手続書の末尾に，検察官が送致を受けた年月日時を記載し記名押印することができる余白を残しておくこと。

申し立てた。
本職は，直ちに宿直責任者刑事課堀内警部に報告するとともに，同警部指揮の下，本職が被害者の直近警戒，盗犯捜査係村松警部補，強行犯捜査係山村巡査，少年係斉藤巡査部長，地域係河本巡査の4名は電話ボックス周囲において張込みを開始することとなった。本職らは，被害者に対し，金を取りに来た男が真犯人であるなら，頭を下げる，そうでないなら，右手を顔に当てるように指示し，被害者は，犯人の指示どおり，新木場駅の電話ボックス前で紙袋を持って立ち，本職らはその周囲で張込みを開始した。約束の時刻である午後7時頃，被害者が申し立てた犯人と人相の似た男が現れ，被害者に近づき，被害者の耳元で何かをしゃべったが，その瞬間，被害者が頭を下げたので，本職らは，犯人に間違いないと判断し，被害者の直近にいた本職が被疑者に近づき，他の張込員も被疑者を取り囲んだ。本職が被疑者に対し，「君が脅して金を要求しているのか。」と追及したところ，被疑者は，びっくりした様子で，最初のうちは無言であったが，そのうち観念してか，「そうだ。」と申し立てたので，被疑者を現に罪を行っている恐喝未遂の現行犯人と認めた。
5　逮捕時の状況
被疑者の直近にいた本職が被疑者に対し，恐喝未遂の現行犯人として逮捕する旨を告げると同時に，他の捜査員が一斉に被疑者に飛び付き，本職が被疑者の両手に手錠を掛けて逮捕した。
6　証拠資料の有無
あり
本職らは，平成○年1月10日午後7時25分，被疑者を警視庁城東警察署司法警察員に引致した。
上記引致の日
警視庁城東警察署

司法警察員警部補　坂田　信一　㊞
司法警察員警部補　村松　　聡　㊞
司法警察員巡査部長　斉藤　公夫　㊞
司法警察員巡査　　　山村　信彦　㊞
司法巡査　　　　　　河本　　学　㊞

一口メモ　多くの警察官が捜査に関与した事例である。逮捕者は連名とするが，捜査には関与したものの逮捕行為に加わっていない者は名を連ねてはならない。

1 「現に罪を行っている」現行犯人

| (18) 公用文書毀棄 | 反則切符を作成，署名押印を求めたところ反則切符を破棄 |

様式第17号（刑訴第212条，第213条，第216条，第202条，第203条，第217条）

現行犯人逮捕手続書（甲）

下記現行犯人を逮捕した手続は，次のとおりである。

記

1 被疑者の住居，職業，氏名，年齢

　　東京都品川区東大井1丁目2番3号

　　　　会社員（㈱東京車両製作所営業担当）

　　　　　　今門　秀章

　　　　　　昭和○年12月28日生（45歳）

2 逮捕の年月日時

　　平成　○　年　12月　8日午後　0時　15分

3 逮捕の場所

　　東京都大田区中央3丁目2番1号

　　　　宮田肉店前路上

4 現行犯人と認めた理由及び事実の要旨

　　本日午前11時15分頃，本職は，管内大田区中央3丁目2番1号先路上を警ら中，同所に自家用普通乗用自動車（トヨタマークⅡナンバー品川333さ12-34号）が中央3丁目バス停留所から3メートル地点に駐車し，同車が同停留所に発着する東京急行バスや他の車両の交通に著しく危険を与え，かつ妨害となっているのを現認したので，同車の運転者に対し，直ちに移動するよう広報するとともに，同車の運転者の居場所をつかむため付近の聞込みを行った。

　　現認してから約20分経過した午前11時35分頃，年齢45～46歳くらい，身長約170センチメートル，紺色背広上下を着た一見会社員風の男（被疑者）が同車に乗り込もうとしたので，被疑者に対し，駐車違反（道路交通法第44条《停車及び駐車禁止する

（注意）この手続書の末尾に，検察官が送致を受けた年月日時を記載し記名押印することができる余白を残しておくこと。

場所)) である旨を告げて, 自動車運転免許証の提示を求め, その場で駐停車用反則切符 (交通反則告知・免許証保管証など6枚綴り) の作成を始めた。

　反則切符の記載が終わり, 被疑者に対し, 反則切符に署名を求めたところ, 被疑者は, 署名するどころか, いきなり反則切符をわしづかみにし, 「こんなもの。」などと怒鳴りながら切符を破って地面にたたきつけ, さらに, 地面に落ちた切符を靴で踏みつぶしたので, 被疑者を現に罪を行っている公用文書毀棄の現行犯人と認めた。

5　逮捕時の状況

　本職は, 被疑者の行為を制止するとともに, 被疑者に対し, 公用文書毀棄の現行犯人として逮捕する旨を告げたところ, 被疑者は, 「このくらいの駐車なんかみんなやっているじゃないか。なぜ俺だけ切るんだよ。」などと興奮しながらまくし立てたが, その後観念して, 素直に逮捕に応じた。

6　証拠資料の有無

　あり

　本職は, 平成○年12月8日午後0時45分, 被疑者を警視庁大森警察署司法警察員に引致した。

　　上記引致の日

　　　　　　　　　　警視庁大森警察署
　　　　　　　　　　　　司法巡査　鈴木　武司　㊞

① 「現に罪を行っている」現行犯人

| (19) 器物損壊
（自動車のタイヤ） | 多発したことから張込み中，犯行を現認 |

様式第17号（刑訴第212条，第213条，第216条，第202条，第203条，第217条）

現行犯人逮捕手続書（甲）

下記現行犯人を逮捕した手続は，次のとおりである。

記

1　被疑者の住居，職業，氏名，年齢

　　千葉県千葉市中央区市場町20番30号

　　　　工員　㈲河田鉄工所

　　　　　高橋　清一

　　　　　　平成〇年3月10日生（26歳）

2　逮捕の年月日時

　　平成　〇　年　9月　20日午後　9時　10分

3　逮捕の場所

　　千葉県千葉市中央区市場町10番20号

　　　　千葉中央駐車場内

4　現行犯人と認めた理由及び事実の要旨

　　今月に入り，管内千葉市中央区市場町10番20号千葉中央駐車場内において，同駐車場に駐車中の自動車のタイヤがパンクさせられるという器物損壊事件が相次いで発生したことから，本職（上原巡査部長）は，地域係村口，高橋両巡査とともに，同駐車場付近において張込みを実施中，本日午後9時5分頃，黒色ジャンパー姿の若い男（被疑者）が同駐車場内に入り，辺りを見回しているので不審に思い，被疑者を注視した。

　　すると，被疑者は，同駐車場出入口から向かって右側奥（A-5）に駐車中の自家用普通乗用自動車（トヨタクラウン，白塗，千葉333は12-34号）の左側に行き，急にしゃがみ込み，そのうち同車が左後方にやや傾いた。本職は，すばやくその場に行き，被疑者に対し「何をしているんだ。」と一喝したところ，被疑者は右手に千枚通しを握り，無

（注意）この手続書の末尾に，検察官が送致を受けた年月日時を記載し記名押印することができる余白を残しておくこと。

言のまま下を向いたので，パンクしている左側後部のタイヤを指差し「君がやったのか。」と質問すると，被疑者がうなずいたので，被疑者を現に罪を行っている器物損壊の現行犯人と認めた。

5　逮捕時の状況

　　本職が被疑者に対し，器物損壊の現行犯人として逮捕する旨を告げたところ，被疑者は，千枚通しを差し出して「すみません。」と言ったが，村口巡査が被疑者の右手，高橋巡査が左手をそれぞれつかんで逮捕した。

6　証拠資料の有無

　　あり

　　本職らは，平成〇年9月20日午後9時30分，被疑者を千葉県千葉中央警察署司法警察員に引致した。

　　上記引致の日

　　　　　　　　　　　　千葉県千葉中央警察署

　　　　　　　　　　　　　　司法警察員巡査部長　上原　忠夫　㊞

　　　　　　　　　　　　　　　　　司法巡査　村口　性太　㊞

　　　　　　　　　　　　　　　　　司法巡査　高橋　公紀　㊞

一口メモ　器物損壊罪は親告罪であるが，告訴のない段階でも現行犯逮捕はできる。ただし，告訴状は，逮捕後速やかに徴しておくこと。

① 「現に罪を行っている」現行犯人

| (20) 暴力行為等処罰に関する法律違反（数名共同して） | 警ら中，公園内で犯行を現認 |

様式第 17 号（刑訴第 212 条，第 213 条，第 216 条，第 202 条，第 203 条，第 217 条）

現行犯人逮捕手続書（甲）
下記現行犯人を逮捕した手続は，次のとおりである。
記
1　被疑者の住居，職業，氏名，年齢
東京都大田区西蒲田 5 丁目 4 番 3 号　メゾン西蒲田 502 号室
会社員（株式会社東京精密総務係）
五十嵐　純一
平成○年 7 月 9 日生（25 歳）
2　逮捕の年月日時
平成 ○ 年 3 月 5 日午後 10 時 25 分
3　逮捕の場所
東京都大田区大森北 1 丁目 2 番 8 号
藤田産婦人科前路上
4　現行犯人と認めた理由及び事実の要旨
本日午後 10 時 20 分頃，本職は，管内大田区大森北 1 丁目 2 番 3 号株式会社城南製作所前路上を警ら中，同社と接する大森北公園中央付近から「この野郎。」などと怒鳴る声がしたので，その方向を見ながら近寄ったところ，同公園中央付近に年齢 20 歳くらい，黒色セーターを着た男（被害者）が倒れており，年齢 25〜26 歳くらい，茶色背広を着た男（被疑者五十嵐純一）が倒れている前記被害者の頭部を足で蹴っており，その左隣に，やはり年齢 25〜26 歳くらい，黒皮ジャンパーを着た一見暴力団員風の男（被疑者氏名不詳の男）が被害者の腹部の辺りを足蹴りし，口々に「この野郎。」などと怒鳴っていた。
被疑者らは，本職の姿を見るや，急いで立ち去ろうとしたので，呼び止め追及すると，被疑者五十嵐純一が，被害者の方を向きながら，「この野郎，俺の前にたばこの吸い殻を

（注意）この手続書の末尾に，検察官が送致を受けた年月日時を記載し記名押印することができる余白を残しておくこと。

捨てながら，謝らないので頭にきて2人で殴ったりした。」などと答えた。

　また，被害者も被疑者らを指差し「この2人にちょっと顔を貸せ，と言われてここまで連れて来られ，2人にいきなり頭や顔を殴られたり，頭や腹などを蹴られたりした。」と申し立てたので，被疑者らを現に罪を行っている暴力行為等処罰に関する法律違反の現行犯人と認めた。

5　逮捕時の状況

　本職が被疑者らを逮捕しようとすると，被疑者らは別々に逃走し始めたので，本職は，直ちに被疑者五十嵐純一の後を追い掛け，約20メートル追跡した地点で追いつき，同人の右腕を捕まえて逮捕した。

6　証拠資料の有無

　あり

　本職は，平成〇年3月5日午後10時45分，被疑者を警視庁大森警察署司法警察員に引致した。

　　上記引致の日

　　　　　　　　　　　警視庁大森警察署

　　　　　　　　　　　　　司法警察員巡査部長　　早川　　保　㊞

一口メモ　「暴力行為等処罰ニ関スル法律」は，「暴力行為等処罰に関する法律」とカタカナの部分をひらがなで表記して差し支えない。

1 「現に罪を行っている」現行犯人

| (21) 覚醒剤取締法違反 | 窃盗事件で捜索中，白色粉末を発見，予試験して陽性 |

様式第17号（刑訴第212条，第213条，第216条，第202条，第203条，第217条）

現行犯人逮捕手続書（甲）

下記現行犯人を逮捕した手続は，次のとおりである。

記

1　被疑者の住居，職業，氏名，年齢

　　東京都目黒区碑文谷3丁目2番1号　メゾン目黒502号室

　　　古物商　㈲鎌田商店

　　　　鎌田　謙三

　　　　　昭和○年5月6日生（62歳）

2　逮捕の年月日時

　　平成○年3月10日午前10時45分

3　逮捕の場所

　　東京都目黒区碑文谷3丁目2番1号

　　　メゾン目黒502号室鎌田謙三方

4　現行犯人と認めた理由及び事実の要旨

　　本職（田中巡査）は，当署に設置中の窃盗共同捜査本部の応援のため，本日午前10時から，共同捜査本部員とともに，贓物の処分場所と思料される管内目黒区碑文谷3丁目2番1号メゾン「目黒」502号室鎌田謙三方において捜索を開始した。捜索を開始して30分後，6畳間にあった黒色革製カバン内に入っている注射器を発見し，更にその10分後，天井裏に白色粉末の入っている3センチメートル四方のセロファンの薬袋のようなもの3袋を発見した。

　　本職は，白色粉末が覚醒剤でないかと思い，立会人である鎌田謙三（被疑者）に対し，「これは何ですか。」と追及したところ，同人は「降熱剤です。」と答えたが，その態度に落ち着きがなく急にそわそわし始めた。

（注意）この手続書の末尾に，検察官が送致を受けた年月日時を記載し記名押印することができる余白を残しておくこと。

当署保安係大田巡査部長に連絡して来てもらい、当該粉末を計量したところ、3袋の合計が2.4グラムあり、さらに、同人の承諾を得て覚醒剤試薬による予備試験を行ったところ、同粉末が青藍色に変色するという反応が出た。
　　本職は、被疑者を追及したところ、「しょうがない、それはシャブだよ。」と申し立てたので、被疑者を覚醒剤取締法違反（所持）の現行犯人と認めた。
5　逮捕時の状況
　　本職が被疑者に対し、覚醒剤取締法違反の現行犯人として逮捕する旨を告げたところ、被疑者は、「しょうがない。」などと半ばあきらめた態度であったが、村田巡査部長が被疑者の両手に手錠を掛けて逮捕した。
6　証拠資料の有無
　　あり
　　本職らは、平成○年3月10日午前11時10分、被疑者を警視庁碑文谷警察署司法警察員に引致した。
　　上記引致の日
　　　　　　　　　　　　警視庁碑文谷警察署
　　　　　　　　　　　　　　　司法警察員巡査部長　村田　正信　㊞
　　　　　　　　　　　　　　　　　　司法巡査　田中　文雄　㊞

一口メモ　予試験を行う場合には、令状によるほかは、本事例のように、事前に相手方の承諾を得ておかなければならない。

① 「現に罪を行っている」現行犯人

| (22) 覚醒剤取締法違反 | 任意同行途中の交通事故の当事者が捨てた覚醒剤らしき物を予試験して陽性 |

様式第17号（刑訴第212条，第213条，第216条，第202条，第203条，第217条）

現行犯人逮捕手続書（甲）

下記現行犯人を逮捕した手続は，次のとおりである。

記

1　被疑者の住居，職業，氏名，年齢

　　大阪府大阪市北区曽根崎5丁目4番3号

　　　　無職（元鳶職）

　　　　　笠原　義雄

　　　　　昭和○年5月6日生（32歳）

2　逮捕の年月日時

　　平成○年　6月　9日午後　3時　55分

3　逮捕の場所

　　大阪府大阪市北区曽根崎1丁目5番6号

　　　　曽根崎駅前交番内

4　現行犯人と認めた理由及び事実の要旨

　　本日午後3時15分頃，本職らは，曽根崎駅前交番で勤務中，「普通乗用自動車と軽自動車の出合い頭の交通事故，場所北区曽根崎1丁目2番3号とんかつや『とん平』の前。」という110番指令を傍受した。

　　本職らは，直ちに現場に急行したところ，とんかつや「とん平」前歩道上で，年齢32～33歳くらい，身長約170センチメートル，黒色背広上下を着た一見暴力団員風の男と年齢50歳くらい，身長約165センチメートル，茶色ジャンパー，黒色ズボンの一見会社員風の男が怒鳴り合い，双方つかみ合いの喧嘩に発展する状態であったので，本職（小川巡査部長）は，直ちに両者の間に入って，両者から事情聴取するために近くの曽根崎交番へ同行を求めた。両者が同行に応じたので，本職は，黒色背広を着た暴力団員風の

（注意）この手続書の末尾に，検察官が送致を受けた年月日時を記載し記名押印することができる余白を残しておくこと。

男（被疑者）の右斜め後方を歩きながら同交番へ向かったが，その途中である同町1丁目2番10号旅館「松竹」前路上に差し掛かったとき，被疑者は，背広上下の左内ポケットに手を入れ，セロファン製の薬袋の様な物を取り出し，すばやくその場に捨てたのを認めたので，それを拾い上げ，被疑者に対し，「これは何ですか。」と詰問すると，被疑者は，「風邪薬だよ。」と答えたが，その態度に落ち着きがなく，顔は青ざめていた。

　本職は，セロファンの袋の中味が白色粉末であるところから，覚醒剤ではないかと思われたので，曽根崎交番において，被疑者の承諾を得て覚醒剤試薬による予備試験を実施したところ，被疑者は，突然「しょうがない，それはシャブだよ。」と自供するに至った。

　当署保安係河田巡査部長が同セロファン袋を計量したところ0.8gあり，予備試験の結果，同粉末が青藍色に変色するという反応が出たので，被疑者を覚醒剤取締法違反（所持）の現行犯人と認めた。

5　逮捕時の状況

　本職が被疑者に対し，覚醒剤取締法違反の現行犯人として逮捕する旨を告げたところ，被疑者は，「バレたらしょうがない。」と言いながらふてくされていたが，山口巡査が被疑者の両手に手錠を掛けて逮捕した。

6　証拠資料の有無

　あり

　本職らは，平成〇年6月9日午後4時20分，被疑者を大阪府曽根崎警察署司法警察員に引致した。

　上記引致の日

　　　　　　　　　　大阪府曽根崎警察署
　　　　　　　　　　　　司法警察員巡査部長　小川　利幸　㊞
　　　　　　　　　　　　　　　司法巡査　山口　茂　㊞

■一口メモ　末尾の余白が少ない。このような場合は，検察庁での受理手続に使用するスペースに余裕がないので，念のため，継続用紙を付けて作成者が契印しておくとよい。前記第2章3(1)ケ「末尾余白」欄参照（29頁）。

① 「現に罪を行っている」現行犯人

(23) 覚醒剤取締法違反	外車を職務質問，交番で予試験して陽性

様式第17号（刑訴第212条，第213条，第216条，第202条，第203条，第217条）

現行犯人逮捕手続書（甲）

下記現行犯人を逮捕した手続は，次のとおりである。

記

1　被疑者の住居，職業，氏名，年齢

　　東京都新宿区新宿3丁目2番1号　メゾン高松503号室

　　　無職（元スナック経営）

　　　　鈴木　清彦

　　　　昭和○年1月8日生（30歳）

2　逮捕の年月日時

　　平成○年1月20日午後8時50分

3　逮捕の場所

　　東京都豊島区池袋3丁目4番5号

　　　池袋駅前交番内

4　現行犯人と認めた理由及び事実の要旨

　　本日午後8時10分頃，本職らは，無線警ら自動車池袋4号（運転本職，補助福本巡査）に乗車し，管内豊島区池袋4丁目3番2号先を警ら中，同所に黒塗りの外車（自家用普通乗用自動車，ベンツ，品川333か12-34号）が歩道に乗り上げて駐車しているのを現認したので，近づいて同車の運転席を見たところ，運転席には年齢30歳くらい，小太り，パンチパーマ，白色背広上下を着た一見暴力団員風の男（被疑者）が1人でおり，本職の姿を見るや，慌ててエンジンをかけ発車しようとした。

　　そこで，本職らは，車の前方に行き，車の停止を求めたところ，被疑者は，「何で止めるんだ。」などと大声を上げたため，周囲に野次馬が集まってきたので，本職らは被疑者を約50メートル離れた池袋駅前交番へ同行を求めた。

（注意）この手続書の末尾に，検察官が送致を受けた年月日時を記載し記名押印することができる余白を残しておくこと。

被疑者は、渋々、同行に応じたが、同行途中、被疑者はしきりに右手を背広上衣の左内ポケット内に差し込んだりして気にしているようであった。

　同交番において、被疑者に対し、所持品の提示を求めたところ、自動車運転免許証、ハンカチなどを出した後、「これしかない。」とふてくされた態度で申し立てた。

　そこで福本巡査が、被疑者の承諾を得て被疑者の背広上衣の左内ポケット付近を外側から軽く触れたところ、左内ポケット内に何か入っているようだったので、「これは何ですか。」と追及したところ、被疑者は、「勝手にしろ。」と言いながら、黒革製財布を出した。本職は、被疑者に対し、「中を見せてほしい。」と言ったところ、被疑者が「自分で見ろ。」と答えたので、財布の中を調べたところ、財布内に現金のほかに3センチメートル四方のセロファンの薬袋に入った覚醒剤様の白い結晶があるのを発見した。被疑者は観念してか、「しょうがない。それはシャブだよ。」と言ったので、当署保安係の小俣巡査部長に連絡して来てもらい、計量したところ0.8グラムあり、被疑者の承諾を得て覚醒剤試薬による予備試験を行ったところ、同粉末が青藍色に変色するという反応が出たので、被疑者を覚醒剤取締法違反（所持）の現行犯人と認めた。

5　逮捕時の状況

　本職が被疑者の右腕をつかみ、福本巡査が覚醒剤取締法違反の現行犯人として逮捕する旨を告げて被疑者の両腕に手錠を掛けたところ、被疑者は、「分かったよ。」とふてくされた態度で逮捕に応じた。

6　証拠資料の有無

　あり

　本職らは、平成〇年1月20日午後9時15分、被疑者を警視庁池袋警察署司法警察員に引致した。

　上記引致の日

警視庁池袋警察署

司法警察員巡査部長　田端　幸雄　㊞

司法巡査　福本　一夫　㊞

1 「現に罪を行っている」現行犯人

(24) 銃砲刀剣類所持等取締法違反	職務質問し，車内のカバンから拳銃を発見

様式第17号（刑訴第212条，第213条，第216条，第202条，第203条，第217条）

現行犯人逮捕手続書（甲）

下記現行犯人を逮捕した手続は，次のとおりである。

記

1　被疑者の住居，職業，氏名，年齢

　　東京都葛飾区葛飾1丁目2番3号　ハイツ白鳥502号室

　　　　無職（元会社員）

　　　　　村上　瑞文

　　　　　　昭和○年9月10日生（35歳）

2　逮捕の年月日時

　　平成○年　5月　9日午後　6時　45分

3　逮捕の場所

　　東京都足立区平野3丁目2番1号

　　　　宮崎酒店前路上

4　現行犯人と認めた理由及び事実の要旨

　　本日午後6時30分頃，本職らは，無線警ら自動車綾瀬3号（運転本職，補助及川巡査）に乗車し，管内足立区平野1丁目2番3号環状7号線路上を警ら中，同路上を梅田4丁目から西加平方向へ走行して来た黒色自家用普通乗用自動車（ベンツ，足立333は12-34号）の前照灯がついておらず，急に，平野3丁目方向に左折したので不審と認め，職務質問のため同車を停止すべく直ちに追尾した。

　　同車は約800メートルくらい走行した平野3丁目2番1号宮崎酒店前路上で停車したので，本職が同車の運転席に近づくと，運転した男（被疑者）は車の窓を開け「お巡りさん，何かありましたか。」などと平静を装って声を掛けてきたが，態度に落ち着きがなく，しきりに後部座席にある黒色革製カバンに目を向けるので，本職は，カバンの開示

（注意）この手続書の末尾に，検察官が送致を受けた年月日時を記載し記名押印することができる余白を残しておくこと。

を求めたところ,被疑者は一瞬たじろぐ様子を見せ,「下着などですよ。」と言いながら,カバンの中から下着を取り出して見せた。

　しかし,下着の下部に油紙の様な物に包まれた物が見えたため,「これは何ですか。」と言いながらカバンの外から触ったところ,被疑者は,観念してか,「しょうがないなあ。言いますよ,拳銃ですよ,護身用に持っているだけです。」と申し立て,カバンから油紙に包まれた回転弾倉式拳銃1丁を取り出したので,被疑者を銃砲刀剣類所持等取締法違反の現行犯人と認めた。

5　逮捕時の状況

　本職は,被疑者に対し,銃砲刀剣類所持等取締法違反の現行犯人として逮捕する旨を告げたところ,被疑者は,「今日は何か予感がしたよ。車のライトを消さなければ良かった。」などと半ばふてくされた態度を示したが,及川巡査が被疑者の両手に手錠を掛けて逮捕した。

6　証拠資料の有無

　あり

　本職らは,平成○年5月9日午後7時15分,被疑者を警視庁綾瀬警察署司法警察員に引致した。

　　　上記引致の日

　　　　　　　　　　　　　　　　　　　警視庁綾瀬警察署

　　　　　　　　　　　　　　　　　司法警察員巡査部長　山口　信彦　㊞

　　　　　　　　　　　　　　　　　　　　　司法巡査　及川　孝一　㊞

一口メモ　末尾の余白が少ない。このような場合は,検察庁での受理手続に使用するスペースに余裕がないので,念のため,継続用紙を付けて作成者が契印しておくとよい。前記第2章3(1)ケ「末尾余白」欄参照(29頁)。

1 「現に罪を行っている」現行犯人

| (25) 軽犯罪法違反(侵入用具、軽微事件の現行犯人) | 職務質問し、カバン内に隠し持っていたガラス切り等を発見 |

様式第17号（刑訴第212条、第213条、第216条、第202条、第203条、第217条）

現行犯人逮捕手続書（甲）

下記現行犯人を逮捕した手続は、次のとおりである。

記

1　被疑者の住居、職業、氏名、年齢

　不詳（黙秘）

　年齢40歳くらい、身長約170センチメートル、やせ型、丸顔、髪スポーツ刈、右頬に小豆大のホクロ、黒色ジャンパー、紺色ズボン、一見工具風の男

2　逮捕の年月日時

　平成○年　12月　29日午前　0時　55分

3　逮捕の場所

　秋田県秋田市山王5丁目4番18号

　　　小宮定雄方前路上

4　現行犯人と認めた理由及び事実の要旨

　本日午前0時30分頃、本職は、管内秋田市山王5丁目4番3号先を警ら中、年齢40歳くらい、黒色ジャンパー、紺色ズボン姿の一見工具風の男（被疑者）が、立ち止まっては後ろを振り向いたりしながら、ゆっくりした足取りで歩いて来るのを発見した。

　深夜で、しかも人通りの少ない住宅街であるところから不審と認め、被疑者を注視すると、被疑者は右手にカバンを持ち、辺りを見回しながら、一軒一軒住宅の内部を伺っているようであった。

　本職は、被疑者に近づき、声を掛けたところ、被疑者は一瞬きょとんとした表情となり、慌てた様子であったが、「小便をしようと便所を探していた。急いでいるから。」などと言いながら立ち去ろうとするので、すかさず被疑者の右肩を軽くたたいて停止させ、カ

（注意）この手続書の末尾に、検察官が送致を受けた年月日時を記載し記名押印することができる余白を残しておくこと。

バンの中味を尋ねると、被疑者は「見せる必要はない。」と言いながら、また歩き出そうとした。

　本職は、カバンの中には他人に見せることができない物が入っていると思い、被疑者の右腕を軽くつかんで引き止め、更にカバンの在中物の開示を求めたところ、被疑者は、渋々カバンの中を見せたので、被疑者の承諾を得て在中品を調べると、合鍵やガラス切りなどが入っていた。

　本職は、被疑者に対し、これら合鍵やガラス切りを所持していた理由について質問すると、被疑者は、「昨日拾った。」などと答えたが、その態度に落ち着きがなく、更にその理由を質問したところ、被疑者は、「金を使ってしまって一銭もないので、どこかの家に泥棒にでも入ろうと思って持っていた。」と申し立てたので、被疑者を正当な理由がなく他人の邸宅等に侵入するのに使用される器具を隠し持っていた軽犯罪法違反の現行犯人と認めた。

5　逮捕時の状況

　本職が被疑者に対し、住居、氏名、年齢等について質問したところ、被疑者は、急に黙ってしまい、その後は語ろうとはせず、また身分を証明する物を所持していなかったので、被疑者に対し、軽犯罪法違反の現行犯人として逮捕する旨を告げたところ、被疑者は、納得するようにうなずいていたが、そのうち急に駆け出して逃走を始めたので、本職は直ちに追い掛け、約30メートル追跡して羽交絞めにして逮捕した。

6　証拠資料の有無

　あり

　本職は、平成○年12月29日午前1時20分、被疑者を秋田県秋田警察署司法警察員に引致した。

　　上記引致の日

　　　　　　　　　　　　秋田県秋田警察署

　　　　　　　　　　　　　　　司法警察員巡査部長　髙橋　春夫　㊞

一口メモ　軽微事件の場合には，住居又は氏名が明らかでないときや，逃亡するおそれがあるときに限り，現行犯逮捕が許される（刑訴法217条）。

② 「現に罪を行い終った」現行犯人

| (1) 公然わいせつ | 犯行直後，被害者が現場で被疑者を指差す（釈放手続まで） |

様式第17号（刑訴第212条，第213条，第216条，第202条，第203条，第217条）

現行犯人逮捕手続書（甲）

下記現行犯人を逮捕した手続は，次のとおりである。

記

1 被疑者の住居，職業，氏名，年齢

　東京都八王子市子安町1丁目2番3号

　　無職（元旭自動車（株）運転手）

　　　八代　信一

　　　　昭和○年7月7日生（30歳）

2 逮捕の年月日時

　平成○年　6月　18日午後　6時　20分

3 逮捕の場所

　東京都八王子市千人町1丁目2番

　　千人町公園内

4 現行犯人と認めた理由及び事実の要旨

　本日午後6時10分頃，本職が千人町交番で見張勤務中，「八王子市千人町1丁目2番千人町公園公衆トイレ付近で，通行している女性に陰茎を見せている男がいる。」という110番指令を無線受令機で傍受した。

　本職は，直ちに自転車で同公園へ急行したところ，同公園出入口のところに年齢25～26歳くらい，身長約155センチメートル，白色地にバラの花模様のワンピースを着た女性が立っており，本職の姿を見るや近づいて来て，「5分くらい前，公園の公衆トイレに入ろうとしたところ，男性用トイレの横のところに男の人が立っており，その男の人はわざと自分の陰茎を見せながら私の顔を見て笑ったりしたのです。見ていると，その男の人はほかの女の人にも同じことをしていました。その男の人はまだいるはずです。」

（注意）この手続書の末尾に，検察官が送致を受けた年月日時を記載し記名押印することができる余白を残しておくこと。

と訴え出た。

　本職は，直ちに，訴出人とともに，約20メートル離れた公衆トイレ近くまで行ったとき，同トイレの横に年齢30歳くらい，身長約170センチメートル，黒色ジャンパー姿の一見会社員風の男（被疑者）が立っており，訴出人は被疑者を指差しながら，「お巡りさん，あの男です。」と言うので，近づいて被疑者を見ると，ズボンのファスナーが開いており，被疑者は，本職の姿を見て急に反対方向へ歩き出したので，すぐさま被疑者の前に立ち塞がり，その場に停止させた。

　本職は，被疑者に対し，「君は陰茎を女性に見せたりしたのか。」と質問したところ，被疑者は，下を向きながら，低い声で「すみません。」と申し立てたので，被疑者を現に罪を行い終わった公然わいせつの現行犯人と認めた。

5　逮捕時の状況

　本職が被疑者に対し，公然わいせつの現行犯人として逮捕する旨を告げたところ，被疑者は，「すみません。またやってしまった。」などと言いながら素直に逮捕に応じた。

6　証拠資料の有無

　あり

　本職は，平成〇年6月18日午後6時45分，被疑者を警視庁八王子警察署司法警察員に引致した。

　　上記引致の日

　　　　　　　　　　　　　　警視庁八王子警察署

　　　　　　　　　　　　　　　　司法警察員巡査部長　山尾　正　㊞

　本職は，平成〇年6月20日午前8時30分，被疑者を釈放した。

　　上記釈放の日

　　　　　　　　　　　　　　警視庁八王子警察署

　　　　　　　　　　　　　　　　司法警察員警部　森　正一　㊞

一口メモ　留置の必要がなくなったときには，司法警察員は，警察本部長又は警察署長の指揮を受け，直ちに被疑者の釈放に係る措置をとらなければならない（犯罪捜査規範130条4項）。

② 「現に罪を行い終った」現行犯人

| (2) 強制わいせつ | 犯行直後，駅ホーム上で被害者が被疑者を訴える |

様式第17号（刑訴第212条，第213条，第216条，第202条，第203条，第217条）

現行犯人逮捕手続書（甲）

下記現行犯人を逮捕した手続は，次のとおりである。

記

1　被疑者の住居，職業，氏名，年齢

　　東京都台東区上野3丁目2番1号

　　　　会社員（藤田電器株式会社総務課）

　　　　　成瀬　栄治

　　　　　　昭和○年7月20日生（45歳）

2　逮捕の年月日時

　　平成 ○ 年 7月 9日午前 8時 20分

3　逮捕の場所

　　東京都足立区千住1丁目2番3号

　　　　北千住駅事務室内

4　現行犯人と認めた理由及び事実の要旨

　　本日午前8時10分頃，本職が北千住駅前交番で見張勤務中，「日比谷線電車内で痴漢，被疑者もそばにいる。」という110番指令を無線受令機で傍受した。

　　本職は，直ちに北千住駅日比谷線ホームに急行すると，年齢45〜46歳くらい，身長約170センチメートル，小太り，紺色背広上下姿の一見サラリーマン風の男（被疑者）と，年齢20歳くらい，身長約160センチメートル，白色半袖シャツ，紺色スカートをはいた女性（被害者）とが向かい合って立っており，その間で駅員が2人の話を聞いている様子であったが，本職の姿を見た女性は，本職に近づいて来て「今，この男に電車内で痴漢されました。」と訴え，被疑者は，本職の姿を見て慌てた様子で，顔面を青ざめ無言のまま下を向いていた。

（注意）この手続書の末尾に，検察官が送致を受けた年月日時を記載し記名押印することができる余白を残しておくこと。

本職は，2人の周りには大勢の乗客が立って見ており，乗客等の邪魔にもなっていたことから，2人を駅事務室に同行した。

　駅事務室において，女性は恥ずかしそうに被疑者の方を向き，「私は，前から3両目の車内に乗っていたのです。南千住駅を発車してすぐ，この男が混雑していることをいいことに，スカートの中に手を入れて陰部を触るので，何回となくその手を払いのけたのですが，そのうち，陰部に指を入れたり，あまりにもしつこいので，『降りてください。』と言ってこの駅に降りてもらったのです。」と訴え出た。

　本職は，被疑者に対し，「君がやったのか。」と質問すると，被疑者は，おどおどしながら，「申し訳ありません。ついムラムラしてしまい，やりました。」と申し立てたので，被疑者を現に罪を行い終わった強制わいせつの現行犯人と認めた。

5　逮捕時の状況

　本職が被疑者に対し，強制わいせつの現行犯人として逮捕する旨を告げたところ，被疑者は，「勘弁してください。会社に分かってしまいますか。」などと半ば泣き出しそうな態度で逮捕に応じた。

6　証拠資料の有無

　あり

　本職は，平成〇年7月9日午前8時45分，被疑者を警視庁千住警察署司法警察員に引致した。

　　上記引致の日

　　　　　　　　　　　　　　　警視庁千住警察署

　　　　　　　　　　　　　　　　　司法警察員巡査部長　遠藤　　勝　㊞

一口メモ　同じ電車内での痴漢行為であっても，着衣の上から触れる程度の事案は，いわゆる迷惑防止条例違反にとどまることが多いので，注意を要する。

　本事案では，手続書末尾の余白が少ないので，継続用紙を付け足して，作成者の契印をしておくとよい。前記第2章3(1)ケ「末尾余白」欄参照（29頁）。

2 「現に罪を行い終った」現行犯人

| (3) 強制わいせつ | 犯行直後,被害者が犯行場所の草むらから飛び出した男を指差す |

様式第17号（刑訴第212条，第213条，第216条，第202条，第203条，第217条）

現行犯人逮捕手続書（甲）

下記現行犯人を逮捕した手続は，次のとおりである。

記

1　被疑者の住居，職業，氏名，年齢

　東京都大田区田園調布3丁目4番5号

　　会社員（AUO株式会社経理係）

　　　古口　茂

　　　平成〇年10月8日生（22歳）

2　逮捕の年月日時

　平成　〇　年　8月　18日午後　10時　40分

3　逮捕の場所

　東京都大田区田園調布1丁目2番3号

　　高橋功方前路上

4　現行犯人と認めた理由及び事実の要旨

　本日午後10時30分頃，本職（長田巡査部長）が丸子橋交番で見張勤務中，「女性の声で『助けて。』という悲鳴，場所，田園調布1丁目2番丸子橋公園。」という110番指令を無線受令機で傍受した。

　本職は，直ちに相勤者橋本巡査とともに，自転車で現場に向かったが，その途中の同公園の手前約10メートルのところまで来たとき，年齢20歳くらい，白色ワンピース姿の女性（被害者）が息をはずませて走って来て，「お巡りさん，あの公園内を歩いていると，後方から男が飛び出してきて私の口を押さえ，騒ぐと殺すと脅され，その場に倒されて草むらに引きずり込まれ，乳房をもまれたり，パンツを脱がされて陰部に指を入れたりされました。犯人は，年齢22～23歳くらい，身長170センチメートルくらい，黒

（注意）この手続書の末尾に，検察官が送致を受けた年月日時を記載し記名押印することができる余白を残しておくこと。

色半袖シャツ姿の男で，今，公衆便所の方へ逃げて行きました。」と訴え出た。

　本職らは，被害者とともに逃走方向を検索したところ，検索を開始してから約5分くらい過ぎた頃，同公園内の薄暗い草むらから突然飛び出した男（被疑者）がおり，その方を見ると，被疑者が着ている服装が被害者が申し立てる犯人と酷似していたので，直ちに被疑者の後を追い掛け，約10メートル追跡した地点で追いつき，「なぜ逃げるんだ。」と言って，被疑者の右肩に軽く手を掛け，その場に停止させた。

　そのとき，被害者が駆け込んで来て，被疑者を指差し「お巡りさん，この男です。」と申し立てたので，橋本巡査が「君がやったのか。」と追及すると，被疑者は，最初のうちは下を向いて無言のままであったが，観念してか，「女の姿を見て，ついムラムラとしてしまい，女性をその場に押し倒したり陰部をいじったりしました。」と申し立てたので，被疑者を現に罪を行い終わった強制わいせつの現行犯人と認めた。

5　逮捕時の状況

　本職が被疑者に対し，強制わいせつの現行犯人として逮捕する旨を告げたところ，被疑者は，「勘弁してください。」と懇願したが，橋本巡査が右腕をつかんで逮捕した。

6　証拠資料の有無

　あり

　本職らは，平成〇年8月18日午後11時10分，被疑者を警視庁田園調布警察署司法警察員に引致した。

　　上記引致の日

　　　　　　　　　　　　　　警視庁田園調布警察署

　　　　　　　　　　　　　　　　司法警察員巡査部長　　長田　豊次　㊞

　　　　　　　　　　　　　　　　　　　　司法巡査　　橋本　秀夫　㊞

一口メモ　本事案では，手続書末尾の余白が少ないので，継続用紙を付け足して，作成者の契印をしておくとよい。前記第2章3(1)ケ「末尾余白」欄参照（29頁）。

② 「現に罪を行い終った」現行犯人

| ⑷ 殺　人 | 犯行直後，現場である自宅で被疑者が認める |

様式第17号（刑訴第212条，第213条，第216条，第202条，第203条，第217条）

現行犯人逮捕手続書（甲）

下記現行犯人を逮捕した手続は，次のとおりである。

記

1　被疑者の住居，職業，氏名，年齢

　　東京都大田区池上1丁目2番3号　椿荘1階3号室

　　　無職（元青果商）

　　　　藤野　忠男

　　　　昭和○年3月5日生（58歳）

2　逮捕の年月日時

　　平成　○　年　3月　10日午後　9時　05分

3　逮捕の場所

　　東京都大田区池上1丁目2番3号

　　　　椿荘1階3号室被疑者藤野忠男方居室

4　現行犯人と認めた理由及び事実の要旨

　　本日午後8時55分頃，本職（山下巡査部長）が警視庁池上警察署において，宿直勤務中，女性の声で「父が看病していた祖母を殺した。」という内容の110番指令を傍受し，強行犯捜査係五十嵐巡査部長，盗犯捜査係北條巡査部長，鑑識係大木巡査とともに，直ちに現場である大田区池上1丁目2番3号椿荘1階3号室藤野忠男方に急行した。

　　同椿荘前には訴出人と思われる年齢35〜36歳くらいの女性（被疑者の長女藤野文子《35歳》）が立っており，本職らの姿を見るなり，「どうもすみません。」と一礼しながら同椿荘1階3号室に案内された。

　　同室は6畳間の広さで寝室となっており，室内では年齢57〜58歳くらい，身長約165センチメートル，やせ型，黒色と黄色の縦縞模様のパジャマ姿の男（被疑者）が壁

（注意）この手続書の末尾に，検察官が送致を受けた年月日時を記載し記名押印することができる余白を
　　　残しておくこと。

に寄り掛かり，ぼう然と立ちすくんでおり，その前方の布団の中に老女が横たわり，老女の顔面には白色手拭いがかぶせてあった。

　本職は，布団をはいで老女を観察するに，老女は年齢80歳くらい，身長約150センチメートル，非常にやせており，老女の頸部には一周する索溝があり，老女は既に死亡していたが，体温がまだ冷えきっておらず，死体の状況からして死亡して間もない状況であった。

　被疑者は，本職らが質問する前に，本職らに対し，腰ひもの様な物を見せて，「すみません。ちょっと前，これで母の首を絞めて殺しました。母の顔を見ているうちに不びんになり，自分も死のうと思いましたが，死にきれませんでした。」と頭を下げ，小さな声で申し立てたので，被疑者を現に罪を行い終わった殺人の現行犯人と認めた。

5　逮捕時の状況

　本職が被疑者に対し，殺人の現行犯人として逮捕する旨を告げたところ，被疑者は，「ご迷惑をかけてすみません。」と言ってうなだれ，五十嵐巡査部長が被疑者の右腕をつかんで逮捕した。

6　証拠資料の有無

　　あり

　本職らは，平成○年3月10日午後9時35分，被疑者を警視庁池上警察署司法警察員に引致した。

　　上記引致の日

　　　　　　　　　　　　　　警視庁池上警察署
　　　　　　　　　　　　　　　司法警察員巡査部長　　山下　義隆　㊞
　　　　　　　　　　　　　　　司法警察員巡査部長　　五十嵐　清　㊞

　一口メモ　逮捕の時刻が午後9時05分と記載されているが，午後9時5分でもよい。要は正確に記載し，かつ改ざんが許されないような隙のない記載であればよい。

　　本事案では，手続書末尾の余白が少ないので，継続用紙を付け足して，作成者の契印をしておくとよい。前記第2章3(1)ケ「末尾余白」欄参照（29頁）。

2 「現に罪を行い終った」現行犯人

(5) 傷 害	警ら中，犯行直後の状態を現認

様式第17号（刑訴第212条，第213条，第216条，第202条，第203条，第217条）

現行犯人逮捕手続書（甲）

下記現行犯人を逮捕した手続は，次のとおりである。

記

1 被疑者の住居，職業，氏名，年齢

　東京都世田谷区三軒茶屋3丁目2番1号

　　　運転手（三澤運送有限会社）

　　　　海野　利之

　　　　　平成○年6月3日生（25歳）

2 逮捕の年月日時

　平成 ○ 年 5 月 20 日午 後 9 時 40 分

3 逮捕の場所

　東京都渋谷区宇田川1丁目2番3号

　　　新渋谷ビル脇路地

4 現行犯人と認めた現由及び事実の要旨

　本職が本日午後9時30分頃，管内渋谷区宇田川1丁目2番3号新渋谷ビル前路上を警ら中，同ビルの奥の方で「この野郎，気を付けろ，分かったか。」などと怒鳴る声がした。本職は，その方向を見ると，立っている男の前に，一人の男の人がうずくまっていたので，すぐさまその場に近づくと，立っていた男は年齢25～26歳くらい，身長約170センチメートル，体格ガッチリ，カーキ色ジャンパー，黒色ズボン，一見暴走族風の男（被疑者）で，右手にヘルメットを持っており，うずくまっている男は年齢20歳くらい，小太り，紺色背広上下，一見会社員風の男（被害者）で，被疑者は被害者をにらみつけながら「何か文句があるか。」などと怒鳴っていた。

　被疑者は本職の姿を見るなり，立ち去ろうとしたので，本職が被疑者の右腕に軽く手

（注意）この手続書の末尾に，検察官が送致を受けた年月日時を記載し記名押印することができる余白を残しておくこと。

を添えて引き止めたところ，被害者が立ち上がり，被疑者を指差し「この人が私の持っているカバンに当たってきたので，注意したところ，ここに連れて来られ，さっきいきなり，ヘルメットで殴られました。」と訴え，被害者の左側頭部や左額部からは血が流れていた。

被害者の本職に対する訴えを聞いて，被疑者は，「生意気な口をきくので頭に来てしまい，このヘルメットで頭の辺りを殴った。」と申し立てたので，被疑者を現に罪を行い終わった傷害の現行犯人と認めた。

5　逮捕時の状況

本職が被疑者に対し傷害の現行犯人として逮捕する旨を告げたところ，被疑者は，本職に向かって「治療代を払いますので勘弁してください。」と申し立てながら，素直に逮捕に応じた。

6　証拠資料の有無

あり

本職は，平成○年5月20日午後10時5分，被疑者を警視庁渋谷警察署司法警察員に引致した。

　　上記引致の日

　　　　　　　　　　　　　　　警視庁渋谷警察署

　　　　　　　　　　　　　　　　　司法巡査　田中　将人　㊞

一口メモ　罪を行った直後の事例であり，①時間的接着性，②場所的近接性，③外部的明白性のいずれについても問題のない事案である。

2 「現に罪を行い終った」現行犯人

| (6) 傷 害 | 犯行直後，現場のスナック店内で被害者が被疑者を訴える |

様式第17号（刑訴第212条，第213条，第216条，第202条，第203条，第217条）

現行犯人逮捕手続書（甲）

下記現行犯人を逮捕した手続は，次のとおりである。

記

1　被疑者の住居，職業，氏名，年齢

　　東京都大田区東蒲田1丁目2番3号　メゾン東蒲田202号室

　　　　無職（元㈱松田建設土工）

　　　　　橋本　芳広

　　　　　　昭和○年5月8日生（45歳）

2　逮捕の年月日時

　　平成　○　年　3月　10日午後　8時　25分

3　逮捕の場所

　　東京都大田区西蒲田1丁目2番3号

　　　　スナック「ヒロキ」店舗内

4　現行犯人と認めた理由及び事実の要旨

　　本日午後8時15分頃，本職（佐藤巡査）が蒲田駅西口交番で見張勤務中，「西蒲田1丁目2番3号スナック『ヒロキ』店内において暴力団員風の男が暴れている。」という110番指令を無線受令機で傍受した。

　　本職は，直ちに相勤者若杉巡査とともに，現場であるスナック「ヒロキ」に急行した。

　　同店内に入ると，店内カウンター前の床上に割れたビール瓶やコップの破片が散らばっており，出入口ドアの前で年齢45〜46歳くらい，身長約175センチメートル，体格ガッチリ，紺色背広上下を着た一見暴力団員風の男（被疑者）が立ち，それに向かい合ってスナックの店員らしい20歳くらいの男（被害者）が両手で頭を抱え，うずくまっており，その顔面からは血が流れていた。

（注意）この手続書の末尾に，検察官が送致を受けた年月日時を記載し記名押印することができる余白を残しておくこと。

被疑者は本職の姿を見て，慌てて外に出ようとしたので，それを引き止め，被害者から事情を聞くと，「この人が，早くビールを持って来い，と言って怒鳴るので，すぐ持って行ったところ，この人に，テーブルの上にあった鉄製灰皿でいきなり顔を殴られ，このとおり怪我をしました。この人は『俺が○○会の者だということを知らないのか。モタモタするんじゃないよ。』などとすごむので，怖くて，怖くて立つこともできませんでした。」と申し立てた。

本職は，被疑者に対し，問いただしたところ，被疑者は，「なかなかビールを持って来ないし，謝りもしないので，頭に来てしまい，灰皿で2～3発顔を殴りました。」と申し立てたので，被疑者を現に罪を行い終わった傷害の現行犯人と認めた。

5　逮捕時の状況

本職が被疑者に対し，傷害の現行犯人として逮捕する旨を告げたところ，被疑者は，無視して店から出ようとしたので，若杉巡査が被疑者の右腕をつかみ，両手に手錠を掛けて逮捕した。

6　証拠資料の有無

あり

本職らは，平成○年3月10日午後8時50分，被疑者を警視庁蒲田警察署司法警察員に引致した。

上記引致の日

警視庁蒲田警察署

司法巡査　佐藤　勝彦　㊞

司法巡査　若杉　雄大　㊞

一口メモ　逮捕する旨を告げたところ，被疑者が犯行現場から立ち去ろうとした事案であり，逃亡のおそれが大きいことを認定するのに役立つ事情であるから，必ず記載しておくこと。

　本事案では，手続書末尾の余白が少ないので，継続用紙を付け足して，作成者の契印をしておくとよい。前記第2章3(1)ケ「末尾余白」欄参照（29頁）。

2 「現に罪を行い終った」現行犯人

| (7) 傷 害 | 犯行直後，現場において被害者が被疑者を指差す |

様式第17号（刑訴第212条，第213条，第216条，第202条，第203条，第217条）

現行犯人逮捕手続書（甲）

下記現行犯人を逮捕した手続は，次のとおりである。

記

1　被疑者の住居，職業，氏名，年齢

　　栃木県宇都宮市塙田5丁目4番3号

　　　　無職（元パチンコ店店員）

　　　　　山村　和実

　　　　　　昭和○年1月9日生（31歳）

2　逮捕の年月日時

　　平成 ○ 年　1月　9日午後　11時　40分

3　逮捕の場所

　　栃木県宇都宮市塙田1丁目2番3号

　　　　大衆酒場「大将」前路上

4　現行犯人と認めた現由及び事実の要旨

　　本日午後11時30分頃，本職（宮本巡査部長）は，宇都宮駅前交番で勤務中，通行人である同市塙田3丁目2番1号，会社員山口行夫（25歳）が慌てて駆け込んで来て「今，『大将』という飲み屋の前で左腕に入れ墨をした暴力団員風の男が通行人に因縁をつけて暴れています。」という訴え出を受けた。

　　本職は，直ちに相勤者千葉巡査とともに，訴出人と同道し，約80メートル離れた大衆酒場「大将」前まで行くと，年齢30歳くらい，身長約170センチメートル，体格ガッチリ，一見暴力団員風の男（被疑者）が「生意気な，この野郎。」などと大きな声を張り上げ上半身裸になっており，背中には「花」と「蝶」の入れ墨，左腕には「龍」の入れ墨をしており，通行人等に対し，入れ墨をちらつかせていた。被疑者の前には年齢20歳

（注意）この手続書の末尾に，検察官が送致を受けた年月日時を記載し記名押印することができる余白を残しておくこと。

前後の背広姿の男（被害者）が顔面血だらけで，顔面を両手で押さえてうずくまっていた。

千葉巡査が被害者に近づき，被害者に尋ねたところ，被害者は，被疑者を指差し，「何が何だかさっぱり分からないが，この男が，『なぜ俺の顔を見るんだ。』と言って，いきなり顔を思い切り数回殴られました。あまりにも強く殴られたので，その場に倒れてしまったのですが，あの男はそれでもやめずに，今度は倒れている私の腹などを足蹴りしてきたのです。それでこのとおり顔などに怪我をしました。」と訴え出た。

そこで，本職は，被疑者に対し，「君がやったのか。」と追及したところ，被疑者は，「俺の顔をジロジロ見て，ニヤッと笑うので頭に来てしまい，やった。」などと述べたので，被疑者を現に罪を行い終わった傷害の現行犯人と認めた。

5　逮捕時の状況

本職が被疑者に対し，傷害の現行犯人として逮捕する旨を告げると，被疑者は，「俺が何をやったというのだ，入れ墨しているからか。」などと言いながら手足をバタバタさせたが，千葉巡査が被疑者の両手に手錠を掛けて逮捕した。

6　証拠資料の有無

あり

本職らは，平成○年1月9日午後11時58分，被疑者を栃木県宇都宮警察署司法警察員に引致した。

上記引致の日

　　　　　　　　　　　　　　　栃木県宇都宮警察署

　　　　　　　　　　　　　　　　司法警察員巡査部長　宮本　隆志　㊞

　　　　　　　　　　　　　　　　　　　司法巡査　千葉　祐　㊞

一口メモ　本事案は，被害者が出血しており，負傷していることが明らかに認められるとの判断から傷害罪で現行犯逮捕したが，医師の診断を待たなければ傷害の認定が難しい場合には，暴行罪で逮捕し，その後の診断結果に基づいて罪名変更して送致する方法もある。

　本事案では，手続書末尾の余白が少ないので，継続用紙を付け足して，作成者の契印をしておくとよい。前記第2章3(1)ケ「末尾余白」欄参照（29頁）。

2 「現に罪を行い終った」現行犯人

| (8) 傷　害 | 犯行直後，被害者が現場付近を歩いている被疑者を指差す |

様式第17号（刑訴第212条，第213条，第216条，第202条，第203条，第217条）

現行犯人逮捕手続書（甲）

下記現行犯人を逮捕した手続は，次のとおりである。

記

1　被疑者の住居，職業，氏名，年齢

　　千葉県市川市南1丁目2番3号

　　　　工員（有山下鉄工所）

　　　　　岩崎　公市

　　　　　　昭和○年3月13日生（30歳）

2　逮捕の年月日時

　　平成○年8月10日午後11時15分

3　逮捕の場所

　　東京都江戸川区南小若8丁目7番6号

　　　　福島ビル前路上

4　現行犯人と認めた理由及び事実の要旨

　　本日午後11時10分頃，本職が管内江戸川区南小岩7丁目2番先路上を警ら中，通行人から「この先の路地で血を流してうずくまっている男がいます。」との届出により，直ちに届出人と同道して，その場所に行くと，年齢25〜26歳，白色半袖シャツ姿の一見サラリーマン風の男（被害者）が顔面と頭部から血を流し，両手で頭を抱え，フラフラしながら歩いているのに出会った。

　　本職は，被害者に対して「どうしました。」と尋ねたところ，被害者は，本職の姿を見て，「今，この路地に連れ込まれて，顔や頭を殴られた後，履いていた靴で首の付近を殴られました。殴った男は年齢30歳前後，身長175センチメートルくらい，体格ガッチリ，紺色半袖シャツ，一見暴力団員風の男で，駅の方へ歩いて行きました。」と訴え出た。

（注意）この手続書の末尾に，検察官が送致を受けた年月日時を記載し記名押印することができる余白を残しておくこと。

本職は，直ちに被害者とともに，JR総武線小岩駅の方へと検索したところ，発生から約5分後，現場から約30メートル離れた路上を，被害者が申し立てる犯人の人相，服装と酷似する男（被疑者）が千鳥足でフラフラしながら駅の方へ歩いているのを発見した。被害者が被疑者を指差し，「あの男です。」と申し立てたので，本職は，直ちに被疑者に近づき，被疑者に対し，「君がこの人を殴ったりしたのか。」と質問したところ，被疑者は，被害者の姿を見て観念したのか，履いている靴を脱いで「ああー，俺の顔をジロジロ見て変な顔をしたので頭に来て，これでやった。」と申し立てたので，被疑者を現に罪を行い終わった傷害の現行犯人と認めた。

5　逮捕時の状況

　本職が被疑者に対し，傷害の現行犯人として逮捕する旨を告げたところ，被疑者は，「そんなことで逮捕するのかよ。」などと怒鳴りながら，駅の方へ歩き出そうとしたので，被疑者の右腕をつかみ，両手に手錠を掛けて逮捕した。

6　証拠資料の有無

　あり

　本職は，平成〇年8月10日午後11時50分，被疑者を警視庁小岩警察署司法警察員に引致した。

　　上記引致の日

　　　　　　　　　　　　　警視庁小岩警察署

　　　　　　　　　　　　　　　　司法巡査　村上　三郎　㊞

一口メモ　現場から離れた場所で逮捕されているが，場所的近接性ありといえる事案である。

2 「現に罪を行い終った」現行犯人

| (9) 傷 害 | 犯行直後，現場の被害者宅で被害者が被疑者を訴える |

様式第17号（刑訴第212条，第213条，第216条，第202条，第203条，第217条）

現行犯人逮捕手続書（甲）

下記現行犯人を逮捕した手続は，次のとおりである。

記

1　被疑者の住居，職業，氏名，年齢

　　東京都渋谷区宇田川3丁目2番1号

　　　　無職（元タクシー運転手）

　　　　天野　正博

　　　　昭和○年3月10日生（30歳）

2　逮捕の年月日時

　　平成　○　年　10月　8日午後　9時　40分

3　逮捕の場所

　　東京都世田谷区上野毛1丁目2番3号

　　　　池田荘1階2号室佐藤道子方居室

4　現行犯人と認めた理由及び事実の要旨

　　本日午後9時30分頃，本職（阿野巡査部長）は，上野毛交番で見張勤務中，「世田谷区上野毛1丁目2番3号池田荘1階2号室佐藤道子方で女性の悲鳴。」という110番指令を無線受令機で傍受した。

　　本職は，相勤者岩切巡査とともに，自転車で現場である池田荘1階2号室佐藤道子方に駆け付け，同方居室内に入ると，室内中央付近でテーブルがひっくり返り，その周囲に食器類が散乱しており，年齢25～26歳，赤色セーター姿の女性（被害者）が部屋の隅で震えながらうずくまっており，よく見ると，同人の顔面は血だらけで左眼が青く膨れていた。女性は本職の姿を見るや，すぐに近づいて来て，部屋の奥で立っている年齢30歳くらい，身長約175センチメートル，体格ガッチリ，髪パンチパーマ，一見暴力

（注意）この手続書の末尾に，検察官が送致を受けた年月日時を記載し記名押印することができる余白を残しておくこと。

団員風の男（被疑者）の方を向きながら「あの男は，酒を飲むと見境が付かなくなり，今晩も何が面白くないのか，いきなり顔を殴られ，更に茶碗やコップなどを顔に突き付けられ，このように怪我をしました。これで3回目ですし，もう我慢ができませんので，今日は被害届を提出します。後で知ったのですが，この男は○○組の幹部ということです。」と訴え出た。

　被疑者は，最初のうちは無言であったが，そのうち，「訳の分からないことを言うので頭に来てしまい殴った。」などと申し立てたので，被疑者を現に罪を行い終わった傷害の現行犯人と認めた。

5　逮捕時の状況

　本職が被疑者に対し，傷害の現行犯人として逮捕する旨を告げたところ，被疑者は，「何で警察を呼んだんだ。」などと言いながら，隣室に行こうとしたため右腕をつかんだところ，本職の腕を払いのけようとしたので，岩切巡査が両手に手錠を掛けて逮捕した。

6　証拠資料の有無

　あり

　本職らは，平成○年10月8日午後10時10分，被疑者を警視庁玉川警察署司法警察員に引致した。

　　　上記引致の日

　　　　　　　　　　　　　　　　　　警視庁玉川警察署

　　　　　　　　　　　　　　　　　　　司法警察員巡査部長　阿野　勝義　㊞

　　　　　　　　　　　　　　　　　　　司法巡査　岩切　正雄　㊞

一口メモ　本事案では，手続書末尾の余白が少ないので，継続用紙を付け足して，作成者の契印をしておくとよい。前記第2章3(1)ケ「末尾余白」欄参照（29頁）。

2 「現に罪を行い終った」現行犯人

| (10) 監 禁 | 片手錠の中国人が逃走直後近くの監禁場所へ案内し，同所にいた被疑者を指差す |

様式第17号（刑訴第212条，第213条，第216条，第202条，第203条，第217条）

現行犯人逮捕手続書（甲）

下記現行犯人を逮捕した手続は，次のとおりである。

記

1　被疑者の住居，職業，氏名，年齢

　　住居不詳

　　　職業不詳

　　　　　自称　林　軍　こと　リン　グン

　　　　　　　　（30歳くらい）

2　逮捕の年月日時

　　平成○年　9月　10日午後　3時　30分

3　逮捕の場所

　　神奈川県横浜市中区山下町23番地

　　　　第二青空荘2階被疑者居室内

4　現行犯人と認めた理由及び事実の要旨

　　本日午後3時20分頃，本職（増尾巡査）は，相勤者小野田巡査とともに，管内横浜市中区山下町20番地先路上を自転車で警ら中，「片方の手に手錠をして歩いている男がいる。場所は同町25番地付近。」という110番指令を傍受した。

　　本職らは，直ちに現場へ急行したところ，左手首に手錠を掛け，フラフラしながら歩いている年齢25～26歳くらい，身長約165センチメートル，やせ型，薄汚れた白色半袖シャツ，黒色ズボンをはき，裸足の男（被害者）を発見したので，被害者から事情聴取したところ，被害者は中国人を名乗り，片言の日本語で「今，閉じ込められたところから逃げて来た。まだ犯人がいると思う。場所はすぐそこです。」と訴え出た。

　　本職らは，被害者の案内で約20メートル離れた同町23番地第二青空荘前路上まで来

（注意）この手続書の末尾に，検察官が送致を受けた年月日時を記載し記名押印することができる余白を残しておくこと。

たとき，男は，「あそこです。」と言いながら同荘2階を指差したので，同荘2階に上がり，部屋の出入口ドアを開けると，年齢30歳くらい，身長約170センチメートル，やせ型，白色半袖シャツ，黒ズボンの男（被疑者）が出て来たが，その瞬間，被害者は，被疑者を指差して「この男です。渡航費を払えと言って，ここに1週間閉じ込められていた。」と申し立てた。

部屋には，手錠や木刀，それに食べ残しの即席ラーメンなどが散乱しており，被疑者は逃れられないと観念してか，頭を下げながら，今まで，被害者をこの部屋に閉じ込めていたことを自供したので，被疑者を現に罪を行い終わった監禁の現行犯人と認めた。

5　逮捕時の状況

本職が被疑者に対し，監禁の現行犯人として逮捕する旨を告げたところ，被疑者は，片言の日本語で「すみません。」と言ったものの，逃走する気配が見受けられたので，小野田巡査が両手に手錠を掛けて逮捕した。

6　証拠資料の有無

あり

本職らは，平成○年9月10日午後3時50分，被疑者を神奈川県加賀町警察署司法警察員に引致した。

上記引致の日

神奈川県加賀町警察署

司法巡査　増尾　信孝　㊞

司法巡査　小野田　実　㊞

一口メモ　本事案では，手続書末尾の余白が少ないので，継続用紙を付け足して，作成者の契印をしておくとよい。前記第2章3(1)ケ「末尾余白」欄参照（29頁）。

2 「現に罪を行い終った」現行犯人

| (11) 窃　盗
　　（空き巣） | 帰宅直後に犯行を目撃した被害者の訴え出を受け、被害者方に向かったところ、勝手口付近で被疑者を発見 |

様式第17号（刑訴第212条，第213条，第216条，第202条，第203条，第217条）

現行犯人逮捕手続書（甲）

下記現行犯人を逮捕した手続は，次のとおりである。

記

1　被疑者の住居，職業，氏名，年齢

　　住居不定（元岐阜県岐阜市岐阜1丁目2番3号　マンション白川302号室）

　　　　無職（元会社員）

　　　　　　小宮　　学

　　　　　　平成〇年8月8日生（20歳）

2　逮捕の年月日時

　　平成　〇　年　5　月　28日午　後　3　時　45　分

3　逮捕の場所

　　名古屋市中区三の丸2丁目3番18号

　　　　小野一成方前路上

4　現行犯人と認めた理由及び事実の要旨

　　本日午後3時40分頃，本職が市役所駅前交番で勤務中，同交番から南方へ約80メートル離れた名古屋市中区三の丸2丁目3番4号主婦笠原茂子（40歳）が慌てて駆け込んで来て，「お巡りさん。私の家の2階に泥棒がいます。買物から帰って家へ入ると，2階で物音がするので，おそるおそる階段から2階へ上がり，そっと見ると，年齢20歳くらい，身長168センチメートルくらい，やせ型，黒色っぽいジャンパーに黒ズボンをはいた男が整理ダンスなどを開けていたので，怖くなり，電話をかけるより飛んで来たのです。早く来てください。」と訴え出た。

　　本職は，直ちに訴出人（被害者）とともに，被害者宅へ向かったところ，被害者宅勝手口付近で犯人とよく似た人相，服装の男（被疑者）を認めたが，被疑者は，本職の姿

（注意）この手続書の末尾に，検察官が送致を受けた年月日時を記載し記名押印することができる余白を残しておくこと。

を見るなり急に方向を転換し，逆の方向へ走り出したので，間髪を入れずに直ちに被疑者の後を追い掛け，約50メートル先の同町2丁目3番18号小野一成方前路上で追いつき，「どうして逃げるんですか。」と言いながら，被疑者の右肩に軽く手を掛けて停止させた。

　被疑者は，「何か用事ですか。」などと平静を装っていたが，途中自宅に行き被害を確認して来た訴出人が，被疑者に向かって，「この男です。今調べてきましたが，現金や指輪などが盗まれています。」と申し立てた。

　訴出人の本職に対する訴え出を聞いていた男は，逃れられないと観念して，「すみません。」と言いながら，盗んだという現金30万円入りの茶封筒やダイヤ付指輪，ネックレスなどを差し出したので，被疑者を現に罪を行い終わった住居侵入及び窃盗の現行犯人と認めた。

5　逮捕時の状況

　本職は，被疑者に対し，住居侵入及び窃盗の現行犯人として，逮捕する旨を告げたところ，被疑者は，「家の者が帰って来たと思ってすぐ出たが。」と言いながら素直に逮捕に応じた。

6　証拠資料の有無

　あり

　本職は，平成○年5月28日午後4時10分，被疑者を愛知県中警察署司法警察員に引致した。

　　上記引致の日

　　　　　　　　　　　　　　　愛知県中警察署

　　　　　　　　　　　　　　　　　　司法巡査　川島　直人　㊞

一口メモ　本事案では，住居侵入及び窃盗で現行犯逮捕しているが，窃盗について被害品が確認できないときは，住居侵入及び窃盗未遂で現行犯逮捕することを検討しなければならない。

　本事案では，手続書末尾の余白が少ないので，継続用紙を付け足して，作成者の契印をしておくとよい。前記第2章3(1)ケ「末尾余白」欄参照（29頁）。

2 「現に罪を行い終った」現行犯人

| (12) 窃　盗
　（電話機荒し） | 犯行直後，訴出人である目撃者が，現場付近で被疑者を指差す |

様式第17号（刑訴第212条，第213条，第216条，第202条，第203条，第217条）

現行犯人逮捕手続書（甲）

下記現行犯人を逮捕した手続は，次のとおりである。

記

1　被疑者の住居，職業，氏名，年齢

　　住居不定（元東京都立川市柴崎町3丁目2番1号）

　　　　無職（元靴店店員）

　　　　　　金田　裕一

　　　　　　平成○年6月10日生（20歳）

2　逮捕の年月日時

　　平成 ○ 年 8月 18日午後 10時 55分

3　逮捕の場所

　　東京都立川市曙町1丁目10番11号

　　　　山崎クリーニング店前路上

4　現行犯人と認めた理由及び事実の要旨

　　本日午後10時45分頃，本職が立川駅前交番で見張勤務中，通行人から「この先の安原病院前の公衆電話ボックス内の電話機から現金を盗んでいる男がいる。」との訴出を受けた。

　　本職は，直ちに訴出人と同道して現場である立川市曙町1丁目2番3号安原病院前に設置してある公衆電話ボックスに急行したところ，ボックス内には人影はなかったが，電話機の施錠部が壊され，電話機の現金収納ボックス内には現金は一銭も見当たらなかった。

　　訴出人が本職に対し「犯人は黒色の野球帽をかぶり，年齢20歳くらい，身長170センチメートルくらい，白色半袖シャツ姿で黒色バッグを持った学生風の男です。」と申し

（注意）この手続書の末尾に，検察官が送致を受けた年月日時を記載し記名押印することができる余白を残しておくこと。

立てたので，付近の見回りをしたところ，被害公衆電話ボックスから約 30 メートル離れた路上において，犯人と似寄り人相，服装の男がうろうろしているのを発見，訴出人がその男（被疑者）を指差し，「あの男です。」と申し立てた。

　そこで，本職は，被疑者に近づき，質問すると，被疑者は，びっくりした様子で，両手を震わせ，所持していたバッグの中から 100 円硬貨，10 円硬貨（合計 1,250 円）と電話機を壊すのに使ったと思われるバール 1 本を差し出しながら，「すみません。これで取りました。」と自供したので，被疑者を現に罪を行い終わった窃盗の現行犯人と認めた。

5　逮捕時の状況

　本職が被疑者に対し，窃盗の現行犯人として逮捕する旨を告げたところ，被疑者は，「まさか見られていたとは知らなかった。」と半ばふてくされた態度で逮捕に応じた。

6　証拠資料の有無

　あり

　本職は，平成〇年 8 月 18 日午後 11 時 15 分，被疑者を警視庁立川警察署司法警察員に引致した。

　上記引致の日

　　　　　　　　　　　　　警視庁立川警察署

　　　　　　　　　　　　　　　司法警察員巡査部長　澤村　正志　㊞

2 「現に罪を行い終った」現行犯人

| (13) 強 盗 | 警ら中，犯行直後の状態を現認 |

様式第17号（刑訴第212条，第213条，第216条，第202条，第203条，第217条）

現行犯人逮捕手続書（甲）

下記現行犯人を逮捕した手続は，次のとおりである。

記

1　被疑者の住居，職業，氏名，年齢

　　東京都足立区鹿浜1丁目2番3号

　　　　無職（元中華料理店「黒龍」店員）

　　　　　谷山　正夫

　　　　　　昭和○年5月6日生（35歳）

2　逮捕の年月日時

　　平成 ○ 年 4月 5日午後 8時 15分

3　逮捕の場所

　　東京都荒川区西日暮里3丁目2番1号

　　　　山口ビル横路地上

4　現行犯人と認めた理由及び事実の要旨

　　本日午後8時10分頃，本職が管内荒川区西日暮里3丁目2番先路上を警ら中，同所所在の西日暮里公園の公衆便所の方向から「この野郎。」などと怒鳴る声がしたので，声のした方に近づくと，年齢35～36歳，身長約175センチメートル，カーキ色ジャンパー姿の一見チンピラ風の男（被疑者谷山正夫）と年齢やはり同じくらい，身長約165センチメートル，黒色ジャンパー姿のやはり一見チンピラ風の男（被疑者氏名不詳）が，年齢20歳くらい，紺色背広上下姿の一見サラリーマン風の男（被害者）に向かって，すごんでいるようで，よく見ると，黒色ジャンパー姿の氏名不詳の被疑者が持っていたカッターナイフの様な物をジャンパーのポケットにしまい，被疑者谷山正夫は「分かっているんだろう。」などと言いながら，2人はその場から立ち去ろうとしていた。そこで，本

（注意）この手続書の末尾に，検察官が送致を受けた年月日時を記載し記名押印することができる余白を残しておくこと。

職は，その様子から，被害者が2人組の男にカッターナイフで脅され，金銭などを取られたのではないかと思い近づくと，被害者の顔は青ざめ，両手は小刻みに震えているようであったが，被疑者らは本職の姿を見てバラバラに逃走した。

　本職の姿に気づいた被害者は近づいて来て，「今あの男達にカッターナイフを見せられ，『金を出せ。言うとおりにしないとどうなるか分かっているだろう，早く出せ。』などと脅されて現金3万円（1万円札3枚）を取られました。」と申し立てたので，本職は，被疑者らを現に罪を行い終わった強盗の現行犯人と認めた。

5　逮捕時の状況

　本職は，直ちに被疑者谷山正夫の方を追い掛け，約50メートル追跡して追いつき，右腕をつかむと，被疑者谷山は，それを振り切ってなおも逃走しようとするので，その場に組み伏し，両手に手錠を掛けて逮捕した。

6　証拠資料の有無

　あり

　本職は，平成〇年4月5日午後8時35分，被疑者を警視庁荒川警察署司法警察員に引致した。

　　上記引致の日

　　　　　　　　　　　　　　　警視庁荒川警察署
　　　　　　　　　　　　　　　　　　司法巡査　栗田　裕二　㊞

一口メモ　逮捕時に有形力を行使した事案である。逮捕行為に伴う適法な有形力の行使であることが分かるように，正確に記載すること。

② 「現に罪を行い終った」現行犯人

| (14) 詐 欺
（クレジットカード） | 犯行直後，被欺罔者が現場付近で下2桁のナンバーが一致する車両の運転手を指差す |

様式第17号（刑訴第212条，第213条，第216条，第202条，第203条，第217条）

現行犯人逮捕手続書（甲）

下記現行犯人を逮捕した手続は，次のとおりである。

記

1 被疑者の住居，職業，氏名，年齢

　東京都台東区浅草1丁目2番3号

　　無職（元不動産業）

　　　山海　俊一こと，黒田　重男

　　　昭和○年8月9日生（35歳）

2 逮捕の年月日時

　平成　○　年　10月　20日午　前　10時　30分

3 逮捕の場所

　東京都北区東十条1丁目2番3号

　　川田正一方前路上

4 現行犯人と認めた理由及び事実の要旨

　本日午前10時20分頃，本職らは，警ら用無線自動車王子2号（運転本職，補助唐沢巡査）に乗車し，管内北区王子1丁目2番先路上を警ら中，「北区王子1丁目2番3号王子駅前のガソリンスタンドで盗難クレジットカードを使用してガソリンを詐取して逃走。」という110番指令を傍受した。

　本職らは，直ちに現場である王子駅前のガソリンスタンドに急行したところ，同店店員中山喜一（25歳）が「年齢35～36歳くらい，体格ガッチリ，黒色ダブルのスーツを着た一見暴力団員風の男（被疑者）が自家用普通乗用自動車（ベンツ，黒塗り，末尾ナンバーが34）で来て，『レギュラー，満タン。クレジットカード払いで。』と言うので，レギュラーガソリン満タン（料金7,000円）を入れ，料金を請求したところ，『これで。』

（注意）この手続書の末尾に，検察官が送致を受けた年月日時を記載し記名押印することができる余白を残しておくこと。

と言って，㈱東都百貨店発行の山海俊一名義のクレジットカードを出したが，その態度に落ち着きがないので，不審に思い事務所に行き調査したところ，当該カードは盗難被害に遭ったものであることが分かり，すぐ110番して，男の車に目をやったところ，車はありませんでした。」と訴え出た。

　本職らは，直ちに前記店員中山を警ら用無線自動車に乗車させ，逃走方向を検索したところ，発生から約5分後，発生場所から約180メートル離れた道路上で縁石に乗り上げて停止しているベンツで，逃走車両のナンバーと末尾ナンバー2桁が一致する車両を発見した。

　本職は，同車に近づいたところ，同車には運転している被疑者だけが乗車していたが，前記店員中山が被疑者を見て「この男です。」と申し立てた。被疑者も逃げられないと観念してか，「10分くらい前，王子駅前のガソリンスタンドで，盗んだカードでガソリンを入れました。」と申し立てたので，被疑者を現に罪を行い終わった詐欺の現行犯人と認めた。

5　逮捕時の状況

　本職が被疑者に対し，詐欺の現行犯人として逮捕する旨を告げたところ，被疑者は，「またムショ（刑務所）行きか。」などと気落ちした態度を示したが，隙あらば逃走しようとする気配が見受けられたので，唐沢巡査が被疑者の両手に手錠を掛けて逮捕した。

6　証拠資料の有無

　あり

　本職らは，平成○年10月20日午前10時55分，被疑者を警視庁王子警察署司法警察員に引致した。

　上記引致の日

　　　　　　　　　　　　　警視庁王子警察署

　　　　　　　　　　　　　　　　司法警察員巡査部長　清水　友一　㊞

㊞　司法巡査　唐沢　一

1　現行犯人と認めた理由
　本職は、平成○年10月20日午前10時55分ごろ、被疑者を○○警察署長に引致した。

2　逮捕の状況

3　証拠資料の有無

　あり

4　引致の年月日
　上記引致の日時、場所において、下記のとおりに引致した。

立会人　○○
　　　　　　司法警察員　巡査部長　鈴木　○　○　印

② 「現に罪を行い終った」現行犯人

(15) 恐喝未遂	訴え出により犯行直後の状態を現認し，逃走した被疑者を追跡

様式第17号（刑訴第212条，第213条，第216条，第202条，第203条，第217条）

現行犯人逮捕手続書（甲）

下記現行犯人を逮捕した手続は，次のとおりである。

記

1 被疑者の住居，職業，氏名，年齢

　東京都渋谷区渋谷1丁目2番3号

　　　大学生（山本大学経済学部2年）

　　　　　佐々木　貴義

　　　　　平成〇年3月6日生（20歳）

2 逮捕の年月日時

　平成　〇　年　2月　10日午　後　5時　55分

3 逮捕の場所

　東京都新宿区歌舞伎町1丁目1番10号

　　　　佐藤洋品店前路上

4 現行犯人と認めた理由及び事実の要旨

　本日午後5時45分頃，本職（金子巡査部長）は，歌舞伎町交番で見張勤務中，通行人から「今，新宿東宝ビルの前で男の人が3人組の暴走族風の男達に囲まれて殴られています。」という訴出を受けた。

　本職は，相勤者遠藤巡査部長，高瀬巡査とともに，現場である新宿区歌舞伎町1丁目1番1号新宿東宝ビル前に急行すると，同ビル前において，年齢20歳くらい，身長約165センチメートル，紺色コートを着た一見学生風の男（被害者）がいずれも年齢20歳くらいの暴走族風の男3人（被疑者ら）に囲まれており，その中の一人に襟首をつかまれ，「ふざけるな。」などと怒鳴られている様子であった。

　本職らは，被疑者らに気づかれないように近づくと，本職らの姿を見た被疑者らは突

(注意) この手続書の末尾に，検察官が送致を受けた年月日時を記載し記名押印することができる余白を残しておくこと。

然くもの子を散らすように逃走したので，すぐさま被疑者らの後を追い掛け，そのうちの一人（被疑者佐々木貴義）に約30メートル追跡して追いつき，同被疑者の右肩を軽くつかんで停止させた。

　一方，現場で遠藤巡査部長が前記被害者から事情を聴取した頃，被害者は「今，あの連中の一人がわざとぶつかってきて因縁をつけられ，金を貸してくれと言うので，怖かったけど断ると，そのうちの一人にいきなり胸倉をつかまれ，『そんなことはないだろう。』と言いながら，私の顔を殴り，もう2人の人達は私の大腿部などを蹴り上げたのです。」と訴えた。そこで，遠藤巡査部長は，直ちに被害者を連れて本職と被疑者のところに来て，本職に対しその旨を伝えたので，本職が被疑者に対し，「君がやったのか。」と質問したところ，被疑者は，「おとなしそうだったので，仲間2人と脅して金を取ろうとしたが，まだ取っていません。」と申し立てたので，被疑者を現に罪を行い終わった恐喝未遂の現行犯人と認めた。

5　逮捕時の状況

　本職が被疑者に対し，恐喝未遂の現行犯人として逮捕する旨を告げたところ，被疑者は，一瞬うろたえて「2人はどうした。」などと言いながら，逃走の気配が見受けられたので，遠藤巡査部長が被疑者の右腕を捕まえ，高瀬巡査が被疑者の両手に手錠を掛けて逮捕した。

6　証拠資料の有無

　あり

　本職らは，平成〇年2月10日午後6時20分，被疑者を警視庁新宿警察署司法警察員に引致した。

　　上記引致の日

　　　　　　　　　　　　　警察庁新宿警察署
　　　　　　　　　　　　　　司法警察員巡査部長　　金子　　稔　㊞

司法警察員巡査部長　遠藤　　正　㊞

司法巡査　高瀬　栄一　㊞

一口メモ　共犯者2名の身柄が確保されておらず、同人らと通謀して罪証を隠滅するおそれの認められる事案であることから、共犯者の存在が明確に分かるような記載が必要である。

② 「現に罪を行い終った」現行犯人

(16) 恐 喝	犯行直後，訴え出により被害者と検索中，被害者が現場付近で被疑者を指差す

様式第17号（刑訴第212条，第213条，第216条，第202条，第203条，第217条）

現行犯人逮捕手続書（甲）

下記現行犯人を逮捕した手続は，次のとおりである。

記

1　被疑者の住居，職業，氏名，年齢

　　福岡県福岡市中央区舞鶴5丁目6番7号　青葉荘

　　　店員（中華料理店「三松」）

　　　　牧本　美次

　　　　昭和〇年12月10日生（30歳）

2　逮捕の年月日時

　　平成　〇　年　11月　11日午後　10時　45分

3　逮捕の場所

　　福岡県福岡市中央区舞鶴3丁目3番15号

　　　安田病院前路上

4　現行犯人と認めた理由及び事実の要旨

　　本職は，本日午後10時30分頃，博多駅前交番で勤務中，「管内福岡市中央区舞鶴3丁目2番1号居酒屋『とんちゃん』で，代金を払わない，と言って暴れている男がいる。」という110番指令を傍受し，現場である居酒屋「とんちゃん」に急行した。

　　店内に入ると，同店内の中央床上にビール瓶やコップが割れて散乱しており，店内奥から，年齢45〜46歳くらい，小太り，白髪，白色前掛けを来た男（被害者）が出て来て，「今まで飲んでいた男が『帰る。』というので，料金1万5,000円を請求したところ，男は，『まずい物を食わせてよく金を払えと言えるなー。俺を誰だと思っているんだ。今は金がないので払えない。』とすごむので，私は支払うようお願いしたところ，男は怒ってテーブルの上のビール瓶やコップなどを床に投げつけたり，私の襟首をつかんで『文句があ

(注意)　この手続書の末尾に，検察官が送致を受けた年月日時を記載し記名押印することができる余白を残しておくこと。

るか。』とすごんだりしたので，怖くなり，その後料金の請求はできませんでした。男は年齢30歳くらい，身長175センチメートルくらい，やせていて，白色背広上下の一見暴力団員風の男で，今，駅の方に行きました。」と訴え出た。

　本職は，直ちに被害者とともに逃走方向を検索したところ，訴え出から約3分後，同店から約50メートル離れた路上を歩いている犯人とよく似た人相の男（被疑者）を発見し，被害者が被疑者を指差し，「あの男です。」と言ったので，本職は，被疑者に近づきその場に停止を求めた。被疑者は，被害者や本職の姿を見て，おどおどしながら「サービスが悪いし，まずい物を食わせるので，頭に来てしまい金を払うのが惜しくなった。ビール瓶で脅せば驚いてあきらめるだろうと思い，調理場にあったビール瓶を持ち出した。金は払っていない。」などと申し立てたので，被疑者を現に罪を行い終わった恐喝（2項恐喝）の現行犯人と認めた。

5　逮捕時の状況

　本職が被疑者に対し，恐喝の現行犯人として逮捕する旨を告げたところ，被疑者は，一瞬顔をこわばらせながら，「酒を飲みすぎたよ。」などと申し立て，半ば反省した態度で逮捕に応じた。

6　証拠資料の有無

　あり

　本職は，平成○年11月11日午後11時15分，被疑者を福岡県福岡中央警察署司法警察員に引致した。

上記引致の日

　　　　　　　　　　　　　　　　　　福岡県福岡中央警察署

　　　　　　　　　　　　　　　　　　　　司法巡査　畑山　明　㊞

一口メモ　代金の支払を免れようとして脅迫に及んでいることから2項恐喝での逮捕となったが，最初から代金を支払う意思がなく注文して酒食をだまし取ったときは，詐欺を適用することとなる。
　本事案では，手続書末尾の余白が少ないので，継続用紙を付け足して，作成者の契印をしておくとよい。前記第2章3⑴ケ「末尾余白」欄参照（29頁）。

2 「現に罪を行い終った」現行犯人

| (17) 器物損壊 | 犯行直後,現場から飛び出して来た被疑者を追跡 |

様式第17号（刑訴第212条,第213条,第216条,第202条,第203条,第217条）

現行犯人逮捕手続書（甲）

下記現行犯人を逮捕した手続は,次のとおりである。

記

1　被疑者の住居,職業,氏名,年齢

　　東京都品川区北品川3丁目2番1号

　　　無職（元飲食店店員）

　　　　佐藤　光一

　　　　　平成〇年8月8日生（18歳）

2　逮捕の年月日時

　　平成　〇　年　7月　10日午後　8時　20分

3　逮捕の場所

　　東京都品川区北品川1丁目2番3号

　　　焼肉店「紅林」前路上

4　現行犯人と認めた理由及び事実の要旨

　　本職（畑山巡査）は,本日午後8時10分頃,青物横町交番で見張勤務中,本署から「品川第2中学校隣の山下さんという女性から電話が入り,学校の窓ガラスが割れる音がするので,学校を見ると,鉄棒を持った2人連れの男らが窓を破っている。鉄棒を持っている男は赤っぽい野球帽をかぶっている。」という連絡を受理したので,直ちに相勤者角田巡査部長とともに,自転車で,約150メートル離れた品川区立品川第2中学校へ急行した。

　　本職らは,学校に到着し,窓ガラスを点検したところ,1階東側端の教室の窓ガラスのほとんどが割られているのを確認し,間もなく,校舎中央部出入口から校庭へ飛び出して校門の方へ逃げて行く2人連れの男らを発見した。

（注意）この手続書の末尾に,検察官が送致を受けた年月日時を記載し記名押印することができる余白を残しておくこと。

２人とも年齢18～19歳くらいで，一人は赤色野球帽をかぶり，手には鉄棒様のものを持っていたことから，本職らは，犯人はこの男達と思い，直ちにこの２人連れの男達の後を追い掛けたが，一人の男は見失ってしまったため，赤色野球帽をかぶっている男を追い掛け，約50メートル追跡して追いつき，角田巡査部長が男の右肩に軽く手を置いてその場に停止させた。

　しかし，男（被疑者佐藤光一）はなおも逃走しようするので，本職が被疑者佐藤光一に対し，「どうして逃げるんだ。」と一喝したところ，そこにちょうど訴出人山下春子が来て，被疑者に向かって「この男です。もう１人いたはずですが。」と申し立て，被疑者佐藤光一も，「ムシャクシャしていたので友達の水野と２人で，この鉄棒で学校の窓ガラスを割りました。」と申し立てた。よって，本職らは，被疑者を現に罪を行い終わった器物損壊の現行犯人と認めた。

5　逮捕時の状況

　本職が被疑者佐藤光一に対し，器物損壊の現行犯人として逮捕する旨を告げたところ，被疑者は観念したように素直な態度を示したが，そのうち被疑者は，突然持っていた鉄棒を放り投げて逃走したので，直ちに追い掛け約80メートル追跡して追いつき，角田巡査部長が被疑者の右腕をつかんで逮捕した。

6　証拠資料の有無

　　あり

　本職らは，平成○年７月10日午後８時50分，被疑者を警視庁品川警察署司法警察員に引致した。

　　上記引致の日

　　　　　　　　　　　　　　　警視庁品川警察署
　　　　　　　　　　　　　　　　　司法警察員巡査部長　角田　　満　㊞
　　　　　　　　　　　　　　　　　司法巡査　畑山　光男　㊞

一口メモ　末尾に余白がなく，送致奥書が記載できず，検察庁で受理手続に使うスペースもないので，継続用紙を付けて作成者が契印しておくこと。前記第２章３(1)ケ「末尾余白」欄参照（29頁）。

② 「現に罪を行い終った」現行犯人

(18) 暴力行為等処罰に関する法律違反（示凶器脅迫）	犯行直後，現場のコンビニエンスストア店内で被害者が被疑者を訴える

様式第17号（刑訴第212条，第213条，第216条，第202条，第203条，第217条）

現行犯人逮捕手続書（甲）

下記現行犯人を逮捕した手続は，次のとおりである。

記

1　被疑者の住居，職業，氏名，年齢

　　東京都台東区上野3丁目3番2号

　　　　無職（元鳶職）

　　　　　　川崎　哲男

　　　　　　昭和○年7月13日生（30歳）

2　逮捕の年月日時

　　平成○年　6月　6日午後　5時　20分

3　逮捕の場所

　　東京都台東区上野3丁目2番1号

　　　　コンビニエンスストア「ロンソン」上野店内

4　現行犯人と認めた理由及び事実の要旨

　　本職（松尾巡査）は，本日午後5時10分頃，上野3丁目交番で見張勤務中，コンビニエンスストア店店員河西大輔（23歳）が駆け込んで来て，「今，うちの店に木刀を持った暴力団員風の男が来て暴れています。」という訴出を受けた。

　　本職は，直ちに，相勤者鈴木巡査とともに，訴出人を同道して約100メートル先の台東区上野3丁目2番1号コンビニエンスストア「ロンソン」上野店に急行し，店内に入ったところ，年齢30歳くらい，身長約170センチメートル，体格ガッチリ，黒色背広上下の木刀を右手に持った一見暴力団員風の男（被疑者）が店から出て行くところであり，レジ前の床に，年齢35歳くらい，小太り，水色ジャンパー，黒色ズボンをはいた店長らしき男（被害者）が頭を下げ，小刻みに震えながら座っていた。

（注意）この手続書の末尾に，検察官が送致を受けた年月日時を記載し記名押印することができる余白を残しておくこと。

被害者は，本職の姿を見るなり，本職らに近づいてきて，被疑者の方を見ながら「この男が木刀を持って店に入って来て，木刀の先を私のあごに突きつけて『あまりえげつない商売するんじゃない。俺の弟がだめになったのはおまえのせいだ。あまり派手な商売すると，命がいくらあっても足りないぞ。』などと脅したり，木刀で机の上をドンドンたたいたりするので，怖くてしょうがありませんでした。」と答えた。

　本職は，被疑者を呼び止め，「なぜそんなことをするんだ。」と質問すると，被疑者は，木刀（長さ約80センチメートル，重さ約800グラム）をその場に置きながら，「俺の弟の会社がつぶれたのは，このコンビニのせいだ。この店を見るたびにムシャクシャする。今日は酒の勢いもあって木刀を持ってきて脅した。これでスッキリした。」などと申し立てたので，被疑者を現に罪を行い終わった暴力行為等処罰に関する法律違反（示凶器脅迫）の現行犯人と認めた。

5　逮捕時の状況

　本職が被疑者に対し，暴力行為等処罰に関する法律違反の現行犯人として逮捕する旨を告げたところ，被疑者は，「あの野郎，謝ればやらなかったのに。」などとぼやいたが，鈴木巡査が被疑者の両手に手錠を掛けて逮捕した。

6　証拠資料の有無

　　あり

　本職らは，平成〇年6月6日午後5時55分，被疑者を上野警察署司法警察員に引致した。

　　上記引致の日

　　　　　　　　　　　　　　警視庁上野警察署
　　　　　　　　　　　　　　　　司法巡査　松尾　勇雄　㊞
　　　　　　　　　　　　　　　　司法巡査　鈴木　一左　㊞

一口メモ　凶器を示して脅迫する犯罪なので示凶器脅迫と呼ばれている（暴力行為等処罰に関する法律1条）。
　　本事案では，手続書末尾の余白が少ないので，継続用紙を付け足して，作成者の契印をしておくとよい。前記第2章3(1)ケ「末尾余白」欄参照（29頁）。

② 「現に罪を行い終った」現行犯人

(19) 暴力行為等処罰に関する法律違反（持凶器傷害）	犯行直後，被害者を病院に搬送途中，被害者が現場付近で被疑者を指差す

様式第17号（刑訴第212条，第213条，第216条，第202条，第203条，第217条）

現行犯人逮捕手続書（甲）

下記現行犯人を逮捕した手続は，次のとおりである。

記

1　被疑者の住居，職業，氏名，年齢

　　東京都台東区浅草1丁目2番3号　メゾン浅草301号室

　　　　無職（元パチンコ店店員）

　　　　　高橋　一郎

　　　　　　平成○年9月10日生（25歳）

2　逮捕の年月日時

　　平成　○　年　8月　5日午　後　10時　40分

3　逮捕の場所

　　東京都北区赤羽2丁目2番3号

　　　橘商店前路上

4　現行犯人と認めた理由及び事実の要旨

　　本日午後10時30分頃，本職らは無線警ら用自動車赤羽2号（運転松田巡査部長，補助木村巡査）に乗車し，管内北区赤羽3丁目2番先路上を警ら中，「刃物使用による傷害事件発生，場所，北区赤羽2丁目2番7号りそな銀行赤羽支店前路上。」という110番指令を傍受した。

　　本職らは，直ちに現場に急行したところ，年齢22～23歳くらい，身長約170センチメートル，やせ型，白色半袖シャツ，黒色ズボン，一見学生風の男（被害者）が左上腕部を右手で押さえながら立っており，押さえた左腕部分のシャツからは血がにじんでいた。被害者は，本職らに対し，「相手の男と目と目が合ったので，まずいと思い，知らん振りをして通り過ぎようとしたところ，『ちょっと待て，俺の頭がそんなにおかしいかい。』

（注意）この手続書の末尾に，検察官が送致を受けた年月日時を記載し記名押印することができる余白を残しておくこと。

などとすごまれたので，謝ろうと思った瞬間，いきなり背広の内ポケットから刃物を取り出して私の左腕を切り付けたのです。男は年齢25〜26歳くらい，身長175センチメートルくらい，髪の毛を赤く染めており，黒色背広上下を着た一見暴力団員風の男です。」と申し立てた。

　本職らは，被害者を近くの病院に収容するため，同人を警ら用無線自動車に乗せて病院に向かったが，その途中の午後10時35分頃，現場から約20メートル離れた同町2丁目2番3号橘商店前路上を歩いている頭髪の赤い男（被疑者）を発見，被害者がその男を指差し「お巡りさん，あの男です。」と叫んだので，直ちに被疑者に近づき，その場で停止を求めた。

　被疑者は，警ら用無線自動車と本職らの姿を見て驚いた様子であったが，逃れられないと知ってか，着用の背広上衣内ポケットからあいくち（刃渡り10センチメートル，刃幅2センチメートル，刃の厚み0.5センチメートル）1振を出しながら「この野郎，俺の頭を見て笑ったので頭に来てしまい，これで切り付けた。」と申し立てたので，被疑者を現に罪を行い終わった暴力行為等処罰に関する法律違反（持凶器傷害）の現行犯人と認めた。

5　逮捕時の状況

　松田巡査部長が被疑者に対し，暴力行為等処罰に関する法律違反の現行犯人として逮捕する旨を告げたところ，被疑者は，「仕方がない。悪いことをしてしまった。」などと言いながら，すっかり観念した様子で素直に逮捕に応じた。

6　証拠資料の有無

　あり

　本職らは，平成〇年8月5日午後11時05分，被疑者を警視庁赤羽警察署司法警察員に引致した。

　上記引致の日

警視庁赤羽警察署

　　　　　　　司法警察員巡査部長　松田　　勇　㊞

　　　　　　　司法巡査　　　　　　木村　雄二　㊞

本職らは、本日午後4時15分ころ、同人が暴行容疑で同市中に赴くため、同市中……（以下略）。同市中の十字路18番38号地、現場の約20メートル前方で、現場の路面上に黒色のズボンを着け上下を絞め、若手相手方との情況を見て、約2番3刃福商店前上北口ぶつ現場の男……（被害者）を発見し、被害者かつ他の情況上、私立中学の先生、男性年令や、と勤務先の上、市内に到底等に記した。その他の事実。

被害は、後に出頭時に聴取また掲示した際の発言によるが、時刻分について、約5～10キロメートルで、助手の先生手手持ちナイフは約10センチキロで、実現メートル、刃の幅…………0.5cm位、本人が記したのです。この現想を見たのみで受け取りとなり、コンビの助け出手は、「他に何も判する」と答えるに留まり、その件は事とした。事件に供述し、本人のこうた怨恨の事情に関する事供述は、「出口の話」と知られる。

5　凶器等の写真

松田警察員巡査部長は、昨日午後3時30分に中の現場に戻って来た事件に立ち戻って、現場を写真撮影した上、「付近写真の、写真8枚」と新聞に出し、また、その「この写真上、コロールを用いた図形と、先生ら旋風に並列させた。

6　凶器等の引渡

本職は、令和5年6月11日午後05時、事件者の被害者を持って、参考名赤羽警察署長地区に引渡した。

上記引渡の旨。

一口メモ　銃砲刀剣類を用いて人の身体を傷害する罪であるが（暴力行為等処罰に関する法律1条の2)、この条文から凶器を持って傷害することを連想し、持凶器傷害と呼ばれている。

2 「現に罪を行い終った」現行犯人

(20) 暴力行為等処罰に関する法律違反(団体仮装)	現場の酒場内で被害者が被疑者を訴える

様式第17号（刑訴第212条，第213条，第216条，第202条，第203条，第217条）

現行犯人逮捕手続書（甲）

下記現行犯人を逮捕した手続は，次のとおりである。

記

1　被疑者の住居，職業，氏名，年齢

　東京都豊島区池袋3丁目2番1号

　　　パチンコ「金時」店員

　　　　林川　幸雄

　　　　　平成○年9月9日生（22歳）

2　逮捕の年月日時

　平成 ○ 年 6 月 3 日午後 10 時 55 分

3　逮捕の場所

　東京都豊島区巣鴨1丁目2番3号

　　　酒場「一兆」店内

4　現行犯人と認めた理由及び事実の要旨

　本日午後10時50分頃，本職（高橋巡査）は，大塚駅前交番で見張勤務中，「暴力団員風の男が暴れている。場所，豊島区巣鴨1丁目2番3号酒場『一兆』，現場へ。」という110番指令を傍受した。

　本職は，直ちに，巡視に来ていた山川警部補とともに現場に急行し，酒場「一兆」店内に入ると，店内出入口近くの床上に，ビール瓶やコップの割れた破片や煙草の吸い殻，灰などが散乱し，レジの前に年齢22〜23歳くらい，身長約170センチメートル，中肉，黒色ダブル背広上下姿の一見暴力団員風の男（被疑者）が立っており，そのそばで，酒場の経営者らしい，年齢50歳くらい，身長約160センチメートル，やせ型の男（被害者）が頭部を両手で抱え，下を向いて体を小刻みに震わせて立っていた。本職らの姿を見た

（注意）この手続書の末尾に，検察官が送致を受けた年月日時を記載し記名押印することができる余白を残しておくこと。

被害者は，被疑者の方を見ながら，「あの男が『俺は〇〇組の者だ，知らないか，店員の口のきき方も悪いし，食べ物もまずい，こんな店，組の若い衆が来てぶっ壊すのは簡単だ。』などとすごんで暴れ出し，ビール瓶やコップを投げて暴れ，このとおり壊されました。」と訴えた。そこで，本職が被疑者に対し，「君がやったのか。」と質問すると，被疑者は，「ここの店員の口のきき方が悪いので，〇〇組の者ではないが，〇〇組の者と言ってちょっと暴れただけだ。」と申し立てたので，被疑者を現に罪を行い終わった暴力行為等処罰に関する法律（1条）違反の現行犯人と認めた。

5　逮捕時の状況

本職が被疑者に対し，暴力行為等処罰に関する法律違反の現行犯人として逮捕する旨を告げたところ，被疑者は，「こんなことで逮捕するのかよ。明日弁償するよ。」と言うが早いか，同店を出ようとしたので，被疑者の右腕をつかみ，山川警部補と協力して被疑者の両手に手錠を掛けて逮捕した。

6　証拠資料の有無

あり

本職らは，平成〇年6月3日午後11時20分，被疑者を警視庁巣鴨警察署司法警察員に引致した。

上記引致の日

　　　　　　　　　　　　　警視庁巣鴨警察署

　　　　　　　　　　　　　司法警察員警部補　山川　一夫　㊞

　　　　　　　　　　　　　司法巡査　髙橋　清夫　㊞

一口メモ　本事案では，手続書末尾の余白が少ないので，継続用紙を付け足して，作成者の契印をしておくとよい。前記第2章3(1)ケ「末尾余白」欄参照（29頁）。

③ 準現行犯人〈追呼されているとき〉

(1) 窃盗未遂 　　（空き巣）	被害者に追い掛けられている被疑者を引き留めたところ，追いついた被害者が被疑者を指差す

様式第17号（刑訴第212条，第213条，第216条，第202条，第203条，第217条）

現行犯人逮捕手続書（甲）

下記現行犯人を逮捕した手続は，次のとおりである。

記

1　被疑者の住居，職業，氏名，年齢

　住居不定

　　　無職

　　　　　佐藤　三郎

　　　　　　　昭和○年12月10日生（45歳）

2　逮捕の年月日時

　　平成 ○ 年　11月　5日午後　5時　45分

3　逮捕の場所

　　東京都杉並区下井草1丁目2番20号

　　　　季節料理「広田」前路上

4　現行犯人と認めた理由及び事実の要旨

　　本職は，本日午後5時30分頃，管内杉並区下井草1丁目2番3号先路上を警ら中，「泥棒」という叫び声がしたので，声がする方向を見たところ，約10メートル先で，年齢40歳くらい，紺色セーター姿の女性が「泥棒，泥棒」と叫びながら，年齢45～46歳くらい，黒色ジャンパーを着た男（被疑者）の約20メートル後方を追い掛けているのを認めた。

　　被疑者は，本職の姿を見るなり，急に左側の路地に逃げ込んだので，本職は，直ちに被疑者の後を追い掛け，約30メートル追跡して引き止めたところ，追い掛けていた女性が駆け込んで来て，被疑者を指差しながら，「この男は泥棒です。今から10分くらい前，買物から帰って台所に入ったところ，隣の6畳間からこの男が飛び出して行ったので，

（注意）この手続書の末尾に，検察官が送致を受けた年月日時を記載し記名押印することができる余白を残しておくこと。

部屋を見たら，タンスの引出しなどは開け放しになっていたので，泥棒に間違いないと思い追い掛けて来たのです。」と訴え出た。

被害者の訴えを聞いていた被疑者の顔は青ざめ，両手首は小刻みに震え出し，下を向いて無言のままであったので，本職が「君がやったのか。」と質問したところ，被疑者は，「すみません。泥棒に入りました。でも何も盗んでいません。」と申し立てた。よって，本職は，被疑者を罪を行い終わってから間がなく，犯人として追呼されている窃盗未遂の現行犯人と認めた。

5　逮捕時の状況

被疑者は，自供した瞬間，再度逃走したので，本職はすぐさま追い掛け，約30メートル追跡した地点で追いつき，両手に手錠を掛けて逮捕した。

6　証拠資料の有無

あり

本職は，平成○年11月5日午後6時10分，被疑者を警視庁荻窪警察署司法警察員に引致した。

上記引致の日

警視庁荻窪警察署

司法巡査　阿部　信行　㊞

一口メモ　「追呼されている」とは，追跡又は呼称されていることである。本事例では，追跡されかつ呼称されているが，いずれか片方でもよい。

③ 準現行犯人〈追呼されているとき〉

(2) 恐　喝	被疑者の後を無言で追い掛けていた被害者が偶然居合わせた警察官に訴え出る

様式第17号（刑訴第212条，第213条，第216条，第202条，第203条，第217条）

現行犯人逮捕手続書（甲）

下記現行犯人を逮捕した手続は，次のとおりである。

記

1　被疑者の住居，職業，氏名，年齢

　　広島県広島市中区基町10番9号

　　　　無職（元パチンコ店店員）

　　　　　金子　幸雄

　　　　平成〇年9月10日生（25歳）

2　逮捕の年月日時

　　平成〇年1月20日午後3時55分

3　逮捕の場所

　　広島県広島市中区基町8番10号

　　　　ゲームセンター「金時」内

4　現行犯人と認めた理由及び事実の要旨

　　本日午後3時50分頃，本職が管内広島市中区基町8番7号先を警ら中，小さな声で「お巡りさん。」と呼ぶ声がするので，その方を向くと，年齢20歳くらい，身長約165センチメートル，黒色オーバー姿の一見学生風の男（被害者）が血相を変えて近づいて来て，「5分くらい前に，この先の平和公園の公衆便所で2人組の男達に現金5万円を脅し取られ，その犯人の1人を追い掛けてここまで来ました。その男があそこを歩いています。」と言って，約40メートル先を足早に歩いている男を指差して訴え出た。

　　本職は，すぐさま被害者（訴出人）とともに男（被疑者）の後を追い掛け，約30メートル追跡したゲームセンター「金時」前路上で追いつき，被疑者の前に立ち塞がってその場に停止を求めた。

（注意）この手続書の末尾に，検察官が送致を受けた年月日時を記載し記名押印することができる余白を残しておくこと。

被疑者は，本職らの姿を見て，びっくりした様子であったが，本職が被疑者に対し「君がやったのか。説明してほしい。」と質問したところ，被疑者は，被害者を見ながら，「俺はやりたくなかったが，相棒がやろうと言うので，平和公園の便所のところでこの人を脅して現金5万円を取りました。でも，俺は現金1万円しかもらっていない。」と申し立てたので，被疑者を罪を行い終わってから間がなく，犯人として追呼されている恐喝の現行犯人と認めた。

5　逮捕時の状況

　　本職は，被疑者を恐喝罪で現行犯逮捕する旨を告げたところ，被疑者は，「本当にやりたくなかった。しょうがない。」などとぶつぶつ言いながら逮捕に応じた。

6　証拠資料の有無

　　あり

　　本職は，平成○年1月20日午後4時25分，被疑者を広島県広島中央警察署司法警察員に引致した。

　　　上記引致の日

　　　　　　　　　　広島県広島中央警察署

　　　　　　　　　　　　　　　司法巡査　横田友一郎　㊞

一口メモ　「5　逮捕時の状況」において，被疑者は「本当にやりたくなかった。しょうがない。」と言っているが，犯行に及んだこと自体は認めている発言であり，後々の立証に役立つこともあるので，このような言動は記載しておくとよい。

③ 準現行犯人〈贓物を所持しているとき〉

(3) 窃 盗 （居空き）	検索中，発見した似寄り人相の男がカバン内に贓物を所持

様式第17号（刑訴第212条，第213条，第216条，第202条，第203条，第217条）

現行犯人逮捕手続書（甲）

下記現行犯人を逮捕した手続は，次のとおりである。

記

1　被疑者の住居，職業，氏名，年齢

　　住居不定（元埼玉県越谷市越谷1丁目2番3号　三和荘3号室）

　　　無職（元喫茶店店員）

　　　　　高瀬　邦雄

　　　　　　　昭和〇年3月10日生（30歳）

2　逮捕の年月日時

　　平成〇年2月9日午後6時35分

3　逮捕の場所

　　東京都荒川区町屋1丁目2番20号

　　　洋品店「高松」前路上

4　現行犯人と認めた現由及び事実の要旨

　　本日午後6時10分頃，本職が町屋交番で見張勤務中，荒川区町屋1丁目2番3号主婦雨宮雪子（38歳）が駆け込んで来て「台所で掃除をしているとき，玄関の戸が開く音がしたので，夫が帰って来たと思っていたのですが，それから10分くらいして，2階から階段を下りる足音がして，そのまま玄関の戸が開く音がしたので，夫が出掛けるにしては何の返事もないので玄関の方を見ると，年齢30歳くらい，身長約170センチメートル，やせ型，黒色セーター姿の一見サラリーマン風の見知らぬ男が出て行ったので，泥棒ではないかと思い，すぐ2階に上がり，6畳間を見たところ，茶ダンスの上に置いていた現金8万円やデジタルカメラなどがなくなっておりました。現金は「野村製菓株式会社」と記載された給料袋に入っております。すぐ犯人を追い掛けたのですが，見失っ

（注意）この手続書の末尾に，検察官が送致を受けた年月日時を記載し記名押印することができる余白を残しておくこと。

てしまいました。5分くらい前のことですので，犯人はまだ近くにいると思います。」と訴え出た。

　本職は，直ちに付近を検索したところ，訴え出を受けてから，約20分経った頃，被害者宅から約150メートル離れた路上を茶色カバンを持った犯人と似寄り人相の男（被疑者）を発見したので，直ちに近づき声を掛けた。

　被疑者は，「何かありましたか。」などと平静を装っていたが，茶色カバン内の品物の提示を求めたところ，茶色カバン内には現金8万円入りの「野村製菓株式会社」と記名のある給料袋やデジタルカメラが入っており，被疑者も犯行を認めたので，被疑者を罪を行い終わってから間がなく，贓物を所持している窃盗の現行犯人と認めた。

5　逮捕時の状況

　本職が被疑者に対し，窃盗の現行犯人として逮捕する旨を告げたところ，被疑者は，突然持っていた茶色カバンをその場に放り投げ，逃げ出したので，直ちに追い掛け，約50メートル追跡し，前記逮捕場所に追いつめ，被疑者の右腕をつかんだところ，被疑者は，その右腕を払ってなお逃げようとするので，その場に組み伏して両手に手錠を掛けて逮捕した。

6　証拠資料の有無

　あり

　本職は，平成〇年2月9日午後7時10分，被疑者を警視庁荒川警察署司法警察員に引致した。

　　上記引致の日

　　　　　　　　　　　　　　　　警視庁荒川警察署
　　　　　　　　　　　　　　　　　司法警察員巡査部長　加藤　功二　㊞

一口メモ　逮捕時，被疑者は贓物を放り投げ，逃走したものであり，罪証隠滅及び逃亡のおそれの高さを如実に表す行動に出ている。このような被疑者の行為は，必ず書きとどめておくこと。
　本事案では，手続書末尾の余白が少ないので，継続用紙を付け足して，作成者の契印をしておくとよい。前記第2章3(1)ケ「末尾余白」欄参照（29頁）。

③ 準現行犯人〈贓物を所持しているとき〉

(4) 窃 盗 （置引き）	検索中，発見した似寄り人相の男が贓物を所持

様式第17号（刑訴第212条，第213条，第216条，第202条，第203条，第217条）

現行犯人逮捕手続書（甲）
下記現行犯人を逮捕した手続は，次のとおりである。
記
1　被疑者の住居，職業，氏名，年齢
愛媛県松山市南堀端町20番5
専門学校生（松山衛生研究専門学院2年）
宮本みどり
平成○年9月9日生（20歳）
2　逮捕の年月日時
平成 ○ 年 8月 10日午 後 2時 10分
3　逮捕の場所
愛媛県松山市南堀端町10番4
松山空港タクシー乗降場
4　現行犯人と認めた理由及び事実の要旨
本日午後1時50分頃，本職が松山空港交番で勤務中，年齢20歳くらい，白色地に花模様のワンピース姿の女性（被害者）が駆け込んで来て，「今，空港待合室のテーブルの下に，現金10万円や松山空港から羽田空港までの航空券，カメラなどが入っている白色バッグを置いたまま，トイレに行き，5分くらいで戻ってみると，バッグはありませんでした。待合室に居た人達に聞きましたところ，年齢20歳くらい，身長160センチメートルくらい，やせ型，髪が長く，白色半袖シャツ，空色ジーパンをはいた女性（被疑者）が持って行ったと言うのです。その女が犯人ですので，早く捕まえてください。」と訴え出た。
本職は，直ちに相勤員柴田巡査とともに，手分けして検索を行ったところ，発生から

（注意）この手続書の末尾に，検察官が送致を受けた年月日時を記載し記名押印することができる余白を残しておくこと。

約15分後，空港タクシー乗降場で，被害品に似た白色バッグを持った犯人とよく似た人相，服装の女（被疑者）がまさにタクシーに乗ろうとしていたので，直ちに被疑者に近づき声を掛けようとしたところ，被疑者は本職の姿を見るなり，急にタクシーに乗るのをやめ，足早に反対方向に歩き出した。

本職は，被疑者のそのような態度に一層の不審を抱き，被疑者を呼び止め停止させた。

被疑者の顔は青ざめ，両手首も小刻みに震え慌てた様子で返答していたが，本職は，所持していたカバンの開示を求めた。

被疑者は，「なぜ調べるのですか。」などと言って渋っていたが，間もなく観念してか，カバンの中から現金10万と松山空港から羽田空港までの航空券を出し，「すみません，15分くらい前，待合室のテーブル下にあったものを持ってきました。」と自供したので，被疑者を罪を行い終わってから間がなく，贓物を所持している窃盗の現行犯人と認めた。

5　逮捕時の状況

被疑者が犯行を自供したとき，目撃者も来て，「この女の人がカバンを持って行った。」と申し立てたので，本職が被疑者に対し，窃盗の現行犯人として逮捕する旨を告げたところ，被疑者は無言のまま頭を下げ逮捕に応じた。

6　証拠資料の有無

あり

本職は，平成○年8月10日午後2時40分，被疑者を愛媛県松山警察署司法警察員に引致した。

上記引致の日

愛媛県松山警察署

司法警察員巡査部長　長山　雄二　㊞

一口メモ　本事案では，手続書末尾の余白が少ないので，継続用紙を付け足して，作成者の契印をしておくとよい。前記第2章3(1)ケ「末尾余白」欄参照（29頁）。

③ 準現行犯人〈贓物を所持しているとき〉

| (5) 窃　盗
（ひったくり） | ひったくった現金の費消が予想された場所で，ナンバー下2桁が一致するオートバイに乗った男がポケット内等に贓物を所持 |

様式第17号（刑訴第212条，第213条，第216条，第202条，第203条，第217条）

現行犯人逮捕手続書（甲）
下記現行犯人を逮捕した手続は，次のとおりである。
記
1　被疑者の住居，職業，氏名，年齢 　　東京都練馬区光が丘3丁目2番1号 　　　　無職（元森田製作所工員） 　　　　　　川崎　国雄 　　　　　　平成〇年10月21日生（20歳）
2　逮捕の年月日時 　　平成〇年　9月　6日午後　3時　50分
3　逮捕の場所 　　東京都練馬区東大泉1丁目20番21号 　　　　ゲームセンター「一力」店内
4　現行犯人と認めた理由及び事実の要旨 　　本職は，本日午後3時30分頃，東大泉交番で勤務中，「主婦からの届出，5分くらい前，練馬区東大泉1丁目2番3号池田清方前路上で，オートバイに乗り，ヘルメットをかぶりアロハシャツ姿の男に，銀行からおろしたばかりの現金30万円や三井住友銀行東大泉支店発行のキャッシュカードなどが入っている黒色手提カバンを，自転車の前籠からひったくられた。オートバイは黒塗りで，ナンバーの末尾が43」という110番指令を傍受した。 　　本職は，以前，ひったくり犯人はひったくった現金はゲームセンターなどで使うことがある，ということを聞いていたので，直ちに逃走方向を検索しながら発生場所から約80メートル離れているゲームセンター「一力」に向かった。

（注意）この手続書の末尾に，検察官が送致を受けた年月日時を記載し記名押印することができる余白を残しておくこと。

発生から約15分が過ぎ，前記ゲームセンター「一力」の手前20メートル付近まで来たとき，練馬区は65-43号のオートバイに乗り，ヘルメットをかぶり，アロハシャツ姿の男（被疑者）が前記ゲームセンター方向に向かい，同ゲームセンターの裏路地でオートバイを停車させたのを発見した。

　　本職は，すぐさま当該オートバイに近づいたところ，被疑者は，本職の姿を見て，一瞬驚いた様子であったが素知らぬ顔をしてゲームセンターに入ろうとするので，その場に停止を求めた。

　　被疑者が渋々その場に停止したので，本職は，被疑者に対し，ひったくり事件が発生し，その犯人と似ていること，逃走オートバイのナンバーの末尾2桁と一致することなどを説明し，被疑者の承諾を得てズボン後ろのポケットの外側から軽く触ったところ，当初は「何でもない。」などと言って提示を拒んでいたが，更に説得したところ，ポケット内に財布の様な物が入っていたので，その提示を求めた。被疑者は，渋々，ズボンの後ろポケットから財布を取り出し，財布の中から新券だけの1万円札30枚と被害者名義の三井住友銀行東大泉支店発行のキャッシュカードを差し出し，さらに，オートバイの後部トランク内から黒色手提カバンを取り出し，「すみません，今から15分くらい前，この先で50歳くらいの女の人が乗っている自転車の前籠からひったくりました。」と申し立てたので，被疑者を罪を行い終わってから間がなく，贓物を所持している窃盗の現行犯人と認めた。

5　逮捕時の状況

　　本職が被疑者に対し，窃盗の現行犯で逮捕する旨告げたところ，被疑者は，「遊ぶ金がないので悪いと思ったがやってしまった。」などと言いながら，素直に逮捕に応じた。

6　証拠資料の有無

　　あり

　　本職は，平成○年9月6日午後4時15分，被疑者を警視庁石神井警察署司法警察員

第2章　現行犯人逮捕手続書（基本書式例・簡易書式例）　143

に引致した。
上記引致の日
警視庁石神井警察署
司法巡査　松井　繁男　㊞

一口メモ　オートバイが犯行に使用したものであれば，刑訴法212条2項2号の「その他の物」に該当するとも言える事例である。

3 準現行犯人〈贓物を所持しているとき〉

(6) 窃　盗 （車上ねらい）	目撃者等と検索中，目撃者が指差した男がジャンパーのポケットに贓物を所持

様式第17号（刑訴第212条，第213条，第216条，第202条，第203条，第217条）

現行犯人逮捕手続書（甲）

下記現行犯人を逮捕した手続は，次のとおりである。

記

1　被疑者の住居，職業，氏名，年齢

　　住居不定（元大阪府大阪市城東区今福北1丁目2番3号）

　　　　無職（元飲食店店員）

　　　　　西村　賢二

　　　　　　昭和○年12月20日生（35歳）

2　逮捕の年月日時

　　平成 ○ 年 10月 20日午 後 6時 40分

3　逮捕の場所

　　大阪府大阪市城東区今福東4丁目3番2号

　　　　第2山本ビル前路上

4　現行犯人と認めた理由及び事実の要旨

　　本日午後6時30分頃，本職が南久宝寺交番で勤務中，年齢45～46歳くらい，紺色背広姿の一見会社員風の男（被害者）と目撃者という年齢30歳くらい，緑色ジャンパー姿の男が来所し，被害者が「今，この先の山崎というパーキングに車（トヨタマークX，大阪333と12-34号）を駐車して所用から帰って来たところ，運転席ドアをこじ開けられ，グローブボックスから現金35万円入りの給料袋と自動車運転免許証などを盗まれました。」と訴え出るとともに，一緒に来所した目撃者という男は，被害者を指差し，「今から10分くらい前，この人（被害者）が駐車していた場所の左隣に，乗って来た車を止めようとしたところ，この人（被害者）の車から降りてバス停の方へ行った男を見ました。男は年齢35～36歳くらい，身長約180センチメートル，やせた黒色ジャンパー姿の一

（注意）この手続書の末尾に，検察官が送致を受けた年月日時を記載し記名押印することができる余白を残しておくこと。

見工員風の男でした。その男の人は私の姿を見て異常に慌てた様子で，すぐ車から降りたのですが，ドアを閉めずにどこかへ行ったので，この人，おかしい人だと思いました。」
と申し立てた。

　そこで，本職は，被害者らとともに，約100メートル離れた山崎パーキング方向へ向かったところ，同パーキングの手前約80メートルの地点で，同パーキングの方向から目撃者が申し立てた男とよく似た人相の男（被疑者）が辺りをキョロキョロ見回しながらこちらに向かって来るのに出会った。

　被疑者は，本職の姿を見るなり，視線をそらし，その態度に落ち着きがなく，早くその場を立ち去ろうとする様子であり，その様子を見ていた目撃者が被疑者を指差し，「あの男です。」と申し立てた。本職は，被疑者に近づき追及したところ，被疑者は観念して，ジャンパーのポケットから現金35万円入りの給料袋や被害者名義の自動車運転免許証などを出しながら「すみません，盗みました。」と申し立てたので，被疑者を罪を行い終わってから間がなく，贓物を所持している窃盗の現行犯人と認めた。

5　逮捕時の状況

　被疑者は，自供したとたん，窃取した自動車運転免許証などをその場に投げ捨て逃走したので，本職は，直ちに追い掛け，約30メートル追跡して追いつき，両手に手錠を掛けて逮捕した。

6　証拠資料の有無

　あり

　本職は，平成○年10月20日午後7時5分，被疑者を大阪府大阪東警察署司法警察員に引致した。

大阪府大阪東警察署

司法警察員巡査部長　木村　　正　㊞

一口メモ　被疑者は贓物を投げ出しており，逮捕時には所持していないが，所持は現行犯と認定したときにあればよく，逮捕の瞬間に所持していることは要件ではない。
　本事案では，手続書末尾の余白が少ないので，継続用紙を付け足して，作成者の契印をしておくとよい。前記第2章3(1)ケ「末尾余白」欄参照（29頁）。

3 準現行犯人〈贓物を所持しているとき〉

| (7) 窃 盗
（色情ねらい） | 逃走方向を検索中，発見した不審な男がズボンのポケット内に贓物を所持 |

様式第17号（刑訴第212条，第213条，第216条，第202条，第203条，第217条）

現行犯人逮捕手続書（甲）

下記現行犯人を逮捕した手続は，次のとおりである。

記

1　被疑者の住居，職業，氏名，年齢

　　東京都江戸川区松江1丁目2番3号

　　　　大学生（早田大学文学部3年）

　　　　　　山口　栄一

　　　　　　平成○年8月10日生（20歳）

2　逮捕の年月日時

　　平成 ○ 年 7月 28日午後 7時 55分

3　逮捕の場所

　　東京都江戸川区松江4丁目3番10号

　　　　第二松江荘前路上

4　現行犯人と認めた理由及び事実の要旨

　　本日午後7時30分頃，本職が管内江戸川区松島1丁目2番先を警ら中，「泥棒が逃げた，場所，江戸川区松島2丁目3番4号本田多美男方。」という110番指令を無線受令機で傍受し，直ちに本田多美男（以下「本田」と呼称。）方に急行したところ，同人が息を切らせながら走って来て，本職に対し，「今，泥棒を追い掛けたのですが，逃げられました。」と訴え出た。さらに，本田は，「2～3分前，物干場の方でガタンという音がしたので，何だろうと思ってガラス窓を開け，物干場を見たところ，下着などを干したばかりの物干竿が落ち，そばで男が妻のパンティなどをわしづかみにし，逃げて行きました。男の人相等は，年齢20歳くらい，身長180センチメートルくらい，黒っぽい服装の男です。」と申し立てた。

（注意）この手続書の末尾に，検察官が送致を受けた年月日時を記載し記名押印することができる余白を残しておくこと。

本職は，本田から逃走方向を聞き，同人とともに検索したところ，発生から約20分後，同人方から約80メートル離れた道路上を，他人の家の庭を見たり，2階を見上げたりしながら歩いている男（被疑者）を発見した。

　本職は，被疑者に分からないように近づき，被疑者の様子を見ていたところ，被疑者の体格や服装等が本田が追い掛けた男と酷似しているので，被疑者に近づき質問したが，被疑者は，「高橋さんという家を探している。」などといかにも家を探している素振りを見せていた。

　しかし，本職は，被疑者のズボン左ポケットを見るに，異常に膨らんでいたことから，ポケット内の物を見せるよう申し向けたところ，被疑者は渋々女性用のパンティやブラジャーなどを出しながら「この先の『本田』という表札の家の物干竿から盗んできた。」と自供したので，被疑者を罪を行い終わってから間がなく，贓物を所持している窃盗の現行犯人と認めた。

5　逮捕時の状況

　本職が被疑者に対し，窃盗罪で現行犯逮捕する旨を告げたところ，被疑者は，「すみません。」と言い，素直に逮捕に応じた。

6　証拠資料の有無

　あり

　本職は，平成〇年7月28日午後8時20分，被疑者を警視庁小松川警察署司法警察員に引致した。

　　上記引致の日

　　　　　　　　　　　　　警視庁小松川警察署

　　　　　　　　　　　　　　　　　司法巡査　海野　直人　㊞

一口メモ　本事案では，手続書末尾の余白が少ないので，継続用紙を付け足して，作成者の契印をしておくとよい。前記第2章3(1)ケ「末尾余白」欄参照（29頁）。

③ 準現行犯人〈贓物を所持しているとき〉

| (8) **強盗致傷**
　　（事後強盗） | 被疑者を見失った現場付近を検索中，被害者が指差した男がカバン内に贓物を所持 |

様式第17号（刑訴第212条，第213条，第216条，第202条，第203条，第217条）

現行犯人逮捕手続書（甲）

下記現行犯人を逮捕した手続は，次のとおりである。

記

1　被疑者の住居，職業，氏名，年齢

　　東京都品川区北品川1丁目2番3号　メゾン品川501号室

　　　　会社員（㈱品川鉄工営業担当）

　　　　　秋永　修治

　　　　　平成〇年8月9日生（22歳）

2　逮捕の年月日時

　　平成　〇　年　7月　15日午後　5時　15分

3　逮捕の場所

　　東京都大田区大森北1丁目4番10号

　　　　宮田病院前路上

4　現行犯人と認めた理由及び事実の要旨

　　本職は，本日午後4時50分頃，管内大田区大森北1丁目2番先路上を警ら中，年齢50歳くらい，身長約165センチメートル，白半袖シャツ姿の一見店員風の男（被害者）が前方約10メートル先を走っている年齢22～23歳くらい，身長約170センチメートル，体格ガッチリ，こげ茶色半袖シャツ，カーキ色ズボン，一見工員風の男（被疑者）に向かって「泥棒，泥棒」と叫びながら追い掛けているのに出会った。

　　本職は，直ちに被害者らの後ろを追い掛けながら，被害者に近づき，「どうした。」と聞いたところ，被害者は，「あの男が店のデジタルカメラ（東芝製，「時澤」という正札付き，価格8万円）を盗んだので捕まえようとしたところ，男は，やにわに，路上にあった石塊（6センチメートル×8センチメートル）を拾い上げ，それで私の顔を殴ってきて，

（注意）この手続書の末尾に，検察官が送致を受けた年月日時を記載し記名押印することができる余白を残しておくこと。

第2章　現行犯人逮捕手続書（基本書式例・簡易書式例）　149

このとおり怪我をした。」と血だらけの顔を見せながら訴え出たが，その間に，被疑者の姿を見失ってしまった。

　本職は，被疑者を見失った現場付近を検索中，訴え出から約20分後，発生場所から約80メートル離れた路上を，大森北1丁目方向から大井方向へ歩いている被疑者を発見，被害者が被疑者を指差し，「あの男です。」と言ったので，被疑者に近づき停止を求め，被疑者に対し，所持しているカバンの開示を求めた。被疑者は，一瞬たじろいだ様子であったが，観念して，カバン内から，東芝製，「時澤」という正札付きのデジタルカメラ1台を出しながら，「石で殴れば逃げられると思ったので。」と言いながら犯行を自供したので，被疑者を罪を行い終わってから間がなく，贓物を所持している強盗致傷の現行犯人と認めた。

5　逮捕時の状況

　本職が被疑者に対し，強盗致傷の現行犯人として逮捕する旨を告げたところ，被疑者は無言のまま，素直に逮捕に応じた。

6　証拠資料の有無

　あり

　本職は，平成○年7月15日午後5時45分，被疑者を警視庁大森警察署司法警察員に引致した。

　上記引致の日

　　　　　　　　　　　　　　警視庁大森警察署

　　　　　　　　　　　　　　　司法警察員巡査部長　今村　栄一　㊞

一口メモ　本事案では，被疑者が凶器として使用した石塊の大きさが特定されているが，それは石塊が領置されたからである。強盗事案では，暴行の強度が大きなポイントになることから，凶器の種類，材質，形状等はできるだけ特定する必要があるので，証拠物として押収しておくこと。

　本事案では，手続書末尾の余白が少ないので，継続用紙を付け足して，作成者の契印をしておくとよい。前記第2章3(1)ケ「末尾余白」欄参照（29頁）。

③ 準現行犯人〈贓物を所持しているとき〉

| (9)　恐　喝 | 奪った現金の費消が予想されたためパチンコ店で被害者とともに被疑者を検索中,被害者が指差した男がハーフコートのポケット内に贓物を所持 |

様式第17号（刑訴第212条，第213条，第216条，第202条，第203条，第217条）

現行犯人逮捕手続書（甲）

下記現行犯人を逮捕した手続は，次のとおりである。

記

1　被疑者の住居，職業，氏名，年齢

　　京都府京都市左京区下立売通衣棚西入東立売町338番地

　　　　スナック「詩」店員

　　　　　村澤　大輔

　　　　　　昭和〇年3月6日生（31歳）

2　逮捕の年月日時

　　平成　〇　年　4　月　30日午　後　5時　50　分

3　逮捕の場所

　　京都府京都市左京区下立売通衣棚西入東立売町221番地

　　　「ピアスパチンコ店」前路上

4　現行犯人と認めた理由及び事実の要旨

　　本日午後5時30分頃，本職が管内京都市左京区下立売通衣棚西入東立売町200番地先路上を警ら中，年齢18〜19歳くらい，一見学生風の男（被害者）が駆けて来て，「今，2人連れの男に，暗がりに連れ込まれ，胸倉をつかまれ，顔を殴られて現金3万円と左腕にはめていたロレックスの腕時計（時価20万円相当）を取られました。現金と腕時計を取った男は，年齢30歳くらい，背が高く身長185センチメートルくらい，太っていて，黒色ハーフコート姿の一見暴力団員風の男（被疑者村澤大輔）で，もう一人の男は年齢同じくらい，身長165センチメートルくらい，やせていて，カーキ色ジャンパー姿の一見チンピラ風の男で，背が高くて太っている男（被疑者村澤大輔）については，一度近くの『宝物』というパチンコ屋で見かけたことがあります。」と訴え出た。

（注意）この手続書の末尾に，検察官が送致を受けた年月日時を記載し記名押印することができる余白を残しておくこと。

本職は，奪った現金をパチンコ店などで費消するのではないかと思い，被害者とともに，近くのパチンコ店において検索を行った。

　発生から約15分後の午後5時40分頃，発生場所から約50メートル離れた「ピアス」というパチンコ店に入ったところ，被害者は同店に入るなり，出入口から向かって右端の列の前から2番目の椅子に掛けている被疑者を指差し「あの男です。」と言った。本職が被害者と一緒に近づくと，被疑者は本職の姿に気づき，慌てた様子でパチンコをやめ，ハーフコートのポケット内からロレックスの腕時計を取り出し「悪かった。」と言いながら，被害者に差し出したので，被疑者を罪を行い終わってから間がなく，贓物を所持している恐喝の現行犯人と認めた。

5　逮捕時の状況

　本職が被疑者に対し，恐喝罪で逮捕する旨を告げたところ，被疑者は，「パチンコに負けてムシャクシャしていた。」などと申し立てて素直に逮捕に応じた。

6　証拠資料の有無

　　あり

　本職は，平成〇年4月30日午後6時20分，被疑者を京都府京都警察署司法警察員に引致した。

　　上記引致の日

　　　　　　　　　　　　　　　京都府京都警察署
　　　　　　　　　　　　　　　　　司法警察員巡査部長　川田　一夫　㊞

③ 準現行犯人〈明らかに犯罪の用に供したと思われる凶器を所持しているとき〉

(10) 傷 害	検索中, 発見した似寄り人相の男が, 犯行に使用した棒を所持

様式第17号（刑訴第212条, 第213条, 第216条, 第202条, 第203条, 第217条）

現行犯人逮捕手続書（甲）

下記現行犯人を逮捕した手続は, 次のとおりである。

記

1 被疑者の住居, 職業, 氏名, 年齢

　東京都多摩市鶴牧1丁目2番3号

　　　自動車運転手（㈱加島運送）

　　　　　村井　隆治

　　　　　昭和○年5月10日生（40歳）

2 逮捕の年月日時

　平成 ○ 年 2月 7日午後 11時 10分

3 逮捕の場所

　東京都日野市日野363番地

　　　第一佐藤ビル前路上

4 現行犯人と認めた理由及び事実の要旨

　本日午後10時45分頃, 本職（倉田巡査部長）が日野駅前交番で見張勤務中, 年齢20歳くらい, 黒色ハーフコートを着た男（被害者）が駆け込んで来て,「今, この先の居酒屋で隣り合わせで飲んでいた男に因縁をつけられ, いきなり顔を2～3発殴られた後, 持っていた棒でのどを突かれたりして, この様に怪我をさせられました。男は年齢40歳くらい, 身長約170センチメートル, 体格ガッチリ, 黒色オーバーを着ており, 一見暴力団員風の男です。少し酒に酔っていたようで, まだ店にいると思います。」と訴え出た。被害者の顔は赤く腫れ上がり, 左頸部からは血が流れ, その血が着ているシャツなどに付着していた。

　本職は, 直ちに, 相勤者平尾巡査とともに, 被害者を同道して日野市日野300番地大

（注意）この手続書の末尾に, 検察官が送致を受けた年月日時を記載し記名押印することができる余白を残しておくこと。

衆酒場「万作」に急行したところ，同店店主から，男は同店を出て行ったと聞き，付近の検索を開始した。

届出を受けてから約20分後，発生場所である大衆酒場「万作」から約50メートル離れた第一佐藤ビル前路上を，酒に酔ってフラフラし，時折棒でゴルフのスイングのまねなどをしている男（被疑者）がおり，被疑者に近づいたところ，被害者が被疑者を指差し「お巡りさん，あの男です。」と申し立てた。

被疑者は，本職や被害者の姿を見て，一瞬びっくりした様子であったが，観念してか本職に対し，「この先の『万作』という店で，隣で飲んでいた男をこの棒で突いたりして，怪我させました。」と申し立てたので，被疑者を罪を行い終わってから間がなく，明らかに犯罪の用に供したと思われる凶器を所持している傷害の現行犯人と認めた。

5 逮捕時の状況

本職が被疑者に対し，傷害の現行犯人として逮捕する旨を告げたところ，被疑者は，「あいつが汚い食べ方をするんで。」などと言ったが，平尾巡査が被疑者の右腕をつかんで逮捕した。

6 証拠資料の有無

あり

本職らは，平成○年2月7日午後11時40分，被疑者を警視庁日野警察署司法警察員に引致した。

上記引致の日

警視庁日野警察署

司法警察員巡査部長　倉田　高夫　㊞

司法巡査　平尾　豊　㊞

一口メモ　逮捕者が複数名の場合は，各人が何をどのように覚知・認識し，それぞれがどのような行為を担ったのかがわかるように，主語を特定して記載すること。また，引致の奥書きは，本職らとすること。

本事案では，手続書末尾の余白が少ないので，継続用紙を付け足して，作成者の契印をしておくとよい。前記第2章3(1)ケ「末尾余白」欄参照（29頁）。

| (11) 過失運転致死等
（ひき逃げ） | 検索中，発見した手配人相に酷似した男が，フロントガラス破損等，手配ナンバーの車両を運転 |

様式第17号（刑訴第212条，第213条，第216条，第202条，第203条，第217条）

現行犯人逮捕手続書（甲）

下記現行犯人を逮捕した手続は，次のとおりである。

記

1　被疑者の住居，職業，氏名，年齢

　　東京都新宿区新宿3丁目2番1号　メゾン新宿301号室

　　　　会社員（㈱宮田製作所事務員）

　　　　　田村雄一郎

　　　　　　　平成○年11月11日生（20歳）

2　逮捕の年月日時

　　平成　○　年　10月　9日午後　8時　50分

3　逮捕の場所

　　東京都府中市府中4丁目3番2号

　　　　三井住友銀行府中支店前路上

4　現行犯人と認めた理由及び事実の要旨

　　本日午後8時30分頃，本職らは，警ら用無線自動車府中2号（運転宮田巡査部長，補助足立巡査）に乗車し，管内府中市府中1丁目2番付近を警ら中，通信指令本部から「午後8時25分頃，小金井市貫井南町3丁目2番1号先路上において死亡ひき逃げ事件発生，被疑車両は白っぽい乗用車，ナンバー12-34号，運転していた者は年齢20歳前後，髪短く，白色長袖シャツの男で，運転手のみ乗車，府中街道を貫井南町3丁目から府中方向へ逃走。車両は右前部が凹損し，フロントガラスも破損している模様。」との110番通報を傍受した。

　　本職らは，直ちに府中街道を本署から小金井方向に向けて検索中，発生から約15分後の午後8時40分頃，発生現場から約3キロメートル離れた前記逮捕場所において，左

（注意）この手続書の末尾に，検察官が送致を受けた年月日時を記載し記名押印することができる余白を残しておくこと。

の前照灯だけが点灯し、フロントガラスが割れている車が進行してくるのを発見した。車両の塗色が同一であるところから、直ちに同車を停車させ、同車を見たところ、ナンバーも品川555は12-34号で一致しており、同車を詳細見分したところ、車の右前部が凹損し、フェンダーには生乾きの血痕が付着していた。

　車内には、手配人相に酷似する男（被疑者）が運転席に1人おり、被疑者を追及したところ、被疑者は、「約15分前、ここから約3キロメートル先の府中街道で、オートバイに乗った男を跳ね飛ばした。死んだのではないかと思い怖くなって逃げてきた。」と申し立てたので、被疑者を罪を行い終わってから間がなく、明らかに犯罪の用に供したと思われる凶器を所持している過失運転致死及び道路交通法違反（事故不申告及び不救護）の現行犯人と認めた。

5　逮捕時の状況

　宮田巡査部長が被疑者に対し、過失運転致死及び道路交通法違反で逮捕する旨を告げたところ、被疑者は「そうですか、死にましたか。」などと言って肩を落とし、両手を差し出したので、足立巡査が両手に手錠を掛けて逮捕した。

6　証拠資料の有無

　あり

　本職らは、平成○年10月9日午後9時10分、被疑者を警視庁府中警察署司法警察員に引致した。

　上記引致の日

　　　　　　　　　　　　　警視庁府中警察署
　　　　　　　　　　　　　　　司法警察員巡査部長　宮田　正治　㊞
　　　　　　　　　　　　　　　　　　司法巡査　足立　勇一　㊞

一口メモ　自動車を運転して逃走中の事案であり、逮捕場所が犯行現場からやや離れているものの、時間的に接着しており準現行犯人として逮捕したものであるが、現行犯逮捕に疑義がある場合には、緊急逮捕によることを検討しなければならない。
　本事案では、手続書末尾の余白が少ないので、継続用紙を付け足して、作成者の契印をしておくとよい。前記第2章3(1)ケ「末尾余白」欄参照（29頁）。

3 準現行犯人〈明らかに犯罪の用に供したと思われる凶器を所持しているとき〉

(12) 強 盗 （タクシー強盗）	検索中，発見した似寄り人相の男が，犯行に使用したカッターナイフを所持

様式第17号（刑訴第212条，第213条，第216条，第202条，第203条，第217条）

現行犯人逮捕手続書（甲）
下記現行犯人を逮捕した手続は，次のとおりである。
記
1　被疑者の住居，職業，氏名，年齢 　　東京都中野区野方1丁目2番10号　青葉荘2号室 　　　青果店店員 　　　　　田中　文雄 　　　　　平成〇年5月10日生（25歳）
2　逮捕の年月日時 　　平成〇年4月20日午後10時45分
3　逮捕の場所 　　東京都中野区野方1丁目2番3号 　　　喫茶店「モナリザ」前路上
4　現行犯人と認めた理由及び事実の要旨 　　本職らは，本日午後10時20分頃，警ら用無線自動車中野3号（運転海野巡査部長，補助八木巡査）に乗車し，管内中野区野方3丁目1番先を警ら中，「タクシー運転手からの訴出，刃物で脅されて料金を踏み倒された。場所，中野区野方4丁目5番6号中野区立野方第1小学校前。」という110番指令を傍受し，直ちに現場へ急行した。 　　現場には新光タクシー（ナンバー品川50あ12-34号）が駐車しており，同タクシーから運転手と思われる年齢40歳くらい，緑色ブレザー，黒色ズボン姿の男（被害者）が出て来て，本職らに対し，「JR立川駅からここまで乗せてきた男に対し，料金1万800円を請求したのですが，男が『小便させてくれ。』と言うので，後部ドアを開けたところ，小便をする格好はしたが，無言でどこかへ行こうとしたため，急いでタクシーから降りて，

（注意）この手続書の末尾に，検察官が送致を受けた年月日時を記載し記名押印することができる余白を残しておくこと。

男のところに行き，料金を請求しました。すると，男は，いきなり持っていたカバンからカッターナイフの様な物を出して，私の額に突きつけ，『大した金ではないだろう，ガタガタ言うな，命がほしいだろう。』と脅してきたので，恐くなり黙っていると，男はそのまま足早にJR中野駅の方向に行きました。」と訴え出た。

　本職らは，被害者を中野3号に乗せ，JR中野駅方向へと検索したところ，届出を受けてから約20分後，現場から約80メートル離れた同区野方1丁目2番3号喫茶店「モナリザ」前路上を，カバンを持って歩いている似寄り人相の男（被疑者）を発見したので，被疑者に近づいたところ，被害者が被疑者を指差して，「あの男です。」と言ったことから，八木巡査が中野3号から降りて，被疑者に対し「もしもし」と声を掛けて停止を求めた。被疑者は最初のうちは「何かありましたか。」などと平静を装っていたが，被害者の姿を見てか，急にそわそわし始め，海野巡査部長がカバンの開示を強く求めたところ，被疑者はカバンの中からカッターナイフ（刃体の長さ約5センチメートル）を取り出しながら，「今日，現金を全部遣ってしまったので，これで脅して料金を払わず逃げた。」などと申し立てたので，被疑者を罪を行い終わってから間がなく，明らかに犯罪の用に供したと思われる凶器を所持している強盗の現行犯人と認めた。

5　逮捕時の状況

　被疑者は，「今日，競輪に負けて全部取られたので。」などと申し立てたが，海野巡査部長が被疑者の右腕を捕まえ，八木巡査が被疑者の両手に手錠を掛けて逮捕した。

6　証拠資料の有無

　あり

　本職らは，平成○年4月20日午後11時10分，被疑者を警視庁野方警察署司法警察員に引致した。

　　上記引致の日

　　　　　　　　　　　　　　　　警視庁野方警察署

司法警察員巡査部長　海野　　学　㊞

司法巡査　八木　勝夫　㊞

③ 準現行犯人〈明らかに犯罪の用に供したと思われるその他の物を所持しているとき〉

(13) 窃盗 （居空き）	検索中，発見した似寄り人相の男が，犯行に使用したピッキング用具を所持

様式第17号（刑訴第212条，第213条，第216条，第202条，第203条，第217条）

現行犯人逮捕手続書（甲）

下記現行犯人を逮捕した手続は，次のとおりである。

記

1　被疑者の住居，職業，氏名，年齢

　住居不詳

　　職業不詳

　　　　自称　鄭　　軍仁　こと　ヂョン　ジュンレン

　　　　　自称　19○○年3月10日生（25歳）

2　逮捕の年月日時

　平成　○　年　12月　18日午後　1時　55分

3　逮捕の場所

　東京都品川区旗の台3丁目3番3号

　　旗の台消防署前路上

4　現行犯人と認めた理由及び事実の要旨

　本職（佐藤警部補）は，本日午後1時30分頃，警視庁荏原警察署において宿直勤務中，通信指令本部から「泥棒が逃げた。場所，品川区旗の台1丁目2番3号高橋清方。」という110番指令を傍受した。

　本職は，直ちに宿直勤務員の盗犯捜査係山崎巡査部長，鑑識係大島巡査とともに，捜査用自動車に乗車し現場へ急行した。現場に到着すると，高橋清方玄関口に同人の妻高橋花子が立っており，同人は，本職らに対し，「今から5分くらい前，2階洋間でテレビを見ていたとき，1階の方で音がして誰か人のいる気配がしたので，静かに階段を下りて様子を見たところ，年齢25〜26歳くらい，身長165センチメートルくらい，やせ型，黒色ジャンパー姿の男（被疑者自称鄭軍仁）ら3人が6畳間の整理タンスの引出しなど

（注意）この手続書の末尾に，検察官が送致を受けた年月日時を記載し記名押印することができる余白を残しておくこと。

をあさっていたので怖かったのですが,『泥棒』と大きな声で叫んだところ,男らは何も盗まずに逃げて行きました。全部戸締りをしていたので,犯人達はどこから入ったか,不思議でしょうがありません。」と訴え出た。そこで,本職らは,同地区で多発しているピッキングによる犯行ではないかと思料し,玄関出入口ドア鍵を観察した結果,ピッキングを使用しての侵入であることが確認された。

　本職らは,被疑者らがまだ遠くへは行っていないと判断し,捜査用自動車に乗車し,付近を検索したところ,発生から約20分後,現場から約50メートル離れた同区旗の台3丁目2番1号品川区立旗の台小学校前路上を,前記高橋花子が申し立てる犯人とよく似た人相の男(前記被疑者自称鄭軍仁)ら3人を発見したので,同人らを呼び止めようとしたところ,被疑者らは,本職らに気づき,バラバラに逃走した。

　本職は,直ちに被疑者自称鄭軍仁の後を追い掛け,約30メートル追跡して追いつき,同被疑者の右腕を軽くつかみ,「なぜ逃げるんだ。」と言いながら停止させ,質問したところ,同被疑者はうつむいて観念した表情となり,片言の日本語で,「自分は中国人でパスポートを持っていない。」と申し立て,ジャンパーの内ポケットから,棒状の金属(ピッキング用具)3本を出しながら「さっき,仲間2人とこの近くの『高橋』という表札の家に泥棒に入ったが,何も盗らずに逃げた。」と申し立てるとともに,駆け付けた被害者も同被疑者を見て犯人のひとりに間違いないとを申し立てたので,被疑者を罪を行い終わってから間がなく,犯罪の用に供したと思われる物を所持している窃盗未遂の現行犯人と認めた。

5　逮捕時の状況

　本職が被疑者に対し,窃盗未遂の現行犯人として逮捕する旨を告げたところ,被疑者は,片言の日本語で「すみません。」と申し立てたが,その態度に逃走の気配が見受けられたので,山崎巡査部長と大島巡査が協力して被疑者の両手に手錠を掛けて逮捕した。

6　証拠資料の有無

あり
本職らは，平成○年12月18日午後2時15分，被疑者を警視庁荏原警察署司法警察員に引致した。
上記引致の日
警視庁荏原警察署
司法警察員警部補　佐藤　正男　㊞
司法警察員巡査部長　山崎　浩二　㊞
司法巡査　大島　勇夫　㊞

一口メモ　本事案は，「誰何されて逃走しようとするとき」（刑訴法212条2項4号）にも該当し得る事案であるが，同号による準現行犯人は，1号ないし3号に比して犯罪との時間的・場所的近接性が高度に求められるため，2号を適用した本件の措置は妥当である。

③ 準現行犯人〈明らかに犯罪の用に供したと思われるその他の物を所持しているとき〉

(14) 公職選挙法違反 （自由妨害）	検索中，発見した似寄り人相の男が，犯行に使用したマジックを所持

様式第17号（刑訴第212条，第213条，第216条，第202条，第203条，第217条）

現行犯人逮捕手続書（甲）

下記現行犯人を逮捕した手続は，次のとおりである。

記

1　被疑者の住居，職業，氏名，年齢

　　東京都港区三田1丁目2番3号

　　　　スナック「桂」経営

　　　　　斉藤　辰男

　　　　　　昭和〇年5月10日生（30歳）

2　逮捕の年月日時

　　平成〇年　7月　3日午後　11時　55分

3　逮捕の場所

　　東京都港区芝1丁目6番10号

　　　　高橋岩雄方前路上

4　現行犯人と認めた理由及び事実の要旨

　　本職は，本日午後11時30分頃，管内港区芝1丁目2番3号先路上を警ら中，通行人から「今，芝小学校前に設置してある選挙の掲示板に貼ってあるポスターにマジックの様な物で落書きをしている男がいる。男は，年齢30歳くらい，身長約170センチメートル，中肉，紺色背広上下，野球帽をかぶり，黒色カバンを持った一見会社員風の男で，少し酒に酔っているようである。」という訴え出を受けたので，直ちに現場である同町1丁目5番港区芝小学校前に急行すると，同小学校前に設置してある公営掲示板に貼ってある「〇〇党参議院議員候補佐藤一郎」の5号ポスターの写真の同候補の目と口の部分がマジックで黒く塗られており，佐藤一郎候補の写真であるか否か判別がつかない状態であった。

（注意）この手続書の末尾に，検察官が送致を受けた年月日時を記載し記名押印することができる余白を残しておくこと。

本職は，被疑者が酒に酔っていたということからまだ遠くまで行っていないと思い，直ちに付近の検索を行ったところ，訴出から約20分後，現場である公営掲示場から約80メートル離れた道路上を，黒色野球帽をかぶり，手には黒色カバンを持った犯人と似寄り人相の男（被疑者）が酒に酔ってフラフラしながら歩いているのを発見したので，被疑者に近づいて停止を求めた。

　被疑者は，本職の姿を見てびっくりした様子であったが，「何か用事ですか。」などと平静を装い立ち去ろうとするので，被疑者の前方に回り込み，現場である芝小学校を指差しながら「この先の学校の掲示板のポスターに落書きしたのは君か。」と質問したところ，被疑者は，「あーあー俺がやった。」と言いながらズボンの右ポケットから黒色マジックを差し出したので，被疑者を罪を行い終わってから間がなく，犯罪の用に供したと思われる物を所持している公職選挙法（自由妨害）違反の現行犯人と認めた。

5　逮捕時の状況

　本職が被疑者に対し，公職選挙法違反の現行犯人として逮捕する旨を告げたところ，被疑者は，「あんな奴に落書きして何が悪いんだ……。」と怒鳴りながら立ち去ろうとするので，被疑者の右手をつかんで逮捕した。

6　証拠資料の有無

　あり

　本職は，平成〇年7月4日午前0時20分，被疑者を警視庁三田警察署司法警察員に引致した。

　上記引致の日

警視庁三田警察署

司法巡査　村上　秀彦　㊞

一口メモ　手続書末尾の余白が少ないときは，送致奥書及び検察庁での受理手続に使用するための継続用紙を付けて作成者が契印しておくこと。前記第2章3(1)ケ「末尾余白」欄参照（29頁）。

③ 準現行犯人〈身体に犯罪の顕著な証跡があるとき〉

(15) 強制性交等未遂	逃走方向を検索中，発見した似寄り人相の男の右小指等に被害者にかまれた傷跡を認める

様式第17号（刑訴第212条，第213条，第216条，第202条，第203条，第217条）

現行犯人逮捕手続書（甲）

下記現行犯人を逮捕した手続は，次のとおりである。

記

1　被疑者の住居，職業，氏名，年齢

　　大阪府大阪市東区今福北1丁目2番3号

　　　大学生（大阪北大学経済学部2年）

　　　　村澤　光男

　　　　平成○年9月3日生（20歳）

2　逮捕の年月日時

　　平成　○　年　8月　28日午後　9時　30分

3　逮捕の場所

　　大阪府大阪市東区今福北3丁目2番1号

　　　三井住友銀行今福支店前路上

4　現行犯人と認めた理由及び事実の要旨

　　本職らは，本日午後9時10分頃，南久宝交番で勤務中，「男に侵入されて体を触られたという女性からの訴え出。場所，大阪市東区今福北2丁目3番4号今村荘2階21号室藤原幸子（29歳）方。」という110番指令を傍受したので，直ちに自転車で現場に急行した。急行途中，通信指令本部から第2報として，「犯人は，年齢20歳くらい，身長約170センチメートル，やせ型，黒っぽい半袖シャツ，水色ジーパン姿の一見学生風の男で，男は，無締りの便所の窓から侵入，寝ている被害者の口を塞ぎ『騒ぐと殺すぞ。』などと脅迫，『やらせろ。』などと言いながら同人のパンティを脱がせようとしたが，騒がれ逃走。逃走する際，同人に右手をかまれているので，犯人は右手を怪我している模様。」という内容の追加手配を傍受した。

（注意）この手続書の末尾に，検察官が送致を受けた年月日時を記載し記名押印することができる余白を残しておくこと。

本職らは，犯人の逃走方向に向かって検索したところ，発生から15分後，現場から約50メートル離れた場所で，現場方向から左手で右手の指を押さえながら足早に歩いて来る犯人とよく似た人相，着衣の男（被疑者）を発見したので，同人を呼び止めた。被疑者は，「友達の家を探している。」などと平静を装っていたが，その態度に落ち着きがなく，右手を見られないように後ろに回したりするので，本職（村田巡査部長）は，被疑者が右手をかまれているのではないかとの疑いを持ち，被疑者に対し，「その右手を見せてほしい。」と申し向けた。これに対し，被疑者が右手を渋々差し出したので，本職は，その右手を見たところ，小指と薬指から血がにじんで腫れているのがわかった。本職が「この傷はどうした。」と追及したところ，被疑者は観念して，被害者が住んでいるアパートの方向を指差し，「今から20分くらい前，この先の今村荘というアパートの2階の便所から入って女をやろうとしたが，女に大声を出されたので逃げてきた。」と自供したので，被疑者を罪を行い終わってから間がなく，身体に顕著な証跡のある強制性交等未遂の現行犯人と認めた。

5　逮捕時の状況

　被疑者は，後を追って駆け付けた被害者に「この男です。」などと言われ，すっかり観念して両手を差し出したので，本職は，山家巡査とともに，被疑者の両手に手錠を掛けて逮捕した。

6　証拠資料の有無

　あり

　本職らは，平成〇年8月28日午後9時55分，被疑者を大阪府大阪東警察署司法警察員に引致した。

　上記引致の日

大阪府大阪東警察署

司法警察員巡査部長　村田　耕一　㊞

司法巡査　山家　政文　㊞

3 準現行犯人〈被服に犯罪の顕著な証跡があるとき〉

(16) 強盗致傷 （コンビニ強盗）	緊急配備検問中、逃走車両と下2桁のナンバーが一致するオートバイに乗車していた男のジャンパー右袖部分に生々しい血痕が付着

様式第17号（刑訴第212条，第213条，第216条，第202条，第203条，第217条）

現行犯人逮捕手続書（甲）

下記現行犯人を逮捕した手続は，次のとおりである。

記

1 被疑者の住居，職業，氏名，年齢

　　神奈川県川崎市中原区中原1丁目2番3号

　　　　専門学校生（山崎栄養学校）

　　　　　　佐藤　大輔

　　　　　　　平成○年8月10日生（22歳）

2 逮捕の年月日時

　　平成 ○ 年 6 月 6 日午 前 4 時 35 分

3 逮捕の場所

　　東京都三鷹市上連雀7丁目6番5号

　　　　三菱東京UFJ銀行三鷹支店前路上

4 現行犯人と認めた理由及び事実の要旨

　　本日午前4時10分頃，本職（中川巡査部長）が警視庁三鷹警察署において当直勤務中，通信指令本部から「隣接署調布警察管内調布市大沢3丁目2番1号コンビニ『AM』調布店において強盗致傷事件が発生。客を装って入ってきた男が店番中の男性店員に，サバイバルナイフ様の刃物を突き付けて脅し，レジにあった現金10万円（1万円札10枚）をわしづかみにして逃走，その際店員が右手を切られて怪我を負い病院に収容された。犯人の人相等は，年齢22～23歳くらい，身長約170センチメートル，やせ型，面長，青色ジャンパー，黒色ズボン姿の一見学生風の男で，オートバイ（黒塗，ナンバー末尾2桁54）に乗ってJR三鷹駅方向に逃走。」という110番指令を傍受するとともに，直ちに緊急配備が発令された。

（注意）この手続書の末尾に，検察官が送致を受けた年月日時を記載し記名押印することができる余白を残しておくこと。

本職は，直ちに刑事課田坂警部指揮の下，盗犯捜査係村下警部補，防犯係田島巡査部長，少年係川上巡査の5名で，発生場所から約200メートル離れた三鷹市上連雀7丁目6番5号三菱東京UFJ銀行三鷹支店前の武蔵境通りにおいて検問を開始した。

　本件発生から約20分後の午前4時30分頃，同通りを深大寺北町方向からこちらに向かって来る1台のオートバイを発見し，運転している男が犯人の人相，服装と似ていることから停止を求めたところ，男（被疑者）は，無言のままで，顔は青ざめ，手が震えている様子であり，それとなくナンバーを見たところ，末尾2桁が54で手配の番号と一致していた。

　以上のことから，被疑者の容疑性が強くなったため，本職は被疑者に対し，所持品の提示を求めたところ，被疑者は，渋々ジャンパーの左内ポケット内から裸のまま1万円札10枚を提示した。本職は，被疑者が着用していたジャンパーを見たところ，ジャンパー右袖の裾部分に生々しい血痕が付着しているのを発見したので，これらの点について追及したところ，被疑者は，「20分くらい前，調布のコンビニ『AM』に入って店員をサバイバルナイフで脅し，現金10万円を奪った。」旨を自供したため，被疑者を罪を行い終わってから間がなく，被服に犯罪の顕著な証跡がある強盗致傷の現行犯人と認めた。

5　逮捕時の状況

　田島巡査部長が被害者に面通しさせたところ，犯人に間違いないと申し立てたことから，本職が被疑者に対し，強盗致傷の現行犯人として逮捕する旨を告げたが，被疑者は，「失敗した。」などと言ってその場に座ってしまったので，田島巡査部長が被疑者を立ち上がらせ，両手に手錠を掛けて逮捕した。

6　証拠資料の有無

　あり

　本職らは，平成〇年6月6日午前5時10分，被疑者を警視庁調布警察署司法警察員に引致した。

上記引致の日
警視庁三鷹警察署
司法警察員巡査部長　中川　準一　㊞
司法警察員巡査部長　田島　秀夫　㊞

一口メモ　多数の警察官が捜査に加わった本事案であるが，逮捕に関与した者は2名なので，その者だけしか署名してはならない。

3 準現行犯人〈被服に犯罪の顕著な証跡があるとき〉

(17) 強制わいせつ	検索中，発見した似寄り人相の男のワイシャツに口紅が付着

様式第17号（刑訴第212条，第213条，第216条，第202条，第203条，第217条）

現行犯人逮捕手続書（甲）

下記現行犯人を逮捕した手続は，次のとおりである。

記

1　被疑者の住居，職業，氏名，年齢

　　東京都中野区野方4丁目3番2号　椿荘5号室

　　　　会社員（東京機械株式会社）

　　　　　堀江　昌司

　　　　　昭和〇年10月9日生（30歳）

2　逮捕の年月日時

　　平成　〇　年　9月　10日午前　8時　5分

3　逮捕の場所

　　東京都千代田区有楽町2丁目3番

　　　　有楽町公園内

4　現行犯人と認めた理由及び事実の要旨

　　本職は，本日午前7時45分頃，有楽町駅前交番で見張勤務中，年齢20歳くらい，白色ワンピースを着た一見OL風の女性（被害者）が駆け込んで来て，「痴漢が改札を出て，こちらの方に来たので，早く捕まえてください。犯人は，年齢30歳くらい，身長170センチくらい，紺色背広上下，白色シャツ，赤色ネクタイ姿で，黒色カバンを持っている一見サラリーマン風の男です。」と訴えたので，直ちに被害者が申し立てる逃走方向へと検索を開始した。

　　検索中，本職と交代して被害者から事情聴取している相勤員宮下巡査から無線受令機で，「女性は電車の前から3両目に乗り，新橋駅を出た辺りから，臀部を触られたり，スカートの中に手を入れられ，更には下着の中にまで指を入れられて陰部をいじられ，一

(注意) この手続書の末尾に，検察官が送致を受けた年月日時を記載し記名押印することができる余白を残しておくこと。

向にやめないので，JR有楽町駅京浜東北線ホームに引きずり降ろしたところ，男は，その瞬間逃げ出したので，すぐ追い掛けたが，改札口を出たところで，見失った。駅に停車した時，そのはずみや，男がもがいていたので，男の白色ワイシャツなどに被害者の口紅が付着している。発見の際は確認するように。」との連絡を受けた。

訴出を受けて約15分経過した午前8時頃，同駅から約50メートル離れた有楽町公園の池のほとりを，黒色カバンを持った男（被疑者）がうろうろしており，その男の人相，着衣等が被害者が申し立てる犯人の人相，着衣等と酷似していることから近づいたところ，被疑者は本職の姿を見て狼狽し，立ち去ろうとした。本職はすかさず被疑者を引き留め，被疑者の白色ワイシャツを見たところ，ワイシャツの左胸のところに口紅らしきものが付着していたので，被疑者に対し「これはどうした。」と追及したところ，被疑者は，顔を青ざめ下を向きながら，「電車の中で悪いと思ったが，女の人の陰部を触ったりして，女の人に捕まったが逃げてきた。そのときにもみ合いになり，女の人の口紅が付いた。」旨を自供するとともに，その場に駆け付けた被害者も被疑者を指差し「この男です，間違いありません。」と申し立てたので，被疑者を罪を行い終わってから間がなく，被服に犯罪の顕著な証跡のある強制わいせつの現行犯人と認めた。

5　逮捕時の状況

被疑者は，「大変申し訳ないことをした。会社に知られないようにお願いしたい。」などと述べ素直に逮捕に応じた。

6　証拠資料の有無

あり

本職は，平成○年9月10日午前8時30分，被疑者を警視庁丸の内警察署司法警察員に引致した。

上記引致の日

警視庁丸の内警察署

司法巡査　川崎　正治　㊞

一口メモ　同じ電車の中での痴漢行為であっても，着衣の上から触れる程度の態様の場合は，いわゆる迷惑防止条例違反にとどまることが多いので，注意を要する。

③ 準現行犯人〈被服に犯罪の顕著な証跡があるとき〉

⑱ 傷　害	検索中，発見した似寄り人相の男の背広右袖に生々しい血痕が付着

様式第17号（刑訴第212条，第213条，第216条，第202条，第203条，第217条）

現行犯人逮捕手続書（甲）

下記現行犯人を逮捕した手続は，次のとおりである。

記

1　被疑者の住居，職業，氏名，年齢

　　兵庫県神戸市中央区下山通4丁目5番6号

　　　　店員（スナック「詩」）

　　　　　　酒井　雄二

　　　　　　　昭和○年8月6日生（28歳）

2　逮捕の年月日時

　　平成　○　年　3月　10日午　後　10時　15分

3　逮捕の場所

　　兵庫県神戸市中央区下山通1丁目2番10号

　　　　中華料理店「喜楽」前路上

4　現行犯人と認めた理由及び事実の要旨

　　本日午後9時50分頃，本職が管内神戸市中央区下山通1丁目2番先路上を警ら中，年齢25～26歳，カーキ色ジャンパー姿の一見工員風の男（被害者）が顔面から血を流し，約50メートル先のパチンコ店「ダイヤモンド」を指差し，「あそこのパチンコ店の前で，2人連れの男に代わる代わる顔などを殴られたり，倒れたところを蹴られたりしてこの様に怪我をさせられました。犯人の一人は年齢22～23歳くらいでよく見なかったのですが，もう一人の男は年齢30歳手前くらい，身長約180センチメートル，やせ型，白色背広上下，赤色野球帽をかぶり，一見暴力団員風の男です。」などと訴え出た。

　　本職は，直ちに被害者（訴出人）を同道して現場である中央区下山通り1丁目2番付近を検索したところ，訴え出を受けてから約20分後，被害者が現場であるパチンコ店「ダ

（注意）この手続書の末尾に，検察官が送致を受けた年月日時を記載し記名押印することができる余白を残しておくこと。

イヤモンド」から約80メートル離れた路上を歩いている赤色野球帽をかぶっている男(被疑者)を指差し,「あの男が2人のうちの1人です。」と申し立てた。

　本職は,被疑者に近づき被疑者に対し,「君がやったのか。」と質問すると,被疑者は落ち着きがなく無言のままであったが,被疑者が着ている背広の右袖を見たところ,まだ生乾きの血痕らしきものが付着しているのを認めた。

　本職は,その点を追及したところ,被疑者は,急にため息をつき,「チンピラのくせに堂々と歩いているので友達が注意したところ,大きな態度をするのでやった。」などと自供したので,被疑者を罪を行い終わってから間がなく,被服に犯罪の顕著な証拠がある傷害の現行犯人と認めた。

5　逮捕時の状況

　本職が被疑者に対し,傷害の現行犯人として逮捕する旨を告げたところ,被疑者が突然逃げ出したので,約30メートル追跡して追いつき,両手に手錠を掛けて逮捕した。

6　証拠資料の有無

　あり

　本職は,平成○年3月10日午後10時40分,被疑者を兵庫県神戸中央警察署司法警察員に引致した。

　　上記引致の日

　　　　　　　　　　　　　兵庫県神戸中央警察署

　　　　　　　　　　　　　　　司法警察員巡査部長　　藤村　吉一　㊞

③ 準現行犯人〈誰何されて逃走しようとするとき〉

| (19) 詐　欺
（留守宅） | 検索中，発見した似寄り人相・服装の男に声を掛けたところ逃走 |

様式第17号（刑訴第212条，第213条，第216条，第202条，第203条，第217条）

現行犯人逮捕手続書（甲）

下記現行犯人を逮捕した手続は，次のとおりである。

記

1　被疑者の住居，職業，氏名，年齢

　　住居不定（元広島県広島市中区基町33番36号　横川荘3号）

　　　　無職（元タクシー運転手）

　　　　　　小林こと三井　修治

　　　　　　昭和○年4月6日生（30歳）

2　逮捕の年月日時

　　平成 ○ 年　3月　6日午 後　1時　55分

3　逮捕の場所

　　広島県広島市中区基町23番25号

　　　　喫茶店ルノアール前路上

4　現行犯人と認めた理由及び事実の要旨

　　本日午後1時30分頃，本職が広島駅前交番で勤務中，管内広島市中区基町10番23号主婦高田光代（58歳）が駆け込んできて，「今，だまされて現金10万円を取られました。主人と同じ会社で働いている小林と名乗る年齢30歳くらい，身長170センチメートルくらい，紺色背広上下，黒色手提カバンを所持した一見会社員風の男が来て，『高田さん（主人）が交通事故を起こし，会社に知られないために金が必要なので，至急奥さんから10万円預かってくるように言われた。』と言うし，5分くらい前にも小林さんという人からそのような電話があったので，すっかり信用してしまい，現金10万円をその男に渡しました。私は，男が帰ってすぐに会社に電話したところ，主人がおり，『交通事故なんか起こしていない。おまえはだまされた。』と言ったので，今，急いで交番に来ま

（注意）この手続書の末尾に，検察官が送致を受けた年月日時を記載し記名押印することができる余白を残しておくこと。

した。」と訴え出た。

　本職は，犯人が逃走するために駅に向かったのではないかと思料し，被害者（訴出人）とともに駅を中心に検索を実施した。

　発生から20分後，現場である高田方から約100メートル離れた路上を歩いている黒色カバンを持ち，犯人と似た人相，服装の男（被疑者）を発見し，すぐさま被害者が「あの男です。」と言うので，被疑者に近づき，後方から「もしもし」と声を掛けたところ，被疑者は，後ろを振り向き，びっくりした様子で逃走したので，被疑者を罪を行い終わってから間がなく，誰何されて逃走しようとした詐欺の現行犯人と認めた。

5　逮捕時の状況

　本職は，逃走した被疑者を約50メートル追い掛けて追いつき，被疑者に対し，「逃げるな。」と一喝して，右腕をつかんで引き留め，被疑者に対し，詐欺罪で逮捕する旨を告げたところ，被疑者は，「バレるのが早かった。」などとぶつぶつ言いながら逮捕に応じた。

6　証拠資料の有無

　あり

　本職は，平成〇年3月6日午後2時25分，被疑者を広島県広島中央警察署司法警察員に引致した。

　上記引致の日

　　　　　　　　　　　　　　広島県広島中央警察署

　　　　　　　　　　　　　　　　　　　司法巡査　今井　正一　㊞

一口メモ　刑訴法212条2項4号（誰何されて逃走しようとするとき）を適用して準現行犯人として逮捕するに当たっては，本号が犯罪と犯人を結び付ける力は強力とはいえないのであるから，同項1号ないし3号に比して犯罪との時間的・場所的近接性が高度に要求されることに留意しなければならない。

③ 準現行犯人〈誰何されて逃走しようとするとき〉

⑳ 強制わいせつ	検索中，似寄り人相の男を発見したので背後から声を掛けたところ逃走しようとした

様式第17号（刑訴第212条，第213条，第216条，第202条，第203条，第217条）

現行犯人逮捕手続書（甲）

下記現行犯人を逮捕した手続は，次のとおりである。

記

1　被疑者の住居，職業，氏名，年齢

　　東京都練馬区早宮4丁目3番2号

　　　　大学生（青葉大学経済学部3年）

　　　　　　橋本　茂

　　　　　平成〇年9月9日生（20歳）

2　逮捕の年月日時

　　平成　〇　年　8　月　18日午後　10　時　55　分

3　逮捕の場所

　　東京都練馬区中村南1丁目2番

　　　　中村南公園内

4　現行犯人と認めた理由及び事実の要旨

　　本職（高島巡査）は，本日午後10時30分頃，中村橋交番で見張勤務中，「今から5分前，公園で見知らぬ男に体を触られたという女性からの訴出。女性は，練馬区中村南1丁目2番中村南公園近くの公衆電話ボックスで待っている。」という110番指令を傍受した。

　　本職は，直ちに，相勤者山内巡査とともに自転車で急行したところ，公衆電話ボックスのところに立っていた年齢20歳くらい，身長約155センチメートル，白色ワンピースを着た女性（被害者）が本職らの姿を見るや，血相を変えて慌てて近づいてきて，「今，見知らぬ男にこの公園の暗がりに引っ張り込まれ，首を絞められて無理やりキスをされたり，下着の中に手を入れられ，陰部を指で触られました。男は年齢20歳くらい，身長

（注意）この手続書の末尾に，検察官が送致を受けた年月日時を記載し記名押印することができる余白を残しておくこと。

180センチメートルくらいで背が高く、やせていて、白色半袖シャツ、黒色ズボン、一見学生風の男です。」と訴えた。

　本職らは、直ちに、同人を同道して、同公園内を検索したところ、訴出を受けて約20分後の午後10時50分頃、被害者が同公園の池のほとりにしゃがんでいる犯人によく似た男（被疑者）を指差し、低い声で「あの男です。」と申し立てた。本職は、静かに近づき、被疑者に背後から「もしもし」と声を掛けたところ、被疑者は振り向いて本職らの姿を見て、びっくりした様子で駆け出して逃走しようとしたので、被疑者を罪を行い終わってから間がなく、誰何されて逃走しようとした強制わいせつの現行犯人と認めた。

5　逮捕時の状況

　本職が被疑者を追い掛けて右手をつかみ、強制わいせつの現行犯人として逮捕する旨を告げたところ、被疑者は、「勘弁してください。二度としませんから。」などと申し立て、すっかり観念した態度で逮捕に応じた。

6　証拠資料の有無

　あり

　本職らは、平成○年8月18日午後11時15分、被疑者を警視庁練馬警察署司法警察員に引致した。

　　上記引致の日

　　　　　　　　　　　　　警視庁練馬警察署

　　　　　　　　　　　　　　　司法巡査　髙島　勝夫　㊞

　　　　　　　　　　　　　　　司法巡査　山内　伸二　㊞

一口メモ　本事案では、手続書末尾の余白が少ないので、継続用紙を付け足して、作成者の契印をしておくとよい。前記第2章3(1)ケ「末尾余白」欄参照（29頁）。

(2) 現行犯人逮捕手続書（乙）（様式第18号）

　本様式は，私人が逮捕した現行犯人を受け取った警察官が作成する。

　司法巡査が現行犯人を受け取った場合は，逮捕者の氏名，住居及び逮捕の事由を聴き取った上，速やかに司法警察員に引致しなければならない（刑訴法215条）。

　現行犯人を受け取った警察官は，現行犯逮捕の要件を満たしているかどうかを検討し，もし，その要件を満たしていない場合には，逮捕者の説明不足によるものなのか，あるいは現行犯人としての要件を欠いているのかを確認する必要がある。

　本様式は，「逮捕者の住居，職業，氏名，年齢」が加わっているほかは，前記した「現行犯人逮捕手続書（甲）（様式第17号）」と全く同様式である。

　「現行犯人と認めた理由及び事実の要旨」及び「逮捕時の状況」欄は，逮捕者より状況を詳細に聴き取り，刑訴法212条に規定する要件を満たすよう順序よく具体的に記載する。

　その他の記載については，前記「現行犯人逮捕手続書（甲）（様式第17号）」（28頁以下）を参照されたい。

　なお，逮捕者の供述は，犯罪の立証に極めて重要であるので，別に供述調書を作成しておくこと。

① 冒頭本文の記載に当たっては，私人が現行犯逮捕した被疑者を私人から受け取った時間及び受け取った場所を記載する。

② 「現行犯人と認めた理由及び事実の要旨」欄

　「現行犯人逮捕手続書（甲）（様式第17号）」の「現行犯人と認めた理由及び事実の要旨」欄の記載に準ずるが，私人の逮捕の場合，いかなる犯罪の現行犯人として認めるに至ったかの理由が明確に表現されていない場合があるので，その場合は，「事実の要旨」を記載する。

　なお，「事実の要旨」の書き方については，現行犯人逮捕手続書（甲）の項（24頁から27頁）において詳しく解説してあるので，そちらを参照されたい。

③ 「作成者」欄

　現行犯人を受け取った警察官が署名押印し，次に逮捕者の署名押印を求める。逮捕者の場合は指印でもよい。逮捕者の署名押（指）印を得られなかっ

たときは，逮捕者の氏名を代筆することなく，引致の奥書の後に，得られなかった理由を記載する。

現行犯人逮捕手続書（乙）の作成事例

罪　名	事　例	参照頁
(1) 住居侵入	帰宅した家人が，自宅敷地内にいた男を追跡して逮捕	183頁
(2) 住居侵入（のぞき目的）	浴場をのぞかれた妻の叫び声を聞いた夫が，逃走男を追跡して逮捕	185頁
(3) 強制わいせつ	電車内で痴漢された女性が，駅ホーム上で痴漢男を逮捕	187頁
(4) 強制わいせつ	犯行を目撃した通行人が，逃走男を追跡して逮捕	189頁
(5) 傷　害	スナック経営者が，スナック店内において客を灰皿で殴り傷害を負わせた男を逮捕	191頁
(6) 傷　害	訴え出により駆け付けた駅助役が犯行を目撃，その場で逮捕	193頁
(7) 傷　害	パチンコ店従業員が，一緒に注意した同僚の顔面をドル箱で殴り傷害を負わせた男を逮捕	195頁
(8) 傷害（逮捕者が負傷し緊急入院のため署名押印が不能）	同僚が，車の通行走法に激高し頭突きなどして傷害を負わせた男を逮捕	198頁
(9) 窃　盗（空き巣）	帰宅した家人が，自宅玄関内から飛び出した窃盗犯人を追跡して逮捕	201頁
(10) 窃　盗（車上ねらい）	車の所有者が，車内を物色している男をその場で逮捕	203頁
(11) 窃　盗（置引き）	被害者に追い掛けられている男を追跡して逮捕	206頁
(12) 窃　盗（色情ねらい）	家人が，物干場の方から下着の様な物を持って逃走して行く男を追跡して逮捕	209頁
(13) 窃　盗（居空き）	家族団らん中，家人が，階下6畳間で物色している男をその場で逮捕	211頁

(14)	窃　盗 （自動販売機ねらい）	犯行を目撃した自動販売機設置場所の隣人が，自称中国人をその場で逮捕	213頁
(15)	窃　盗 （ひったくり）	「泥棒」という女性の叫び声により逃げて行く男を見た通行人が，追跡して逮捕	216頁
(16)	窃　盗 （仮睡者ねらい）	電車内で犯行を目撃した乗客が，被害者と追跡して逮捕	218頁
(17)	強　盗 （事後強盗）	スーパー保安係員の逮捕を免れるために暴行を加えた男を，その保安係員が逮捕	221頁
(18)	強盗・銃刀法違反	通行人が，女性の叫び声で，文化包丁所持の強盗犯人を逮捕	224頁
(19)	詐　欺 （無銭）	タクシー運転手が，無賃乗車した男を逮捕	227頁
(20)	詐　欺 （無銭）	焼肉店経営者が，無銭飲食した男を店内で逮捕	230頁
(21)	迷惑防止条例違反 （痴漢）	電車内で痴漢された女性が男を逮捕	233頁
(22)	迷惑防止条例違反 （盗撮）	駅エスカレーター上で盗撮犯を目撃者が逮捕	236頁
(23)	迷惑防止条例違反 （カメラの差し向け）	コンビニ内での盗撮犯を店長が逮捕	239頁

(1) 住居侵入	帰宅した家人が，自宅敷地内にいた男を追跡して逮捕

様式第18号（刑訴第212条，第213条，第214条，第215条，第216条，第203条，第217条）

現行犯人逮捕手続書（乙）

平成○年4月6日午後6時30分，東京都練馬区石神井町1丁目3番12号石神井1丁目交番　　　　において，下記現行犯人を受け取った手続は，次のとおりである。

記

1　逮捕者の住居，職業，氏名，年齢

　東京都練馬区石神井町1丁目2番3号

　　会社員（㈱村上証券営業係）

　　　白崎　岩雄

　　昭和○年3月5日生（48歳）

2　被疑者の住居，職業，氏名，年齢

　住居不定（元東京都中野区野方3丁目2番1号　白樺荘）

　　無職（元飲食店店員）

　　　太田　幸一

　　昭和○年5月10日生（30歳）

3　逮捕の年月日時

　平成　○　年　4月　6日午後　6時　20分

4　逮捕の場所

　東京都練馬区石神井町1丁目2番10号

　　高島正方前路上

5　現行犯人と認めた理由及び事実の要旨

　逮捕者は，本日午後6時15分頃，会社から帰宅したところ，自宅門扉が開いていた。逮捕者は，玄関前に立ちドアを開けようとしたが，庭の植込みに人影が見えたので，よく見ると，年齢30歳くらい，黒色ジャンパー姿の一見工員風の男（被疑者）がうずくま

（注意）　この手続書の末尾に，検察官が送致を受けた年月日時を記載し記名押印することができる余白を残しておくこと。

ていた。逮捕者が，被疑者に向かって「何しているんだ。」と怒鳴ったところ，被疑者は「すみません。」と言いながら高さ約1.8メートルのブロック塀を乗り越えて逃走したので，被疑者を住居侵入の現行犯人と認めた。

　事実の要旨

　被疑者は，正当な理由がないのに，平成○年4月6日午後6時15分頃，東京都練馬区石神井町1丁目2番3号白崎岩雄方敷地内に，門扉を開けて侵入したものである。

6　逮捕時の状況

　逮捕者は，直ちに逃走する被疑者を追い掛け，約30メートル追跡して追いつき，被疑者の右腕をつかんで「警察へ行こう」と言ったところ，被疑者は，無言のまま素直に逮捕に応じた。

7　証拠資料の有無

　あり

　本職は，平成○年4月6日午後6時55分，被疑者を警視庁石神井警察署司法警察員に引致した。

　上記引致の日

　　　　　　　　　　警視庁石神井警察署

　　　　　　　　　　　　　　　司法巡査　平田　公雄　㊞

　　　　　　　　　　　　　　　逮捕者　　白崎　岩雄　㊞

一口メモ　司法巡査は，私人から現行犯人を受け取ったときは，逮捕者の氏名，住居及び逮捕の事由を聴き取り，速やかに司法警察員に引致しなければならない（刑訴法215条）。なお，司法警察員が私人から現行犯人を受け取ったときも同様のことを聴き取る必要があろう。

第2章 現行犯人逮捕手続書（基本書式例・簡易書式例） 185

(2) 住居侵入 （のぞき目的）	浴場をのぞかれた妻の叫び声を聞いた夫が，逃走男を追跡して逮捕

様式第18号（刑訴第212条，第213条，第214条，第215条，第216条，第203条，第217条）

現行犯人逮捕手続書（乙）

平成○年5月23日午後10時45分，東京都台東区柳橋1丁目5番6号柳橋1丁目交番　において，下記現行犯人を受け取った手続は，次のとおりである。

記

1　逮捕者の住居，職業，氏名，年齢

　東京都台東区柳橋1丁目2番3号

　　会社員（㈱山田鉄工所総務課）

　　　唐沢　育男

　　昭和○年4月4日生（40歳）

2　被疑者の住居，職業，氏名，年齢

　東京都台東区松が谷3丁目2番1号

　　無職（元スナック従業員）

　　　村尾　聡

　　昭和○年3月10日生（36歳）

3　逮捕の年月日時

　平成○年5月23日午後10時35分

4　逮捕の場所

　東京都台東区柳橋1丁目3番28号

　　旅館「清水」前路上

5　現行犯人と認めた理由及び事実の要旨

　逮捕者は，本日午後10時30分頃，自宅6畳間でテレビを見ていたところ，浴室の方で「ギャー」という妻の声がした。逮捕者は，すぐ浴室の方に行くと，妻が既に浴槽から上がり慌てた様子で，逮捕者に対し，「今，風呂をのぞかれた。あっちへ逃げた。」と言

（注意）この手続書の末尾に，検察官が送致を受けた年月日時を記載し記名押印することができる余白を残しておくこと。

たことから，すぐ妻が言う玄関に回り，玄関ドアを開けて外を見ると，年齢35～36歳くらい，黒っぽいジャンパーを着た男（被疑者）が，自宅敷地内を浴場の方角から走って道路に飛び出し逃走したのを目撃したので，被疑者を住居侵入の現行犯人と認めた。

　事実の要旨

　被疑者は，のぞき見の目的で，平成○年5月23日午後10時30分頃，東京都台東区柳橋1丁目2番3号唐沢育男方敷地内に侵入したものである。

| 6 | 逮捕時の状況 |

　逮捕者は，直ちに被疑者を追い掛け，約50メートル先の路上で追いつき後方から抱き付いたところ，被疑者は，「勘弁してください。」と言いながら，なおも逃走しようとするので，被疑者の右腕を強くつかんで逮捕した。

| 7 | 証拠資料の有無 |

　あり

　本職は，平成○年5月23日午後11時15分，被疑者を警視庁蔵前警察署司法警察員に引致した。

　上記引致の日

警視庁蔵前警察署

司法巡査　田宮　準一　㊞

逮捕者　唐沢　育男　㊞

一口メモ　いずれの事案でもそうであるが，現行犯人逮捕手続書（乙）を作成する場合には，警察官が自分で逮捕したわけではないので，逮捕者たる私人からその詳細をていねいに聴き取る必要がある。

第2章 現行犯人逮捕手続書(基本書式例・簡易書式例) 187

| (3) 強制わいせつ | 電車内で痴漢された女性が，駅ホーム上で痴漢男を逮捕 |

様式第18号（刑訴第212条，第213条，第214条，第215条，第216条，第203条，第217条）

現行犯人逮捕手続書（乙）

平成○年4月15日午前8時5分，東京都千代田区神田佐久間町1丁目2番JR秋葉原駅駅長室　において，下記現行犯人を受け取った手続は，次のとおりである。

記

1　逮捕者の住居，職業，氏名，年齢

　東京都墨田区立花4丁目3番1号

　　会社員（三田商事㈱総務係）

　　　高橋　優子

　　　　平成○年6月9日生（25歳）

2　被疑者の住居，職業，氏名，年齢

　東京都墨田区錦糸1丁目2番3号

　　山田大学文学部3年生

　　　荒川　正夫

　　　　平成○年5月10日生（23歳）

3　逮捕の年月日時

　平成○年4月15日午前7時55分

4　逮捕の場所

　東京都千代田区神田佐久間町1丁目2番

　　JR秋葉原駅3番・4番（総武線）ホーム上

5　現行犯人と認めた理由及び事実の要旨

　逮捕者は，本日午前7時50分頃，会社へ出勤のため，JR両国駅（総武線）から，先頭より3両目の車内に乗車してJR秋葉原駅に向かったが，車内は身動きができない状態に混雑していた。

（注意）この手続書の末尾に，検察官が送致を受けた年月日時を記載し記名押印することができる余白を残しておくこと。

乗車して間もなく，逮捕者の右斜め前に乗車していた前記被疑者が，電車の揺れに合わせるように逮捕者の陰部を触り始めたが，逮捕者は，声を出すと恥ずかしいことから，ただその手を払いのけていた。そのうち被疑者が逮捕者のパンティ内に右手を差し入れ膣内に手指を入れたりしたので，逮捕者は被疑者を強制わいせつの現行犯人と認めた。

　事実の要旨

　被疑者は，平成〇年4月15日午前7時50分頃から同日午前7時55分頃までの間，東京都墨田区両国3丁目26番東日本旅客鉄道株式会社両国駅から同都千代田区神田佐久間町1丁目2番同社秋葉原駅に至るまでの間を進行中の電車内において，高橋優子（当時25歳）に対し，強制わいせつ行為をしようと考え，同人のパンティ内に手指を差し入れ，その膣内に指を入れるなどしたものである。

6　逮捕時の状況

　逮捕者は，電車がJR秋葉原駅に到着し停車した瞬間，陰部を触っていた被疑者の右手をつかんで，「降りてください。」と言って強引に同駅ホームに降ろし，「警察へ行きましょう。」と言ったところ，被疑者は，無言で改札口方向へ歩き出したので，乗客に110番を依頼し，被疑者の右手をつかんで逮捕した。

7　証拠資料の有無

　あり

　本職は，平成〇年4月15日午前8時30分，被疑者を万世橋警察署司法警察員に引致した。

　上記引致の日

警視庁万世橋警察署

司法警察員巡査部長　髙岡　国守　㊞

逮捕者　髙橋　優子　指印

> **一口メモ**　「事実の要旨」は，起訴状に記載する公的事実の記載例に倣った書き方である。
> 　手続書末尾の余白が少ないときに，継続用紙を足して契印しておくのは現行犯人逮捕手続書（乙）の場合も同様である。前記第2章3(1)ケ「末尾余白」欄参照（29頁）。

第2章 現行犯人逮捕手続書（基本書式例・簡易書式例）

(4) 強制わいせつ	犯行を目撃した通行人が，逃走男を追跡して逮捕

様式第18号（刑訴第212条，第213条，第214条，第215条，第216条，第203条，第217条）

現行犯人逮捕手続書（乙）

平成○年8月10日午後10時45分，東京都足立区伊興1丁目2番

伊興公園　　において，下記現行犯人を受け取った手続は，次のとおりである。

記

1　逮捕者の住居，職業，氏名，年齢

　東京都足立区江北3丁目2番1号

　　　会社員（㈱丸光デパート警備員）

　　　　佐藤　石雄

　　　　昭和○年10月30日生（35歳）

2　被疑者の住居，職業，氏名，年齢

　東京都北区志茂4丁目3番2号

　　　無職（元パチンコ店店員）

　　　　村下　正光

　　　　昭和○年7月10日生（30歳）

3　逮捕の年月日時

　平成　○　年　8月　10日午後　10時　35分

4　逮捕の場所

　東京都足立区伊興1丁目2番

　　伊興公園内

5　現行犯人と認めた理由及び事実の要旨

　　逮捕者は，本日午後10時30分頃，足立区伊興1丁目2番先路上を通行中，前方約30メートル方向から「助けて，何するの。」などという悲鳴が聞こえたので，その方を見ると，同番地伊興公園内の薄暗い草むらのところで白っぽいワンピース姿の女性が仰

（注意）この手続書の末尾に，検察官が送致を受けた年月日時を記載し記名押印することができる余白を残しておくこと。

向けに倒れ，その腹部上に白色半袖シャツ姿の若い男（被疑者）が馬乗りになっていたので「何しているんだ。」と叫んだところ，被疑者はびっくりした様子ですぐ降りて逃走した。逮捕者は，すぐ追い掛け，約30メートル追跡したところで，被疑者が転倒したので，右腕をつかんでいたところ，前記女性が走って来て逮捕者に向かって「この男に陰部を触られた。」などと申し立てたので，被疑者を強制わいせつの現行犯人と認めた。

　事実の要旨

　被疑者は，強制わいせつ行為をしようと考え，平成○年8月10日午後10時30分頃，東京都足立区伊興1丁目2番先路上において，通行中の田辺京子（当時20歳）に対し，いきなり背後から抱きついて同人の口を手で塞ぎ，約5メートル先の同所先伊興公園内に引きずり込んで仰向けに引き倒し，同所において，同人の腹部に馬乗りになって「声を出すな，おとなしく言うことを聞け，殺すぞ。」と言うなどの暴行脅迫を加え，その膣内に手指を挿入するなどしたものである。

5　逮捕時の状況

　逮捕者は，被疑者の右腕を捕まえ「警察へ行こう。」と言ったところ，被疑者は「勘弁してください。」と言いながら逃亡しようとしたので，被疑者の右腕を強くつかんで逮捕した。

6　証拠資料の有無

　あり

　本職は，平成○年8月10日午後11時10分，被疑者を警視庁西新井警察署司法警察員に引致した。

　上記引致の日

　　　　　　　　　　　警視庁西新井警察署

　　　　　　　　　　　　　　　　司法巡査　佐藤　文雄　㊞

　　　　　　　　　　　　　　　　逮捕者　　佐藤　石雄　㊞

一口メモ　手続書末尾の余白がないときに，継続用紙を足して契印しておくのは現行犯人逮捕手続書（乙）の場合も同様である。前記第2章3(1)ケ「末尾余白」欄参照（29頁）。

第2章　現行犯人逮捕手続書（基本書式例・簡易書式例）　191

| (5) 傷　害 | スナック経営者が，スナック店内において客を灰皿で殴り傷害を負わせた男を逮捕 |

様式第18号（刑訴第212条，第213条，第214条，第215条，第216条，第203条，第217条）

現行犯人逮捕手続書（乙）

平成○年9月28日午後8時45分，東京都品川区東五反田1丁目2番3号スナック「富士」前路上　において，下記現行犯人を受け取った手続は，次のとおりである。

記

1　逮捕者の住居，職業，氏名，年齢

　　東京都大田区上池台1丁目2番3号　メゾン「上池台」520号

　　　スナック「富士」経営

　　　山本　幸夫

　　　昭和○年11月25日生（38歳）

2　被疑者の住居，職業，氏名，年齢

　　東京都品川区大崎3丁目2番1号

　　　鳶職　㈱山村組

　　　川畑　勇二

　　　昭和○年6月3日生（36歳）

3　逮捕の年月日時

　　平成　○　年　9月　28日午後　8時　35分

4　逮捕の場所

　　東京都品川区東五反田1丁目2番13号

　　　パチンコ店「金時」前路上

5　現行犯人と認めた理由及び事実の要旨

　　逮捕者は，本日午後8時30分頃，品川区東五反田1丁目2番3号スナック「富士」店内において店番中，カウンターで飲酒していた年齢35～36歳，白色半袖シャツ姿の男（被疑者）が，その隣で飲酒していた年齢50歳くらい，カーキ色長袖シャツ姿の男（被

（注意）この手続書の末尾に，検察官が送致を受けた年月日時を記載し記名押印することができる余白を残しておくこと。

害者）に対し「この野郎」と怒鳴り始めたので、その方を見ていたところ、被疑者は、カウンター上にあった灰皿（陶磁器製）を右手でつかんで振り上げ、被害者の顔面を殴り、さらに、被害者の胸元をつかみ、右拳骨で顔面を数回殴りつけ、被害者の顔面から血が流れ出したので、被疑者を傷害の現行犯人と認めた。

事実の要旨

　被疑者は、平成○年９月28日午後８時30分頃、東京都品川区東五反田１丁目２番３号スナック「富士」店内において、村岡久男（当時50歳）に対し、その顔面を手に持った陶磁器製灰皿で殴り、さらに、同人の顔面を拳骨で数回殴るなどの暴行を加え、よって、同人に顔面裂傷の傷害を負わせたものである。

6　逮捕時の状況

　逮捕者が従業員に対し、「110番」と叫んだところ、被疑者はそれを聞いて、すぐ同店から逃げ出したので、逮捕者は、直ちに被疑者の後を追い、約30メートル追跡して追いつき、被疑者の右腕をつかんで逮捕した。

7　証拠資料の有無

　あり

　本職は、平成○年９月28日午後９時５分、被疑者を警視庁大崎警察署司法警察員に引致した。

　　上記引致の日

　　　　　　　　　　　　警視庁大崎警察署

　　　　　　　　　　　　　　　　　司法巡査　平野　裕一　㊞

　　　　　　　　　　　　　　　　　逮捕者　　山本　幸夫　㊞

一口メモ　「事実の要旨」に被害者の年齢を記載するのは、被害者の生命・身体・自由が保護法益とされている罪（暴行、傷害、殺人、逮捕・監禁、脅迫、強要、強盗等）、被害者の年齢によって構成要件が異なる罪（強制わいせつ、強制性交等、略取、誘拐等）のほか、高齢者を狙った詐欺などのように、被害者の年齢が当該事件において意味を持つ場合である。
　手続書末尾の余白が少ないときに、継続用紙を足して契印しておくのは現行犯人逮捕手続書（乙）の場合も同様である。前記第２章３(1)ケ「末尾余白」欄参照（29頁）。

(6) 傷 害	訴え出により駆け付けた駅助役が犯行を目撃，その場で逮捕

様式第18号（刑訴第212条，第213条，第214条，第215条，第216条，第203条，第217条）

現行犯人逮捕手続書（乙）

平成○年8月9日午後9時50分，神奈川県川崎市川崎区川崎1丁目2番JR川崎駅事務室　　において，下記現行犯人を受け取った手続は，次のとおりである。

記

1　逮捕者の住居，職業，氏名，年齢

　　東京都大田区大森東1丁目2番3号

　　　　東日本旅客鉄道㈱川崎駅助役

　　　　　山本　好一郎

　　　　　　昭和○年1月10日生（45歳）

2　被疑者の住居，職業，氏名，年齢

　　東京都品川区東品川3丁目2番1号

　　　　会社員　㈲鶴見鉄工所事務員）

　　　　　佐々木　力

　　　　　　平成○年9月20日生（25歳）

3　逮捕の年月日時

　　平成　○　年　8月　9日午後　9時　35分

4　逮捕の場所

　　神奈川県川崎市川崎区川崎1丁目2番

　　　JR川崎駅3番・4番（京浜東北線）ホーム上

5　現行犯人と認めた理由及び事実の要旨

　　逮捕者は，本日午後9時30分頃，川崎市川崎区川崎1丁目2番JR川崎駅事務室で勤務中，乗客が駆け込んで来て「京浜東北線のホームで喧嘩しています。サラリーマン風の男性が若い男に拳骨で顔面を殴られて倒れました。」という訴え出により，京浜東北線

（注意）この手続書の末尾に，検察官が送致を受けた年月日時を記載し記名押印することができる余白を残しておくこと。

3番・4番ホームに急行すると，年齢40歳くらい，白色半袖シャツ姿の一見会社員風の男（被害者）が顔から血を流して倒れており，倒れている被害者の腹部を，年齢25～26歳くらい，身長約175センチメートル，体格ガッチリ，アロハシャツ姿の男（被疑者）が数回足で蹴っているのを目撃したので，被疑者を傷害の現行犯人と認めた。

　事実の要旨

　被疑者は，平成〇年8月9日午後9時30分頃，川崎市川崎区川崎1丁目2番東日本旅客鉄道株式会社川崎駅3番・4番ホーム上において，山倉泰造（当時42歳）に対し，その顔面を挙骨で数回殴り，さらに，倒れた同人の腹部及び腰部等を数回足で蹴るなどの暴行を加え，よって，同人に顔面及び腹部等打撲傷等の傷害を負わせたものである。

6　逮捕時の状況

　逮捕者は，被疑者が倒れている被害者に対して更に足で蹴ろうとしていたので，それを制止し，被疑者の両腕をつかんで逮捕した。

7　証拠資料の有無

　あり

　平成〇年8月9日午後10時15分，被疑者を神奈川県川崎警察署司法警察員に引致した。

　上記引致の日

神奈川県川崎警察署

司法警察員巡査部長　奈良　吉成　㊞

逮捕者　山本好一郎　指印

一口メモ　逮捕者が印鑑を持ち合わせていない場合には，指印を押させる。なお，書類の契印は，引渡しを受けた警察官が行えばよい。
　手続書末尾の余白が少ないときに，継続用紙を足して契印しておくのは現行犯人逮捕手続書（乙）の場合も同様である。前記第2章3(1)ケ「末尾余白」欄参照（29頁）。

(7) 傷害

パチンコ店従業員が，一緒に注意した同僚の顔面をドル箱で殴り傷害を負わせた男を逮捕

様式第18号（刑訴第212条，第213条，第214条，第215条，第216条，第203条，第217条）

現行犯人逮捕手続書（乙）

平成○年 6 月 10 日午後 8 時 40 分，東京都大田区西蒲田1丁目2番3号パチンコ店「球殿」において，下記現行犯人を受け取った手続は，次のとおりである。

記

1 逮捕者の住居，職業，氏名，年齢

　東京都品川区大井3丁目2番1号

　　パチンコ店「球殿」従業員

　　　平野　正

　　　　昭和○年12月1日生（30歳）

2 被疑者の住居，職業，氏名，年齢

　神奈川県川崎市中原区宮前4丁目3番2号

　　工員（東京電工㈱）

　　　奥村　正夫

　　　　昭和○年7月9日生（30歳）

3 逮捕の年月日時

　平成 ○ 年 6 月 10 日午後 8 時 35 分

4 逮捕の場所

　東京都大田区西蒲田1丁目2番3号

　　パチンコ店「球殿」内

5 現行犯人と認めた理由及び事実の要旨

　逮捕者は，本日午後8時30分頃，大田区西蒲田1丁目2番3号パチンコ店「球殿」で勤務中，同店2階モニターカメラ室から，パチンコ台第502番で台をたたいている男がいるとの通報を受けたので，従業員白田雄二（40歳）（被害者）とともに，直ちに

（注意）この手続書の末尾に，検察官が送致を受けた年月日時を記載し記名押印することができる余白を残しておくこと。

502番の台のところに行くと，年齢30歳くらい，白色長袖シャツ姿の一見工員風の男（被疑者）が酒に酔っている様子で「この台はインチキではないか。」などとぶつぶつ言いながら台をたたいていた。被害者が被疑者に対し「隣のお客さんの迷惑ですからやめてください。」と注意したところ，被疑者は，「なにー。」と言いながら立ち上がり，被害者の胸倉をつかんで「生意気言うな，インチキではないか。」などと怒鳴りながら，いきなりそばにあったパチンコ玉を入れるプラスチック製の箱（縦約20センチメートル×横約30センチメートル×深さ約15センチメートル）を持って被害者の顔面を殴りつけた。被害者はすぐ両手で顔面を押さえたが，被害者の顔面からは血が流れ出し，被疑者は被害者の大腿部を更に数回足で蹴ったので，被疑者を傷害の現行犯人と認めた。

　事実の要旨

　　被疑者は，平成〇年6月10日午後8時30分頃，東京都大田区西蒲田1丁目2番3号パチンコ店「球殿」内において，白田雄二（当時40歳）に対し，その顔面をプラスチック製の箱（縦約20センチメートル×横約30センチメートル×深さ約15センチメートル）で殴り，さらに，同人の大腿部を足で蹴る暴行を加え，よって，同人に顔面挫傷及び大腿部打撲の傷害を負わせたものである。

6　逮捕時の状況

　　逮捕者は，被疑者が犯行後「こんな所で二度とやるか。」などと捨てぜりふを吐きながら同店を出ようとするので，店長に110番を依頼するとともに，被疑者に対し「警察に行こう。」と言って被疑者の右腕をつかんだところ，被疑者は，「そんな所に行けるかー。」などとわめき暴れ出したので，後ろから羽交絞めにして逮捕した。

7　証拠資料の有無

　　あり

　　本職は，平成〇年6月10日午後9時0分，被疑者を警視庁蒲田警察署司法警察員に引致した。

上記引致の日
警視庁蒲田警察署
司法警察員巡査部長　小野　正治　㊞
逮捕者　平野　正　㊞

(8) 傷害(逮捕者が負傷し緊急入院のため署名押印が不能)	同僚が，車の通行走法に激高し頭突きなどして傷害を負わせた男を逮捕

様式第18号（刑訴第212条，第213条，第214条，第215条，第216条，第203条，第217条）

現行犯人逮捕手続書（乙）

平成○年4月5日午後3時40分，東京都葛飾区柴又1丁目2番3号先路上において，下記現行犯人を受け取った手続は，次のとおりである。

記

1　逮捕者の住居，職業，氏名，年齢

　　東京都葛飾区白鳥1丁目2番3号

　　　会社員（日本電工㈱経理担当）

　　　　山口　寿男

　　　　　平成○年8月20日生（25歳）

2　被疑者の住居，職業，氏名，年齢

　　東京都足立区保木間3丁目2番1号　川村荘

　　　山田大学文学部2年生

　　　　村上　公紀

　　　　　平成○年3月10日生（20歳）

3　逮捕の年月日時

　　平成　○　年　4月　5日午　後　3時　35分

4　逮捕の場所

　　東京都葛飾区柴又1丁目2番3号

　　　川崎一郎方前路上

5　現行犯人と認めた理由及び事実の要旨

　　逮捕者は，本日午後3時30分頃，会社の同僚鹿内彦一（25歳）（被害者）の運転する自家用普通乗用自動車の助手席に乗車し，葛飾区柴又1丁目2番先路上を通行中，後方から進行してきた自家用普通乗用自動車が右側から追い越し前方に出て，急に停車し

(注意) この手続書の末尾に，検察官が送致を受けた年月日時を記載し記名押印することができる余白を残しておくこと。

たので，続いてその場に停車したところ，同車から年齢20歳くらい，紺色セーター姿の一見学生風の男（被疑者）が降りてきた。被疑者は，被害者に対し，「おまえ，どんな運転しているんだ，降りてこい。」と怒鳴りながら運転席の方に回り，運転席のドアを開けようとしたが，開けることができなかったため，今度は運転席ドア付近を履いていた短靴で数回蹴り，なおも蹴ろうとするので，逮捕者らは車から降りた。

　すると，被疑者は，被害者に飛び掛かり，被害者の襟首をつかんで「なめるんじゃない。」と叫ぶが早いか，いきなり被害者の顔面に頭突きし，そのはずみで転倒した被害者の顔面及び左側胸部等を数回足で蹴った。被害者は「うー」とうめきながら起き上がることができず，うずくまり，顔面からは血が流れ出したので，逮捕者は，被疑者を傷害の現行犯人と認めた。

　事実の要旨

　被疑者は，平成〇年4月5日午後3時30分頃，東京都葛飾区柴又1丁目2番3号先路上において，鹿内彦一（当時25歳）に対し，その顔面に頭突きし，転倒した同人の顔面及び左側胸部等を数回足で蹴るなどの暴行を加え，よって，同人に顔面及び左胸部打撲傷の傷害を負わせたものである。

6　逮捕時の状況

　逮捕者は，近くの人達に110番を依頼するとともに，被疑者に対し「やめろ。」と怒鳴ったが，被疑者がなおも犯行を続行しようとするので，被疑者の後方から羽交絞めにした後，右腕をねじ上げて逮捕した。

7　証拠資料の有無

　あり

　本職は，平成〇年4月5日午後4時5分，被疑者を警視庁亀有警察署司法警察員に引致した。

　なお，逮捕者は，被疑者を逮捕する際，負傷し，緊急治療のため入院したので，署名

押印を得られなかった。

上記引致の日

警視庁亀有警察署

司法巡査　石川　三男　㊞

逮捕者

一口メモ　本事例は，逮捕者が署名押印できない場合の奥書きの一例を示したものである。

(9) 窃盗 （空き巣）	帰宅した家人が，自宅玄関内から飛び出した窃盗犯人を追跡して逮捕

様式第18号（刑訴第212条，第213条，第214条，第215条，第216条，第203条，第217条）

現行犯人逮捕手続書（乙）

平成〇年7月10日午後3時45分，愛知県名古屋市中区中央1丁目2番地名古屋駅前交番　　において，下記現行犯人を受け取った手続は，次のとおりである。

記

1　逮捕者の住居，職業，氏名，年齢

　　愛知県名古屋市中区中央3丁目2番地

　　　　会社員（二菱商事㈱事務員）

　　　　　　田中　徹夫

　　　　　　昭和〇年2月28日生（40歳）

2　被疑者の住居，職業，氏名，年齢

　　住居不定（元愛知県名古屋市中区三の丸1丁目2番3号）

　　　　無職（元大衆酒場「力」店員）

　　　　　　町田　忠

　　　　　　平成〇年6月6日生（26歳）

3　逮捕の年月日時

　　平成　〇　年　7月　10日午後　3時　35分

4　逮捕の場所

　　愛知県名古屋市中区中央3丁目7番地

　　　　佐藤信夫方前路上

5　現行犯人と認めた理由及び事実の要旨

　　逮捕者は，本日午後3時30分頃，妻（田中花子）とともに買物から帰り，自宅玄関内に入ろうとしてドアの鍵穴に鍵を入れ回したところ，鍵は既に解錠の状態であったので，不審に思いながら取手に手を掛けると，屋内から年齢25～26歳くらい，身長約

（注意）この手続書の末尾に，検察官が送致を受けた年月日時を記載し記名押印することができる余白を残しておくこと。

170センチメートル，紺色半袖シャツ姿の男（被疑者）が飛び出して来た。逮捕者は，泥棒と直感し，直ちに被疑者の後を追い掛け，約30メートル先の路地に追い込み，被疑者に対し「出て来い。」と怒鳴ったところ，被疑者は，「家を間違えた。」などと言いながらその場にうずくまってしまった。

その場に妻が走って来て，逮捕者に対し，「台所の茶ダンスの上に置いていた現金入りの茶封筒やダイヤの指輪などがなくなっています。」と言うと，被疑者は観念して，「すみません。」と言いながら，ダイヤの指輪などを放り投げたので，被疑者を住居侵入及び窃盗の現行犯人と認めた。

事実の要旨

被疑者は，金品窃取の目的で，平成○年7月10日午後3時30分頃，愛知県名古屋市中区中央3丁目2番地田中徹夫方に侵入し，その頃，同所において，同人所有の現金10万円及びダイヤ指輪1個等4点（時価合計約70万円相当）を窃取したものである。

6　逮捕時の状況

逮捕者は，被疑者が犯行を認め，観念した様子であったが，周囲をちらちらと見回すなど隙あらば逃走する気配が見受けられたので，被疑者の右腕をしっかりつかんで逮捕した。

7　証拠資料の有無

あり

本職は，平成○年7月10日午後4時5分，被疑者を愛知県中警察署司法警察員に引致した。

上記引致の日

愛知県中警察署

司法警察員巡査部長　千葉　広　㊞

逮捕者　田中　徹夫　㊞

一口メモ　事実の要旨中の被害品の点数の書き方として，「○○1個等4点」という書き方のほかに，「○○1個ほか3点」という書き方がある。いずれでも間違いではないが，総点数が一目でわかるのは前者である。

手続書末尾の余白が少ないときに，継続用紙を足して契印しておくのは現行犯人逮捕手続書（乙）の場合も同様である。前記第2章3(1)ケ「末尾余白」欄参照（29頁）。

第2章 現行犯人逮捕手続書(基本書式例・簡易書式例) 203

| (10) 窃　盗
　　(車上ねらい) | 車の所有者が,車内を物色している男をその場で逮捕 |

様式第18号(刑訴第212条,第213条,第214条,第215条,第216条,第203条,第217条)

現行犯人逮捕手続書(乙)

平成○年10月6日午後7時10分,東京都板橋区加賀1丁目2番10号加賀1丁目交番において,下記現行犯人を受け取った手続は,次のとおりである。

記

1　逮捕者の住居,職業,氏名,年齢

　東京都北区志茂1丁目2番3号

　　　会社員(倉田製菓㈱営業係)

　　　　山川　公司

　　　　昭和○年5月10日生(38歳)

2　被疑者の住居,職業,氏名,年齢

　住居不定(元東京都品川区荏原3丁目2番1号)

　　　無職(元㈱日本精密工具)

　　　　滝田　俊夫

　　　　昭和○年9月10日生(30歳)

3　逮捕の年月日時

　平成○年　10月　6日午後　6時　55分

4　逮捕の場所

　東京都板橋区加賀1丁目2番13号

　　安田病院前路上

5　現行犯人と認めた理由及び事実の要旨

　逮捕者は,本日午後6時30分頃,知人宅に用事のため,自家用普通乗用自動車(トヨタクラウン白塗,品川333は12-34号)を板橋区加賀1丁目2番3号山田ビル横路上に駐車し,20分くらいして用事を済ませ知人宅から前記車両のところに歩いて戻ろ

(注意)　この手続書の末尾に,検察官が送致を受けた年月日時を記載し記名押印することができる余白を残しておくこと。

として，同車の近くまで来たとき，車内に人影が見えたので，泥棒ではないかと思いながら近づくと，車の助手席側ドアが開放し，車内に年齢30歳くらい，紺色ジャンパー姿の男（被疑者）がおり，グローブボックスなどを開けたりしていた。逮捕者は，泥棒に間違いないと思い，被疑者に対し「こら，何しているんだ。」と怒鳴ったところ，被疑者は，逮捕者の方を振り向きながら，びっくりした様子ですぐ車から出てきて，頭をかき「すみません。」と言いながら，着用しているジャンパーの左ポケット内から現金5万3,000円及び自動車運転免許証などが入っている財布を差し出したので，被疑者を窃盗の現行犯人と認めた。

　事実の要旨

　　被疑者は，平成○年10月6日午後6時50分頃，東京都板橋区加賀1丁目2番3号先路上において，同所に駐車中の普通乗用自動車内から山川公司所有又は管理の現金5万3,000円及び自動車運転免許証1通等4点在中の財布1個（時価合計約8,000円相当）を窃取したものである。

6　逮捕時の状況

　　被疑者が「出来心ですので，どうか許してください。」と懇願したものの，いきなり駆け出して逃走したので，逮捕者は，直ちに追い掛け，約30メートル追跡した地点で追いつき，「なぜ逃げるんだ。」と言いながら，被疑者の後方から抱きつき路上に組み伏せて逮捕した。

7　証拠資料の有無

　　あり

　　本職は，平成○年10月6日午後7時40分，被疑者を警視庁板橋警察署司法警察員に引致した。

　　上記引致の日

　　　　　　　　　　　　　　警視庁板橋警察署

司法警察員巡査部長　橋本　芳興　㊞

逮捕者　山川　公司　㊞

(11) 窃　盗 （置引き）	被害者に追い掛けられている男を追跡して逮捕

様式第18号（刑訴第212条，第213条，第214条，第215条，第216条，第203条，第217条）

現行犯人逮捕手続書（乙）

平成○年10月10日午前7時45分，神奈川県横浜市神奈川区新横浜2丁目3番4号新横浜駅前交番　において，下記現行犯人を受け取った手続は，次のとおりである。

記

1　逮捕者の住居，職業，氏名，年齢

　　神奈川県横浜市神奈川区新横浜2丁目10番11号

　　　会社員（㈱双葉商事総務担当）

　　　佐藤　道雄

　　　　昭和○年3月23日生（36歳）

2　被疑者の住居，職業，氏名，年齢

　　住居不定（元東京都大田区東蒲田1丁目2番3号）

　　　無職（元酒場「一力」店員）

　　　大城　清雄

　　　　昭和○年9月10日生（51歳）

3　逮捕の年月日時

　　平成　○　年　10月　10日午前　7時　35分

4　逮捕の場所

　　神奈川県横浜市神奈川区新横浜2丁目2番2号

　　　三井住友銀行新横浜支店前路上

5　現行犯人と認めた理由及び事実の要旨

　　逮捕者は，本日午前7時30分頃，東海道新幹線新横浜駅から乗車して上京するため，同駅前の歩道を歩行中，同駅乗車券売場方向から「泥棒，泥棒，誰か捕まえて。」という女性の叫び声がしたので，その方を見ると，年齢40歳くらい，茶色ワンピース姿の女性

（注意）この手続書の末尾に，検察官が送致を受けた年月日時を記載し記名押印することができる余白を
　　　残しておくこと。

（被害者）が約20メートル前方を走っている年齢50歳くらい，紺色背広上下を着た一見会社員風の男（被疑者）を追い掛けていた。

　よく見ると，被疑者は旅行カバンを抱えていることから，逮捕者は，被疑者がそのカバンを盗んで逃げていると思い，直ちに被疑者の後を追い掛け，約30メートル追跡したところで追いつき，左手で被疑者の右腕をつかんで引き止めたところ，そこへ被害者が走って来て，被疑者に向かって「盗んだカバンを返してください。」と言うと，被疑者は「悪かった。」といって当該カバンをその場に置いたので，被疑者を窃盗の現行犯人と認めた。

　事実の要旨

　被疑者は，平成○年10月10日午前7時30分頃，神奈川県横浜市神奈川区新横浜2丁目1番東日本旅客鉄道株式会社東海道新幹線新横浜駅乗車券売場前通路上において，田中幸代が足下に置いていた同人所有又は管理の現金約8万5,000円及びデジタルカメラ1台等16点在中の旅行用カバン1個（時価合計約15万円相当）を持ち去り窃取したものである。

6　逮捕時の状況

　逮捕者は，被疑者が窃取した旅行用カバンをその場に置いたとたん再度逃走を図ったので，直ちに追い掛け約30メートル追跡して追いつき，被疑者の右腕をつかんで後ろ手にして逮捕した。

7　証拠資料の有無

　あり

　本職は，平成○年10月10日午前8時5分，被疑者を神奈川県神奈川警察署司法警察員に引致した。

　上記引致の日

神奈川県神奈川警察署

司法巡査　斉藤　　正　㊞
逮捕者　佐藤　道雄　㊞

一口メモ　犯行を目撃した被害者が現行犯逮捕したものではなく，同人が追呼している状況をたまたま見た者が現行犯逮捕した事例であるが，逮捕者において犯罪と犯人が明白といえる事案であり，問題ない。

(12) 窃 盗 （色情ねらい）	家人が，物干場の方から下着の様な物を持って逃走して行く男を追跡して逮捕

様式第18号（刑訴第212条，第213条，第214条，第215条，第216条，第203条，第217条）

現行犯人逮捕手続書（乙）

平成○年6月28日午後7時45分，大阪府大阪市北区西天満1丁目3番6号西天満1丁目交番　において，下記現行犯人を受け取った手続は，次のとおりである。

記

1　逮捕者の住居，職業，氏名，年齢

　　大阪府大阪市北区西天満1丁目2番3号

　　　会社員（㈱野田証券営業担当）

　　　　酒井　純雄

　　　　昭和○年7月3日生（40歳）

2　被疑者の住居，職業，氏名，年齢

　　大阪府大阪市中央区大平町3丁目2番1号

　　　会社員（㈲大阪製作所事務員）

　　　　大久保　大輔

　　　　平成○年5月10日生（22歳）

3　逮捕の年月日時

　　平成　○　年　6月　28日午後　7時　35分

4　逮捕の場所

　　大阪府大阪市北区西天満1丁目2番10号

　　　立川正方前路上

5　現行犯人と認めた理由及び事実の要旨

　　逮捕者は，本日午後7時30分頃，自宅1階6畳間において，読書をしていたところ，裏庭の方で「ガタガタ」という音がするので，窓を開けてその方を見ると，年齢22～23歳，紺色長袖シャツ姿の男（被疑者）が物干場の方から下着の様な物を持って逃げて

（注意）この手続書の末尾に，検察官が送致を受けた年月日時を記載し記名押印することができる余白を残しておくこと。

行くのを目撃した。

　逮捕者は，下着泥棒と直感し，直ちに被疑者を追い掛け，約50メートル先の路上で追いつき引き止めたところ，被疑者は，「すみません。」と言いながら，ズボンの左右のポケット内から女性用のパンティやブラジャーなど数枚を差し出したので，被疑者を窃盗の現行犯人と認めた。

　事実の要旨

　被疑者は，平成○年6月28日午後7時30分頃，大阪府大阪市北区西天満1丁目2番3号酒井純雄方において，酒井明美他1名所有の女性用パンティ2枚等4点（時価合計約2,000円相当）を窃取したものである。

6　逮捕時の状況

　被疑者は，逮捕者に対し土下座しながら「勘弁してください。」と言って懇願したが，隙を見て逮捕者に体当たりして再度逃走したので，逮捕者は，直ちに追い掛け，約30メートル追跡して追いつき，被疑者の後ろから抱きついて逮捕した。

7　証拠資料の有無

　あり

　本職は，平成○年6月28日午後8時10分，被疑者を大阪府天満警察署司法警察員に引致した。

　上記引致の日

大阪府天満警察署

司法巡査　平松　太二　㊞

逮捕者　酒井　純雄　㊞指印

一口メモ　手続書末尾の余白が少ないときに，継続用紙を足して契印しておくのは現行犯人逮捕手続書（乙）の場合も同様である。前記第2章3(1)ケ「末尾余白」欄参照（29頁）。

⒀ 窃　盗 　　（居空き）	家族団らん中，家人が，階下6畳間で物色している男をその場で逮捕

様式第18号（刑訴第212条，第213条，第214条，第215条，第216条，第203条，第217条）

現行犯人逮捕手続書（乙）

　平成○年5月10日午後6時45分，東京都西東京市谷戸町1丁目2番3号小野一弥方　　　において，下記現行犯人を受け取った手続は，次のとおりである。

記

1　逮捕者の住居，職業，氏名，年齢

　　東京都西東京市谷戸町1丁目2番3号

　　　　会社員（川崎商事㈱総務担当）

　　　　　小野　一弥

　　　　昭和○年2月21日生（38歳）

2　被疑者の住居，職業，氏名，年齢

　　住居不定（元東京都八王子市大和町1丁目2番3号）

　　　　無職（元飲食店「宝山」店員）

　　　　　福井　三郎

　　　　昭和○年4月10日生（36歳）

3　逮捕の年月日時

　　平成　○　年　5月　10日午後　6時　35分

4　逮捕の場所

　　東京都西東京市谷戸町1丁目2番3号

　　　　小野一弥方

5　現行犯人と認めた理由及び事実の要旨

　　逮捕者は，本日午後6時30分頃，自宅2階洋間で夕食後家族と団らん中，階下玄関出入口が閉まった様な音がしたことから，長男が帰宅したと思っていたところ，長男はしばらく経っても2階に上がって来ないので不審に思い，階段を下りて行ったところ，

（注意）この手続書の末尾に，検察官が送致を受けた年月日時を記載し記名押印することができる余白を残しておくこと。

年齢35～36歳くらい，紺色ジャンパー，灰色ズボンの一見作業員風の男（被疑者）が，1階6畳間の整理タンスの前に立ち，その引出しを開けたり，閉めたりしていた。

　逮捕者は，泥棒と思い，直ちに妻に110番するように告げるとともに，被疑者に近づいて「何しているんだ。」と怒鳴ったところ，被疑者は，びっくりした様子で無言のまま玄関の方に足早に歩き出した。逮捕者はすぐに追い掛け，被疑者の右腕をつかんだところ，被疑者は「すみません，勘弁してください。」と泣き出しそうな声を出しながら，ジャンパー左側ポケットから現金10万円入りの茶封筒及び被害者名義の銀行預金通帳などを差し出したので，被疑者を窃盗の現行犯人と認めた。

　事実の要旨

　被疑者は，平成○年5月10日午後6時30分頃，東京都西東京市谷戸町1丁目2番3号小野一弥方において，同人所有の現金10万円及び銀行預金通帳1通等3点（時価合計約1万5,000円相当）を窃取したものである。

6　逮捕時の状況

　逮捕者は，被疑者が謝りながらも玄関に向かって後ずさりするなど隙あらば逃走する気配が見受けられたので，右腕を強くつかんで逮捕した。

7　証拠資料の有無

　あり

　本職は，平成○年5月10日午後7時15分，被疑者を警視庁田無警察署司法警察員に引致した。

　上記引致の日

　　　　　　　　　　　　　　　警視庁田無警察署

　　　　　　　　　　　司法警察員巡査部長　竹内　昭彦　㊞

　　　　　　　　　　　　　　　　逮捕者　小野　一弥　㊞

一口メモ　本来は住居侵入及び窃盗の両罪が成立する事案であるが，窃盗のみで現行犯逮捕したものである。引き続き捜査を実施し，住居侵入も併せて送致すべきである。
　手続書末尾の余白が少ないときに，継続用紙を足して契印しておくのは現行犯人逮捕手続書（乙）の場合も同様である。前記第2章3(1)ケ「末尾余白」欄参照（29頁）。

(14) 窃　盗 （自動販売機ねらい）	犯行を目撃した自動販売機設置場所の隣人が，自称中国人をその場で逮捕

様式第18号（刑訴第212条，第213条，第214条，第215条，第216条，第203条，第217条）

現行犯人逮捕手続書（乙）

平成〇年 9 月 30 日午後 7 時 45 分，東京都新宿区四谷1丁目3番10号新宿区立四谷児童公園内　において，下記現行犯人を受け取った手続は，次のとおりである。

記

1　逮捕者の住居，職業，氏名，年齢

　東京都新宿区四谷1丁目3番4号

　　会社員　(株)九段ビル警備員）

　　　田端　芳明

　　　　昭和〇年1月6日生（35歳）

2　被疑者の住居，職業，氏名，年齢

　自称　東京都豊島区西巣鴨1丁目2番3号　池山荘

　　自称　飲食店従業員

　　　自称　黄　延国　こと　ファン・イエン・グオ

　　　　自称　19〇〇年8月3日生（21歳）

3　逮捕の年月日時

　平成〇 年　9 月　30 日午後　7 時　35 分

4　逮捕の場所

　東京都新宿区四谷1丁目3番10号

　　新宿区立四谷児童公園内

5　現行犯人と認めた理由及び事実の要旨

　逮捕者は，本日午後7時30分頃，自宅2階でテレビを見ていて何気なく窓を開けて道路の方を見たところ，道路を隔てた真向かいの食堂「武蔵屋」前に設置してあるたばこ自動販売機前の路上で，年齢20歳前後，白色半袖シャツを着た男（被疑者）がたばこ

（注意）この手続書の末尾に，検察官が送致を受けた年月日時を記載し記名押印することができる余白を残しておくこと。

を買う様子もなく，自動販売機のレバーをいじったりしており，また，釣り銭返却受皿に硬貨が落ちる音がしていた。逮捕者は，自動販売機荒らしではないかと思い，被疑者の背後に近づき「何をしているんだ。」と怒鳴ったところ，被疑者は，びっくりした様子であったが，被疑者の右手を見たところ，金属片を数個握っており，地面に置いてある黒色バッグ内にはたばこがバラになって入っていたので，逮捕者は，被疑者に対し，「このたばこ，どうした。」と質問したところ，被疑者は，片言の日本語で「ここから。」と言って，自動販売機を指差し，同機から窃取したことを申し立てたので，被疑者を窃盗の現行犯人と認めた。

　事実の要旨

　被疑者は，平成〇年9月30日午後7時30分頃，東京都新宿区四谷1丁目2番3号食堂「武蔵屋」前路上において，同店店頭に設置された自動販売機内から，同店経営者佐藤保管理の現金4,000円及びたばこ10個（販売価格合計5,000円）を窃取したものである。

6　逮捕時の状況

　逮捕者は，被疑者が窃取した現金及びたばこを差し出すと同時に逃走したので，直ちに被疑者の後を追い，約50メートル追跡した地点で追いつき，被疑者の後方から抱きついて逮捕した。

7　証拠資料の有無

　あり

　本職は，平成〇年9月30日午後8時15分，被疑者を警視庁四谷警察署司法警察員に引致した。

　　上記引致の日

　　　　　　　　　　　　　　　　警視庁四谷警察署

　　　　　　　　　　　　　　　　　　　　司法巡査　大友　公一　㊞

逮捕者　田端　芳明　㊞

(15) 窃 盗 （ひったくり）	「泥棒」という女性の叫び声により逃げて行く男を見た通行人が，追跡して逮捕

様式第18号（刑訴第212条，第213条，第214条，第215条，第216条，第203条，第217条）

現行犯人逮捕手続書（乙）

平成〇年5月10日午後3時45分，東京都大田区田園調布1丁目2番7号高橋幸雄方前路上　において，下記現行犯人を受け取った手続は，次のとおりである。

記

1	逮捕者の住居，職業，氏名，年齢
	東京都大田区上池台1丁目2番3号
	会社員（㈱野田製作所営業担当）
	高崎　二郎
	昭和〇年7月13日生（30歳）
2	被疑者の住居，職業，氏名，年齢
	東京都大田区雪谷大塚町253番地
	私立多摩川高等学校3年生
	矢崎　康夫
	平成〇年5月7日生（17歳）
3	逮捕の年月日時
	平成 〇 年　5 月　10日午 後　3 時　35 分
4	逮捕の場所
	東京都大田区田園調布1丁目2番7号
	高橋幸雄方前路上
5	現行犯人と認めた理由及び事実の要旨
	逮捕者は，本日午後3時30分頃，大田区田園調布1丁目2番先を通行中，右手の方で「泥棒，誰か捕まえて。」という女性の悲鳴が聞こえたので，その方に駆け付けたところ，年齢55～56歳くらいの女性（被害者南田春江）が前方約15メートル先のところ

（注意）この手続書の末尾に，検察官が送致を受けた年月日時を記載し記名押印することができる余白を
　　　残しておくこと。

を走っている年齢17～18歳くらい，黒色ジャンパー姿の一見学生風の男（被疑者）に向かって，「今，あの男に布袋をひったくられた，捕まえて……。」と叫んでいたので，直ちに右手に手提袋の様な物を持ちながら走っている被疑者の後を追い掛けた。

　逮捕者は，約15メートル追跡したところで追いつき，被疑者に対し，「どうして逃げるんだ。」と声を掛けると，被疑者は，「こんな物。」と言いながら持っていた布袋を後ろから駆け付けた被害者めがけて投げ出したが，被害者が布袋を拾いながら「ひったくったのはこの男です。」と申し立てたので，被疑者を窃盗の現行犯人と認めた。

　事実の要旨

　被疑者は，平成○年5月10日午後3時30分頃，東京都大田区田園調布1丁目2番3号有村直人方前路上において，同所を通行中の南田春江（当時56歳）が右手に持っていた同人所有の現金5万円及び財布1個在中の手提袋1個（時価合計約3万5,000円相当）をひったくり窃取したものである。

6　逮捕時の状況

　逮捕者は，被疑者がなおも逃走する気配が見受けられたので，被疑者の右腕をつかんだところ，被疑者は無言のまま頭を下げ素直に逮捕に応じた。

7　証拠資料の有無

　あり

　本職は，平成○年5月10日午後4時10分，被疑者を警視庁田園調布警察署司法警察員に引致した。

　上記引致の日

警視庁田園調布警察署

司法巡査　阿部　昭彦　㊞

逮捕者　高崎　二郎　指印

一口メモ　少年事件の捜査に当たっては，少年の未熟さゆえに受ける精神的悪影響に配慮し，温情と理解をもって臨まなければならない。本件は，ひったくりという悪質事案であり，逮捕はやむを得ないと認められるものの，少年に対する教育的見地に立ち，少年の要保護性に留意した捜査が求められる。

　手続書末尾の余白が少ないときに，継続用紙を足して契印しておくのは現行犯人逮捕手続書（乙）の場合も同様である。前記第2章3(1)ケ「末尾余白」欄参照（29頁）。

(16) 窃　盗 （仮睡者ねらい）	電車内で犯行を目撃した乗客が，被害者と追跡して逮捕

様式第18号（刑訴第212条，第213条，第214条，第215条，第216条，第203条，第217条）

現行犯人逮捕手続書（乙）
平成○年1月29日午前1時35分，埼玉県さいたま市大宮区大宮1丁目2番JR大宮駅駅長室　　　において，下記現行犯人を受け取った手続は，次のとおりである。
記
1　逮捕者の住居，職業，氏名，年齢
埼玉県さいたま市大宮区大宮1丁目2番4号
会社員（大宮鉄工㈱渉外担当）
秋山　修一
平成○年4月11日生（26歳）
2　被疑者の住居，職業，氏名，年齢
住居不定（元東京都江東区深川1丁目2番3号）
無職（元睦タクシー㈱運転手）
竹内　勝夫
昭和○年10月6日生（45歳）
3　逮捕の年月日時
平成　○　年　1月　29日午前　1時　25分
4　逮捕の場所
埼玉県さいたま市大宮区大宮1丁目2番
JR大宮駅構内
5　現行犯人と認めた理由及び事実の要旨
逮捕者は，本日午前0時40分頃，帰宅するため，JR有楽町駅から京浜東北線電車の先頭より2番目の車内に乗車し，目的駅である終点のJR大宮駅に向かった。
車内は乗客がまばらで，逮捕者の右斜め前の座席に，年齢50歳前後，背広上下一見サ

（注意）この手続書の末尾に，検察官が送致を受けた年月日時を記載し記名押印することができる余白を残しておくこと。

ラリーマン風の男（被害者横山正）が酒に酔ってか，横になっており，大宮駅に近づくにつれ，乗客はほとんどいなくなったところ，その右隣に，年齢45～46歳ぐらい，ジャンパー姿の一見会社員風の男（被疑者）が腰掛け，被害者を介抱するかのように，背中をさすったりしていたが，その目は周囲の様子を窺っているようであった。

　午前1時20分頃，電車はJR大宮駅に到着したが，電車が停車した瞬間，逮捕者は，被疑者がすばやく被害者の背広上衣の内ポケットに手を入れ，財布の様な物を抜き取り，自分のジャンパーのポケットに入れたのを目撃した。

　逮捕者は，これを見て泥棒と思い，寝ている被害者を起こし「背広から何か盗まれていませんか。」と尋ねたところ，被害者は背広上衣の左内ポケットに手をやり，「財布がない。」と言い出したので，被疑者を窃盗の現行犯人と認めた。

　事実の要旨

　被疑者は，平成〇年1月29日午前1時20分頃，埼玉県さいたま市大宮区大宮1丁目2番東日本旅客鉄道株式会社大宮駅に停車中の京浜東北線電車内において，同所で仮睡中の横山正の背広上衣左ポケット内から同人所有又は管理の現金9万2,850円及び自動車運転免許証1通等11点在中の財布1個（時価合計約2,000円相当）を抜き取り窃取したものである。

6　逮捕時の状況

　逮捕者は，被害者とともに被疑者の後を追い掛け，同駅改札口のところで追いつき，被害者が被疑者に対し「財布を返してください。」と言ったところ，被疑者は，最初のうち「何のことですか。」などと言ってとぼけていたが，逮捕者が盗んだところを見た旨を言うと，被疑者は一瞬青ざめ，無言のまま窃取した財布を差し出したので，被疑者の右腕を捕まえて「警察へ行こう。」と言って逮捕した。

7　証拠資料の有無

　あり

本職は，平成○年1月29日午前2時0分，被疑者を埼玉県大宮警察署司法警察員に引致した。

上記引致の日

　　　　　　　　　　　埼玉県大宮警察署

　　　　　　　　　　　　　　司法警察員巡査部長　田川　定雄　㊞

　　　　　　　　　　　　　　　　　　　　逮捕者　秋山　修一　指印

(17) 強　盗 （事後強盗）	スーパー保安係員の逮捕を免れるために暴行を加えた男を，その保安係員が逮捕

様式第18号（刑訴第212条，第213条，第214条，第215条，第216条，第203条，第217条）

現行犯人逮捕手続書（乙）

平成○年 11 月 15 日午前 11 時 45 分,東京都八王子市高尾町23番の34スーパー「東武」店舗内　　において，下記現行犯人を受け取った手続は，次のとおりである。

記

1　逮捕者の住居，職業，氏名，年齢

　東京都八王子市東浅川町12番地34

　　　スーパー「東武」保安係

　　　　斉藤　正志

　　　　昭和○年12月5日生（40歳）

2　被疑者の住居，職業，氏名，年齢

　東京都八王子市城山手1丁目2番3号

　　　山本大学経済学部3年生

　　　　村山　広

　　　　平成○年12月6日生（20歳）

3　逮捕の年月日時

　平成　○　年　11月　15日午　前　11時　35分

4　逮捕の場所

　東京都八王子市高尾町25番の20

　　　高尾カメラ店前路上

5　現行犯人と認めた理由及び事実の要旨

　逮捕者は，本日午前11時30分頃，勤務先である八王子市高尾町23番の34スーパー「東武」店内を巡回中,年齢20歳くらい，紺色ハーフコート姿の一見学生風の男（被疑者）が，店内に入って，品物を手に取るが品質を見る訳でもなく，品物を見ている振りをし

（注意）この手続書の末尾に，検察官が送致を受けた年月日時を記載し記名押印することができる余白を残しておくこと。

て辺りを見回しており，その挙動がいかにも不自然なことから不審に思い，被疑者に注意しながら後をつけた。

被疑者は，電化製品陳列棚前で立ち止まり，周囲を警戒しながら，陳列台に並べてあった電気カミソリ機１台及び隣の陳列台のデジタルカメラ１台を，所持していた黒色カバンにすばやく入れ，レジを通らず，店外に出たので，逮捕者は，万引きされたと思い，直ちに被疑者の後を追い掛けて呼び止め，被疑者に対し「カバンの中の物の代金をいただいていないのですが。」と言ったところ，被疑者は，やにわに逃走したので，すぐに追い掛け約15メートル追跡した路地で追いつき，後方から抱きつこうとしたが，被疑者が瞬間振り向き，持っていたカバンを振り上げ，逮捕者の顔面及び頭部を数回殴りつけ，さらに，転倒した逮捕者の左側胸部及び腰部を数回足で蹴るなどの暴行を加えたので，被疑者を強盗（事後強盗）の現行犯人と認めた。

事実の要旨

被疑者は，平成〇年11月15日午前11時30分頃，東京都八王子市高尾町23番の34スーパー「東武」において，同店店長佐々木通管理の電気カミソリ機１台等２点（販売価格合計32万円）を窃取し，店外に出たところ，同店保安係斉藤正志（当時40歳）に犯行を目撃されて同市高尾町24番の10先路上で追いつかれた際，逮捕を免れるため，同所において，同人に対し，その顔面及び頭部を手に持った革製カバンで数回殴り，さらに，路上に転倒した同人の左側胸部及び腰部を足で数回蹴るなどの暴行を加えたものである。

6　逮捕時の状況

逮捕者は，被疑者が逮捕者を足で蹴った後逃走したので，すぐに起き上がり，追跡し，約30メートルの地点で追いついたが，被疑者がなおも所持していたカバンを振りかざして抵抗するので「やめろ。」と一喝し，カバンをつかむと同時に被疑者の右腕をつかんで逮捕した。

7	証拠資料の有無

あり

　本職は，平成○年11月15日午後0時10分，被疑者を警視庁高尾警察署司法警察員に引致した。

　上記引致の日

警視庁高尾警察署

司法巡査　西村　忠夫　㊞

逮捕者　斉藤　正志　㊞

一口メモ　事後強盗罪における暴行・脅迫は，一般社会通念上逮捕者の逮捕遂行の意思又は財物取還者の取還遂行の意思を制圧するに足りる程度のものであることを要する。暴行・脅迫の程度がこれに至らないときは，窃盗罪と暴行罪ないし脅迫罪を認定することとなる。

| (18) 強盗・銃刀法違反 | 通行人が，女性の叫び声で，文化包丁所持の強盗犯人を逮捕 |

様式第18号（刑訴第212条，第213条，第214条，第215条，第216条，第203条，第217条）

現行犯人逮捕手続書（乙）

　平成○年12月25日午前11時45分，東京都北区中里2丁目3番15号佐々木靴店前路上　において，下記現行犯人を受け取った手続は，次のとおりである。

記

1　逮捕者の住居，職業，氏名，年齢

　　東京都北区中里3丁目2番1号

　　　　会社員（北武デパート保安係）

　　　　　　大石　喜一

　　　　　　昭和○年2月1日生（30歳）

2　被疑者の住居，職業，氏名，年齢

　　埼玉県さいたま市浦和区浦和1丁目2番3号

　　　　青果商

　　　　　　上山　勇吉

　　　　　　昭和○年10月6日生（60歳）

3　逮捕の年月日時

　　平成　○　年　12月　25日午前　11時　35分

4　逮捕の場所

　　東京都北区中里2丁目3番15号

　　　　佐々木靴店前路上

5　現行犯人と認めた理由及び事実の要旨

　　逮捕者は，本日午前11時30分頃，東京都北区中里2丁目3番先路上を通行中，約30メートル後方の中里郵便局前付近で「キャー助けて。」という女性の悲鳴が聞こえたので，その方向を見ると，男女がもみ合っている様子であったので，すぐその方に駆け

（注意）この手続書の末尾に，検察官が送致を受けた年月日時を記載し記名押印することができる余白を残しておくこと。

付けたところ，年齢40歳前後の黒色オーバー姿の女性（被害者山田春子）が，こちらに向かって走って来る年齢60歳前後の紺色防寒コートを着た一見労務者風の男（被疑者）に向かって「その男を捕まえて―。」と叫んでいた。

　逮捕者は，被疑者を見ると，右手に包丁らしき物を持ち，左手に黒色ハンドバッグを持っていたことから，叫んでいる女性を被疑者が包丁で脅してハンドバッグを奪ったと直感したので，被疑者の前に立ち塞がり，持っていた洋傘を被疑者に示して，引き留めたところ，被疑者が所持していた黒色ハンドバッグをその場に放り投げた。そこへ駆け付けた前記女性が「この男に包丁で脅されて，ハンドバッグを取られた。」と申し立てたので，逮捕者は，被疑者を強盗及び銃砲刀剣類所持等取締法違反の現行犯人と認めた。

　事実の要旨

　被疑者は

第1　金品を強取しようと考え，平成〇年12月25日午前11時30分頃，東京都北区中里2丁目3番10号中里郵便局前路上において，同所を通行中の山田春子(当時40歳)に対し，文化包丁（刃体の長さ約18センチメートル）を突き付けながら，「金を出せ。」などと言って脅迫し，その反抗を抑圧した上，同人から同人所有又は管理の現金30万円及び郵便貯金通帳1通等11点在中のハンドバッグ1個(時価合計約8万円相当)を奪った

第2　業務その他正当な理由による場合でないのに，前記日時場所において，前記文化包丁1本を携帯した

ものである。

6　逮捕時の状況

　逮捕者は，被疑者が持っていた文化包丁をその場に放り投げたので観念したと思ったものの，突然逃走したので，直ちに追い掛け，約30メートル追跡して追いつき，被疑者の後方から抱きついて逮捕した。

7　証拠資料の有無

　あり

　本職は，平成○年12月25日午後0時10分，被疑者を警視庁滝野川警察署司法警察員に引致した。

　上記引致の日

　　　　　　　　　　　　　　警視庁滝野川警察署

　　　　　　　　　　　　　　　　司法警察員巡査部長　田端　友一　㊞

　　　　　　　　　　　　　　　　　　　　逮捕者　大石　喜一　㊞

(19) **詐　欺** 　　（無銭）	タクシー運転手が，無賃乗車した男を逮捕

様式第18号（刑訴第212条，第213条，第214条，第215条，第216条，第203条，第217条）

現行犯人逮捕手続書（乙）

　平成〇年 11 月 6 日午後 11 時 25 分，東京都新宿区歌舞伎町 2 丁目 5 番 6 号歌舞伎町交番　　　において，下記現行犯人を受け取った手続は，次のとおりである。

記

1　逮捕者の住居，職業，氏名，年齢

　　東京都世田谷区世田谷 3 丁目 2 番 1 号

　　　タクシー運転手（目黒交通㈱）

　　　　岡田　雪夫

　　　　昭和〇年 1 月 26 日生（45歳）

2　被疑者の住居，職業，氏名，年齢

　　東京都新宿区新宿 1 丁目 2 番 3 号　青空荘

　　　無職（元パチンコ店店員）

　　　　青島　幸一

　　　　昭和〇年 12 月 18 日生（30歳）

3　逮捕の年月日時

　　平成　〇　年　11 月　6 日午後　11 時　15 分

4　逮捕の場所

　　東京都新宿区歌舞伎町 2 丁目 3 番 10 号

　　　大高ビル前路上

5　現行犯人と認めた理由及び事実の要旨

　　本日午後 10 時 15 分頃，逮捕者がタクシー（目黒交通㈱品川 55 あ 12-34 号）を運転し，JR 川崎駅東口タクシー乗り場で客待ちをしていると，年齢 30 歳くらい，紺色ダブル背広上下を着た一見紳士風の男（被疑者）が「歌舞伎町 2 丁目までやってくれ。」と言って

（注意）この手続書の末尾に，検察官が送致を受けた年月日時を記載し記名押印することができる余白を残しておくこと。

乗車して来た。

　逮捕者は，目的地まで行けば当然料金を支払ってくれるものと信用し，言われるとおりタクシーを運転して，目的地である歌舞伎町２丁目交差点まで来た同日午後11時10分頃，同所において，被疑者が「そこで止めてくれ。」と言ったので，タクシーを停車させた。逮捕者は，被疑者が右手を背広上衣の内ポケットにやり，現金を取り出そうとする素振りをしているのを見て，間違いなく料金を支払ってくれるものと思い左側後部ドアを開けたところ，いきなりそのドアから飛び出して逃走したので，被疑者を詐欺の現行犯人と認めた。

　事実の要旨

　被疑者は，平成○年11月６日午後10時15分頃，神奈川県川崎市川崎区川崎１丁目２番JR川崎駅東口タクシー乗り場において，目黒交通株式会社所属のタクシー運転手岡田雪夫（当時45歳）に対し，目的地到着後直ちに乗車料金を支払う意思も能力もないのに，これがあるかのように装って，同人の運転するタクシーに乗車し，「歌舞伎町２丁目までやってくれ。」と言って，同人に目的地到着後直ちに乗車料金の支払いを受けられるものと誤信させ，よって，その頃から同日午後11時10分頃までの間，前記タクシー乗り場から東京都新宿区歌舞伎町２丁目２番２号先路上まで運転走行させ，もって人を欺いて前記区間の乗車料金１万8,000円及び高速道路通行料金1,200円相当の財産上不法の利益を得たものである。

| 6 | 逮捕時の状況 |

　逮捕者は，直ちに逃走する被疑者を追い掛け，約30メートル追跡したところで被疑者がその場に転倒したので，被疑者の右腕をつかんで料金を請求したところ，被疑者は「申し訳ない。今日川崎競馬で全部すったので，金は一銭もない。」と言いながら素直に逮捕に応じた。

| 7 | 証拠資料の有無 |

あり
本職は，平成○年11月6日午後11時45分，被疑者を警視庁新宿警察署司法警察員に引致した。
上記引致の日
警視庁新宿警察署
司法警察員巡査部長　平野　勝司　㊞
逮捕者　岡田　雪夫　㊞

一口メモ　詐欺事件の場合は，犯罪事実（ここでは事実の要旨欄）に記載する被害者に年齢を付記することがある。

⒇ 詐　欺 （無銭）	焼肉店経営者が，無銭飲食した男を店内で逮捕

様式第18号（刑訴第212条，第213条，第214条，第215条，第216条，第203条，第217条）

現行犯人逮捕手続書（乙）
平成〇年12月20日午後11時20分，東京都文京区本郷1丁目2番3号焼肉店「白頭山」店舗内　　　において，下記現行犯人を受け取った手続は，次のとおりである。
記
1　逮捕者の住居，職業，氏名，年齢
東京都文京区本郷1丁目2番3号
焼肉店「白頭山」経営
林　　老軍
昭和〇年3月16日生（40歳）
2　被疑者の住居，職業，氏名，年齢
住居不定（東京都台東区千束3丁目2番1号　千束宿泊所止宿）
土木作業員
金澤　公紀
昭和〇年10月3日生（55歳）
3　逮捕の年月日時
平成　〇　年　12月　20日午　後　11時　5分
4　逮捕の場所
東京都文京区本郷1丁目2番3号
焼肉店「白頭山」店舗内
5　現行犯人と認めた理由及び事実の要旨
逮捕者は，本日午後9時10分頃，自己が経営する焼肉店「白頭山」において，客に対し接待中，前記被疑者が店内に入ってきて，出入口に近い椅子に腰掛け，応対した従業員小田みどり（25歳）に対し「ビールをくれ。」と注文し，続いて上カルビ，上ロー

（注意）この手続書の末尾に，検察官が送致を受けた年月日時を記載し記名押印することができる余白を
　　　残しておくこと。

スなどを次々と注文し，飲食した。

　被疑者は，飲食中，逮捕者に向かって「今日は久し振りに競馬で勝った。」などいかにも景気が良いことを言っていたが，午後11時頃になって逮捕者が「最後の注文になります。」と言ったところ，被疑者は急にそわそわし始め，そのうち「トイレ」などと言って便所に向かったと思った瞬間，便所に入らず店外へ足早に出ていった。逮捕者は，被疑者を追い掛けて店内に連れ戻し，被疑者に対し代金を請求したところ，被疑者は，頭を下げながら「実は，競馬に負けて一銭もない。払えない。勘弁してください。」と言い出し，所持金がなく，代金を支払う意思がないのに飲食物を注文してこれを飲食した旨を申し立てたので，被疑者を詐欺の現行犯人と認めた。

　事実の要旨

　被疑者は，平成〇年12月20日午後9時10分頃から同日午後11時頃までの間，東京都文京区本郷1丁目2番3号焼肉店「白頭山」店内において，同店従業員小田みどりらに対し，飲食後直ちに代金を支払う意思も能力もないのに，これがあるように装って順次酒食を注文し，同人らに飲食後直ちに代金の支払いを受けられものと誤信させ，よって，その頃，同所において，同人らからビール3本等9点（代金合計3万円）の交付を受け，もって人を欺いて財物を交付させたものである。

6　逮捕時の状況

　被疑者が「1回腹いっぱい食ってみたかった。」などと言いながら椅子に腰掛けたが，逮捕者は，「警察へ行こう。」と言って被疑者の右腕をつかんで逮捕した。

7　証拠資料の有無

　あり

　本職は，平成〇年12月20日午後11時45分，被疑者を警視庁富坂警察署司法警察員に引致した。

　上記引致の日

警視庁富坂警察署
司法巡査　関根　昭夫　㊞
逮捕者　林　老軍　㊞

(21) 迷惑防止条例違反（痴漢） 電車内で痴漢された女性が男を逮捕

様式第18号（刑訴第212条，第213条，第214条，第215条，第216条，第203条，第217条）

現行犯人逮捕手続書（乙）

平成○年9月10日午前8時25分，東京都板橋区板橋1丁目15番1号東日本旅客鉄道株式会社板橋駅事務室 において，下記現行犯人を受け取った手続は，次のとおりである。

記

1　逮捕者の住居，職業，氏名，年齢

　　東京都北区志茂6丁目1番1号　東宝ハイツ3号室

　　　　会社員（株式会社サンエー経理係）

　　　　　坂井　和子

　　　　　平成○年12月25日生（23歳）

2　被疑者の住居，職業，氏名，年齢

　　東京都板橋区舟戸5丁目5番5号

　　　　会社役員（株式会社ビッツ専務取締役）

　　　　　稲田　太志

　　　　　昭和○年7月6日生（53歳）

3　逮捕の年月日時

　　平成○年　9月　10日午前　8時　10分

4　逮捕の場所

　　東京都板橋区板橋1丁目15番1号

　　　東日本旅客鉄道株式会社板橋駅ホーム上

5　現行犯人と認めた理由及び事実の要旨

　　逮捕者は，会社に出勤するため，本日午前8時頃，JR赤羽駅から埼京線の前方2両目の車両に乗り，勤務先のある恵比寿駅に向かっていた。逮捕者は，車両前方の進行方向

（注意）この手続書の末尾に，検察官が送致を受けた年月日時を記載し記名押印することができる余白を残しておくこと。

左側のドアの前でドアに向かって立っていたが、電車が十条駅を出発した頃、スカートの上から臀部を手で触られる感覚がした。電車内は非常に混雑しており、身動きができない状態であったが、逮捕者は、その右後方に年配の男（被疑者）が密着して立っていることはドアに映る影で見ることができ、その位置関係から、この男が逮捕者の臀部を触っているのではないかと思っていたところ、逮捕者の臀部を触る手の動きが次第に増してきて、臀部右側をしつこくなで回してきたので、痴漢と確信し、被疑者を公衆に著しく迷惑をかける暴力的不良行為等の防止に関する条例違反の現行犯人と認めた。

　事実の要旨

　被疑者は、正当な理由なく、平成〇年9月10日午前8時7分頃から同日午前8時10分頃までの間、東京都北区上十条1丁目12番10号東日本旅客鉄道株式会社十条駅から同都板橋区板橋1丁目15番1号同社板橋駅に至るまでの間を進行中の埼京線電車内において、坂井和子（当時23歳）に対し、その臀部をスカートの上からなで回し、もって公共の乗物において、衣服その他の身に着ける物の上から人の身体に触れ、人を著しく羞恥させ、かつ、人に不安を覚えさせるような行為をしたものである。

6　逮捕時の状況

　電車が板橋駅に到着した時、逮捕者は、右手を後方に回し、臀部を触っている被疑者の手を上から押さえ付けてつかみ、そのまま被疑者をホーム上に引きずり降ろして逮捕した。

7　証拠資料の有無

　あり

　本職は、平成〇年9月10日午前8時55分、被疑者を警視庁板橋警察署司法警察員に引致した。

　上記引致の日

　　　　　　　　　　　警視庁板橋警察署

　　　　　　　　　　　　　　　　　　司法巡査　正刈　草雄　㊞
　　　　　　　　　　　　　　　　　　逮捕者　　坂井　和子　㊞指印

一口メモ　電車内での痴漢行為の事案でも，被害者の下着の中にまで手指を差し入れて陰部をもてあそぶような態様の事件については，強制わいせつ罪を適用する。

| ⑵ 迷惑防止条例違反
（盗撮） | 駅エスカレーター上で盗撮犯を目撃者が逮捕 |

様式第18号（刑訴第212条，第213条，第214条，第215条，第216条，第203条，第217条）

現行犯人逮捕手続書（乙）
平成〇年5月14日午後4時30分，東京都練馬区中村北4丁目2番1号西武鉄道株式会社中村橋駅事務室　において，下記現行犯人を受け取った手続は，次のとおりである。
記
1　逮捕者の住居，職業，氏名，年齢
東京都杉並区梅里1丁目2番3号
会社員（梅田商事株式会社営業係）
鈴木　一郎
昭和〇年1月2日生（35歳）
2　被疑者の住居，職業，氏名，年齢
東京都東久留米市南沢5丁目4番3号
専門学校生（秋葉原美容学院）
大田　和夫
平成〇年8月2日生（22歳）
3　逮捕の年月日時
平成　〇　年　5月　14日午後　4時　17分
4　逮捕の場所
東京都練馬区中村北4丁目2番1号
西武鉄道株式会社中村橋駅構内上りエスカレーター上
5　現行犯人と認めた理由及び事実の要旨
逮捕者は，本日午後4時15分頃，西武鉄道株式会社西武池袋線池袋行きの電車を利用するため，前記中村橋駅1階の改札口を通り，同駅2階ホームに向かう上りエスカレーターに乗った。その際，逮捕者がホームの方向を見上げると，同エスカレーターの3段

（注意）この手続書の末尾に，検察官が送致を受けた年月日時を記載し記名押印することができる余白を
　　　残しておくこと。

上には，年齢20歳から25歳くらいの一見学生風の男（被疑者）が右手にスマートフォンを持って立っており，その2段上には，年齢20歳前後，身長約160センチメートル，中肉，黒髪でポニーテール，白色ワンピースを着た女性（立ち去ったため氏名等不詳）が立っていた。

　逮捕者は，被疑者がスマートフォンを持った右手を腰の辺りに不自然に下ろしていたことから，盗撮をするのではないかと思って見ていたところ，被疑者が右手を前方に差し出して被害者の後方からスカート内にスマートフォンを差し向けたのとほぼ同時に赤いランプが小さく発光したのを目撃したので，被疑者を公衆に著しく迷惑をかける暴力的不良行為等の防止に関する条例違反の現行犯人と認めた。

　事実の要旨

　被疑者は，正当な理由なく，平成〇年5月14日午後4時16分頃，東京都練馬区中村北4丁目2番1号西武鉄道株式会社中村橋駅構内上りエスカレーター上において，氏名不詳の女性に対し，カメラ機能付きスマートフォンを使用して，同人のスカート内の大腿部等を撮影し，もって公共の場所において，人の通常衣服で隠されている身体等を写真機その他の機器を用いて撮影し，人を著しく羞恥させ，かつ，人に不安を覚えさせるような行為をしたものである。

6　逮捕時の状況

　逮捕者が「盗撮だ。」と叫んだところ，被疑者がいきなりエスカレーターを駆け上がろうとしたので，逮捕者は，すぐさま追い掛け，被疑者の右手首を両手でつかんで逮捕した。

7　証拠資料の有無

　あり

　本職は，平成〇年5月14日午後4時55分，被疑者を警視庁練馬警察署司法警察員に引致した。

　上記引致の日

	警視庁練馬警察署
	司法警察員巡査部長　川北　周一　㊞
	逮捕者　鈴木　一郎　指印

一口メモ　本事例のような盗撮事案では，被疑者に画像データ等を消去されないよう十分注意し，撮影に使用した機器を必ず押収しておくこと。

⑵3 迷惑防止条例違反（カメラの差し向け）　コンビニ内での盗撮犯を店長が逮捕

様式第18号（刑訴第212条, 第213条, 第214条, 第215条, 第216条, 第203条, 第217条）

現行犯人逮捕手続書（乙）

平成〇年8月22日午後7時30分, 東京都大田区南雪谷1丁目2番3号コンビニエンスストアイレブンマート南雪谷店事務室　において, 下記現行犯人を受け取った手続は, 次のとおりである。

記

1　逮捕者の住居, 職業, 氏名, 年齢

　東京都大田区南雪谷1丁目2番3号

　　コンビニエンスストアイレブンマート南雪谷店店長

　　　田中　三郎

　　　　昭和〇年4月15日生（45歳）

2　被疑者の住居, 職業, 氏名, 年齢

　東京都大田区蒲田6丁目5番4号

　　無職（元パチンコ「セブン」店員）

　　　砂川　義男

　　　　昭和〇年9月1日生（31歳）

3　逮捕の年月日時

　平成〇年8月22日午後7時20分

4　逮捕の場所

　東京都大田区南雪谷1丁目2番3号

　　コンビニエンスストアイレブンマート南雪谷店店内

5　現行犯人と認めた理由及び事実の要旨

　本日午後7時15分頃, 逮捕者が勤務先の前記コンビニエンスストアイレブンマート南雪谷店で店番中, 年齢30歳くらいの一見工員風の男（被疑者砂川義男）が入ってきて,

（注意）この手続書の末尾に, 検察官が送致を受けた年月日時を記載し記名押印することができる余白を残しておくこと。

キョロキョロと辺りを見回していた。逮捕者は，その挙動がいかにも不自然なので，不審に思い，事務室に入り，防犯カメラのモニターを見て被疑者を観察していた。

店内の雑誌売場には，水色Tシャツ，白色ミニスカートの20歳くらいの若い女性（被害者内藤葉子）が雑誌を見ながら立っており，被疑者は，店内を一周歩いた後，その女性に近づいてきて，その女性の後方で立ち止まり，何かを持った右手を女性のスカートの下に伸ばした。

逮捕者は，その動作を見て，瞬時に盗撮ではないかと判断し，事務室から飛び出し，雑誌売場まで駆け付けていって被疑者を見ると，その右手にはデジタルカメラが握られており，被疑者が右手を引っ込めようとしていたので，被疑者を公衆に著しく迷惑をかける暴力的不良行為等の防止に関する条例違反の現行犯人と認めた。

事実の要旨

被疑者は，正当な理由なく，平成○年8月22日午後7時20分頃，東京都大田区南雪谷1丁目2番3号コンビニエンスストアイレブンマート南雪谷店店内において，内藤葉子（当時20歳）に対し，同人のスカート内の下着等を撮影する目的で，右手に持ったデジタルカメラをその後方からスカート内に差し向け，もって公共の場所において，人の通常衣服で隠されている下着等を撮影する目的で写真機その他の機器を差し向け，人を著しく羞恥させ，かつ，人に不安を覚えさせるような行為をしたものである。

6 逮捕時の状況

逮捕者が「警察に行こう。」と言ったところ，被疑者は「見逃してください。」と言って立ち去ろうとしたので，逮捕者は，被疑者の左肩を右手でつかんで逮捕した。

7 証拠資料の有無

あり

本職は，平成○年8月22日午後7時55分，被疑者を警視庁田園調布警察署司法警察員に引致した。

上記引致の日	
	警視庁田園調布警察署
	司法警察員巡査　川上　伸一　㊞
	逮捕者　田中　三郎　㊞

一口メモ　本事例は，盗撮行為に及んだものの，撮影に至らなかったものである。
　　　　前の事例も含め，いわゆる盗撮事案は，都道府県ごとに条例に定められた構成要件が異なり，事実の要旨の書き方も違うので，留意されたい。

(3) 現行犯人逮捕及び捜索差押手続書（（簡）様式第1号）

　本様式は，司法警察職員捜査書類簡易書式例で定められたもので，司法警察職員が現行犯人を逮捕した場合及びその逮捕の現場において捜索，差押えをした場合に作成する。

　簡易書式例は，事件の性質に応じて合理化，簡素化し，書類作成上の負担を軽減して捜査能率の向上を図るため，制定施行されたものである。

　この書式は基本書式例に比べると，全ての書式にわたりその記載の合理化が図られ，かつ，記載欄もかなり縮減されている。これは簡易書式例が「犯行が単純であり，かつ，証拠が明らかな特定事件」にのみ適用されるものであることに鑑み，これらの事件については，これで検察官の公訴権の行使の資料として必要かつ十分であると考えられたためである。記載上の一般的心構えや留意事項等は，基本書式例の場合と何ら異なるところがない。

　本様式は，記載事項の内容がかなり簡易化されているとはいえ，逮捕時の状況や，証拠品押収の手続を明確にするための捜査書類として，基本書式例と同様の重要性をもつから，その作成に当たっては，正確かつ要領よく記載するように努めなければならない。

　数人共同し，捜索，差押えを行った場合は，主として逮捕行為に当たった者が作成する。

　各欄の記載要領は，概ね基本書式例の現行犯人逮捕手続書（甲）（様式第17号）と同様である。

○　**簡易書式例対象事件**

〈刑法犯〉

罪　　種	対　象　事　件
1　窃盗（235条）	屋外窃盗（動物盗及びさい銭盗などで屋外にある財物を窃取するもの。すりは屋外で行われた事案でも除外。），万引き，同居盗，雇人盗，かっぱらい（玄関荒し，車上ねらい，雑物盗，野荒し等）
2　詐欺（246条）	寸借，無銭飲食，無銭宿泊，無賃乗車
3　単純横領（252条），業務上横領（253条），遺失物等横領（254条）	偶発的犯行で，かつ，金銭以外のものを対象とするもの

4	暴行（208条）	偶発的犯行で凶器を用いないもの
5	傷害（204条）	

〈特別法犯〉

法　令　名	対　象　事　件
1　軽犯罪法	1条違反事件
2　売春防止法	5条（勧誘等）違反事件 （被疑者が自認し，相手客もはっきりしていて証拠が明らかであり，容易に立証できる場合）
3　風俗営業等の規制及び業務の適正化等に関する法律	○　22条1項1号（風俗営業に関する客引き），同項2号（風俗営業に関する客引きのための立ちふさがり又はつきまとい） ○　28条12項1号（店舗型性風俗特殊営業に関する客引き），同項2号（店舗型性風俗特殊営業に関する客引きのための立ちふさがり又はつきまとい） ○　31条の3第2項（無店舗型性風俗特殊営業の受付所営業に関する客引き及び客引きのための立ちふさがり又はつきまとい） ○　31条の13第2項1号（店舗型電話異性紹介営業に関する客引き），同項2号（店舗型電話異性紹介営業に関する客引きのための立ちふさがり又はつきまとい） ○　32条3項（深夜における飲食店営業に関する客引き及び客引きのための立ちふさがり又はつきまとい）
4　酒に酔つて公衆に迷惑をかける行為の防止等に関する法律（めい規法）	○　4条1項・2項（粗野乱暴）違反事件 ○　5条2項（制止に従わない粗野乱暴）違反事件

5　公衆に著しく迷惑をかける暴力的不良行為等の防止に関する条例（迷惑防止条例） ※東京都の場合。他道府県においても同様の条例が制定されている。	○　5条2項及び5条の2第1項違反事件を除き対象となるが，8条2項及び7項から10項までの規定が適用される場合は除かれる。

① 標題及び冒頭本文

　現行犯人を逮捕したが，逮捕の現場で捜索，差押えを行わなかった場合は，標題の「現行犯人逮捕及び捜索差押手続書」の「及び捜索差押」並びに冒頭の「し，かつ，その際に逮捕の現場において捜索差押えを」をそれぞれ横に2本線を引いて削り押印し，捜索差押えの関係各欄は斜線を引き押印する。

② 「現行犯人と認めた理由及び事実の要旨」欄

　六何（八何）の原則に従って具体的に記載するが，別紙を用いての記載は予定されていない。したがって，限られたスペースに要領よくまとめる必要がある。

　「事実の要旨」は，現行犯人と認めた理由の記載において，いかなる犯罪の現行犯人として認めるに至ったかの理由が明確に表現されていれば，必ずしも別項に分けて記載する必要はない。

　なお，この欄の記載に当たっては，前記した基本書式例現行犯人逮捕手続書（甲）（様式第17号）の「現行犯人と認めた理由及び事実の要旨」欄（24頁以下）を参照されたい。

③ 「差押えをした物」欄

　差押えをした場合には，この欄の不動文字のとおり，「別紙押収品目録のとおり」として，「押収品目録・仮還付請書・所有権放棄書（（簡）様式第2号）」の「押収品目録」に記載されることになるので，本様式と第2号の「押収品目録・仮還付請書・所有権放棄書」の間に契印が必要である。また，差押えをしなかった場合は，「差押えをした物」欄の「別紙押収品目録のとおり」を横に2本線を引いて削り押印する。

④ 「捜索証明書受交付者」，「押収品目録受交付者」欄

　逮捕の現場で捜索したが，押収物がなかったときは，請求によって基本書式例の捜索証明書（様式第28号）を交付するが，そのときは「捜索証明書

受交付者」欄に被交付者名を書く。押収物があって基本書式例の押収品目録交付書（様式第35号）を交付したときは，「押収品目録受交付者」欄に被交付者名を記入する。
⑤　奥　書

　奥書には「引致」,「釈放，送致」の3つの手続を固定的に記載しているが，これ以外の手続をした場合，例えば，引致前の引渡し等がある場合は予定されていないので，そのような事件は，複雑な手続を要する事件として簡易書式例の対象事件から除外される。

　引致後被疑者を釈放した場合には，「関係書類等とともに……手続をした。」及び次行の「送致」を横に2本線を引いて削り，押印しておく。被疑者を送致した場合は，「釈放した。」及び次々行の「釈放」を同様に削り押印する。

現行犯人逮捕及び捜索差押手続書((簡)様式第1号)の作成事例

罪　名	事　例	参照頁
(1) 傷　害	車の運転走法に激高した運転手が相手の運転手の顔面を殴り傷害を負わせたのを現認	247頁
(2) 傷　害	犯行直後，現場である大衆酒場内で店主が被疑者を指差す	248頁
(3) 暴　行	スナック店内で客が他の客に暴行したのを現認	249頁
(4) 窃　盗 （玄関荒し）	被害者が犯行直後，現場付近で被疑者を指差して	250頁
(5) 窃　盗 （自動車盗）	犯行直後，盗難車と一致するナンバーの車両を発見	251頁
(6) 窃　盗 （オートバイ盗）	被害者が，犯行直後，盗難オートバイを運転し信号待ちをしていた男を指差す	252頁
(7) 窃　盗 （万引き）	犯行直後，現場付近を歩いている万引きした男を発見	253頁
(8) 詐　欺 （無銭）	タクシー運転手が無賃乗車した男を指差す	254頁
(9) 詐　欺 （無銭）	酒場経営者が無銭飲食した男を指差す	255頁

〈軽微な現行犯人〉

罪　名	事　例	参照頁
(10) めい規法違反 （警察官の制止に従わない）	酒に酔った男が駅の階段付近で粗野・乱暴な言動をしていたので，これを制止したが従わず更に犯行に及ぶ	256頁
(11) 軽犯罪法違反 （刃物）	不審者がジャンパーのポケットに切り出しを隠し持っていたのを発見	257頁
(12) 軽犯罪法違反 （侵入用具）	不審者が所持していたカバン内にガラス切りや合鍵などを隠し持っていたのを発見	258頁
(13) 軽犯罪法違反 （はり札）	電柱にビラを貼っているのを現認	259頁

(1) 傷害

車の運転走法に激高した運転手が相手の運転手の顔面を殴り傷害を負わせたのを現認(送致前釈放)

(簡) 様式第1号

現行犯人逮捕(及び捜索差押)手続書

下記の現行犯人を逮捕(し、かつ、その際に逮捕の現場において捜索差押えを)した手続は、次のとおりである。

被疑者	住居　東京都杉並区和泉1丁目2番3号 職業　工員 ㈲城南鉄工所 氏名　生田 幸雄 年齢　昭和○年7月8日生(45歳)
逮捕の日時	平成○年10月28日午後3時35分
逮捕の場所	東京都新宿区新宿2丁目3番4号 新宿都税事務所前路上
現行犯人と認めた理由及び事実の要旨	本職は、本日午後3時30分頃、警ら中、「新宿2丁目、新宿都税事務所前で、運転手同士の喧嘩。」との110番指令を傍受したので、直ちに現場に急行したところ、新宿都税事務所前に、ライトバンとトラックが止まっており、前記被疑者が、顔面から血を流している被害者(山田和夫、55歳)の胸倉をつかんで「おまえ、どんな運転しているんだ。」などと怒鳴りながら、右拳骨で、同人の顔面を殴ったので、被疑者を現に罪を行っている傷害の現行犯人と認めた。
逮捕時の状況	本職が被疑者に対し、傷害の現行犯人として逮捕する旨を告げたところ、被疑者は、「ついカッとなってしまった。」と言いながら、素直に逮捕に応じた。
捜索差押えの場所、捜索した身体又は物	㊞
捜索差押えの目的たる物	㊞
立会人 (住居,職業 氏名,年齢)	㊞
捜索差押えの経過	㊞
差押えをした物	(別紙押収品目録のとおり)
捜索証明書受交付者　㊞	押収品目録受交付者　㊞

本職は、平成○年10月28日午後4時5分、被疑者を 警視庁新宿 警察署司法警察員に引致した。
　　　上記引致の日
　　　　　　　　　警視庁新宿警察署　司法警察員巡査部長　小沼　建夫 ㊞

本職は、平成○年10月29日午前9時0分、被疑者を釈放した。
(関係書類等とともに、 ～検察庁㊞ ～検察官に送致する手続をした。)
　　　　釈放
　　上記(送致)の日
　　　　　　　　　警視庁新宿警察署　司法警察員　警部補　佐久間勇紀 ㊞

　　　　年　月　日午　時　分、関係書類とともに、被疑者の送致を受けた。
　　　　　　　検察庁

(注意) 釈放、送致の記載欄は、その区別によって不要の文字を削ること。

一口メモ　本事例は、検察官に事件を送致する前に被疑者を釈放したときの奥書部分の記載例である。

(2) 傷 害	犯行直後，現場である大衆酒場内で店主が被疑者を指差す

(簡) 様式第1号

現行犯人逮捕（及び捜索差押）手続書

下記の現行犯人を逮捕（し，かつ，その際に逮捕の現場において捜索差押えを）した手続は，次のとおりである。

被 疑 者	住居　東京都江東区亀戸3丁目2番1号 職業　鮮魚商 氏名　梅田　敏男 年齢　昭和〇年3月10日生（31歳）
逮 捕 の 日 時	平成〇年4月6日午後10時35分
逮 捕 の 場 所	東京都江東区佐賀3丁目2番1号 　大衆酒場「仲間」店舗内
現行犯人と認めた理由及び事実の要旨	本職は，本日午後10時30分頃，警ら用無線自動車に乗車し警ら中，「管内江東区佐賀3丁目2番1号大衆酒場『仲間』で客が暴れている。」との110番指令を傍受し，現場に急行すると，同店舗内において酒に酔った前記被疑者が，「客に向かって，何だ。」などと怒鳴っており，そのそばに年齢50歳くらいの女性店員山田花子が顔面を血だらけにしてうずくまっていた。同店店長松田一夫が本職の姿を見るや被疑者を指差しながら，「あの男が殴った。」と申し立てたので，被疑者を現に罪を行い終わった傷害の現行犯人と認めた。
逮 捕 時 の 状 況	被疑者は，「応対が悪い。」と言いながら，興奮していたが，素直に逮捕に応じた。
捜索差押えの場所，捜索した身体又は物	㊞
捜索差押えの目的たる物	㊞
立 会 人 （住居，職業 　氏名，年齢）	㊞
捜索差押えの経過	㊞
差押えをした物	（別紙押収品目録のとおり）
捜索証明書受交付者	㊞	押収品目録受交付者	㊞

　本職は，平成〇年4月6日午後11時0分，被疑者を 警視庁深川 警察署司法警察員に引致した。
　　　　　　上記引致の日
　　　　　　　　　　　警視庁深川警察署　司法警察員巡査部長　高尾　隆　㊞

　本職は，平成〇年4月8日午前8時30分，被疑者を（釈放し た。）関係書類等とともに，東京地方検察庁　　検察官に送致する手続をした。
　　　　上記（釈放
　　　　　　送致）の日
　　　　　　　　　　　警視庁深川警察署　司法警察員　警部　平澤　浩治　㊞

　　　　年　月　日午　時　分，関係書類等とともに，被疑者の送致を受けた。
　　　　　　　　検察庁

（注意）釈放，送致の記載欄は，その区別によって不要の文字を削ること。

一口メモ　本事例は，被疑者を身柄付のまま検察官に送致するときの記載例である。

第2章 現行犯人逮捕手続書（基本書式例・簡易書式例）

(3) 暴　行	スナック店内で客が他の客に暴行したのを現認

(簡) 様式第1号

現行犯人逮捕（及び捜索差押）手続書

下記の現行犯人を逮捕（し、かつ、その際に逮捕の現場において捜索差押えを）した手続は、次のとおりである。

被　疑　者	住居　岩手県盛岡市内丸5番4号 職業　工員（㈱三陸製作所） 氏名　三浦　幸雄 年齢　昭和○年10月5日生（40歳）
逮 捕 の 日 時	平成○年 3月18日午後 9時35分
逮 捕 の 場 所	岩手県盛岡市内丸3番2号 　スナック「南部」店舗内
現行犯人と認めた理由及び事実の要旨	本職は、本日午後9時30分頃、本職が盛岡駅前交番で勤務中、通行人から「この先のスナックで客が暴れています。」との訴出を受け、直ちに約100メートル離れた盛岡市内丸3番2号スナック「南部」に急行すると、カウンターの奥端で顔を両手で押さえている男（被害者鈴木一夫）に向かって、前記被疑者が、「何か文句があるか。」と言うが早いか、同人の腹部を足で蹴ったので、被疑者を現に罪を行っている暴行の現行犯人と認めた。
逮 捕 時 の 状 況	被疑者は、「あの男が最初に文句を言うからだ。」などと言いながら憤然とした態度で逮捕に応じた。
捜索差押えの場所、捜索した身体又は物	㊞
捜索差押えの目的たる物	㊞
立　会　人 （住居, 職業 氏名, 年齢）	㊞
捜索差押えの経過	㊞
差 押 え を し た 物	(別紙押収品目録のとおり)
捜索証明書受交付者　㊞	押収品目録受交付者　㊞

本職は、平成○年 3月18日午後 9時55分、被疑者を岩手県盛岡中央警察署司法警察員に引致した。
　　　　　上記引致の日
　　　　　　　　　　　岩手県盛岡中央警察署　司法　巡査　及川　辰彦　㊞

本職は、平成○年 3月19日午前 0時50分、被疑者を釈放した。
（関係書類等とともに、　　　検察庁㊞　　検察官に送致する手続をした。）
　　　　　上記　釈放　の日
　　　　　　（送致）
　　　　　　　　　　　岩手県盛岡中央警察署　司法警察員　警部補　佐藤正一郎　㊞

　　　　年　　月　　日午　　時　　分、関係書類等とともに、被疑者の送致を受けた。
　　　　　　　　　検察庁

（注意）釈放、送致の記載欄は、その区別によって不要の文字を削ること。

(4) 窃盗 （玄関荒し）	被害者が犯行直後，現場付近で被疑者を指差して

（簡）様式第1号

現行犯人逮捕及び捜索差押手続書

下記の現行犯人を逮捕し，かつ，その際に逮捕の現場において捜索差押えをした手続は，次のとおりである。

被　　疑　　者	住居　不定（元東京都多摩市鶴牧3丁目2番1号） 職業　無職（元パチンコ店店員） 氏名　神田　信夫 年齢　平成○年12月3日生（22歳）
逮　捕　の　日　時	平成○年 6月10日午後 3時35分
逮　捕　の　場　所	東京都渋谷区富ヶ谷1丁目2番3号 　　浅野クリーニング店前路上
現行犯人と認めた理由 及び事実の要旨	本職は，本日午後3時30分頃，富ヶ谷交番で見張勤務中，管内渋谷区富ヶ谷1丁目2番3号宮川武が駆け込んで来て，「今，玄関に置いていた現金5万円と私名義のキャッシュカードなどが入っていた茶色カバンを盗まれた。」と訴えたので，被害者を同道して付近を検索したところ，訴え出から約3分後，発生場所から約80メートル離れた路上で，被害者が，茶色カバンを持って歩いている男（被疑者）を指差し，「あの男です。」と言ったので，すぐに被疑者に近づいたところ，被疑者が茶色カバンを差し出しながら，「この先の家の玄関から盗みました。」と申し立てたので，被疑者を現に罪を行い終わった窃盗の現行犯人と認めた。
逮　捕　時　の　状　況	被疑者は，無言のまま，頭を下げ素直に逮捕に応じた。
捜索差押えの場所，捜索した身体又は物	東京都渋谷区富ヶ谷1丁目2番3号浅野クリーニング店前路上及び被疑者の身体及び所持品
捜索差押えの目的たる物	本件犯行により得た物
立　　会　　人 （住居，職業 　氏名，年齢）	東京都渋谷区富ヶ谷1丁目2番5号 　　鮮魚商　宮川　武（53歳）
捜索差押えの経過	被疑者が所持していた茶色カバンを差し押さえるとともに，被疑者の着衣を捜索したが，他に差し押さえるべき物はなかった。
差押えをした物	別紙押収品目録のとおり
捜索証明書受交付者	㊞　　　　押収品目録受交付者　　被疑者　神田信夫

本職は，平成○年 6月10日午後 3時55分，被疑者を 警視庁代々木警察署司法警察員に引致した。
　　　　上記引致の日
　　　　　　　　　　　警視庁代々木警察署　司法　　巡査　高橋　公三　㊞

本職は，平成○年 6月12日午前 8時30分，被疑者を（釈放した。）
関係書類等とともに，東京区検察庁　　検察官に送致する手続をした。
　　　　上記　（釈放）
　　　　　　　送致　の日
　　　　　　　　　　　警視庁代々木警察署　司法警察員　警部補　石川　勇二　㊞

　　　　年　月　日午　時　分，関係書類等とともに，被疑者の送致を受けた。
　　　　　　　　検察庁

（注意）釈放，送致の記載欄は，その区別によって不要の文字を削ること。

一口メモ　逮捕の現場において捜索又は差押えをしたときは，本様式の該当欄に所定の事項を記載すること。

第2章 現行犯人逮捕手続書（基本書式例・簡易書式例） 251

(5) 窃　盗 （自動車盗）	犯行直後，盗難車と一致するナンバーの車両を発見

(簡) 様式第1号

現行犯人逮捕及び（~~捜索~~）差押手続書

　下記の現行犯人を逮捕し，かつ，その際に逮捕の現場において（~~捜索~~）差押えをした手続は，次のとおりである。

被　疑　者	住居　東京都品川区東五反田3丁目2番1号 職業　無職（元飲食店従業員） 氏名　矢澤　清一 年齢　昭和○年8月10日生（36歳）
逮　捕　の　日　時	平成○年10月20日午後2時35分
逮　捕　の　場　所	東京都品川区東大井3丁目2番1号 　　㈱立会川自動車前路上
現行犯人と認めた理由及び事実の要旨	本職は，本日午後2時20分頃，警ら用無線自動車に乗車し警ら中，「今から5分前，東大井3丁目2番3号㈱大井自動車前路上において，キー付きの車が盗難，車はトヨタマークⅡ，白塗，ナンバー品川333は12-34号」との110番指令を傍受し，直ちに検索を開始した。発生から約10分後，発生場所から約90メートル離れた路上で，被害車両のナンバーと一致する車が通行していたので，直ちに停止させ運転者（被疑者）に対し，車の出所等について質問したところ，被疑者は「10分くらい前，自動車会社の前から盗んできた。」旨を自供したので，被疑者を現に罪を行い終わった窃盗の現行犯人と認めた。
逮　捕　時　の　状　況	被疑者は，「キーが付いていたので……。」と頭を下げ，うなだれながら逮捕に応じた。
（~~捜索~~）差押えの場所，捜索した身体又は物	東京都品川区東大井3丁目2番1号 　　㈱立会川自動車前路上
（~~捜索~~）差押えの目的たる物	本件犯行により得た物
立　　会　　人 （住居，職業 　氏名，年齢）	道路上であり，立会人が得られなかった。
（~~捜索~~）差押えの経過	被疑者が運転した自家用普通乗用自動車（品川333は12-34号）を差し押さえた。
差　押　え　を　し　た　物	別紙押収品目録のとおり
捜索証明書受交付者	㊞　　　　　押収品目録受交付者　　被疑者　矢澤清一

　本職は，平成○年10月20日午後2時55分，被疑者を　警視庁大井　警察署司法警察員に引致した。
　　　　上記引致の日
　　　　　　　　　　　警視庁大井警察署　司法　　巡査　秋山　栄一　　㊞

　本職は，平成○年10月22日午前8時30分，被疑者を（~~釈放した~~）。関係書類等とともに，東京区　検察庁　検察官に送致する手続をした。
　　　　　　　　　（~~釈放~~）
　　　　上記　送致　の日
　　　　　　　　　　　警視庁大井警察署　司法警察員　警部補　大島　猛　　㊞

年　　　月　　　日午　　　時　　　分，関係書類とともに，被疑者の送致を受けた。 　　　　　　　検察庁	

（注意）釈放，送致の記載欄は，その区別によって不要の文字を削ること。

(6) 窃　盗 （オートバイ盗）	被害者が，犯行直後，盗難オートバイを運転し信号待ちをしていた男を指差す

(簡)様式第１号

現行犯人逮捕及び捜索差押手続書

下記の現行犯人を逮捕し，かつ，その際に逮捕の現場において捜索差押えをした手続は，次のとおりである。

被　疑　者	住居　神奈川県横浜市鶴見区鶴見１丁目２番３号 職業　工員　㈲村田鉄工所 氏名　三浦　琢夫 年齢　平成○年８月10日生（20歳）
逮　捕　の　日　時	平成○年　4　月　20　日午前　10　時　35　分
逮　捕　の　場　所	神奈川県川崎市川崎区川崎３丁目４番10号 　　　村澤酒店前路上
現行犯人と認めた理由及び事実の要旨	本職は，本日午前10時30分頃，川崎市川崎区川崎３丁目４番先を警ら中，前方から，「泥棒，そのオートバイを捕まえて。」という大声がしたので，見るとオートバイ（川崎市た12-34号）に乗った前記被疑者が猛スピードで交差点の方に向かっていた。本職は，訴出人（被害者山川豊蔵）とともに，直ちに追跡し，前記交差点で信号待ちしている被疑者に追いつき，オートバイの荷台を捕まえて「どうして逃げる。」と質問すると，被疑者は「すみません。」と申し立てたので，被疑者を現に罪を行い終わった窃盗の現行犯人と認めた。
逮　捕　時　の　状　況	被疑者は，「すみません。」と言いながら素直に逮捕に応じた。
捜索差押えの場所，捜索した身体又は物	神奈川県川崎市川崎区川崎３丁目４番10号村澤酒店前路上及び被疑者三浦琢夫の身体及び所持品
捜索差押えの目的たる物	本件犯行により得た物
立　会　人 （住居，職業 　氏名，年齢）	神奈川県川崎市川崎区川崎３丁目２番１号 　　　川崎大学文学部２年 　　　　山川　豊蔵（20歳）
捜索差押えの経過	被疑者が差し出したオートバイ１台を差し押さえ，更に被疑者の着衣を捜索したが，他に差し押さえるべき物の発見に至らなかった。
差押えをした物	別紙押収品目録のとおり
捜索証明書受交付者	㊞	押収品目録受交付者	被疑者　三浦琢夫

　本職は，平成○年　4　月　20　日午前　10　時　50　分，被疑者を　神奈川県川崎警察署司法警察員に引致した。
　　　　上記引致の日
　　　　　　　　　　　　　　　　神奈川県川崎警察署　　司法　　巡査　　橋本　芳典　　㊞

　本職は，平成○年　4　月　22　日午前　8　時　30　分，被疑者を（~~釈放した~~）関係書類等とともに，川崎区検察庁　　検察官に送致する手続をした。
　　　　上記　~~釈放~~　送致　の日
　　　　　　　　　　　　　　　神奈川県川崎警察署　　司法警察員　　警部補　　佐藤　勝夫　　㊞

　　　　　　　年　　月　　日午前　　時　　分，関係書類等とともに，被疑者の送致を受けた。
　　　　　　　　　　検察庁

（注意）釈放，送致の記載欄は，その区別によって不要の文字を削ること。

第２章　現行犯人逮捕手続書（基本書式例・簡易書式例）　253

(7) 窃　盗 （万引き）	犯行直後，現場付近を歩いている万引きした男を発見

（簡）様式第１号

現行犯人逮捕及び捜索差押手続書

下記の現行犯人を逮捕し，かつ，その際に逮捕の現場において捜索差押えをした手続は，次のとおりである。

被　疑　者	住居　東京都品川区大井１丁目２番３号 職業　山村大学経済学部３年 氏名　江本　勝夫 年齢　平成○年１月３日生（21歳）
逮　捕　の　日　時	平成○年10月３日午後５時０分
逮　捕　の　場　所	東京都大田区大森北２丁目２番４号 大村洋一方前路上
現行犯人と認めた理由及び事実の要旨	本職は，本日午後４時55分頃，大森駅前交番で見張勤務中，管内大田区大森北１丁目２番３号大森電機店の店員が駆け込んできて「２，３分前に黒色リュックを背負った若い男に電気カミソリ機を盗まれた。」との訴え出を受け，直ちに逃走方向の検索を開始した。訴え出を受けて約５分後，大森電機店から約80メートル離れた前記逮捕場所付近を黒色リュックを背負って足早に歩いている前記被疑者を発見し，質問したところ，被疑者は，大森電機店の値札の付いた電気カミソリ機を差し出しながら，「すみません。」と申し立てたので，被疑者を現に罪を行い終わった窃盗の現行犯人と認めた。
逮　捕　時　の　状　況	被疑者は，「すみません。」と言いながら素直に逮捕に応じた。
捜索差押えの場所，捜索した身体又は物	東京都大田区大森北２丁目２番４号大村洋一方前路上及び被疑者江本勝夫の身体及び所持品
捜索差押えの目的たる物	本件犯行により得た物
立　会　人 （住居，職業 氏名，年齢）	東京都港区三田１丁目２番３号 店員（大森電機店） 村田　四郎（48歳）
捜索差押えの経過	被疑者が差し出した電気カミソリ機１台を差し押さえ，更に被疑者の着衣を捜索したが，他に差し押さえる物はなかった。
差押えをした物	別紙押収品目録のとおり
捜索証明書受交付者	㊞　　　押収品目録受交付者　被疑者　江本勝夫
本職は，平成○年10月３日午後５時20分，被疑者を　警視庁大森　警察署司法警察員に引致した。 　　　上記引致の日 　　　　　　　　　　　　警視庁大森警察署　司法　　巡査　秋田　友和　㊞	
本職は，平成○年10月４日午前９時０分，被疑者を釈放した。 （関係書類等とともに，　検察庁㊞　　検察官に送致する手続をした。） 　　　　　　釈放 　　　上記（送致）の日 　　　　　　　　　　　　警視庁大森警察署　司法警察員　警部補　平山　勇司　㊞	
年　　月　　日午　　時　　分，関係書類等とともに，被疑者の送致を受けた。 　　　　　　　　検察庁	

（注意）釈放，送致の記載欄は，その区別によって不要の文字を削ること。

(8) 詐欺（無銭）

タクシー運転手が無賃乗車した男を指差す

(簡) 様式第1号

現行犯人逮捕（及び捜索差押）手続書

下記の現行犯人を逮捕（し、かつ、その際に逮捕の現場において捜索差押えを）した手続は，次のとおりである。

被疑者	住居　不定（元東京都台東区上野3丁目2番1号） 職業　無職（元鳶職） 氏名　佐々木　功二 年齢　昭和○年3月10日生（56歳）
逮捕の日時	平成○年 4 月 6 日午後 11 時 58 分
逮捕の場所	東京都台東区上野1丁目2番8号 佐藤忠方前路上
現行犯人と認めた理由及び事実の要旨	本職は，本日午後11時50分頃，警ら中，「タクシー運転手と客のゴタ」という110番指令により，現場である台東区上野1丁目2番先路上に急行すると，同所にタクシーが停車しており，そのそばで前記被疑者とタクシー運転手（山川二郎 58歳）がおり，同人が本職に対し「この男，無賃乗車です。」と訴え出た。すると，被疑者は，そわそわし始めたが，被害者は，「JR千葉駅から，ここまで来たが，料金1万1千円を請求しても払ってくれない。」と説明し，被疑者も「一銭もない」と申し立てたので，被疑者を現に罪を行い終わった詐欺の現行犯人と認めた。
逮捕時の状況	被疑者は，「申し訳ない」と言いながら，素直に逮捕に応じた。
捜索差押えの場所，捜索した身体又は物	㊞
捜索差押えの目的たる物	㊞
立会人 (住居,職業 氏名,年齢)	㊞
捜索差押えの経過	㊞
差押えをした物	(別紙押収品目録のとおり)
捜索証明書受交付者	㊞ ／ 押収品目録受交付者　㊞

本職は，平成○年 4 月 7 日午前 0 時 20 分，被疑者を 警視庁上野 警察署司法警察員に引致した。
　　　上記引致の日
　　　　　　　　　警視庁上野警察署　司法警察員巡査部長　今村　幸男　㊞

本職は，平成○年 4 月 8 日午前 8 時 30 分，被疑者を（釈放した。）関係書類等とともに，東京地方検察庁　　　検察官に送致する手続をした。
　　　　　(釈放)
　　　上記　送致　の日
　　　　　　　　　警視庁上野警察署　司法警察員　警部補　岩井　芳広　㊞

　　　年　月　日午　時　分，関係書類等とともに，被疑者の送致を受けた。
　　　　検察庁

（注意）釈放，送致の記載欄は，その区別によって不要の文字を削ること。

(9) 詐 欺
（無銭）

酒場経営者が無銭飲食した男を指差す

(簡) 様式第1号

現行犯人逮捕（及び捜索差押）手続書

下記の現行犯人を逮捕（し，かつ，その際に逮捕の現場において捜索差押えを）した手続は，次のとおりである。

被 疑 者	住居　不定（元東京都江戸川区松島1丁目2番3号） 職業　無職（元飲食店従業員） 氏名　押川　健一 年齢　昭和〇年8月10日生（50歳）
逮 捕 の 日 時	平成〇年12月10日午後11時55分
逮 捕 の 場 所	千葉県船橋市船橋3丁目2番1号 　　　　酒場「白木」店舗内
現行犯人と認めた理由及び事実の要旨	本職は，本日午後11時50分頃，船橋駅前交番で勤務中，「船橋3丁目2番1号酒場『白木』で無銭飲食の模様」という110番指令により現場に急行したところ，同店店長白木一郎が，下を向いて椅子に掛けている前記被疑者を指差しながら「この男，パチスロで儲かったなどといかにも景気が良いように言うので，言われるままビールや，天ぷらなどを出し，その代金1万200円を請求したところ，金がないと言って払ってくれません。」と説明し，被疑者は，「一銭もない。」と申し立てたので，被疑者を現に罪を行い終わった詐欺の現行犯人と認めた。
逮 捕 時 の 状 況	被疑者は，「まさか，お巡りが来るとは思わなかった。」などとふてくされた態度で逮捕に応じた。
捜索差押えの場所，捜索した身体又は物	㊞
捜索差押えの目的たる物	㊞
立 会 人 （住居，職業 　氏名，年齢）	㊞
捜 索 差 押 え の 経 過	
差 押 え を し た 物	（別紙押収品目録のとおり）
捜索証明書受交付者	㊞	押収品目録受交付者	㊞

本職は，平成〇年12月11日午前0時20分，被疑者を　千葉県船橋　警察署司法警察員に引致した。
　　　　上記引致の日
　　　　　　　　　　　　千葉県船橋警察署　司法警察員巡査部長　八代　貴義　㊞

本職は，平成〇年12月12日午前8時30分，被疑者を（釈放した。）関係書類等とともに，千葉地方検察庁　　検察官に送致する手続をした。
　　　　上記　釈放　の日
　　　　　　　送致
　　　　　　　　　　　　千葉県船橋警察署　司法警察員　警部補　髙橋　利之　㊞

　　　　　年　　月　　日午前　　時　　分，関係書類等とともに，被疑者の送致を受けた。
　　　　　　　検察庁

（注意）釈放，送致の記載欄は，その区別によって不要の文字を削ること。

〈軽微な現行犯人〉

| (10) めい規法違反(警察官の制止に従わない) | 酒に酔った男が駅の階段付近で粗野・乱暴な言動をしていたので、これを制止したが従わず更に犯行に及ぶ |

(簡) 様式第1号

現行犯人逮捕(及び捜索差押)手続書

下記の現行犯人を逮捕(し、かつ、その際に逮捕の現場において捜索差押えを)した手続は、次のとおりである。

被疑者	住居 不詳(元東京都台東区日本堤3丁目2番1号日本宿泊所止宿) 職業 無職(元土木作業員) 氏名 髙木 健吾 年齢 昭和○年8月10日生(40歳)
逮捕の日時	平成○年10月6日午後9時5分
逮捕の場所	東京都大田区西蒲田1丁目2番 JR蒲田駅西口前路上
現行犯人と認めた理由及び事実の要旨	本職は、本日午後9時頃、管内大田区西蒲田1丁目2番JR蒲田駅(西口)前路上を警ら中、同駅前路上から改札口に通じる階段付近で、前記被疑者が真っ赤な顔で酒の臭いをプンプンさせ足元もフラフラしながら、階段から降りてくる年齢20歳くらい、紺色スーツ姿の男性(谷隆)の前に立ち塞がり顔を近づけながら「何だ文句があるか。」などといいがかりをつけていたので、本職は制止した。すると、被疑者は、「お巡り関係ないよ。」と言いながら本職を押しのけて前記谷に近づき、同人の両肩に両手を上げて歩けないようにしたため、同人が迷惑そうであったので、被疑者を現に罪を行っている酒に酔って公衆に迷惑をかける行為の防止等に関する法律5条2項違反の現行犯人と認めた。
逮捕時の状況	被疑者は、住居については一切話さず、「お巡り、関係ない。」と言いながら、逃走したので、約20メートル追い掛け、右腕をつかんで逮捕した。
捜索差押えの場所、捜索した身体又は物	㊞
捜索差押えの目的たる物	㊞
立会人 (住居、職業 氏名、年齢)	㊞
捜索差押えの経過	㊞
差押えをした物	(別紙押収品目録のとおり)
捜索証明書受交付者	㊞	押収品目録受交付者	㊞

本職は、平成○年10月6日午後9時30分、被疑者を 警視庁蒲田 警察署司法警察員に引致した。
　　上記引致の日
　　　　　　　　　警視庁蒲田警察署　司法警察員巡査部長　白崎 惣二　㊞

本職は、平成○年10月8日午前8時30分、被疑者を(釈放した。)関係書類等とともに、東京区 検察庁　検察官に送致する手続をした。
　　上記 (釈放) 送致 の日
　　　　　　　　　警視庁蒲田警察署　司法警察員　警部補　山田 将一　㊞

| | 年　月　日午　時　分、関係書類等とともに、被疑者の送致を受けた。
　　　　　検察庁 |

(注意) 釈放、送致の記載欄は、その区別によって不要の文字を削ること。

一口メモ 軽微事件については、犯人の住居若しくは氏名が明らかでない場合又は犯人が逃亡するおそれがある場合に限り、現行犯逮捕できる(刑訴法217条)。

〈軽微な現行犯人〉

(11) 軽犯罪法違反（刃物）	不審者がジャンパーのポケットに切り出しを隠し持っていたのを発見

(簡) 様式第1号

現行犯人逮捕及び捜索差押手続書

下記の現行犯人を逮捕し，かつ，その際に逮捕の現場において捜索差押えをした手続は，次のとおりである。

被　　疑　　者	住居　不定（元東京都新宿区歌舞伎町1丁目2番3号） 職業　無職（元パチンコ店店員） 氏名　村山　一郎 年齢　昭和〇年4月6日生（35歳）
逮　捕　の　日　時	平成〇年12月3日午後7時45分
逮　捕　の　場　所	東京都豊島区目白1丁目5番6号 　　　　　　高瀬ビル前路上
現行犯人と認めた理由及び事実の要旨	本職は，本日午後7時30分頃，警ら中，前記被疑者が本職の姿を見て，急に近くのパチンコ店に入ろうとしたので，不審と思い，呼び止めたところ，被疑者の顔が青ざめ落ち着かない様子であり，目白駅前交番に同行を求めた。本職は，交番において，承諾を得てジャンパーのポケットを外から触ったところ，堅い物があったので，提出を求めると，被疑者が刃体の長さ約5センチメートルの切り出しナイフを出した。ナイフを所持している理由を質問すると，「護身用だよ。」と申し立てたので，被疑者を現に罪を行っている軽犯罪法1条2号違反の現行犯人と認めた。
逮　捕　時　の　状　況	本職が軽犯罪法違反の現行犯人として逮捕する旨を告げたところ，被疑者は，隙を見て逃走したので，約20メートル追跡し，右腕をつかんで逮捕した。
捜索差押えの場所，捜索した身体又は物	東京都豊島区目白1丁目5番6号高瀬ビル前路上及び被疑者村山一郎の身体及び所持品
捜索差押えの目的たる物	本件犯行を組成した物
立　　会　　人 （住居，職業 　氏名，年齢）	住居不定　無職 　　被疑者　村山　一郎（35歳）
捜索差押えの経過	被疑者が差し出した切り出しナイフ1丁を差し押さえ，さらに，被疑者の着衣を捜索したが，他に差し押さえる物の発見に至らなかった。
差押えをした物	別紙押収品目録のとおり
捜索証明書受交付者	㊞	押収品目録受交付者	被疑者　村山一郎

本職は，平成〇年12月3日午後8時10分，被疑者を　警視庁目白　警察署司法警察員に引致した。
　　　上記引致の日
　　　　　　　　　　　　　警視庁目白警察署　司法　　巡査　服部　直人　㊞

本職は，平成〇年12月5日午前8時30分，被疑者を　(釈放した)
関係書類等とともに，東京区検察庁　　　検察官に送致する手続をした。
　　　　　　　(釈放)
　　　上記　　　送致　　の日
　　　　　　　　　　　　　警視庁目白警察署　司法警察員　警部補　平野　利之　㊞

　　　　　　　年　　月　　日午　　時　　分，関係書類等とともに，被疑者の送致を受けた。
　　　　　　　　　　　検察庁

（注意）釈放，送致の記載欄は，その区別によって不要の文字を削ること。

■一口メモ　刑訴法217条にいう「犯人の住居が明らかでない場合」には，住居不定も含まれる。

〈軽微な現行犯人〉

(12) 軽犯罪法違反（侵入用具）	不審者が所持していたカバン内にガラス切りや合鍵などを隠し持っていたのを発見

(簡) 様式第1号

現行犯人逮捕及び捜索差押手続書

下記の現行犯人を逮捕し，かつ，その際に逮捕の現場において捜索差押えをした手続は，次のとおりである。

被　疑　者	住居　不詳 職業　不詳 氏名　自称　加藤　幸雄 年齢　自称　昭和○年8月10日生（42歳）
逮　捕　の　日　時	平成○年10月20日午前10時30分
逮　捕　の　場　所	東京都葛飾区白鳥1丁目2番13号 　　　　村田方前路上
現行犯人と認めた理由及び事実の要旨	本職は，本日午前10時20分頃，管内葛飾区白鳥1丁目2番3号葛飾区立児童公園前路上を警ら中，同公園のベンチに，黒色カバンを横に置いて腰掛けている前記被疑者がおり，被疑者は本職の姿を見るなり，立ち上がり，立ち去ろうとしたので，不審と認め停止を求めた。被疑者は，慌てた様子であったが，本職が所持しているカバンの開示を求めたところ，無言のままで開示しようとしないので，承諾を得てカバンを開けたところ，カバン内には，ガラス切り1丁，合鍵20個などが入っていた。本職は，被疑者に対し，所持の理由を聞いたところ，被疑者は「何となく持っている。」などと意味不明なことを申し立てたので，被疑者を現に罪を行っている軽犯罪法（侵入用具携帯）違反の現行犯人と認めた。
逮　捕　時　の　状　況	被疑者の住居及び氏名が不明であり，軽犯罪法1条3号違反の現行犯人と認め逮捕する旨を告げたところ，被疑者が突然逃走したので，約30メートル追い掛けて逮捕した。
捜索差押えの場所，捜索した身体又は物	東京都葛飾区白鳥1丁目2番13号村田方前路上及び被疑者の身体及び所持品
捜索差押えの目的たる物	本件犯行を組成した物
立　会　人 （住居，職業 　氏名，年齢）	㊞
捜索差押えの経過	本件を組成したガラス切り1丁及び合鍵20個を差し押さえるとともに，被疑者の着衣等を捜索したが，他に差し押さえる物はなかった。
差　押　え　を　し　た　物	別紙押収品目録のとおり
捜索証明書受交付者	㊞	押収品目録受交付者	被疑者 自称 加藤幸雄

本職は，平成○年10月20日午前10時55分，被疑者を　警視庁亀有　警察署司法警察員に引致した。
　　　上記引致の日
　　　　　　　　　　　　警視庁亀有警察署　司法　巡査　浅野　有二　　㊞

本職は，平成○年10月22日午前8時30分，被疑者を（釈放した。）関係書類等とともに，東京区検察庁　　検察官に送致する手続をした。
　　　上記　(釈放)　送致　の日
　　　　　　　　　　　　警視庁亀有警察署　司法警察員　警部補　佐藤　亮二　　㊞

　　　　　　年　　月　　日午　　時　　分，関係書類等とともに，被疑者の送致を受けた。
　　　　　　検察庁

（注意）釈放，送致の記載欄は，その区別によって不要の文字を削ること。

〈軽微な現行犯人〉

(13) 軽犯罪法違反 （はり札）	電柱にビラを貼っているのを現認

(簡) 様式第１号

現行犯人逮捕及び捜索差押手続書

下記の現行犯人を逮捕し，かつ，その際に逮捕の現場において捜索差押えをした手続は，次のとおりである。

被　疑　者	住居　不詳 職業　自称百万ドルパチンコ店店員 氏名　自称　幸田　卓 年齢　自称　平成〇年６月10日生（25歳）
逮　捕　の　日　時	平成〇年８月８日午後10時０分
逮　捕　の　場　所	東京都江戸川区東篠崎１丁目３番14号 　　　山口三郎方前路上
現行犯人と認めた理由 及び事実の要旨	本職は，本日午後９時50分頃，管内を警ら中，付近の電柱３本にビラ（20cm×30cm大の白紙に「新装開店，８月10日オープン，百万ドルパチンコ店」などと記載）が貼ってあるのを発見した。本職は，当該ビラが貼って間がないことから，付近を捜索したところ，江戸川区東篠崎１丁目３番４号鎌田靴店前にある東京電力㈱の電柱（東篠崎15号）の下部に前記被疑者が左手にはけを持ち，前記ビラと同じ内容のもの１枚を右手で貼ったのを現認した。よって，本職は，被疑者に対し，電柱の管理者の承諾を受けているか否かを質問したところ，被疑者は承諾を得ていない旨を申し立てたので，被疑者を現に罪を行っている軽犯罪法１条33号違反の現行犯人と認めた。
逮　捕　時　の　状　況	被疑者ははけなどをその場に投げ捨てて逃走したので，直ちに追い掛け，約30メートル追跡して追いつき，被疑者の後方から抱きついて逮捕した。
捜索差押えの場所，捜索した身体又は物	東京都江戸川区東篠崎１丁目３番４号鎌田靴店前から同町１丁目３番14号山口三郎方前に至るまでの間の路上及び被疑者の身体及び所持品
捜索差押えの目的たる物	本件犯行に供した物
立　会　人 （住居，職業） （氏名，年齢）	夜間であり，逮捕現場が道路上のため，立会人が得られなかった。
捜索差押えの経過	被疑者が電柱に貼ったビラ１枚及び現場に放置したビラ15枚並びに糊バケツ１個及びはけ１本を差し押さえ，被疑者の着衣等を捜索したが，他に差し押さえるべき物は発見されなかった。
差押えをした物	別紙押収品目録のとおり
捜索証明書受交付者	㊞　　　押収品目録受交付者　　被疑者　幸田　卓

本職は，平成〇年８月８日午後10時20分，被疑者を　警視庁小松川警察署司法警察員に引致した。
　　　　上記引致の日
　　　　　　　　　　警視庁小松川警察署　司法警察員巡査部長　佐藤　正一　㊞

本職は，平成〇年８月９日午前９時30分，被疑者を釈放した。
（関係書類等とともに，〜〜〜検察庁㊞〜〜〜検察官に送致する手続をした。）
　　　上記　釈放　の日
　　　　　（送致）
　　　　　　　　　　警視庁小松川警察署　司法警察員　警部補　大山　勝夫　㊞

　　　　　年　　月　　日午　　時　　分，関係書類等とともに，被疑者の送致を受けた。
　　　　　　　　　検察庁

（注意）釈放，送致の記載欄は，その区別によって不要の文字を削ること。

(4) **現行犯人逮捕手続書（(簡) 様式第 3 号）**

　本様式は，前記基本書式例の現行犯人逮捕手続書（乙）（様式第 18 号）同様，私人が逮捕した現行犯人を司法警察職員が受け取った場合，その司法警察職員が作成する。

　ア　作成上の留意事項については，基本書式例第 18 号の「現行犯人逮捕手続書（乙）」（179～180 頁）を参照されたい。

　イ　作成要領については，前記簡易書式例第 1 号「現行犯人逮捕及び捜索差押手続書」の作成要領（242～245 頁）を参照されたい。

現行犯人逮捕手続書（(簡)様式第3号）の作成事例

	罪　名	事　例	参照頁
(1)	傷　害	スナック店内で飲酒中，男が同僚を殴り傷害を負わせたのを現認し逮捕	262頁
(2)	暴　行	一緒に歩行中の同僚が顔面を殴られたのを現認し逮捕	263頁
(3)	窃　盗 （車上ねらい）	車内を物色していた男が逃走，追跡して逮捕	264頁
(4)	窃　盗 （万引き）	スーパーマーケット保安係員が万引きした男を目撃し逮捕	265頁
(5)	窃　盗 （さい銭ねらい）	ジョギング中，住職がさい銭を盗んだ男を追い掛けている現場に出遭い，追跡して逮捕	266頁
(6)	窃　盗 （庭荒し）	庭から飛び出した男を追跡して逮捕	267頁
(7)	詐　欺 （無銭）	旅館経営者が逃げようとした無銭宿泊の男を逮捕	268頁

| (1) 傷　害 | スナック店内で飲酒中，男が同僚を殴り傷害を負わせたのを現認し逮捕 |

(簡) 様式第3号

現行犯人逮捕手続書

下記 傷　害 現行犯人を受け取った手続は，次のとおりである。

逮 捕 者	住　居　東京都立川市緑川1丁目2番3号 職　業　会社員（岩田無線株式会社営業係） 氏　名　市村　正夫　㊞ 年　齢　　　　　　　　　　　　　　　　　　（30歳）
被 疑 者	住　居　東京都杉並区高円寺3丁目2番1号 職　業　自動車運転手（㈱今西運送） 氏　名　大谷　保次 年　齢　平成〇年10月20日生　　　　　　　（24歳）
逮捕の日時	平成〇年3月20日午後8時50分
逮捕の場所	東京都新宿区新宿1丁目2番3号 　　　　　山村ビル地下1階スナック「松島」店内
現行犯人と認めた理由及び事実の要旨	逮捕者は，本日午後8時45分頃，送別会の二次会で同僚達と新宿区新宿1丁目2番3号山村ビル地下1階スナック「松島」で飲酒中，同僚の佐藤義男（25歳）が同店で飲酒していた上記被疑者と口論を始めたので，止めようとして近寄ったところ，被疑者がいきなり右拳骨で前記佐藤の顔を殴り，同人がうずくまったところを足で顔を蹴り，その顔面から血が流れ出したので，被疑者を傷害の現行犯人と認めた。
逮捕時の状況	誰かが「110番」と叫んだところ，被疑者が店を出ようとしたので，逮捕者は，被疑者に対し，「ちょっと待って下さい。」と言って引き留めたが，被疑者が「うるさい。」と言ってなおも店を出ようとするので，「警察へ行こう。」と言って被疑者の後方から羽交絞めにして逮捕した。
受領身柄の	日時	平成〇年3月20日午後9時0分
	場所	東京都新宿区新宿1丁目2番3号山村ビル地下1階スナック「松島」店内
証拠資料の有　　無	あり

　本職は，平成〇年3月20日午後9時20分，被疑者を　警視庁新宿　警察署司法警察員に引致した。
　　　　　上記引致の日
　　　　　　　　　　　　　　　警視庁新宿警察署　　司法警察員巡査部長　平島　太一　㊞

　本職は，平成〇年3月22日午前8時30分，被疑者を（~~釈放した。~~）
　関係書類等とともに，東京地方検察庁　　検察官に送致する手続をした。
　　　　　　　（~~釈放~~）
　　　　上記　　送致　　の日
　　　　　　　　　　　警視庁新宿警察署　　司法警察員　　警部補　斉藤　正嗣　㊞

| | 　　　　年　　　月　　　日午　　　時　　　分，関係書類等とともに，被疑者の送致を受けた。
　　　　　　　　　　　　　　　　検察庁 |

（注意）　1　逮捕者欄に逮捕者をして署名押印させること。
　　　　　2　釈放，送致の記載欄は，その区別によって不要の文字を削ること。

第2章 現行犯人逮捕手続書（基本書式例・簡易書式例）

(2) 暴　行	一緒に歩行中の同僚が顔面を殴られたのを現認し逮捕

(簡) 様式第3号

現行犯人逮捕手続書

下記 暴　行 現行犯人を受け取った手続は、次のとおりである。

逮 捕 者	住　居　東京都目黒区上目黒3丁目2番1号 職　業　会社員（㈱五反田商会総務担当） 氏　名　鈴木　清一　㊞ 年　齢　　　　　　　　　　　　　　　　　（32歳）
被 疑 者	住　居　東京都品川区東五反田2丁目3番4号 職　業　工員（㈲広田製作所） 氏　名　大塚　功 年　齢　平成○年12月3日生　　　　　　　（24歳）
逮捕の日時	平成○年4月8日午後8時5分
逮捕の場所	東京都品川区東五反田1丁目2番3号 川田書店前路上
現行犯人と認めた理由及び事実の要旨	逮捕者は、本日午後8時頃、帰宅するため同僚の山口勇一と品川区東五反田1丁目2番3号川田書店前路上を歩いているとき、前から歩いてきた前記被疑者がつばを吐き、前記山口の衣類に付着したので、同人が注意したところ、被疑者は、「何、この野郎」と叫びながら右拳骨で前記山口の顔を数回殴り、そのはずみで倒れた同人の腹部等を足で蹴ったので、被疑者を暴行の現行犯人と認めた。
逮捕時の状況	逮捕者は、直ちに両者の中に入り、被疑者の行為を制止し、「警察へ行こう。」と言ったところ、被疑者は、突然逃げ出したので、約20メートル追い掛けて追いつき、被疑者の右腕を捕まえて逮捕した。
受領身柄の	日時	平成○年4月8日午後8時15分
	場所	東京都品川区東五反田1丁目2番3号川田書店前路上
証拠資料の有　　無	あり

　本職は、平成○年4月8日午後8時40分、被疑者を　警視庁大崎　警察署司法警察員に引致した。
　　　　　上記引致の日
　　　　　　　　　　　　　　警視庁大崎警察署　司法　巡査　川西　政司　　㊞

　本職は、平成○年4月10日午前8時30分、被疑者を（~~釈放した~~）
関係書類等とともに、東京区　検察庁　　検察官に送致する手続をした。
　　　　　上記　(~~釈放~~)
　　　　　　　　送致　の日
　　　　　　　　　　　　　　警視庁大崎警察署　司法警察員　警部補　金子　有二　　㊞

　　　　　　　　年　　月　　日午　　時　　分、関係書類等とともに、被疑者の送致を受けた。
　　　　　　　　　　　　　　検察庁

(注意) 1　逮捕者欄に逮捕者をして署名押印させること。
　　　　2　釈放、送致の記載欄は、その区別によって不要の文字を削ること。

| (3) 窃 盗
（車上ねらい） | 車内を物色していた男が逃走，追跡して逮捕 |

(簡) 様式第 3 号

現行犯人逮捕手続書

下記　窃　盗　現行犯人を受け取った手続は，次のとおりである。

逮 捕 者	住　居　北海道札幌市中央区北二条西1丁目2番地 職　業　会社員（㈱札幌商事営業担当） 氏　名　金山　久司　㊞ 年　齢　　　　　　　　　　　　　　　　　　（30歳）
被 疑 者	住　居　北海道札幌市中央区北二条東5丁目6番地 職　業　札幌クリーニング店従業員 氏　名　西澤　基雄 年　齢　昭和〇年1月2日生　　　　　　　　　（35歳）
逮捕の日時	平成〇年 11 月 6 日午後 8 時 20 分
逮捕の場所	北海道札幌市中央区北二条西4丁目3番地 　　佐々木洋品店前路上
現行犯人と認めた理由及び事実の要旨	逮捕者は，本日午後8時15分頃，用事を済ませて駐車してあった自家用普通乗用自動車（トヨタクラウン，白色，札幌333は12-34号）のところに戻ったが，前記被疑者が上記車内に体を入れダッシュボードを物色していたので，近づいて被疑者に対し「何しているんだ。」と怒鳴ったところ，被疑者は，突然逃げ出した。逮捕者は，直ちに追い掛け，約30メートル追跡して追いついたところ，被疑者は「すみません。」と言いながら，現金3万円及び自動車運転免許証などが入っている財布を差し出したので，被疑者を窃盗の現行犯人と認めた。
逮捕時の状況	被疑者が窃取した財布を逮捕者に差し出すと同時に再度逃走したので，逮捕者は，直ちに追跡し，約30メートル追い掛けたところで追いつき，後方から両足にタックルして逮捕した。
受領の身柄	日時	平成〇年 11 月 6 日午後 8 時 30 分
	場所	北海道札幌市中央区北二条西4丁目3番地佐々木洋品店前路上
証拠資料の有　　無	あり

　本職は，平成〇年 11 月 6 日午後 8 時 50 分，被疑者を　北海道札幌西　警察署司法警察員に引致した。
　　　　上記引致の日
　　　　　　　　　　　　　　　　　北海道札幌西警察署　司法警察員巡査部長　武内　育男　㊞

　本職は，平成〇年 11 月 8 日午前 8 時 30 分，被疑者を（釈放した。）
関係書類等とともに，札幌地方検察庁　　　検察官に送致する手続をした。
　　　　上記　（釈放）　の日
　　　　　　　送致
　　　　　　　　　　　　　　北海道札幌西警察署　司法警察員　　警部補　大村　政夫　㊞

　　　　　　　　年　　月　　日午　　時　　分，関係書類とともに，被疑者の送致を受けた。
　　　　　　　　　　　　　　　　検察庁

（注意）　1　逮捕者欄に逮捕者をして署名押印させること。
　　　　　2　釈放，送致の記載欄は，その区別によって不要の文字を削ること。

| (4) 窃 盗
（万引き） | スーパーマーケット保安係員が万引きした男を目撃し逮捕 |

(簡) 様式第3号

現行犯人逮捕手続書

下記 窃 盗 現行犯人を受け取った手続は、次のとおりである。

逮 捕 者	住 居 東京都板橋区双葉町1丁目2番3号 職 業 ㈱南武ストア保安係 氏 名 石井 幸一 ㊞ 年 齢 　　　　　　　　　　　　　　　　　　（37歳）
被 疑 者	住 居 東京都港区芝3丁目2番1号 職 業 無職（元㈱鶴見木工所工員） 氏 名 村島 雄一郎 年 齢 昭和○年2月9日生　　　　　　　　　（41歳）
逮捕の日時	平成○年6月20日午後4時10分
逮捕の場所	東京都目黒区下目黒3丁目2番1号 目黒区立目黒第2小学校前路上
現行犯人と認めた理由及び事実の要旨	逮捕者が㈱南武ストア2階を巡回中、前記被疑者が店内に入ってきて、電化製品売場の陳列棚に並べてあるデジタルカメラなどを手に取って操作していたが、買う様子がなく、辺りの様子を窺っている様子であった。逮捕者は、被疑者の行動を注視していたところ、午後4時5分頃、店員が他の客を相手にし、被疑者に背を向けた瞬間、被疑者はすばやく棚からデジタルカメラ1台を手に取り、所持していたカバンの中に入れ、そのまま店外に出たので、被疑者を窃盗の現行犯人と認めた。
逮捕時の状況	逮捕者は、直ちに被疑者の後を追い「カバンの中のデジタルカメラの代金はまだ払っていませんね。」と言ったところ、被疑者は、いきなり逃走したので約30メートル追い掛け、後方から被疑者に抱きついて逮捕した。
受身領柄の	日時	平成○年6月20日午後4時25分
	場所	東京都目黒区下目黒3丁目2番5号㈱南武ストア保安係室
証拠資料の有無	あり

本職は、平成○年6月20日午後4時50分、被疑者を　警視庁目黒　警察署司法警察員に引致した。
　　　　　　上記引致の日
　　　　　　　　　　　　　　　警視庁目黒警察署　司法　巡査　浅野 寿三　㊞

本職は、平成○年6月20日午後9時10分、被疑者を釈放した。
（関係書類等とともに、　　検察庁㊞　　検察官に送致する手続をした。）
　　　　上記　釈放　の日
　　　　　　（送致）
　　　　　　　　　　　　　　警視庁目黒警察署　司法警察員　警部補　星野 正治　㊞

| 　　　　　年　　月　　日午後　　時　　分、関係書類等とともに、被疑者の送致を受けた。
　　　　　　　　　　　　検察庁 |

（注意）　1　逮捕者欄に逮捕者をして署名押印させること。
　　　　　2　釈放、送致の記載欄は、その区別によって不要の文字を削ること。

(5) **窃　盗**
　　（さい銭ねらい）　　ジョギング中，住職がさい銭を盗んだ男を追い掛けている現場に出遭い，追跡して逮捕

(簡)様式第3号

現行犯人逮捕手続書

下記　窃　盗　現行犯人を受け取った手続は，次のとおりである。

逮捕者	住居　東京都品川区西品川1丁目2番3号 職業　会社員（㈱野田製作所） 氏名　神田　聡　㊞ 年齢　　　　　　　　　　　　　　　　　　（38歳）
被疑者	住居　不定（東京都台東区日本堤2丁目3番4号日本宿舎止宿） 職業　無職（元土木作業員） 氏名　田崎　静夫 年齢　昭和○年6月20日生　　　　　　　　　　（55歳）
逮捕の日時	平成○年9月4日午前6時35分
逮捕の場所	東京都品川区西品川3丁目2番8号 　　西村青果店前路上
現行犯人と認めた理由及び事実の要旨	逮捕者は，本日午前6時30分頃，ジョギング中，管内品川区西品川3丁目2番1号法天寺の階段を上って行くと，「泥棒。」という大きな声がしたとたん，前記被疑者が慌てた様子で階段を降りてきて，その後ろから白色半袖シャツ姿の男（目撃者佐藤一郎）が「その男を捕まえて。」と叫んでいたので，被疑者の前に立ち塞がり被疑者を引き止めた。その場に駆け込んできた前記目撃者は，被疑者を指差し「この男さい銭泥棒です。」と申し立てたところ，被疑者は，着ていたジャンパーのポケットから硬貨だけで3,811円を差し出したので，逮捕者は，被疑者を窃盗の現行犯人と認めた。
逮捕時の状況	逮捕者は，被疑者が盗んだ金を差し出した後，隙を見て逃走したので，約30メートル追跡して追いつき，被疑者に対し「警察へ行こう。」と言って右腕をつかんで逮捕した。
受身領柄の	日時　平成○年9月4日午前6時50分
	場所　警視庁品川警察署西品川交番
証拠資料の有無	あり

本職は，平成○年9月4日午前7時10分，被疑者を　警視庁品川　警察署司法警察員に引致した。
　　　上記引致の日
　　　　　　　　　　　　　警視庁品川警察署　　司法　　巡査　　戸田　晋一　㊞

本職は，平成○年9月5日午前8時30分，被疑者を（釈放した。）
関係書類等とともに，東京区 検察庁　　検察官に送致する手続をした。
　　　上記　（釈放）　　　の日
　　　　　　　送致
　　　　　　　　　　　　　警視庁品川警察署　司法警察員　警部補　和田　康雄　㊞

　　　　　年　　月　　日午　　時　　分，関係書類等とともに，被疑者の送致を受けた。
　　　　　　　　　　　　　検察庁

(注意)　1　逮捕者欄に逮捕者をして署名押印させること。
　　　　2　釈放，送致の記載欄は，その区別によって不要の文字を削ること。

(6) 窃　盗
　　（庭荒し）

庭から飛び出した男を追跡して逮捕

(簡) 様式第3号

現行犯人逮捕手続書

下記　窃　盗　現行犯人を受け取った手続は，次のとおりである。

逮捕者	住　居　東京都大田区田園調布1丁目2番3号 職　業　会社員（㈱山田証券） 氏　名　河村　保次　㊞ 年　齢　　　　　　　　　　　　　　　　　　　　　　　（32歳）
被疑者	住　居　東京都渋谷区宇田川3丁目2番1号 職　業　飲食店従業員（酒場「大衆」） 氏　名　板橋　常夫 年　齢　昭和○年8月9日生　　　　　　　　　　　　　（35歳）
逮捕の日時	平成○年8月7日午後9時35分
逮捕の場所	東京都大田区田園調布1丁目2番10号 　　　高橋晴次方前路上
現行犯人と認めた理由及び事実の要旨	逮捕者は，本日午後9時30分頃，自宅台所の窓を何気なく開けて外を見ると，前記被疑者が庭から道路へ飛び出し逃走したのを目撃したので，直ちに追い掛けたところ，被疑者は，抱きかかえていた逮捕者方の松の盆栽1鉢をその場に投げ出したので，被疑者を窃盗の現行犯人と認めた。
逮捕時の状況	逮捕者は，被疑者の後を追い掛け，約50メートル追跡して追いつき，右腕をつかんで逮捕した。
受領の身柄の	日時	平成○年8月7日午後9時55分
	場所	警視庁田園調布警察署田園調布駅前交番
証拠資料の有　　無	あり

　本職は，平成○年8月7日午後10時5分，被疑者を警視庁田園調布警察署司法警察員に引致した。
　　　　　上記引致の日
　　　　　　　　　　　　　警視庁田園調布警察署　司法　巡査　横山　三郎　㊞

　本職は，平成○年8月8日午前8時30分，被疑者を釈放した。
　（関係書類等とともに，　　　検察庁㊞　　　検察官に送致する手続をした。）
　　　　　　上記　釈放　の日
　　　　　　　　　（送致）
　　　　　　　　　　　　　警視庁田園調布警察署　司法警察員　警部補　西村　正一郎　㊞

　　　　　　年　　月　　日午　　時　　分，関係書類等とともに，被疑者の送致を受けた。
　　　　　　　　　　　　　検察庁

(注意)　1　逮捕者欄に逮捕者をして署名押印させること。
　　　　2　釈放，送致の記載欄は，その区別によって不要の文字を削ること。

| (7) 詐　欺
（無銭） | 旅館経営者が逃げようとした無銭宿泊の男を逮捕 |

(簡) 様式第3号

現行犯人逮捕手続書

下記　詐　欺　現行犯人を受け取った手続は，次のとおりである。

逮 捕 者	住　居　東京都台東区浅草1丁目2番3号 職　業　旅館業（旅館「松竹」） 氏　名　藤井　三郎　㊞ 年　齢　　　　　　　　　　　　　　　　　　　　　　（35歳）
被 疑 者	住　居　不定（元東京都北区赤羽1丁目2番3号） 職　業　無職（元㈱東京商事営業担当） 氏　名　金村　順二 年　齢　昭和1〇年2月10日生　　　　　　　　　　　　　（58歳）
逮捕の日時	平成〇年9月10日午前7時10分
逮捕の場所	東京都台東区浅草1丁目2番15号 　　そば店「更科」前路上
現行犯人と認めた理由及び事実の要旨	逮捕者は，平成〇年9月9日午後3時15分頃，旅館「松竹」で店番中，前記被疑者が来て「宿泊したい。晩の食事には名物料理を出してくれ。」などと言うので名物料理を提供し宿泊させた。本日午前7時5分頃，被疑者が荷物を持って無断で勝手口から出ようとしていたので，料金を請求したところ，被疑者は，空の財布を見せながら「実は最初から金はない。」と言い，最初から代金を支払う意思がないのに宿泊した事実を申し立てたので，被疑者を詐欺の現行犯人と認めた。
逮捕時の状況	逮捕者が被疑者に対し，「警察へ行こう。」と言ったところ，被疑者は，「働いて返しますので，勘弁して下さい。」と言った瞬間，逃走したので，逮捕者は，直ちに追い掛け約30メートル追跡し，前記そば店「更科」前路上で追いつき，被疑者の右腕をつかんで逮捕した。
受領の	日時	平成〇年9月10日午前7時25分
身柄	場所	警視庁浅草警察署雷門交番
証拠資料の有無	あり

本職は，平成〇年9月10日午前7時50分，被疑者を　警視庁浅草　警察署司法警察員に引致した。
　　　　上記引致の日
　　　　　　　　　　　　　　警視庁浅草警察署　司法警察員巡査部長　赤井　隆司　㊞

本職は，平成〇年9月11日午前8時30分，被疑者を（釈放した・）関係書類等とともに，東京地方検察庁　　検察官に送致する手続をした。
　　　　上記（釈放・送致）の日
　　　　　　　　　　　　　　警視庁浅草警察署　司法警察員　警部補　石田　光雄　㊞

　　　　年　　月　　日午前　　時　　分，関係書類等とともに，被疑者の送致を受けた。
　　　　　　　　　　　　検察庁

（注意）　1　逮捕者欄に逮捕者をして署名押印させること。
　　　　　2　釈放，送致の記載欄は，その区別によって不要の文字を削ること。

第3章 緊急逮捕手続書（様式第15号）

1 緊急逮捕の合憲性

　刑訴法210条1項前段は，「検察官，検察事務官又は司法警察職員は，死刑又は無期若しくは長期3年以上の懲役若しくは禁錮にあたる罪を犯したことを疑うに足りる充分な理由がある場合で，急速を要し，裁判官の逮捕状を求めることができないときは，その理由を告げて被疑者を逮捕することができる。」と規定しているところ，逮捕状なくして被疑者を逮捕する緊急逮捕は，「何人も，現行犯として逮捕される場合を除いては，権限を有する司法官憲が発し，かつ理由となっている犯罪を明示する令状によらなければ，逮捕されない。」と規定する憲法33条に違反しないであろうか。

　この点について，最判昭30.12.14は，「法210条に規定される厳格な制約の下に，罪状の重い一定の犯罪のみについて，緊急やむを得ない場合に限り，逮捕後直ちに裁判官の審査を受けて逮捕状の発付を求めることを条件とし，被疑者の逮捕を認めることは，憲法33条の規定の趣旨に反するものではない。」旨判示し，合憲としており，通説もこの結論を支持している。

2 緊急逮捕の要件

　前記判例が判示しているとおり緊急逮捕は厳格な要件の下に認められた手続であり，実務においてもその運用は厳格に行われる必要があるから，緊急逮捕手続書を作成するに当たっては，その前に，どのような要件があれば緊急逮捕ができるのかという点について，しっかりと理解しておかなければならない。

　緊急逮捕ができるためには，次のような要件が必要である。

(1) 重罪性

死刑又は無期若しくは長期3年以上の懲役若しくは禁錮に当たる罪であること。

ここでいう「罪」とは，宣告刑や処断刑を意味するのではなく，法定刑をいう。したがって，累犯加重，法律上の減軽，併合加重及び酌量減軽を考慮する必要はなく，例えば，強要罪の中止未遂や建造物損壊罪の幇助犯も対象である。

「長期3年以上」とは，3年を含む概念であり，3年の懲役又は禁錮に当たる罪も対象であり，住居侵入罪，常習賭博罪，強要罪，盗品等無償譲受け罪等もこれに該当する。

(2) 嫌疑の充分性

前記の罪を犯したことを疑うに足りる充分な理由があること。

「充分な理由」とは，通常逮捕における「相当な理由」よりも犯罪の嫌疑が高いことを意味する。しかし，緊急逮捕は捜査の初期段階で行うものであるから，裁判所が有罪判決をなし得る程度や検察官が公訴を提起し得る程度の確実性までの必要はない。

(3) 逮捕の緊急性

急速を要し，裁判官の逮捕状を求めることができない場合であること。

「急速を要し」とは，通常の手続に従って逮捕状の発付を受ける時間的余裕がない場合をいい，その場で被疑者を逮捕しなければ，被疑者が逃亡してその後の身柄の確保が著しく困難になり，又は，罪証を隠滅されて立証が困難になるおそれが顕著である場合をいう。

通常逮捕の場合と同様に，逮捕の必要性（逃亡するおそれがある場合，罪証を隠滅するおそれがある場合）が存しなければならないのは当然であるが，それに加え，緊急逮捕の場合には，このような緊急性があるかどうかについても逮捕の必要性の重要な判断要素とされるのであり，逮捕の必要性は，通常逮捕よりも高度に存在することが要求される。

したがって，重罪性及び嫌疑の充分性があっても，逮捕状の発付を受けるだけの時間的余裕のある場合には，逮捕の緊急性を欠くことになり，緊急逮捕は許されない。

3 逮捕の手続

　緊急逮捕をすることができる者は，検察官，検察事務官又は司法警察職員であり，司法警察員も司法巡査も請求権限を有している。

　逮捕に当たっては，被疑者に対し，所定の罪を犯した嫌疑が充分であること及び急速を要する事情のあることを告げなければならない。単に罪名を告げただけでは足らないが，詳細な被疑事実の要旨を逐一告げるまでの必要はない。いつのどの件で逮捕されるのかを被疑者に理解させる程度に告げればよい。

　緊急逮捕は急速を要するときでなければ許されないから，緊急逮捕の要件があることを被疑者に分からせるため，急速を要する事情があることを被疑者に告げなければならない。ただし，急速を要する事情の詳細までを告知する必要はなく，急速を要する事態にあることが分かれば足りる。なお，競馬法違反事件において，「お前競馬やっとるだろ。灘署に連れて行く。」とだけ告知して緊急逮捕した事案について，急速を要し逮捕状を求めることができないことを告知していないから違法な緊急逮捕であるとして，勾留請求を却下した事例（神戸地決昭46.9.25）があるので，注意する必要がある。

4 逮捕後の手続

　被疑者を緊急逮捕した場合は，直ちに逮捕状を請求する手続をしなければならない。

　ここにいう「直ちに」とは，できるだけ速やかにというより即時に近い意味を持つものである。直ちにといえるかどうかは，逮捕してから逮捕状を請求するまでの手続（引致，弁解録取手続，疎明資料の作成，逮捕状請求書の作成等）に要する時間，事案の複雑性，警察署から裁判所までの距離，交通事情等を考慮して判断される（京都地判昭45.9.30）。

　したがって，捜査機関としては，このような具体的事情を考慮して誠意を持って迅速に逮捕状の請求を行うように努めることが必要である。

5　刑法上の主な非緊急逮捕罪名

92条	外国国章損壊等	175条	わいせつ物頒布等
97条	単純逃走	185条	賭博
105条の2	証人等威迫	201条	殺人予備
113条	放火予備	208条	暴行
116条	失火	208条の2第1項	凶器準備集合
129条1項	過失往来危険	209条1項	過失傷害
140条	あへん煙等所持	210条	過失致死
152条	収得後知情行使等	222条	脅迫
157条2項	免状等不実記載	228条の3	身の代金目的略取等予備
168条の3	不正指令電磁的記録取得等	231条	侮辱
		237条	強盗予備
174条	公然わいせつ	254条	遺失物(占有離脱物)横領

6　具体的作成要領

　本様式は、司法警察職員が被疑者を緊急逮捕した場合に、その逮捕者が作成する。

　「被疑者の住居、職業、氏名、年齢」欄、「逮捕の年月日時」欄、「逮捕の場所」欄、「逮捕時の状況」欄、「証拠資料の有無」欄の記載については、現行犯人逮捕手続書（甲）（様式第17号）の各欄（22頁以下）と同様であるので、それを参照されたい。

(1)　「罪名，罰条」欄

　逮捕罪名を記載する。逮捕後に罪名が変わった場合も変更後の罪名ではなく、逮捕時の罪名を記載する。例えば、傷害罪で逮捕した後、被害者が死亡したような場合には、罪名は傷害と記載し、傷害致死と記載してはならない。

　　ア　「罪　　　名」

　　　　刑法犯については「窃盗」，「傷害」と記載すればよく，「窃盗罪」，「傷害罪」と「罪」を記載する必要はない。また，未遂の場合は罪名の次に未遂と記載する。

特別法犯については，法令の名称の次に「違反」を記載する。例えば，「覚醒剤取締法違反」というように記載する。
　イ 「罰　　　条」
　　共同正犯，教唆犯，幇助犯は，それぞれ，刑法60条，刑法61条，刑法62条を記載するが，刑法総則の併合罪の刑法45条，観念的競合・牽連犯の刑法54条は記載しない。また，未遂を罰する規定がある場合は，未遂の罰条も記載する。例えば，窃盗未遂の場合は，「刑法235条，刑法243条」というように記載する。
　　また，犯罪事実が複数の場合は，「罪名」も「罰条」もその全てを記載する。

(2) 「被疑事実の要旨」欄
　罪名，罰条と同様，逮捕時に判明している事実に基づいて記載する。逮捕後明らかになった事実，例えば，傷害事件において，逮捕時には不明であった加療期間が逮捕後に発行された診断書により判明した場合であっても，「加療○○日」などと記載してはならない。なお，被疑事実の要旨の記載要領については，現行犯人逮捕手続書（甲）（様式第17号）の該当欄（24頁以下）に詳しく解説してあるので，そちらを参照されたい。

(3) 「被疑者が5の罪を犯したことを疑うに足りる充分な理由」欄
　この欄は，被疑者が逮捕に関わる特定の犯罪を犯したものであると確信を持つに至った状況を簡明かつ具体的に記載しなければならない。そして，それは通常人であるならば誰でも被疑者がその犯罪を犯したことは間違いないと納得できるような客観的な内容でなければならない。
　なお，この充分な理由は，逮捕時に存在しなければならない。

(4) 「急速を要し裁判官の逮捕状を求めることができなかった理由」欄
　この欄は，裁判官に逮捕状を請求する手続をとっていたのでは，その間に被疑者が逃走し，あるいは証拠隠滅されるため，どうしても，その場で身柄を確保しなければならなかった理由を具体的事実に即して記載する。例えば，逃走，証拠隠滅のおそれが認められる被疑者の事情，言動等を具体的かつ簡潔に記載

する。

特に，本署に同行した後の緊急逮捕の場合は注意して記載する配意が必要である。

(5) 「逮捕時の状況」欄

現行犯人逮捕手続書（甲）（様式第17号）の該当欄（27頁）参照のほか，緊急逮捕の場合には，急速を要し逮捕状を求めることができないことを被疑者に知らしめたことを明らかにしておくため，「本職は，被疑者に対し，窃盗被疑者として緊急逮捕する旨告げたところ，無言で逮捕に応じた。」あるいは「本職は，被疑者に対し，被疑事実の要旨及び急速を要し裁判官の逮捕状を求めることができないことを告げた上，逮捕する旨を告げたところ，被疑者がうなだれて両手を差し出したので，手錠を掛けて逮捕した。」などと記載する。

緊急逮捕手続書の作成事例

	罪　名	事　例	参照頁
(1)	強制わいせつ （逮捕状発付まで）	昨夜被害に遭った女性が偶然犯人を発見	278頁
(2)	住居侵入，強制性交等	立ち回りが予想されたので張込み中，犯人が現れる	281頁
(3)	強制性交等	現場付近に立ち回った犯人と思われる男を同行，被害者が面通しして	284頁
(4)	殺　人	実母を殺害した男が自首	287頁
(5)	傷　害	不審者を職務質問，3日前発生事件の犯人に酷似，被害者が面通しして	290頁
(6)	傷　害	交番に入ってきて，同所で職務質問中の血痕付着の男を指差す	293頁
(7)	傷　害	病院からの110番により付近を検索中，酷似する男を職務質問，被害者が面通しして	296頁
(8)	傷　害	発生直後，服装が異なるが人相が酷似していた男を職務質問，被害者が面通しして	300頁
(9)	傷　害	あらかじめ指示された犯人と酷似する男を職務質問，被害者が面通しして	303頁
(10)	逮捕監禁致傷 （中国人同士）	渡航費用未払いに伴う中国人同士による犯行	306頁
(11)	窃　盗 （空き巣）	不審者がいるという110番により検索中，不審者を職務質問，所持品を被害者に照会して	309頁
(12)	窃　盗 （空き巣）	ピッキング用具を所持している男の指紋と遺留指紋との緊急鑑定により	312頁
(13)	窃　盗 （出店荒し）	匿名の電話により貴金属所持の中国人を職務質問，所持品を被害者に照会して	315頁
(14)	窃　盗 （出店荒し）	職務質問を受けた者が所持していた小切手を被害者に照会して	318頁

(15)	窃 盗 (出店荒し)	職務質問した中国人が所持していたコインロッカーの鍵から貴金属を発見，付いていた正札の店に照会して	321頁
(16)	窃 盗 (事務所荒し)	質店から出て来た男を職務質問，所持品を贓品照会して	324頁
(17)	窃 盗 (ひったくり)	無灯火の原付を職務質問，所持品を被害者に照会して	327頁
(18)	窃 盗 (自動車盗)	不審車両の運転者を職務質問，ナンバーから所有者を知り同人に照会して	330頁
(19)	窃 盗 (自動車盗)	駐車違反の車両が盗難車両と判明，その場で張込みをして	333頁
(20)	窃 盗 (自動車盗)	高速道路で発報のあった盗難車両を検索中，発見して	336頁
(21)	窃 盗 (オートバイ盗)	ナンバープレートが折り曲げられている原付を職務質問，贓品照会して	339頁
(22)	窃 盗 (オートバイ盗)	ひったくり重点地区を密行中，不審原付を職務質問，所有者に照会して	342頁
(23)	窃 盗 (車上ねらい)	質店経営者からの通報により，質店から出て来た男を職務質問，贓品照会して	345頁
(24)	窃 盗 (置引き)	ひき逃げ事件の検問中，不審車両を職務質問，車内の所持品を被害者に照会して	348頁
(25)	窃 盗 (部品ねらい)	被害者が，盗難被害に遭ったオートバイの部品を取り付けているオートバイを発見，張込みをして	351頁
(26)	強 盗 (店舗強盗（コンビニ）)	逃走車両のナンバー末尾2桁が一致するオートバイに乗り込もうとする男を職務質問，被害者が面通しして	354頁
(27)	強 盗 (金融機関（サラ金）強盗)	届出により似顔絵に似た男を職務質問，被害者が面通しして	357頁
(28)	詐 欺 (横取り)	手配写真に似た男を職務質問，被害者が面通しして	360頁

(29)	恐　喝	5日前現金等を奪った犯人がいるという被害者の訴えにより同道した被害者が被疑者を指差す	364頁
(30)	暴力行為 （団体を仮装して）	3日前脅迫された男が来ているという110番により現場へ，被害者が被疑者を指差す	367頁

(1) 強制わいせつ（逮捕状発付まで）	昨夜被害に遭った女性が偶然犯人を発見

様式第15号（刑訴第210条，第211条，第202条，第203条）

緊 急 逮 捕 手 続 書

下記被疑者に対する　強制わいせつ　被疑事件につき，被疑事実の要旨及び急速を要し逮捕状を求めることができない旨を告げて被疑者を逮捕した手続は，次のとおりである。

記

1　被疑者の住居，職業，氏名，年齢

　　住居不詳

　　　職業不詳

　　　　　自称　小林　清

　　　　　　自称　平成〇年9月8日生（20歳）

2　逮捕の年月日時

　　平成〇年　8月　11日午後　6時　10分

3　逮捕の場所

　　東京都北区赤羽3丁目2番1号

　　　中華料理店「宝楽」前路上

4　罪名，罰条

　　強制わいせつ　刑法第176条前段

5　被疑事実の要旨

　　被疑者は，平成〇年8月10日午後11時45分頃，東京都北区赤羽1丁目2番赤羽公園前路上において，同所を通行中の田村京子（当時30歳）に対し，強制わいせつ行為をしようと考え，同人の背後から抱きついて同公園内に引きずり込み，同人を仰向けに引き倒して馬乗りになった上，その陰部を右手指で触るなどしたものである。

6　被疑者が5の罪を犯したことを疑うに足りる充分な理由

本日午後5時50分頃，本職（高野巡査部長）が警視庁赤羽警察署において宿直勤務中，管内北区赤羽1丁目3番4号五月荘3号室スナックホステス田村京子（30歳）が来署し，「昨夜，店が終わって帰宅途中，男にいきなり後ろから抱きつかれ，公園に連れ込まれて，パンツの中に無理やり右手を突っ込まれたり，陰部に指を入れられたりしましたので，すぐ110番しましたが，その犯人と思われる男が，今，赤羽駅前の公衆電話ボックス前で競馬新聞を読んでいます。」という訴え出を受けた。

　本職は，直ちに盗犯捜査係山浦巡査部長，強行犯捜査係田代巡査，地域係唐沢巡査とともに，捜査用無線自動車に訴出人を乗車させ，JR赤羽駅前へ急行した。JR赤羽駅に近づくなり，被害者は，同駅前公衆電話ボックス方向から同駅改札口方向へ右手に新聞を持って歩いている年齢20歳くらい，白色半袖シャツ，黒色ズボン，一見学生風の男（被疑者）を指差し「あの男です。」と言ったので，本職は，被疑者に近づいたところ，被疑者は，本職や被害者の姿を見て瞬間的に逃走を図ったが，あらかじめ逃走防止のため配置していた山浦巡査部長に進路を塞がれたため，渋々その場に停止した。直ちに本職は，被疑者に対し，被害者を指差しながら，「この女性を知っているでしょう，昨夜のことを話して下さい。」と質問したところ，被疑者は，被害者の方を向きながら，「すみません，昨夜，この人が私の前を歩いており，あまりにもセクシーだったので，赤羽1丁目の公園に連れ込み，この女性の陰部に指を入れたりしました。」などと前記犯行を自供した。

7　急速を要し裁判官の逮捕状を求めることができなかった理由

　被疑者は，住居を言わず，事情聴取中にも，終始目をキョロキョロさせ，隙あらば逃走する気配が見受けられたので，直ちに逮捕しなければ逃走されるおそれがあった。

8　逮捕時の状況

　本職が強制わいせつ被疑者として緊急逮捕する旨を告げたところ，被疑者は，「彼女（被害者）と話をさせてくれ，示談するから……。」などと言って暴れ出したので，山浦巡査部長が被疑者の背後から羽交絞めにし，田代巡査が右腕を押さえ，唐沢巡査が両手に手

錠を掛けて逮捕した。

9 証拠資料の有無

　あり

　本職らは，平成〇年8月11日午後6時30分，被疑者を警視庁赤羽警察署司法警察員に引致した。

　上記引致の日

　　　　　　　　　　　　警視庁赤羽警察署

　　　　　　　　　　　　　司法警察員巡査部長　　高野　信一　㊞

　　　　　　　　　　　　　司法警察員巡査部長　　山浦　　覚　㊞

　　　　　　　　　　　　　　　　　司法巡査　　田代　　勝　㊞

　　　　　　　　　　　　　　　　　司法巡査　　唐沢　里志　㊞

　本職らは，平成〇年8月11日午後8時45分，東京地方裁判所裁判官に対し，上記被疑者に対する逮捕状を請求した結果，平成〇年8月11日，東京地方裁判所裁判官大内三郎から逮捕状が発せられた。

　上記逮捕状発付の日

　　　　　　　　　　　　警視庁赤羽警察署

　　　　　　　　　　　　　　　司法警察員警部　　秋山　潤一　㊞

―口メモ　緊急逮捕した場合には，直ちに逮捕状を求める手続をしなければならない。
　本事例では，緊急逮捕から逮捕状請求までに2時間35分を要しているが，必要最小限度の疎明資料の収集・整理に必要な時間内に逮捕状を請求していると認められれば，「直ちに」の要件を欠くものではない。他の事例においても同様である。

(2) 住居侵入，強制性交等	立ち回りが予想されたので張込み中，犯人が現れる

様式第15号（刑訴第210条，第211条，第202条，第203条）

緊 急 逮 捕 手 続 書

下記被疑者に対する　　住居侵入，強制性交等　　被疑事件につき，被疑事実の要旨及び急速を要し逮捕状を求めることができない旨を告げて被疑者を逮捕した手続は，次のとおりである。

記

1　被疑者の住居，職業，氏名，年齢

　　不詳（黙秘）

　　年齢25～26歳くらい，身長168センチメートルくらい，メガネを掛け，茶髪油気なし，丸顔，色白，中肉，黒色セーター，カーキ色ズボン，黒短靴，一見工具風の男

2　逮捕の年月日時

　　平成〇年　6月　11日午後　11時　50分

3　逮捕の場所

　　東京都港区高輪3丁目15番20号

　　　警視庁高輪警察署

4　罪名，罰条

　　住居侵入，強制性交等　刑法第130条前段，第177条前段

5　被疑事実の要旨

　　被疑者は，強いて宮田秋子（当時35歳）と性交しようと考え，平成〇年6月10日午後11時30分頃，東京都港区高輪3丁目2番1号「メゾン高輪」303号室宮田秋子方に，無施錠の玄関ドアから侵入し，その頃，同所において，同人に対し，その頸部を両手で絞めつけ，「静かにしろ。」と言うなどの暴行，脅迫を加え，その反抗を著しく困難にして同人と性交したものである。

6	被疑者が5の罪を犯したことを疑うに足りる充分な理由
	昨日深夜，管内港区高輪3丁目2番1号「メゾン高輪」303号室宮田秋子（35歳）方で発生した住居侵入，強制性交等事件の被疑者が本日，再度被害者方へ立ち回る可能性があったことから，本職（松村巡査）は，強行犯捜査係石黒巡査部長，盗犯捜査係大田巡査とともに，本日午後6時30分から被害者方付近で張込みを開始した。 　本日午後11時25分頃，被害者方玄関前で室内の様子を窺っている男（被疑者）がおり，その人相，特徴等が被害者の申し立てていた犯人に酷似しているところから，すぐさま被疑者に近づき，職務質問を行うとともに，被疑者に本署への任意同行を求めた。 　被疑者は，驚いた様子で，顔は青ざめ，落ち着きがなく下を向いて何も語ろうとしなかったが，顔を縦に振り渋々任意同行に応じた。 　本署において，被疑者は，何も語ろうとしなかったが，駆け付けた被害者に面通しをさせたところ，被疑者に間違いないとのことであり，被疑者を追及したところ，被疑者は，「昨日（10日）午後11時30分頃，今，呼鈴を押したマンションの3階に入って寝ていた女性を強姦した。」などと前記犯行を自供した。
7	急速を要し裁判官の逮捕状を求めることができなかった理由
	被疑者は，住居，氏名等については一切語らず，かつ身元を知る所持品等も所持していないことから，被疑者の身元は不明であり，かつ被疑者は，職務質問中も終始隙あらば逃走しようとする気配が見受けられたので，直ちに逮捕しなければ逃走されるおそれがあった。
8	逮捕時の状況
	本職が住居侵入，強制性交等被疑者として緊急逮捕する旨を告げたところ，被疑者は，下を向きながら無言のままであったので，石黒巡査部長が被疑者の右腕をつかみ大田巡査が両手に手錠を掛けて逮捕した。
9	証拠資料の有無

あり

　本職らは，平成〇年6月11日午後11時55分，被疑者を警視庁高輪警察署司法警察員に引致した。

　上記引致の日

　　　　　　　　　　　　　　　警視庁高輪警察署
　　　　　　　　　　　　　　　　司法警察員巡査部長　石黒　重雄　㊞
　　　　　　　　　　　　　　　　　　　司法巡査　松村　三郎　㊞
　　　　　　　　　　　　　　　　　　　司法巡査　大田　一夫　㊞

一口メモ　被疑事実の要旨は，最近の公訴事実の記載例に倣った書き方をしている。

(3) 強制性交等	現場付近に立ち回った犯人と思われる男を同行，被害者が面通しして

様式第15号（刑訴第210条，第211条，第202条，第203条）

緊 急 逮 捕 手 続 書

下記被疑者に対する　　　強制性交等　　　被疑事件につき，被疑事実の要旨及び急速を要し逮捕状を求めることができない旨を告げて被疑者を逮捕した手続は，次のとおりである。

記

1　被疑者の住居，職業，氏名，年齢

　　住居不定

　　　　無職

　　　　　　国森　角二

　　　　　　　　平成〇年3月10日生（26歳）

2　逮捕の年月日時

　　平成〇　年　9月　4日午前　0時　45分

3　逮捕の場所

　　東京都町田市原町田1丁目2番3号

　　　町田駅前交番内

4　罪名，罰条

　　強制性交等　刑法第177条前段

5　被疑事実の要旨

　　被疑者は，強いて森田さわ子（当時23歳）と性交をしようと考え，平成〇年9月3日午前1時30分頃，東京都町田市原町田5丁目4番3号平和荘1階3号室において，同人に対し，その首を両手で絞めつけるなどの暴行を加えた上，「静かにしろ，静かにしないと殺す。」などと言って脅迫し，その反抗を著しく困難にして同人と性交したものである。

6　被疑者が5の罪を犯したことを疑うに足りる充分な理由

　本日午前0時10分頃，本職（佐々木巡査部長）らは，警ら用無線自動車町田2号（運転本職，補助栗山巡査）に乗車し，管内町田市原町田3丁目2番1号先路上を警ら中，「昨日，強姦※被害にあった町田市原町田5丁目4番3号平和荘3号室森田さわ子（23歳）の届出，犯人と思われる男がアパートの周りをうろうろしている。」という110番指令を傍受した。

　本職らは，直ちに現場に急行したところ，年齢25,6歳くらい，身長約165センチメートル，やせ型，紺色ジャンパー姿の一見工員風の男（被疑者）が平和荘玄関から屋内をのぞくような格好をしていた。栗山巡査が被疑者に近づいたところ，被疑者は本職らの姿を見て驚いた様子で，「このアパートかなあ。」などといかにもアパートを探しているかのような素振りをしたので，栗山巡査が「アパートを探しているのですか。」と声を掛けたところ，被疑者は「あーあー」と言ったのみで，アパートの名前やその所在地も答えることが出来ず，両手が小刻みに震えており，要領を得ないので，職務質問のため，町田駅前交番まで同行を求めた。

　本職は，被疑者が渋々同行に応じたので，同交番において，被疑者を椅子に座らせ，職務質問を行ったところ，被疑者は，「俺は何もしていない，俺は帰る。」と叫ぶが早いか，交番から出て逃走しようとするので，説得して引き止め，職務質問を続行した。

　一方，栗山巡査は，被害者を同行して面通しをさせたところ，被害者は，すぐさま「あの男に間違いありません。」と申し立てた。

　そこで，本職は，被疑者を追及したところ，被疑者は，被害者の姿を見てか，急におとなしくなり，しばらく下を向いていたが，頭を両手で押さえながら，「すみません，昨日（9月3日）の午前1時30分頃，お巡りさんに呼び止められたアパートの1階の部屋に入り，寝ていた女の首を絞めて強姦※した。」と前記犯行を自供した。

7　急速を要し裁判官の逮捕状を求めることができなかった理由

一口メモ　※罪名として記載しているものではないので，このような用い方であれば，「強姦」の語句を使用することは差し支えない。

被疑者は，定まった住居を有せず，かつ職務質問中も終始逃走の気配が見受けられ，直ちに逮捕しなければ逃走されるおそれがあった。

8　逮捕時の状況

本職は，強制性交等被疑者と認め，緊急逮捕する旨を告げたところ，被疑者は，「彼女，本当に届けたのですか，彼女に会わせてください，示談しますから。」などと懇願したが，栗山巡査が被疑者の両手に手錠を掛けて逮捕した。

9　証拠資料の有無

あり

本職らは，平成〇年9月4日午前1時15分，被疑者を警視庁町田警察署司法警察員に引致した。

上記引致の日

警視庁町田警察署

司法警察員巡査部長　佐々木力蔵　㊞

司法巡査　栗山　次郎　㊞

一口メモ　被疑事実の要旨は，最近の公訴事実の記載例に倣った書き方をしている。

(4) 殺　人	実母を殺害した男が自首

様式第15号（刑訴第210条，第211条，第202条，第203条）

緊 急 逮 捕 手 続 書

下記被疑者に対する　　殺　　人　　被疑事件につき，被疑事実の要旨及び急速を要し逮捕状を求めることができない旨を告げて被疑者を逮捕した手続は，次のとおりである。

記

1　被疑者の住居，職業，氏名，年齢

　　東京都文京区湯島1丁目2番3号

　　　　会社員　㈱山崎鉄工所

　　　　　斉藤　勝彦

　　　　　　昭和○年3月6日生（50歳）

2　逮捕の年月日時

　　平成○年　2月　6日午前　5時　10分

3　逮捕の場所

　　東京都文京区湯島1丁目2番3号

　　　　被疑者斉藤勝彦方1階8畳間

4　罪名，罰条

　　殺人　刑法第199条

5　被疑事実の要旨

　　被疑者は，平成○年2月5日午前6時30分頃，東京都文京区湯島1丁目2番3号被疑者方において，実母である斉藤せつ（当時85歳）に対し，殺意をもって，その頸部に紐様の物を巻いて絞めつけ，よって，その頃，同所において，同人を絞頸による窒息により死亡させたものである。

6　被疑者が5の罪を犯したことを疑うに足りる充分な理由

本日午前4時30分頃，中村巡査部長が湯島1丁目交番において見張勤務中，年齢50歳くらい，黒色ジャンパー姿の一見会社員風の男（被疑者）が沈んだ様子で「昨日の朝方，部屋で寝たきりの母（85歳）の首を絞めて殺しました。自分も死のうとしたのですが，死にきれませんでした。」と言ってきたので，宿直責任者内園警部に報告するとともに，報告で駆け付けた捜査用無線自動車に被疑者を乗車させ，盗犯捜査係長村上警部補，強行犯捜査係菅原巡査部長，鑑識係石田巡査部長とともに，被疑者方に急行した。

　被疑者方1階8畳間に入ったところ，同室のベッド上の布団の中で，寝巻き姿の年齢80歳前後の女性（被害者）が仰向けになって既に死亡しており，同人の頸部には，頸部を一周する索溝があり，ベッドのそばの机の上には「私が殺しました。私もすぐいきます。勝彦」という親戚宛の遺書が置いてあった。

7　急速を要し裁判官の逮捕状を求めることができなかった理由

　被疑者は，自首したものの非常に落ち込んでおり，自殺のおそれが十分にあり，かつ犯行に使用した索条物等が未発見であることから，直ちに逮捕しなければ，証拠隠滅のおそれもあった。

8　逮捕時の状況

　中村巡査部長が殺人被疑者として緊急逮捕する旨を告げたところ，被疑者は，「どうもお手数をおかけします。」と言い，村上警部補が被疑者の両手をつかみ，菅原巡査部長と石田巡査部長が協力して両手に手錠を掛けて逮捕した。

9　証拠資料の有無

　あり

　本職らは，平成〇年2月6日午前5時35分，被疑者を警視庁本富士警察署司法警察員に引致した。

　上記引致の日

警視庁本富士警察署

                    司法警察員警部補　村上　秀章　㊞
                    司法警察員巡査部長　中村　信一　㊞
                    司法警察員巡査部長　菅原　　貴　㊞
                    司法警察員巡査部長　石田　公雄　㊞

一口メモ　本事例は自首事案であり，引致に引き続き弁解録取後，自首調書を作成しておかなければならない。

| (5) 傷　害 | 不審者を職務質問, 3日前発生事件の犯人に酷似, 被害者が面通しして |

様式第15号（刑訴第210条，第211条，第202条，第203条）

緊急逮捕手続書

下記被疑者に対する　　傷　　害　　被疑事件につき，被疑事実の要旨及び急速を要し逮捕状を求めることができない旨を告げて被疑者を逮捕した手続は，次のとおりである。

記

1　被疑者の住居，職業，氏名，年齢

　　住居不定（元鹿児島県鹿児島市鹿児島4番5号）

　　　　無職（元矢吹建設株式会社営業担当）

　　　　　藤田　武章

　　　　　　平成〇年11月13日生（25歳）

2　逮捕の年月日時

　　平成〇　年　12月　23日午後　9時　0分

3　逮捕の場所

　　鹿児島県鹿児島市鴨池新町1番1号

　　　　鹿児島県鹿児島警察署

4　罪名，罰条

　　傷害　刑法第204条

5　被疑事実の要旨

　　被疑者は，平成〇年12月20日午後11時30分頃，鹿児島県鹿児島市鴨池新町20番3号㈱秋山製作所前路上において，佐藤文夫（当時25歳）に対し，その左側頭部をヘルメットで殴り，倒れた同人の左側胸腹部及び左大腿部等を足で蹴るなどの暴行を加え，よって，同人に全治まで約3週間を要する左側頭部挫裂傷等の傷害を負わせたものである。

| 6 | 被疑者が5の罪を犯したことを疑うに足りる充分な理由 |

　本職は、本日午後8時30分頃、管内鹿児島市鴨池新町83番4号先路上を警ら中、前方から歩いてくる年齢25、6歳くらいの一見暴力団員風の男（被疑者）が本職の姿を見るなり急に逆行したので、急いで近づき被疑者の顔を見ると、3日前、110番指令で手配を受けた管内鹿児島市鴨池新町20番3号㈱秋山製作所前路上で、通行中の佐藤文夫(25歳)がヘルメットで殴られ全治約3週間の怪我を負った傷害事件の犯人の人相、服装によく似ていたので、職務質問を行った。

　被疑者は、「俺は何もしてないよ。」などと非協力的な態度を示したが、その場での職務質問が交通の妨害となることから、職務質問するため、本署に任意同行を求めた。

　被疑者が渋々同行を承諾したので、本職は、本署において、前記被害者佐藤文夫に面通しをさせたところ、被害者は「ヘルメットで私を殴り怪我させたのはこの男です。」と申し立て、被疑者も観念して、「3日前の午後11時30分頃、大きな会社の前で通行人が突っかかってきたので、頭にきて、持っていたヘルメットで通行人を殴ったり、足で蹴ったりして相手の男に怪我を負わせた。」などと前記犯行を自供した。

| 7 | 急速を要し裁判官の逮捕状を求めることができなかった理由 |

　被疑者は、指定暴力団〇〇会の幹部で、住居不定であり、かつ、職務質問中も終始逃走の気配が見受けられたので、直ちに逮捕しなければ逃走されるおそれがあった。

| 8 | 逮捕時の状況 |

　本職が傷害被疑者として緊急逮捕する旨を告げたところ、被疑者は、「やり過ぎたなー。」などと言いながら逮捕に応じた。

| 9 | 証拠資料の有無 |

　あり

　本職は、平成〇年12月23日午後9時5分、被疑者を鹿児島県鹿児島警察署司法警察員に引致した。

上記引致の日
鹿児島県鹿児島警察署
司法警察員巡査部長　中園　勝志　㊞

一口メモ　本事例は，被疑者が住居不定であり，逃走のおそれが高かったことから，裁判官の逮捕状を求める時間的余裕がないため，緊急逮捕したものであるが，逮捕状の発付を受けるだけの時間的余裕がある場合には，逮捕の緊急性を欠くことになり，緊急逮捕は許されない。このような場合は，通常逮捕によることとなる。

(6) 傷 害	交番に入ってきて，同所で職務質問中の血痕付着の男を指差す

様式第15号（刑訴第210条，第211条，第202条，第203条）

緊 急 逮 捕 手 続 書

下記被疑者に対する　　傷　　害　　被疑事件につき，被疑事実の要旨及び急速を要し逮捕状を求めることができない旨を告げて被疑者を逮捕した手続は，次のとおりである。

記

1　被疑者の住居，職業，氏名，年齢

　　住居不詳

　　　　職業不詳

　　　　　　自称　松田　隆夫

　　　　　　　自称　平成○年8月9日生（23歳）

2　逮捕の年月日時

　　平成○年　2月　10日午後　11時　15分

3　逮捕の場所

　　東京都港区芝浦3丁目2番1号

　　　　田町駅前交番内

4　罪名，罰条

　　傷害　刑法第204条

5　被疑事実の要旨

　　被疑者は，平成○年2月10日午後9時40分頃，東京都港区芝浦3丁目20番21号パチンコ店「大宝」前路上において，川村保（当時28歳）に対し，その顔面を拳骨で殴り，さらに，同人の頭部を両手で押さえ付けて顔面を両膝で蹴り上げる暴行を加え，よって，同人に顔面打撲傷等の傷害を負わせたものである。

6　被疑者が5の罪を犯したことを疑うに足りる充分な理由

本日午後10時40分頃，本職が田町駅前交番で見張勤務中，年齢22，3歳くらい，身長170センチメートルくらい，カーキ色ジャンパー姿の一見暴力団員風の男（被疑者）が本職の視線を避け，急に足早になって本職の前を通り過ぎた。その瞬間，本職は，被疑者が着用していたジャンパーの胸の部分に血痕のようなものが付着しているのが目に入ったので，不審と認め，直ちに被疑者の後を追い掛け，背後から呼び止めたところ，被疑者は動揺しながらその場に立ち止まった。

　本職は，ジャンパーの胸の部分にある血痕を指差し，「これはどうしたのですか。」と質問したところ，被疑者は，一瞬青ざめ，目をキョロキョロさせたが，すぐ気を取り戻し「犬の散歩のとき，ころんで鼻血を出したので……，ちょっと急いでいるので……。」などと言いながら立ち去ろうとしたので，職務質問のため，説得して同交番へ同行を求めた。

　本職は，被疑者が渋々同行に応じたので，同交番において，被疑者から住居，氏名などを聴取するとともに，付着している血痕の状態が鼻血だけで出来るものでないことから，更に追及していたところ，同交番を見ていた年齢27，8歳くらい，黒色オーバー姿の男（被害者川村保）が，血相を変えていきなり同交番に入ってきて，本職に対し，被疑者を指差し，「お巡りさん，この男に，今から1時間くらい前，駅前商店街のパチンコ店『大宝』前で顔を殴られた後，頭を両手で押さえ付けられ，両膝で顔面を蹴り上げられ，このとおり怪我をさせられたので，この男を捕まえて下さい。」と訴え出た。

　被害者の顔面に腫れが認められ，出血の痕があったが，本職は，被疑者に対し，「君がやったのか。」と追及すると，被疑者は，被害者をにらみつけ，「この野郎俺を馬鹿にしたように見るので，ついカッとなってやりました。」などと前記犯行を自供した。

7　急速を要し裁判官の逮捕状を求めることができなかった理由

　被疑者は，氏名と年齢等は話したが，住居，職業については，頑として話さず，かつ，職務質問中においても「トイレへ行かせてくれ。」などと口実を設けて隙あらば逃走する

気配が見受けられたので，直ちに逮捕しなければ逃走されるおそれがあった。

8　逮捕時の状況

　本職が被疑者に対し，傷害罪で緊急逮捕する旨を告げたところ，被疑者は無言のまま素直に逮捕に応じた。

9　証拠資料の有無

　あり

　本職は，平成○年2月10日午後11時40分，被疑者を警視庁三田警察署司法警察員に引致した。

　上記引致の日

　　　　　　　　　　　　　　警視庁三田警察署
　　　　　　　　　　　　　　　司法警察員巡査部長　小林　幸雄　㊞

一口メモ　犯罪終了の約1時間後に職務質問を行った事例であり，「罪を行い終ってから間がない」ともいえる事案であるが，職務質問開始時点で犯罪と犯人の明白性に欠けるため，現行犯人とは認められない。したがって緊急逮捕によるほかない。

(7) 傷　害	病院からの110番により付近を検索中，酷似する男を職務質問，被害者が面通しして

様式第15号（刑訴第210条，第211条，第202条，第203条）

緊 急 逮 捕 手 続 書

下記被疑者に対する　　　傷　　害　　　被疑事件につき，被疑事実の要旨及び急速を要し逮捕状を求めることができない旨を告げて被疑者を逮捕した手続は，次のとおりである。

記

1　被疑者の住居，職業，氏名，年齢

　　住居不詳

　　　　職業不詳

　　　　　　自称　村田　裕二

　　　　　　　　自称　昭和〇年12月10日生（30歳）

2　逮捕の年月日時

　　平成〇年　4月　29日午後　11時　50分

3　逮捕の場所

　　東京都足立区西新井本町1丁目2番3号

　　　　西新井駅前交番内

4　罪名，罰条

　　傷害　刑法第204条

5　被疑事実の要旨

　　被疑者は，平成〇年4月29日午後8時15分頃，東京都足立区西新井本町3丁目2番足立区立西新井本町公園公衆便所横において，桜井光男（当時20歳）に対し，カッターナイフ（刃体の長さ約5センチメートル）で同人の左上腕部を切り付けた上，左大腿部を刺し，よって，同人に加療約2週間を要する左上腕部切創及び左大腿部刺創の傷害を負わせたものである。

6 　被疑者が5の罪を犯したことを疑うに足りる充分な理由

　本日午後9時15分頃，本職らは，警ら用無線自動車西新井4号（運転内野巡査部長，補助大橋巡査）に乗車し，管内足立区西新井本町2丁目3番先路上を警ら中，「管内足立区梅島1丁目2番3号池田病院から110番，腕と足を鋭利な刃物で切られたと思われる男が収容された。」という110番指令を傍受したので，直ちに同病院に急行した。

　同病院において，治療行為が終了した年齢20歳くらい，紺色長袖シャツ姿の一見チンピラ風の男（被害者桜井光男）に事情聴取したところ，被害者は，「今日の午後8時過ぎ頃，西新井駅前の店で飲んでいたところ，奥の方で飲んでいた年齢30歳くらい，身長175センチメートルくらい，体格ガッチリ，黒色ダブル背広を着た一見暴力団員風の男に肩をたたかれ『アンチャン，威勢がいいじゃないか，ちょっと顔を貸してくれ。』と言われて西新井駅前の公園の便所のところに連れて行かれ，いきなり刃物で左腕と左足を切られた。怖くて届けることができなかったが，お巡りさんが来てくれたので被害届を提出します。」と訴え出た。

　本職らは，被害者を後刻到着した刑事課員に引き継ぎ，直ちに東武伊勢崎線西新井駅周辺を検索したところ，発生から3時間経過した午後11時15分頃，同駅前に所在する韓国エステ「韓国」から出て来たダブル背広姿の男（被疑者）が被害者の申し立てる犯人と人相，着衣が酷似していたので，被疑者を職務質問するため呼び止めた。

　被疑者は，本職らの姿を見て狼狽したようであったが，すぐ冷静になり，「今，家へ帰るところだ。」などと申し立てたものの，話のつじつまが合わず，かつ，その場が交通の妨害となることから，職務質問するため，近くの西新井駅前交番へ任意同行を求めた。

　被疑者は，渋々同行に応じたものの，同交番に着くなり態度をガラリと変え，「どうしてこんな所に連れて来るんだ。俺は忙しいんだ。帰る。」などと息巻き始めた。被疑者は，背広上衣の胸ポケット付近を触りしきりと気にする素振りを見せており，内野巡査部長が胸ポケット内の所持品の提示を求めたところ，被疑者は「見せる必要はない。」など言っ

て拒否した。同巡査部長はなおも説得を続け，承諾を得て被疑者が着用している背広上衣の胸ポケット付近を外側から軽く触れたところ，硬い物を感じたので，「これは何ですか。」と質問すると，被疑者は「分かったよ。」と言いながらカッターナイフ（刃体の長さ約5センチメートル）を出した。

　一方，大橋巡査は，被害者桜井光男（20歳）を呼び，被疑者に面通しをさせたところ，被害者は，「あの男です。」と申し立て，被疑者も被害者の姿を見て，「3時間くらい前，駅前の大衆酒場で飲んでいたところ，あの男が大きな声で偉そうなことばかりしゃべるもんだから，頭にきてしまい，公園の便所のところに連れて行き，カッターナイフで切り付けてやった。」などと前記犯行を自供した。

7　急速を要し裁判官の逮捕状を求めることができなかった理由

　被疑者は，氏名や年齢を申し立てたものの，住居，職業を話そうとせず，その確認がとれず，かつ，職務質問中も終始逃走する気配が見受けられたので，直ちに逮捕しなければ罪証隠滅及び逃走のおそれがあった。

8　逮捕時の状況

　内野巡査部長が，傷害被疑者と認め，緊急逮捕する旨を告げたところ，被疑者は，「酒を飲むとどうしようもなくなる。」などとぶつぶつ言いながら歩きだそうとしたので，大橋巡査が被疑者の右腕をつかんで逮捕した。

9　証拠資料の有無

　あり

　本職らは，平成〇年4月30日午前0時15分，被疑者を警視庁西新井警察署司法警察員に引致した。

　上記引致の日

警視庁西新井警察署

司法警察員巡査部長　内野　正　㊞

司法巡査　大橋　公二　㊞

一口メモ　警察官2名による逮捕であり，各警察官がどのような任務を担ったのかが分かるようにしておかなければならない。そのためには，それぞれの行為の主体が明らかになるように，ひとつひとつ主語を特定して記載すること。

| (8) 傷　害 | 発生直後，服装が異なるが人相が酷似していた男を職務質問，被害者が面通しして |

様式第15号（刑訴第210条，第211条，第202条，第203条）

緊 急 逮 捕 手 続 書
下記被疑者に対する　　傷　害　　被疑事件につき，被疑事実の要旨及び急速を要し逮捕状を求めることができない旨を告げて被疑者を逮捕した手続は，次のとおりである。
記
1　被疑者の住居，職業，氏名，年齢
住居不定（元新潟県新潟市新潟5丁目6番7号　弥生荘）
無職（元青果店店員）
黒木　保雄
昭和○年3月10日生（55歳）
2　逮捕の年月日時
平成○年　2月　18日午後　11時　40分
3　逮捕の場所
新潟県新潟市中央区新潟1丁目2番30号
新潟駅前交番内
4　罪名，罰条
傷害　刑法第204条
5　被疑事実の要旨
被疑者は，平成○年2月18日午後10時30分頃，新潟県新潟市中央区新光町1丁目3番4号飲食店「呉竹」において，高橋美知子（当時20歳）に対し，その顔面にガラス製コップ及び鉄製灰皿を投げつけるなどの暴行を加え，よって，同人に左眼部及び左側額部挫裂創等の傷害を負わせたものである。
6　被疑者が5の罪を犯したことを疑うに足りる充分な理由

本職は，本日午後11時00分頃，管内新潟市中央区新潟1丁目2番3号を警ら中，同所に所在するサウナ「葵」から出て来た男（被疑者）が，約30分前に，同区新光町1丁目3番4号飲食店「呉竹」店内で発生した傷害事件の犯人の服装とは異なるが，その人相等が酷似していたので，被疑者を呼び止め，職務質問を開始した。

　被疑者は，「今日は午後9時頃まで仕事をして疲れたので，サウナに入って今出てきたところだ。『呉竹』なんていう店は知らない。」と申し立てたが，その言動に落ち着きがなく，なんとかその場から立ち去ろうとするので，被疑者に対し，新潟駅前交番まで任意同行を求めた。被疑者は「俺は何もしてないから帰らしてくれ。」などと申し立てて同行を渋ったが，説得をして，同交番に任意同行した。

　同交番において，被疑者は，同じことを繰り返すばかりであったので，飲食店「呉竹」に電話をして，店員の高橋美知子（被害者）に来てもらい，同人に面通しをさせたところ，同人は，「着ている物は違いますが，私を怪我させた男に間違いありません。あの男は今日の午後9時30分頃店に来て，何が面白くないのか，私にガラスコップと鉄製灰皿をぶつけて，この様に大怪我を負わされました。」と左眼部及び頭部を巻いた包帯を指差し申し立てた。

　被疑者は，同人の姿を見たためか，急に顔を下に向け黙りこくったが，「申し訳ありません。私がやりました。あの女はいつも俺の顔を見ると，いやな顔をするし，今日はビールびんを私の前のテーブルに置く時，ドッスンと置いたので，カーッとなって，コップや灰皿を投げつけてやりました。」と前記犯行を自供した。

7	急速を要し裁判官の逮捕状を求めることができなかった理由
	被疑者は，定まった住居を有せず，サウナなどを泊まり歩いている者で，職務質問中もそわそわして逃走の気配が認められたので，直ちに逮捕しなければ罪証隠滅及び逃走のおそれがあった。
8	逮捕時の状況

本職が傷害被疑者として緊急逮捕する旨を告げたところ，被疑者は，「悪かった。」などと述べ，素直に逮捕に応じた。

9　証拠資料の有無

　あり

　本職は，平成○年2月18日午後11時55分，被疑者を新潟県新潟中央警察署司法警察員に引致した。

　上記引致の日

新潟県新潟中央警察署

　　　　　　　　　　　　　司法警察員巡査部長　寺田　修　㊞

一口メモ　本事例の被疑事実の要旨には，傷害の全治（又は加療）期間が記載されていないが，それは，逮捕時には判明していなかったからである。逮捕後に診断書を入手するなどしてこれが明らかになった場合でも，既に記載した逮捕手続書に全治（又は加療）期間を書き加えてはならない。

(9) 傷 害	あらかじめ指示された犯人と酷似する男を職務質問，被害者が面通しして

様式第15号（刑訴第210条，第211条，第202条，第203条）

緊 急 逮 捕 手 続 書

下記被疑者に対する　　傷　　害　　被疑事件につき，被疑事実の要旨及び急速を要し逮捕状を求めることができない旨を告げて被疑者を逮捕した手続は，次のとおりである。

記

1　被疑者の住居，職業，氏名，年齢

　　住居不定

　　　　無職

　　　　　　武藤　光市

　　　　　　　　昭和〇年12月3日生（30歳）

2　逮捕の年月日時

　　平成〇年　12月　21日午後　9時　45分

3　逮捕の場所

　　神奈川県川崎市川崎区砂子2丁目3番4号

　　　　川崎駅前交番内

4　罪名，罰条

　　傷害　刑法第204条

5　被疑事実の要旨

　　被疑者は，平成〇年12月20日午後9時30分頃，川崎市川崎区砂子1丁目2番3号山本ビル1階スナック「白河」店内において，中島友治（当時35歳）に対し，その頭部をビールびんで数回殴る暴行を加え，よって，同人に全治まで約20日間を要する頭部挫裂創の傷害を負わせたものである。

6　被疑者が5の罪を犯したことを疑うに足りる充分な理由

本職（白土巡査部長）は，本日午後9時頃，管内川崎市川崎区小川町10番地先路上を警ら中，同所先喫茶店「ルノアール」から年齢30歳くらい，身長約170センチメートル，茶色オーバー姿の一見暴力団員風の男（被疑者）が出て来たのを見て，本職が交番勤務に就く前に，当署強行犯捜査係長から指示を受けた，管内川崎市川崎区砂子1丁目2番3号山本ビル1階スナック「白河」店内において，昨日午後9時30分頃発生した傷害事件の犯人にその人相，着衣等が酷似していたので，被疑者を職務質問するため停止を求めた。 　被疑者は，「何か用，急いでいるので。」などと言いながら立ち止まろうとしないので，本職は，約10メートル追い掛け，右肩に軽く手を触れながら停止を求めたところ，被疑者は，渋々その場に停止した。 　本職の質問に対し返って来る被疑者の言葉はしどろもどろであり，そのうち周囲に野次馬等が集まり，交通の妨害になると認められたので，職務質問のため，近くの川崎駅前交番まで同行を求めたところ，被疑者は渋々同行に応じた。 　本職は，同交番において，在所員の相澤巡査の協力を得て，職務質問を続行したが，被疑者は「昨夜は家に居た。俺は関係ないから帰る。」などの一点張りであり，席を立ち，帰ろうとするので，その都度，被疑者の肩に軽く手をやり引き止めた。 　そんな中，相澤巡査が呼び寄せ来所した被害者中島友治（35歳）に面通しをさせたところ，被害者は，「昨晩，スナック『白河』店内でビールびんで私の頭を殴り，このとおり怪我をさせたのはこの男です。」と申し立てた。 　被疑者も堪え切れないと判断したのか，下を向きながら，「実は，昨日の午後9時30分頃，スナック『白河』で相手の男の頭をビールびんで殴り怪我を負わせました。」などと前記犯行を自供した。
7　急速を要し裁判官の逮捕状を求めることができなかった理由
被疑者は，住居不定であり，職務質問中も終始逃走の気配が見受けられ，直ちに逮捕

しなければ逃走されるおそれがあった。

8 逮捕時の状況

　本職が傷害被疑者と認め，被疑者に対し，緊急逮捕する旨を告げたところ，被疑者は，「示談しますので，被害者に会わしてください。」などと言いながら素直に逮捕に応じた。

9 証拠資料の有無

　あり

　本職らは，平成○年12月21日午後10時10分，被疑者を神奈川県川崎警察署司法警察員に引致した。

　上記引致の日

　　　　　　　　　　　　　　　　　神奈川県川崎警察署

　　　　　　　　　　　　　　　　　　　司法警察員巡査部長　白土　初雄　㊞

　　　　　　　　　　　　　　　　　　　司法巡査　　　　　　相澤　武男　㊞

一口メモ　交番で職務質問を続行し始めた時点では，被疑者が否認しており，他に有力な証拠も持ち合わせておらず，嫌疑の充分性を欠く状態であったが，被害者による面通しとそれに続く被疑者の自供を得て，緊急逮捕の要件が満たされたものである。

(10) 逮捕監禁致傷 （中国人同士）	渡航費用未払いに伴う中国人同士による犯行

様式第15号（刑訴第210条，第211条，第202条，第203条）

緊 急 逮 捕 手 続 書
下記被疑者に対する　　逮捕監禁致傷　　被疑事件につき，被疑事実の要旨及び急速を要し逮捕状を求めることができない旨を告げて被疑者を逮捕した手続は，次のとおりである。
記
1　被疑者の住居，職業，氏名，年齢
住居不定
無職（元中華料理店「宝楽」店員）
自称　林　明経　ことリン　ミンジン
自称　19○○年10月20日生（28歳）
2　逮捕の年月日時
平成○　年　7月　20日午　後　3時　15分
3　逮捕の場所
東京都杉並区桃井3丁目1番3号
警視庁荻窪警察署
4　罪名，罰条
逮捕監禁致傷　刑法第221条，第220条，第60条
5　被疑事実の要旨
被疑者は，王延国ことワン　イェングォと共謀の上，李貨ことリー　フォ（当時23歳）を逮捕監禁しようと考え，平成○年7月10日午後7時頃から同月13日午前8時15分頃までの間，東京都杉並区天沼3丁目2番1号天沼荘3号室において，同人に対し，同室出入口ドアに施錠した上，その左側胸部及び右大腿部等を足で蹴るなどの暴行を加え，両手に手錠を掛けるとともに両足を結束バンドで緊縛し，同人が同室内から脱出するこ

とを不能にし，もって同人を不法に逮捕監禁するとともに，前記一連の暴行により，同人に加療約2週間を要する左側胸部打撲傷及び両前腕部挫傷等の傷害を負わせたものである。

6　被疑者が5の罪を犯したことを疑うに足りる充分な理由

　本職（藤田警部補）は，本日，強行犯捜査係小野巡査部長及び同係田中巡査とともに，東京都豊島区巣鴨1丁目2番3号紫雲荘5号室王延国ことワン　イェングォ方に赴き，同人を，平成〇年7月10日から同月13日までの間，管内杉並区天沼3丁目2番1号天沼荘3号室において発生した逮捕監禁致傷被疑事件の被疑者として通常逮捕するとともに，同人方居室を捜索し，その終了後，本署に引き上げて直ちに同人の取調べを開始した。取調べの過程において，同人は，「一緒に監禁したのは同じ福建省出身の林明経ことリン　ミンジン（被疑者）という年齢27，8歳くらいの男で，天沼荘にちょいちょい遊びに来るが住居は定まっていない。リンは今日も天沼荘に来ることになっている。」と申し立てたので，本職らは，共犯者と思われる前記リンなる男から事情聴取すべく，直ちに天沼荘に急行した。同荘に到着してすぐの午後1時30分頃，前記リンと思われる男が右手に黒色革製カバンを持ち，同室のドアを開けようとしているところであったので，近づいて呼び止め職務質問を開始した。

　同人（被疑者）は，片言の日本語で「友達と待ち合わせているので……。」などと申し立てて，その場から立ち去ろうとするので，本職は，被疑者の右手を軽く押さえながら引き留め，本署へ任意同行を求めた。本署において，通訳人を介して北京語で被疑者を取り調べたところ，被疑者は，「王延国は知っているが，監禁などはしていない。王がうそを言っている。」などと犯行を強く否定したので，隣接署である警視庁高井戸警察署に出入国管理及び難民認定法（不法残留）違反で逮捕，留置中の被害者李貨ことリー　フォに面通しをさせたところ，同人は，両手を震わせながら「私の両手に手錠を掛けて部屋に閉じ込めて怪我を負わせた仲間の1人です。」と申し立てた。

	そこで，本職は，被疑者を鋭意追及したところ，被疑者は，「李がほかの所に捕まっているんではしょうがない。」と言いながら，「李が渡航代金を払わないので，王と2人で李の両手に手錠を掛けるなどして，天沼3丁目の天沼荘に閉じ込め，怪我を負わせた。」と前記犯行を自供した。
7	急速を要し裁判官の逮捕状を求めることができなかった理由
	被疑者は，住居不定で，共犯者の取調べも未了であり，取調べ中も終始逃走する気配が認められ，直ちに逮捕しなければ罪証隠滅及び逃走のおそれがあった。
8	逮捕時の状況
	本職が，通訳人を介し，北京語で，逮捕監禁致傷被疑者と認め，緊急逮捕する旨を告げたところ，被疑者は，頭を下げ無言のまま両手を差し出したので，小野巡査部長と田中巡査が両手に手錠を掛けて逮捕した。
9	証拠資料の有無
	あり
	本職らは，平成○年7月20日午後3時20分，被疑者を警視庁荻窪警察署司法警察員に引致した。
	上記引致の日
	警視庁荻窪警察署
	司法警察員警部補　藤田　文雄　㊞
	司法警察員巡査部長　小野　貴義　㊞
	司法巡査　田中　忠彦　㊞

一口メモ　末尾の余白が少ないため，逮捕状請求と発付の奥書きを記載するスペースが不足しているので，このような場合は，継続用紙を付け足しておくこと。

(11) 窃 盗 （空き巣）	不審者がいるという110番により検索中，不審者を職務質問，所持品を被害者に照会して

様式第15号（刑訴第210条，第211条，第202条，第203条）

緊 急 逮 捕 手 続 書

下記被疑者に対する　　　窃　盗　　　被疑事件につき，被疑事実の要旨及び急速を要し逮捕状を求めることができない旨を告げて被疑者を逮捕した手続は，次のとおりである。

記

1　被疑者の住居，職業，氏名，年齢

　　住居不定

　　　　無職

　　　　　　江崎　光秋

　　　　　　　　昭和○年8月9日生（40歳）

2　逮捕の年月日時

　　平成○　年　4月　10日午　後　2時　15分

3　逮捕の場所

　　茨城県水戸市三の丸3丁目4番5号

　　　　水戸西交番内

4　罪名，罰条

　　窃盗　刑法第235条

5　被疑事実の要旨

　　被疑者は，平成○年4月10日午前11時30分頃，茨城県水戸市三の丸3丁目2番1号吉田定治方において，同人所有又は管理の現金2万5,000円及びキャッシュカード1枚等3点（時価合計約2万円相当）を窃取したものである。

6　被疑者が5の罪を犯したことを疑うに足りる充分な理由

　　本職（村井巡査）は，本日午後1時30分頃，水戸西交番で勤務中，「塀の中をのぞい

たり，同じ所を行ったり来たりしている男がいる。水戸市三の丸２丁目３番４号主婦下田秋子さんの訴え，現場へ。」という110番指令を無線受令機で傍受し，相勤者田中巡査とともに下田方に急行した。

　現場に到着し，前記下田秋子（以下，「下田」という。）から事情聴取したところ，同人は，「男は，年齢40歳くらい，身長約170センチメートル，中肉，黒色ジャンパー姿の一見サラリーマン風の男で，まだ近くにいるはずです。」と申し立てたので，本職らは，下田と同道して付近を検索したところ，同人が申し立てた不審者に似ている男（被疑者）が下田方から５，６軒離れた路上をあてもなく歩いており，下田がその男の方を向きながら「あの男です。」と言ったので，被疑者に近づき，その場に引き止めた。

　被疑者は，本職らの姿を見るや，やや慌てた様子であったが，「佐藤さんの家を探しているのですが。」と逆に質問し，その場から立ち去ろうとしたので，本職は，被疑者の前に立ち塞がって引き止め，職務質問を開始した。被疑者は，「この近くの江崎です。」などと答えたが，その態度に落ち着きがないこと，及び野次馬等が集まってきたことから，本人に不利であると判断し，職務質問のため，警ら用無線自動車を要請し，被疑者に対し，近くの水戸西交番に同行を求めた。被疑者が渋々同行を承諾したので，同交番において本職が所持品の提示を求め，被疑者の承諾を得て，男のジャンパーのポケット付近を上から軽く触ったところ，左右ポケット内に何か入っているようだったので，「ポケット内の物を見せて下さい。」と更に所持品の提示を求めた。被疑者が「怪しい物ではない，全部俺の物だよ。」などと言いながら左ポケット内から現金２万5,000円（内訳１万札２枚と５千円札１枚）を出したので，右ポケット内の方の物も提示するよう求めたところ，被疑者は，「何でもないよ。」と言いながら，渋々健康保険証１通，キャッシュカード１枚，それに印鑑１本を出したので，これらを手に取って見るに，健康保険証の名義等は，水戸市三の丸３丁目２番１号吉田定治，キャッシュカードの名義は「ヨシダサダハル」，印鑑の刻印が「吉田」となっており，名義等が被疑者の名前と異なることから追及した

	ところ，被疑者は黙り込んでしまった。
	そこで，田中巡査が吉田方に赴き，吉田定治から事情聴取したところ，同人は，「今日コンビニに買物に行き，帰ってきたところ，部屋中が荒らされ，6畳間の整理タンスから，現金2万5,000円，それに健康保険証，キャッシュカード，印鑑が盗まれたことが分かり，これから警察に連絡するところでした。」と申し立てた。本職は，田中巡査からの報告を受け，被疑者を追及したところ，被疑者は，「すみません。午前11時30分頃，『吉田』という表札のある家の玄関に鍵が掛かっていなかったので，悪いと思いながら入り，6畳間くらいの広さの部屋の整理タンスの中から，今，提出した現金や健康保険証などを盗みました。」と前記犯行を自供した。
7	急速を要し裁判官の逮捕状を求めることができなかった理由
	被疑者は，住居不定で，職務質問中も終始逃走の気配が見受けられ，かつ，盗品を所持しており，直ちに逮捕しなければ，逃走及び証拠隠滅のおそれがあった。
8	逮捕時の状況
	本職が窃盗罪で緊急逮捕する旨を告げたところ，被疑者は，「帰らせてくれ。」などと言って立ち上がろうとしたので，田中巡査が制止し，被疑者の両手に手錠を掛けて逮捕した。
9	証拠資料の有無
	あり
	本職らは，平成○年4月10日午後2時40分，被疑者を茨城県水戸警察署司法警察員に引致した。
	上記引致の日
	<div style="text-align:right">茨城県水戸警察署 司法巡査　村井　春雄　㊞ 司法巡査　田中　良太　㊞</div>

一口メモ　本事例では，逮捕罪名に住居侵入罪が含まれていないが，同罪の法定刑の上限は懲役3年であり，併せて緊急逮捕が可能である。
　末尾の余白が少ないため，逮捕状請求と発付の奥書きを記載するスペースが不足しているので，このような場合は，継続用紙を付け足しておくこと。

(12) 窃　盗 （空き巣）	ピッキング用具を所持している男の指紋と遺留指紋との緊急鑑定により

様式第15号（刑訴第210条，第211条，第202条，第203条）

緊　急　逮　捕　手　続　書

下記被疑者に対する　　　窃　盗　　　被疑事件につき，被疑事実の要旨及び急速を要し逮捕状を求めることができない旨を告げて被疑者を逮捕した手続は，次のとおりである。

記

1　被疑者の住居，職業，氏名，年齢

　　住居不詳

　　　職業不詳

　　　　自称　林　江宁ことリン　ジャンチョ

　　　　自称　19〇〇年1月20日生（25歳）

2　逮捕の年月日時

　　平成〇年　4月　3日午　後　5時　30分

3　逮捕の場所

　　東京都新宿区左門町5番地

　　　警視庁四谷警察署

4　罪名，罰条

　　窃盗　刑法第235条

5　被疑事実の要旨

　　被疑者は，平成〇年3月31日午後2時30分頃，東京都新宿区左門町38番地メゾン左門3階305号室岡崎芳典方において，同人所有の現金3万円及びダイヤ指輪5個等20点（時価合計約300万円相当）を窃取したものである。

6　被疑者が5の罪を犯したことを疑うに足りる充分な理由

　　本職（平野巡査）は，本日午後3時30分頃，管内新宿区左門町53番地ハイツ四谷付

近を警ら中，同マンションの正面出入口を出たり入ったりし，更に同マンションの裏手に回り同ビルを眺めたりしている年齢25，6歳くらい，身長約165センチメートル，髪7・3に分け，黒色ジャンパーに紺色ズボンをはいた一見工員風の男（被疑者）を発見した。被疑者は，本職の姿を見ると，驚いた様子で一瞬立ち止まり，急に足早に遠ざかろうとしたので，不審と認め，職務質問するため停止を求めたが，それでも被疑者は無視して更に足早に歩き出したので，約15メートル追い掛け，被疑者の面前に立って停止を求めた。被疑者は，渋々立ち止まり，片言の日本語で，自分は中国人でパスポートは持っていない旨を述べたが，その場での職務質問が交通の妨害になると認められることから，近くの警視庁四谷警察署に同行を求めた。被疑者は，「そんなところに行く必要はない。」などとごねたが，説得したところ，これに応じた。

　本職は，午後3時50分，被疑者を本署に任意同行し，刑事課盗犯捜査係山本巡査部長の応援を得るとともに，北京語の通訳人を介し，職務質問を続行することとし，被疑者に対し，所持品の提示を求めた。被疑者は，ジャンパーの内ポケットから裸のままの1万円札や5千円札などを出し，「後は何もない。」と申し立てたが，本職は，被疑者の承諾を得てジャンパーの上から軽く触れたところ，内ポケットに硬い物があるようであったので，ポケットから出すよう求めた。被疑者は，慌てた様子で「何でもないですよ。」と言いながら，渋々，細い金属性の物を差し出したので，本職は，それをよく見たところ，それは長さ10センチメートルの金属製の細い金物（開錠するためのピッキング用具）であった。本職は，ピッキング用具の携帯理由について追及したところ，被疑者は，「友達にもらった物だ。」などと話したが，その後は積極的に話そうとはしなくなった。

　そこで本職は，被疑者がピッキング用具を所持していることからして，3日前の平成○年3月31日午前10時15分頃から同日午後5時15分頃までの間，ハイツ四谷近くのメゾン左門において発生したピッキングによる空き巣事件は，ハイツ四谷と同じ様な建物であるところから，この男の犯行ではないかと思われ，被疑者の承諾を得て協力者

指紋を作成し，被疑者の指紋とメゾン左門の現場に遺留された遺留指紋との緊急鑑定を依頼した。緊急鑑定中も被疑者は，「俺は何もしていない，友達が待っているので帰る。」などと片言の日本語で大声を上げたり，席を立とうとして逃走の気配が見受けられたが，説得しながら職務質問を続行した。

　緊急鑑定を依頼して約1時間後，鑑識課指紋係から「メゾン左門岡崎方整理タンスに付着していた遺留指紋と協力指紋の右示指が符合する。」との回答を得た。また被疑者も観念して，「一緒に中国から来た友達と3人で，3日前の午後2時30分頃，『メゾン左門』という表札のあるマンションに泥棒に入って現金や貴金属を盗んだ。」などと前記犯行を自供した。

7　急速を要し裁判官の逮捕状を求めることができなかった理由

　被疑者は，国籍を中華人民共和国と申し立てているが，パスポートも所持しておらず，かつ職務質問中も終始逃走の気配が認められ，被害品も未発見であることから，直ちに逮捕しなければ，逃走，証拠隠滅のおそれがあった。

8　逮捕時の状況

　本職が，通訳人を介し，北京語で，窃盗被疑者と認め緊急逮捕する旨を告げたところ，被疑者は，無言のままであったが，山本巡査部長が被疑者の両手に手錠を掛けて逮捕した。

9　証拠資料の有無

　あり

　本職らは，平成○年4月3日午後5時35分，被疑者を警視庁四谷警察署司法警察員に引致した。

　　上記引致の日

　　　　　　　　　　　　　　警視庁四谷警察署

　　　　　　　　　　　　　　　　司法警察員巡査部長　　山本　正一　㊞

　　　　　　　　　　　　　　　　　　司法巡査　　平野　勇三　㊞

一口メモ　任意同行後，帰ろうとする被疑者を説得しながら職務質問等を続行した事例である。被疑者が説得に応じない場合には，特殊開錠用具の所持の禁止等に関する法律3条違反で現行犯逮捕するのもやむを得ない。

　本事例では，末尾の余白がなく，逮捕状請求及び逮捕状発付の奥書きが記載できない。このようなときは，もう一枚継続用紙を付けて契印しておくこと。

(13) 窃　盗 （出店荒し）	匿名の電話により貴金属所持の中国人を職務質問，所持品を被害者に照会して

様式第15号（刑訴第210条，第211条，第202条，第203条）

緊 急 逮 捕 手 続 書

下記被疑者に対する　　　窃　　盗　　　被疑事件につき，被疑事実の要旨及び急速を要し逮捕状を求めることができない旨を告げて被疑者を逮捕した手続は，次のとおりである。

記

1　被疑者の住居，職業，氏名，年齢

　　住居不定

　　　　無職

　　　　　　自称　林　建国ことリン　ジェングォ

　　　　　　　自称　19〇〇年12月3日生（40歳）

2　逮捕の年月日時

　　平成〇年　11月　21日午後　0時　30分

3　逮捕の場所

　　東京都新宿区西新宿6丁目1番1号

　　　警視庁新宿警察署

4　罪名，罰条

　　建造物侵入，窃盗　刑法第130条前段，第235条，第60条

5　被疑事実の要旨

　　被疑者は，氏名不詳者らと共謀の上，金品窃取の目的で，平成〇年11月20日午前2時30分頃，オリエンタル宝飾店経営者村口幸子が看守する東京都中央区銀座1丁目2番3号同店店舗内に，裏口ドアの施錠を解くなどして侵入し，その頃，同所において，同人管理の現金8万円及びダイヤ指輪10個等210点（時価合計約5千万円相当）を窃取したものである。

6　被疑者が5の罪を犯したことを疑うに足りる充分な理由

　本職（小田島巡査部長）は，本日午前10時00分頃，警視庁新宿警察署において宿直勤務中，匿名の中国人から片言の日本語で，「今日，午前11時30分に池袋駅西口のホテル『メトロポリタン』502号室で貴金属の取引があります。貴金属は，昨日銀座のオリエンタル宝飾店から盗んだものだ。」という電話を受けたことから，刑事代理今村警部，盗犯捜査係長金子警部補，強行犯捜査係村田巡査部長，地域係山下巡査部長とともに，ホテル「メトロポリタン」502号室付近で張込みを実施した。

　午前11時30分頃，年齢40歳くらい，身長約170センチメートル，やせ型，茶色背広上下，右手にトランクを所持した東南アジア系の男（被疑者）が502号室に入ろうとしたので，本職は，直ちに被疑者に近づき職務質問を開始し，本署へ任意同行を求めた。

　一方，同室内には既に盗品である貴金属を買うために来たと思われる年齢30歳くらいの日本人斉藤源一（40歳）と名乗る男がおり，同人は林建国という中国福建省出身の男から連絡があり，同人との貴金属の取引きのために来たと申し立てたので，前記斉藤に対しても本署への任意同行を求めた。

　本職は，本署において，被疑者が所持していたトランクの開示を求めたところ，被疑者は，渋々トランクを開けたので，トランク内を見たところ，トランク内には「オリエンタル」という正札の付いたダイヤ，パール，エメラルドなどの指輪，パールのネックレス，ロレックスの腕時計など数百点が入っており，その出所について質問したところ，被疑者は答えず無言のままであった。

　そんな中，嘱託した福建語の通訳人が到着したので，同通訳人を介して，指輪などの出所について更に質問したが，被疑者は，「友人から売却するように頼まれた。友人の名前は言えない。」などと申し立て犯行を否認した。

　一方，被害者であるオリエンタル宝飾店経営者村口幸子に来署を求め，被疑者が所持していた貴金属を確認させたところ，同人は，「正札などから昨日，店で盗まれたものに

間違いありません。」と申し立てたので，更に被疑者を追及したところ，被疑者は，「一緒に中国福建省から密入国してきた仲間3人とともに，昨日（20日）の午前2時30分頃，銀座のオリエンタルという宝飾店に入って盗んだ。」などと前記犯行を自供した。

7　急速を要し裁判官の逮捕状を求めることができなかった理由

　　共犯者逃走中である上，被疑者は，本年10月15日中国福建省から密入国し，その後知り合いの中国人の家を転々としており，本署へ同行途中においても急に走り出すなど，直ちに逮捕しなければ，罪証隠滅及び逃走のおそれがあった。

8　逮捕時の状況

　　本職が通訳人を介して，福建語で，建造物侵入及び窃盗被疑者として緊急逮捕する旨を告げたところ，被疑者は下を向きながら無言のままであったので，村田巡査部長が被疑者の両手に手錠を掛けて逮捕した。

9　証拠資料の有無

　　あり

　　本職らは，平成○年11月21日午後0時35分，被疑者を警視庁新宿警察署司法警察員に引致した。

　　上記引致の日

　　　　　　　　　　　　　　　警視庁新宿警察署
　　　　　　　　　　　　　　　司法警察員巡査部長　小田島辰己　㊞
　　　　　　　　　　　　　　　司法警察員巡査部長　村田　春幸　㊞

一口メモ　本事例は，中国からの密入国者らによる宝石店を狙った窃盗団事件であり，重罪性，嫌疑の充分性はもちろんのこと，逮捕の緊急性も非常に高い事案である。

(14) 窃　盗 （出店荒し）	職務質問を受けた者が所持していた小切手を被害者に照会して

様式第15号（刑訴第210条，第211条，第202条，第203条）

緊 急 逮 捕 手 続 書

下記被疑者に対する　　窃　盗　　被疑事件につき，被疑事実の要旨及び急速を要し逮捕状を求めることができない旨を告げて被疑者を逮捕した手続は，次のとおりである。

記

1　被疑者の住居，職業，氏名，年齢

　　住居不定

　　　　無職

　　　　　　飛田　市男

　　　　　　　　昭和○年5月10日生（35歳）

2　逮捕の年月日時

　　平成○年　4月　10日午後　4時　15分

3　逮捕の場所

　　東京都渋谷区渋谷3丁目2番1号

　　　　渋谷駅前交番内

4　罪名，罰条

　　窃盗　刑法第235条

5　被疑事実の要旨

　　被疑者は，平成○年4月10日午前2時30分頃，東京都渋谷区渋谷1丁目2番3号スナック瞳店内において，同店経営者村澤ひとみ所有の現金25万円，小切手3枚（金額合計2万円）及び印鑑等2点在中の手提金庫1個（時価合計約3万円相当）を窃取したものである。

6　被疑者が5の罪を犯したことを疑うに足りる充分な理由

本職は，本日午後3時30分頃，渋谷駅前交番で見張勤務中，年齢35，6歳くらい，紺色背広上下姿の一見工員風の男（被疑者）が，本職の姿を見て急にサングラスを掛け，来た道を逆戻りし始めたので不審と認め，被疑者を呼び止め，職務質問するため，同交番に任意同行を求めた。

　被疑者は，すぐ同行に応じたが，曖昧な供述を繰り返し，要領を得ないことから，所持品の提示を求めたところ，被疑者は，渋々背広上衣左内ポケットから二つ折財布などを提示しながら「全部です。」と申し立てた。しかし，その態度には落ち着きがなく，その場から早く逃げようとする気配であった。そこで本職は，「もう何もありませんか。触ってもいいですか。」と言ったところ，被疑者がこくりとうなずいたので，背広の外側から軽く触ったところ，背広上衣右内ポケットに紙の様な物があった。本職は，「これは何ですか。」と言って右内ポケット内にある紙様な物を出させたところ，それは㈱田中商会振出しの小切手3枚が入っている茶封筒であり，再度「これは何ですか。」と尋ねたところ被疑者は，「私が受けた小切手です。」と言いながら平静を装ってその後は何も話そうとしなかった。

　そこで本職は，㈱田中商会に電話し，振出し先を聴取したところ，振出し先は前記スナック瞳の経営者村澤ひとみであることが判明したので，同人に問い合わせたところ，当該小切手は，本日午前0時頃から午前10時30分頃までの間，店内で現金25万円とともに盗難被害にあった物で，既に被害届を提出しているということであった。

　そのことから，本職は，被疑者を追及したところ，被疑者は，「もう午前2時30分頃になっていたと思うが，前に行ったことのあるスナック『瞳』の出入口ドアをバールで破り，店内に入って，現金や小切手などのある手提金庫を盗んだ。」などと前記犯行を自供した。

| 7 | 急速を要し裁判官の逮捕状を求めることができなかった理由 |

　被疑者は，住居不定であり，職務質問中，終始逃走の気配が見受けられ，また本件被

害品の一部も未発見であり，直ちに逮捕しなければ逃走，証拠隠滅のおそれがあった。

8　逮捕時の状況

　本職が窃盗被疑者として緊急逮捕する旨を告げたところ，被疑者は，「また，ムショ暮しか。」などとつぶやきながら素直な態度で逮捕に応じた。

9　証拠資料の有無

　あり

　本職は，平成〇年4月10日午後4時35分，被疑者を警視庁渋谷警察署司法警察員に引致した。

　上記引致の日

警視庁渋谷警察署

司法警察員巡査部長　　藤元　　勇　㊞

(15) 窃 盗 （出店荒し）	職務質問した中国人が所持していたコインロッカーの鍵から貴金属を発見，付いていた正札の店に照会して

様式第15号（刑訴第210条，第211条，第202条，第203条）

緊 急 逮 捕 手 続 書

下記被疑者に対する　　窃　盗　　被疑事件につき，被疑事実の要旨及び急速を要し逮捕状を求めることができない旨を告げて被疑者を逮捕した手続は，次のとおりである。

記

1　被疑者の住居，職業，氏名，年齢

　　住居不詳

　　　　職業不詳

　　　　　　自称　李　端文　こと　リー　ドゥアンウェン

　　　　　　　自称　19〇〇年4月10日生（23歳）

2　逮捕の年月日時

　　平成〇　年　11月　10日午後　5時　30分

3　逮捕の場所

　　東京都中央区日本橋兜町14番2号

　　　　警視庁中央警察署

4　罪名，罰条

　　窃盗　刑法第235条

5　被疑事実の要旨

　　被疑者は，平成〇年11月10日午前1時30分頃，東京都港区三田1丁目2番3号貴金属店モンデール三田において，同店経営者藤田光三郎管理のダイヤ指輪5個等235点（販売価格合計1,500万円）を窃取したものである。

6　被疑者が5の罪を犯したことを疑うに足りる充分な理由

　　松村巡査は，本日午後4時10分頃，管内中央区八重洲1丁目2番東京駅八重洲口付

近を警ら中, 日本橋3丁目方向から同駅八重洲口方向に向かい, 辺りをキョロキョロ見ながら歩いてきた年齢23, 4歳くらい, 身長約165センチメートル, やせ型, 髪長くボサボサ, 紺色ハーフコート姿の一見工員風の男（被疑者）が同巡査の姿を見て急に戻ろうとしたのを発見し, 不審と認め職務質問をするため停止を求めた。

被疑者は, 片言の日本語で, 国籍は中華人民共和国と申し立てたが, パスポートを所持しておらず, その態度も落ち着きがなく, 隙あらば逃走しようとする気配が見受けられ, かつ要領を得ないことから, 近くの警視庁中央警察署に同行を求めた。

被疑者は,「待ち合わせしている人がいるから……。」などと言いながら同行を渋ったが, 説得したところ, 渋々応じたので, 松村巡査は, 本署において, 刑事課盗犯捜査係菊地警部補, 宮下巡査部長の応援を得て, 被疑者に対し所持品の提示を求めた。被疑者は,「何も持っていない。」と答えたので, 宮下巡査部長が被疑者の承諾を得てハーフコートの右ポケット上を軽く触ったところ, 硬い物があったので, その物の提示を求めた。

被疑者は,「大した物でないよ。鍵だよ。」と言いながらポケット内からコインロッカーの鍵を差し出したので, 鍵を見たところ, 当該鍵は東京駅八重洲口に設置してあるコインロッカーの鍵であった。宮下巡査部長及び松村巡査は, 被疑者と同道して同コインロッカーに赴き, 被疑者に同コインロッカーを開けてもらったところ, ロッカー内には「モンデール三田」という正札付きのダイヤ, オパール, サファイヤ, サンゴなどの指輪や, パールのネックレス, ネックチェーン及びロレックス, オメガなどの腕時計などが入っていた。松村巡査は, 被疑者に対し, これらの貴金属等の出所について追及したが, 被疑者は無言のまま答えようとしなかったので, 北京語の通訳人を要請するとともに, 被疑者を再度本署へ同行を求めたところ, 渋々応じた。

一方, 菊地警部補は, 正札記載の港区三田1丁目2番3号に所在する「モンデール三田」に電話照会したところ, 同店店長佐々木隆から「昨日午後9時30分頃から本日午前8時30分頃までの間, 同店便所の窓を破られて侵入され, 陳列棚等に陳列しておいた正札付

きの指輪等の貴金属などを盗まれ，すぐ所轄警察署に届け出ている。」という回答を得た。

そこで，松村巡査は，通訳人を介し，北京語で，被疑者に対し，再度ロッカー内にあった貴金属等の出所について質問したところ，被疑者は，しばらく無言であったが，そのうち「名前などは教えてくれないので分からないが，新宿で知り合ったやはり中国の福建省から密航してきた男と一緒に，本日午前1時30分頃，三田1丁目の正札の店からダイヤ指輪などの貴金属等を盗んだ。」などと本件犯行を自供した。

7　急速を要し裁判官の逮捕状を求めることができなかった理由

被疑者は，自ら国籍を中華人民共和国と申し立てているが，パスポートを所持しておらず，身元等については不明であり，かつ，職務質問中も終始逃走の気配が見受けられ，また盗品を多数所持していることから，直ちに逮捕しなければ，逃走，証拠隠滅のおそれがあった。

8　逮捕時の状況

松村巡査が，通訳人を介し，被疑者に対し，窃盗被疑者として緊急逮捕する旨を告げたところ，被疑者は無言のままであったが，菊地警部補と宮下巡査部長が協力して被疑者の両手に手錠をかけて逮捕した。

9　証拠資料の有無

あり

本職らは，平成〇年11月10日午後5時35分，被疑者を警視庁中央警察署司法警察員に引致した。

上記引致の日

警視庁中央警察署

司法警察員警部補　菊地　敏行　㊞

司法警察員巡査部長　宮下　辰夫　㊞

司法巡査　松村　重雄　㊞

一口メモ　本事例では，末尾の余白がなく，逮捕状請求及び逮捕状発付の奥書きが記載できない。このようなときは，もう一枚継続用紙を付けて契印しておくこと。

(16) 窃　盗 （事務所荒し）	質店から出て来た男を職務質問，所持品を贓品照会して

様式第15号（刑訴第210条，第211条，第202条，第203条）

緊 急 逮 捕 手 続 書

下記被疑者に対する　　　窃　　盗　　被疑事件につき，被疑事実の要旨及び急速を要し逮捕状を求めることができない旨を告げて被疑者を逮捕した手続は，次のとおりである。

記

1　被疑者の住居，職業，氏名，年齢

　　住居不定

　　　　無職

　　　　　　小島　良郎

　　　　　　　昭和○年4月20日生（31歳）

2　逮捕の年月日時

　　平成○年　1月　24日午後　6時　30分

3　逮捕の場所

　　東京都台東区上野3丁目2番1号

　　　　御徒町1丁目交番内

4　罪名，罰条

　　窃盗　刑法第235条

5　被疑事実の要旨

　　被疑者は，平成○年1月22日午後11時30分頃，東京都港区芝1丁目2番3号株式会社日本精機事務所において，同事務所長増田要一管理の現金35万円及びカメラ1台(時価約3万円相当)を窃取したものである。

6　被疑者が5の罪を犯したことを疑うに足りる充分な理由

　　本日午後4時50分頃，本職（小川巡査部長）は，相勤者相田巡査とともに，管内台

東区上野1丁目2番3号森質店付近を警ら中，同質店から年齢30歳くらい，身長約170センチメートル，紺色背広上下姿の一見サラリーマン風の男（被疑者）が右手に黒色カバンを持って出てきて，本職と視線が合うと，驚いた様子で足早に立ち去ろうとしたので不審と認め，職務質問のため，その場に停止を求めた。

　被疑者はすぐ立ち止まり，「何か用事ですか？」などと言って平静を装っていたが，顔面は青ざめ落ち着きがない様子で，本職の質問に対し，しどろもどろで，要領を得ない答えを繰り返すだけであり，また，その場での職務質問は交通の妨害になると認められることから，職務質問のため，近くの御徒町1丁目交番に任意同行を求めた。

　被疑者は，渋々同行に応じたものの，交番においては突然椅子から立ち上がるなど逃走の気配が見受けられたが，本職は，被疑者に対し，カバン内の物を見せてくれるように求めたところ，「何でもないですよ。カメラと腕時計です。」と言いながらキャノンカメラ1台，ロレックスやオメガの腕時計などを提示したので，その物の出所について追及したところ，被疑者は「全部自分の物です。」と答えた。

　一方，相田巡査は，森質店に赴き，被疑者が入質した物について，同店店主から聴取したところ，被疑者は初めての客で，ニコンカメラを入質して行ったとのことであった。

　そこで，本職は，被疑者が2台のカメラなどを持ち歩いていることに不審をいだき，カメラ2台について，贓品照会を行ったところ，カメラの製造番号により，キャノンカメラの方が，2日前，港区芝1丁目2番3号㈱日本精機事務所において，現金35万円とともに窃取された事務所荒し事件の被害品である旨の回答を得た。

　そこで，本職は，被疑者に対し，キャノンカメラの出所について更に追及したところ，被疑者は，しばらく無言であったが，観念して，「2日前の午後11時30分頃，港区芝の日本精機という看板のある会社の事務所に入って現金とともに盗んだ。」などと前記犯行を自供した。

7　急速を要し裁判官の逮捕状を求めることができなかった理由

被疑者は，定まった住居を有せず，かつ，職務質問中も終始逃走の気配が見受けられ，また盗品を所持しているので，直ちに逮捕しなければ逃走，証拠隠滅のおそれがあった。

8　逮捕時の状況

本職が被疑者に対し，窃盗罪で緊急逮捕する旨告げたところ，被疑者は，「またお手数をかけます。」と言いながら，両手を差し出したので，相田巡査が被疑者の両手に手錠を掛けて逮捕した。

9　証拠資料の有無

あり

本職らは，平成〇年1月24日午後6時55分，被疑者を警視庁上野警察署司法警察員に引致した。

上記引致の日

警視庁上野警察署

司法警察員巡査部長　小川　昭夫　㊞

司法巡査　相田　忠雄　㊞

一口メモ　本事例における嫌疑の充分性は，被疑者が自供したことによって更に高くなったが，もし自供が得られなかったとしても，製造番号の一致する被害品を所持していることから，近接所持の法理により嫌疑が充分に認められるので，緊急逮捕は可能な事案と思われる。

(17) 窃　盗 　　（ひったくり）	無灯火の原付を職務質問，所持品を被害者に照会して

様式第15号（刑訴第210条，第211条，第202条，第203条）

緊 急 逮 捕 手 続 書

下記被疑者に対する　　　窃　盗　　　被疑事件につき，被疑事実の要旨及び急速を要し逮捕状を求めることができない旨を告げて被疑者を逮捕した手続は，次のとおりである。

記

1　被疑者の住居，職業，氏名，年齢

　　住居不定（元大阪府大阪市北区淀屋橋5丁目43番地　青山荘）

　　　　無職（元飲食店店員）

　　　　　佐藤　　茂

　　　　　　平成〇年6月10日生（19歳）

2　逮捕の年月日時

　　平成〇　年　5月　11日午後　4時　15分

3　逮捕の場所

　　大阪府大阪市北区淀屋橋1丁目2番地

　　　　淀屋橋交番内

4　罪名，罰条

　　窃盗　刑法第235条

5　被疑事実の要旨

　　被疑者は，平成〇年5月10日午前10時30分頃，大阪府大阪市北区淀屋橋3丁目45番地先路上において，同所を自転車で通行中の高橋圭子（当時50歳）の後方から原動機付自転車で近づき，追い抜きざまに，同人が自転車の前籠に入れていた同人所有又は管理の現金10万円及び銀行預金通帳1通等2点在中の手提袋1個（時価合計約3,000円相当）をひったくり窃取したものである。

6 被疑者が5の罪を犯したことを疑うに足りる充分な理由

　本日午後3時30分頃，本職らは，警ら用無線自動車（運転相馬巡査部長，補助八代巡査）に乗車し，管内北区淀屋橋2丁目34番先路上を警ら中，同道路上を，肥後橋方面から西梅田面に向かい進行するノーヘルの原動機付自転車が，本職らの警ら用無線自動車を見るや急に左折したので，不審と認め，職務質問するため，直ちに追尾を開始した。

　運転している男は黒色ジャンパー姿で，黒色野球帽をかぶり，若い感じの男（被疑者）であり，被疑者は猛スピードで西梅田方面へ走行したが，約200メートル追尾したところで追いつき，停止を求めて，職務質問を開始した。被疑者は落ち着きがなく，供述も曖昧で要領を得ず，また，野次馬等が集まってきて交通の妨害になることから，職務質問のため，被疑者に対し，近くの淀屋橋交番まで任意同行を求めた。被疑者は渋々同行に応じたので，同交番において，被疑者に所持品の提出を求めたところ，ジャンパー左内ポケットから，財布に入っている高橋圭子名義の銀行預金通帳1通と印鑑（高橋刻印）1本などを出したので，相馬巡査部長は，名義が女性であることから，被疑者に対し，その出所について追及したところ，被疑者は，「女友達の物です。」などと言って同交番から帰ろうとするので説得しながら職務質問を続けた。

　一方，八代巡査は銀行預金通帳の発行元である三井住友銀行淀屋橋支店に問い合わせ，高橋圭子の住所，電話番号を聞き，電話で同人から事情聴取したところ，同人は「昨日午前10時30分頃，自宅近くの路上で自転車で通行中，自転車の前籠に入れておいた現金10万円や三井住友銀行淀屋橋支店発行の私名義の銀行預金通帳などの入っている黒色布製手提袋を，バイクに乗った男に後方からいきなりひったくられたので，すぐ警察に届け出た。」などと申し立てた。

　そこで相馬巡査部長は，被疑者を更に追及したところ，被疑者は，「すみません。昨日午前10時30分頃，淀屋橋3丁目路上で，年齢50歳くらいの女性が乗っていた自転車の前籠から現金10万円や銀行通帳入りの黒色布製手提袋をひったくりました。」などと

	前記犯行を自供した。
7	急速を要し裁判官の逮捕状を求めることができなかった理由
	被疑者は，友達の家を転々としており，かつ，被害品の一部も未発見であり，職務質問中も終始逃走の気配が見受けられたので，直ちに逮捕しなければ逃走，証拠隠滅のおそれがあった。
8	逮捕時の状況
	相馬巡査部長が窃盗被疑者と認め緊急逮捕する旨を告げたところ，被疑者は，頭を下げ無言のままであったが，八代巡査が被疑者の両手に手錠を掛けて逮捕した。
9	証拠資料の有無
	あり
	本職らは，平成○年5月11日午後4時50分，被疑者を大阪府淀屋橋警察署司法警察員に引致した。
	上記引致の日
	大阪府淀屋橋警察署
	司法警察員巡査部長　相馬　征夫　㊞
	司法巡査　八代　修治　㊞

一口メモ　本事例の被疑者は少年である。本件はひったくりという悪質事案であり，被疑者が住居不定であることなどから，逮捕はやむを得ないが，少年が被疑者である場合の捜査に当たっては，少年の未熟さゆえに受ける精神的悪影響に配慮し，温情と理解をもって臨まなければならないことに留意する必要がある。

⑱ 窃　盗 （自動車盗）	不審車両の運転者を職務質問，ナンバーから所有者を知り同人に照会して

様式第15号（刑訴第210条，第211条，第202条，第203条）

緊 急 逮 捕 手 続 書

　下記被疑者に対する　　　窃　盗　　　被疑事件につき，被疑事実の要旨及び，急速を要し逮捕状を求めることができない旨を告げて被疑者を逮捕した手続は，次のとおりである。

記

1　被疑者の住居，職業，氏名，年齢

　　住居不詳

　　　　無職

　　　　　　金城　勇吉

　　　　　　　　平成○年12月12日生（20歳）

2　逮捕の年月日時

　　平成○　年　11月　21日午前　11時　15分

3　逮捕の場所

　　沖縄県那覇市泉崎3丁目2番1号

　　　　泉崎3丁目交番内

4　罪名，罰条

　　窃盗　刑法第235条

5　被疑事実の要旨

　　被疑者は，平成○年11月20日午後6時30分頃，沖縄県那覇市泉崎1丁目2番3号㈱金城商会駐車場において，具志堅勇所有の普通乗用自動車1台（時価約150万円相当）を窃取したものである。

6　被疑者が5の罪を犯したことを疑うに足りる充分な理由

　　本職（岩崎巡査部長）は，本日午前10時30分頃，管内那覇市泉崎5丁目6番先交差

点を警ら中，自家用普通乗用自動車（トヨタマークⅡ，ナンバー沖縄333す12-34号）が左折の合図をしないまま急に泉崎通りから泉崎5丁目方向へ左折進行したので，危険と認め交通指導するため停車させ，運転していた前記被疑者に自動車運転免許証の提示を求めるとともに，車内を見たところ，エンジンキーがなく配線が直結にしてあったので，自動車盗の疑いをもち泉崎3丁目交番へ同行を求めた。

　同交番において，本職は，被疑者に対し，自動車の所有者及び配線を直結している理由などについて質問すると，被疑者は，「キーをなくしたので。」などと申し立てたが，その他のことについては要領の得ない返答を繰り返すだけであった。

　一方，相勤者である高村巡査が，自動車の登録番号から所有者を調査して所有者に問い合わせたところ，当該自動車は，昨日午後6時頃から本日午前7時頃までの間用事のため行っていた㈱金城商会の駐車場において，盗難被害に遭ったものであることが判明した。

　そこで，本職は，被疑者に対して，この点について追及したところ，被疑者は「すみません，昨日の午後6時30分頃泉崎1丁目の駐車場から盗んできました。」などと前記犯行を自供した。

7　急速を要し裁判官の逮捕状を求めることができなかった理由

　被疑者は，住居については曖昧な言葉を繰り返し不明であり，職務質問中も終始逃走の気配が見受けられ，かつ，盗品である自動車を所持しており，直ちに逮捕しなければ逃走及び証拠隠滅のおそれがあった。

8　逮捕時の状況

　本職が，窃盗被疑者と認め，緊急逮捕する旨を告げると，被疑者は，「しょうがない。」などと言いながら素直に逮捕に応じた。

9　証拠資料の有無

　あり

本職らは，平成〇年11月21日午前11時45分，被疑者を沖縄県泉崎警察署司法警察員に引致した。

　上記引致の日

　　　　　　　　　　　　　沖縄県泉崎警察署

　　　　　　　　　　　　　　　　司法警察員巡査部長　　岩崎　幸雄　㊞

　　　　　　　　　　　　　　　　　　　　司法巡査　　高村　雄一　㊞

(19) 窃 盗 （自動車盗）	駐車違反の車両が盗難車両と判明，その場で張込みをして

様式第15号（刑訴第210条，第211条，第202条，第203条）

緊 急 逮 捕 手 続 書

下記被疑者に対する　　窃　盗　　被疑事件につき，被疑事実の要旨及び急速を要し逮捕状を求めることができない旨を告げて被疑者を逮捕した手続は，次のとおりである。

記

1　被疑者の住居，職業，氏名，年齢

　　住居不定（元東京都世田谷区祖師谷3丁目2番1号）

　　　　無職（元パチンコ店店員）

　　　　　山田　芳広

　　　　　　平成〇年9月20日生（25歳）

2　逮捕の年月日時

　　平成〇年　8月　12日午前　10時　35分

3　逮捕の場所

　　東京都足立区花畑1丁目2番10号

　　　　メゾン「花畑」前路上

4　罪名，罰条

　　窃盗　刑法第235条

5　被疑事実の要旨

　　被疑者は，平成〇年8月10日午後8時30分頃から同日午後10時頃までの間，東京都世田谷区祖師谷1丁目2番3号先路上において，同所に駐車中の杉浦正志所有の普通乗用自動車1台（時価約300万円相当）を窃取したものである。

6　被疑者が5の罪を犯したことを疑うに足りる充分な理由

　　本職（相馬巡査部長）は，本日午前9時15分頃，花畑交番で見張勤務中，「駐車禁止

の場所に車が止まっている，山口さんの訴え。」という110番指令を無線受令機で傍受したので，直ちに現場である管内足立区花畑1丁目2番3号先路上に急行したところ，同所に自家用普通乗用自動車（ベンツ，品川333は12-34号）が駐車していた。

同所は，駐車禁止の場所であるところから，本職は，運転者に対し，移動するよう広報を行ったが，10分経過しても運転手が現れないので，同車に駐車違反のステッカーを貼りながら同車のナンバー等を基に贓品照会を行ったところ，同車は，一昨日午後8時30分頃から同日午後10時頃までの間，東京都世田谷区祖師谷1丁目2番3号世田谷区立祖師谷小学校前路上において，キーが付いたまま盗難に遭ったものであることが判明した。

そこで，本職は，車のボンネットに触ったところ，まだ暖かったことから，運転手が戻って来ると判断し，相勤者大石巡査の応援を求め，同巡査とともに，付近において張込みを行った。

それから約30分過ぎたころ，年齢25，6歳くらい，身長170センチメートルくらい，紺色背広姿の一見会社員風の男（被疑者）が同車に乗り込もうとしたので，直ちに被疑者に近づき職務質問を開始した。被疑者は，本職らの姿を見てびっくりした様子であったが，本職は，被疑者に対し，自動車運転免許証の提示を求めるとともに，同車の出所について質問したところ，被疑者は，最初のうちは友達から借りて来たなどと，しどろもどろの供述を繰り返していたが，その態度に落ち着きがなく，更に追及したところ，被疑者は，観念して「一昨日午後9時頃，祖師谷の小学校前に，キーが付いたまま止まっていたので，盗んできた。」などと前記犯行を自供した。

7　急速を要し裁判官の逮捕状を求めることができなかった理由

被疑者は，住居不定であり，職務質問中も終始，隙あらば逃走しようとする気配が見受けられ，直ちに逮捕しなければ逃走されるおそれが高かった。

8　逮捕時の状況

被疑者は，自供した瞬間，逃走したので，本職らは，直ちに追い掛け，約30メートル追跡して追いつき，本職が被疑者の右腕をつかみ，窃盗被疑者として緊急逮捕する旨を告げたところ，被疑者は「分かったよ。」などと大声を上げ，ふてくされた態度を示して抵抗しようとしたが，大石巡査が被疑者の両手に手錠を掛けて逮捕した。

9　証拠資料の有無

　あり

　本職らは，平成○年8月12日午前11時5分，被疑者を警視庁竹の塚警察署司法警察員に引致した。

　上記引致の日

　　　　　　　　　　　　　　警視庁竹の塚警察署
　　　　　　　　　　　　　　　　司法警察員巡査部長　相馬　里志　㊞
　　　　　　　　　　　　　　　　　　　司法巡査　大石　美次　㊞

一口メモ　本事例の犯行場所について，「5　被疑事実の要旨」欄では，「〜1丁目2番3号<u>先</u>路上」と記載されており，「6　被疑者が5の罪を犯したことを疑うに足りる充分な理由」欄の文中では，「〜1丁目2番3号世田谷区立祖師谷小学校<u>前</u>路上」と記載されている。この違いは，地番に引き続く場合には○丁目○番○号<u>先</u>路上と書き，目標物を記載する場合には，○丁目○番○号×××<u>前</u>路上と書くとされているからである。

(20) 窃　盗 （自動車盗）	高速道路で発報のあった盗難車両を検索中，発見して

様式第15号（刑訴第210条，第211条，第202条，第203条）

緊 急 逮 捕 手 続 書

下記被疑者に対する　　窃　盗　　被疑事件につき，被疑事実の要旨及び急速を要し逮捕状を求めることができない旨を告げて被疑者を逮捕した手続は，次のとおりである。

記

1　被疑者の住居，職業，氏名，年齢

　　住居不定（元神奈川県川崎市川崎区川崎1丁目2番3号）

　　　　無職（元（有）中延製作所工員）

　　　　　　三田　雄二

　　　　　　　　昭和〇年6月10日生（35歳）

2　逮捕の年月日時

　　平成〇 年　4月　5日午後　3時　15分

3　逮捕の場所

　　東京都品川区荏原1丁目3番4号

　　　　三井住友銀行荏原支店前路上

4　罪名，罰条

　　窃盗　刑法第235条

5　被疑事実の要旨

　　被疑者は，平成〇年4月4日午後8時頃から同日午後10時15分頃までの間，東京都杉並区杉並3丁目2番1号先路上において，同所に駐車中の山田三郎所有の普通乗用自動車1台（時価約200万円相当）を窃取したものである。

6　被疑者が5の罪を犯したことを疑うに足りる充分な理由

　　本職らは，本日午後2時30分頃，警ら用無線自動車荏原2号（運転者高橋巡査部長，

補助矢崎巡査）に乗車し，管内品川区荏原1丁目2番先を警ら中，通信指令本部から「首都高速道路目黒線下り線で発報，自家用普通乗用自動車，トヨタマークⅡ，ナンバー品川333や12-34号。同車は，昨日午後8時頃から同日午後10時15分頃までの間，警視庁杉並警察署管内杉並区杉並3丁目2番1号梅里病院前路上で盗難，発見の際は職務質問するように。」という手配を傍受した。

　本職らは，同車が荏原インターを降りて通称中原街道を本署方向へ通行してくると判断し，同街道を検索していたところ，荏原1丁目交差点に接近して減速中の手配ナンバーの車両を発見し，直ちに同車に近づき職務質問するため停止を求めた。

　同車はその場に停車したので，車内を見るに，車内には運転している前記被疑者だけであり，被疑者に対し，自動車運転免許証の提示を求めるとともに，同車の所有等について質問したところ，被疑者は，「もうバレたか。」などと言いながら，昨日午後9時頃，杉並の梅里という大きな病院の前に駐車してあった車を盗んできた，などと前記犯行を自供した。

7　急速を要し裁判官の逮捕状を求めることができなかった理由

　被疑者は，定まった住居を有せず，友達，知人宅を転々としており，職務質問中も終始逃走の気配が見受けられ，かつ，盗品も所持していることから，直ちに逮捕しなければ逃走及び証拠隠滅のおそれがあった。

8　逮捕時の状況

　高橋巡査部長が，窃盗被疑者と認め緊急逮捕する旨を告げたところ，被疑者は，「もうバレたか，しょうがない。」などとふてくされた態度を示したが，矢崎巡査が被疑者の両手に手錠を掛けて逮捕した。

9　証拠資料の有無

　あり

　本職らは，平成○年4月5日午後3時40分，被疑者を警視庁荏原警察署司法警察員

に引致した。

上記引致の日

警視庁荏原警察署

司法警察員巡査部長　高橋　功　㊞

司法巡査　矢崎　正一　㊞

一口メモ　本事例では同乗者がいなかったが，同乗者がいる場合には，共犯である可能性や，そうでなくても何らかの事情を知っている場合が多いので，同乗者にも必ず任意同行を求めること。

(21) 窃　盗 　　（オートバイ盗）	ナンバープレートが折り曲げられている原付を職務質問，賍品照会して

様式第15号（刑訴第210条，第211条，第202条，第203条）

緊　急　逮　捕　手　続　書

下記被疑者に対する　　　窃　盗　　　被疑事件につき，被疑事実の要旨及び急速を要し逮捕状を求めることができない旨を告げて被疑者を逮捕した手続は，次のとおりである。

記

1　被疑者の住居，職業，氏名，年齢

　　住居不定（元東京都世田谷区世田谷1丁目2番3号　山崎荘）

　　　　無職（元スナック「ホタル」店員）

　　　　　小澤　芳夫

　　　　　　平成〇年8月13日生（20歳）

2　逮捕の年月日時

　　平成〇　年　1月　11日午前　11時　15分

3　逮捕の場所

　　千葉県千葉市中央区市場前5番4号

　　　　牧野病院前路上

4　罪名，罰条

　　窃盗　刑法第235条

5　被疑事実の要旨

　　被疑者は，平成〇年1月9日午後0時15分頃から同日午後2時15分頃までの間，千葉市栄区栄1丁目2番3号先路上において，同所に駐車中の松田邦男所有の原動機付自転車1台（時価約30万円相当）を窃取したものである。

6　被疑者が5の罪を犯したことを疑うに足りる充分な理由

　　本職らは，本日午前10時40分頃，警ら用無線自動車（運転宮井巡査，補助山村巡査）

に乗車し，管内千葉市中央区市場町2番3号先京葉道路上を警ら中，原動機付自転車（スズキ，黒塗り）が警ら用無線自動車を見て急に左折したので，不審と認め，職務質問するため直ちに同原動機付自転車を追尾したところ，同車のナンバーは折り曲げられ，番号を視認することができず，その後，同車は更にスピードを上げ，より狭い道へと進行したが，約200メートル追尾したところで停車した。

宮井巡査は，運転者である前記被疑者に対し，自動車運転免許証の提示を求めたところ，被疑者は無言のまま渋々提示したので，警ら用無線自動車内に同行を求め，車内において，被疑者に対してナンバーを折り曲げて通行した理由を追及したところ，被疑者は急にそわそわし始め，降車しようとする気配が認められた。

一方，山村巡査は，当該原動機付自転車について贓品照会を行ったところ，当該原動機付自転車は，2日前の1月9日午後0時15分頃から同日午後2時15分頃までの間，千葉市栄区栄1丁目2番3号松田酒店前路上において，エンジンキーを付けたまま盗難被害にかかったものである旨の回答を得たので，この点を追及したところ，被疑者は，「すみません，昨日の午後0時30分頃，千葉市栄区栄1丁目の酒店前から盗みました。」などと前記犯行を自供した。

7	急速を要し裁判官の逮捕状を求めることができなかった理由
	被疑者は，住居不定であり，職務質問中も終始逃走する気配が見受けられたので，直ちに逮捕しなければ逃走されるおそれがあった。
8	逮捕時の状況
	宮井巡査は，窃盗被疑者と認め緊急逮捕する旨を告げたところ，被疑者は，「運が悪いな。」などと言いながら椅子から立ち上がったが，山村巡査が再度椅子に座らせ被疑者の両手に手錠を掛けて逮捕した。
9	証拠資料の有無
	あり

本職らは，平成〇年1月11日午前11時45分，被疑者を千葉県千葉中央警察署司法警察員に引致した。

上記引致の日

　　　　　　　　　　　千葉県千葉中央警察署

　　　　　　　　　　　　　　　司法巡査　宮井　　徹　㊞

　　　　　　　　　　　　　　　司法巡査　山村　昌三　㊞

(22) 窃 盗 （オートバイ盗）	ひったくり重点地区を密行中、不審原付を職務質問、所有者に照会して

様式第15号（刑訴第210条、第211条、第202条、第203条）

緊 急 逮 捕 手 続 書

下記被疑者に対する　　窃　　盗　　被疑事件につき、被疑事実の要旨及び急速を要し逮捕状を求めることができない旨を告げて被疑者を逮捕した手続は、次のとおりである。

記

1　被疑者の住居、職業、氏名、年齢

　　住居不定

　　　　無職

　　　　　　青木　正

　　　　　　　平成○年6月3日生（20歳）

2　逮捕の年月日時

　　平成○ 年　7月　13日午 後 4時　0分

3　逮捕の場所

　　東京都目黒区鷹番2丁目3番4号

　　　　学芸大学駅前交番内

4　罪名、罰条

　　窃盗　刑法第235条

5　被疑事実の要旨

　　被疑者は、平成○年7月10日午後2時頃、東京都品川区勝島2丁目3番大井競馬場北門前において、同所に駐車中の中島武男所有の原動機付自転車（品川区は12-34号）1台（時価約8万円相当）を窃取したものである。

6　被疑者が5の罪を犯したことを疑うに足りる充分な理由

　　本職らは、オートバイ利用によるひったくり事件が多発したことから、警ら用無線自

動車碑文谷3号（運転小西巡査部長，補助所巡査）に乗車し，多発地区である目黒区碑文谷1丁目から同6丁目，同区鷹番1丁目から同3丁目地区を重点密行中，本日午後3時30分頃，同区鷹番1丁目2番先路上において，同区鷹番2丁目3番方面から目黒通り方面に向かい進行する原動機付自転車を発見，同車に近づいて同車をよく見ると，ナンバープレートにガムテープが貼ってあり，ナンバーの文字が見えない状態になっていたので，不審と認め，職務質問するため停止を求めた。

　同車はすぐその場に停車し，同車を運転していた年齢20歳前後，黒色ジャンパー姿の一見暴走族風の男（被疑者）がヘルメットを取り「何かありましたか。」などと逆に質問して来たが，顔は青ざめ慌てた様子であった。小西巡査部長は，被疑者に対し，ナンバープレートにガムテープを貼っている理由について質問したところ，被疑者は急に黙り込んでしまったが，このまま職務質問を続行すると，本人に不利であり，かつ，交通の妨害になると認められたことから，被疑者に対し，職務質問のため，近くの学芸大学駅前交番まで任意同行を求めた。

　被疑者が渋々同行に応じたので，小西巡査部長は，同交番において，再度ナンバープレートにガムテープを貼った理由を追及したところ，被疑者は突然「便所へ行かせてくれ。」などと言いながら立ち上がり，便所へ行く振りをして交番から出ようとしたので，被疑者の右肩に右手を添えて制止した。

　一方，所巡査は，被疑者に対し，ナンバープレートのガムテープをはずすよう求めたところ，被疑者がこれに応じたので，ガムテープをはずさせ，ナンバーを確認したところ，ナンバーは「品川区は12-34号」であり，ナンバーを基に品川区役所に照会して当該原動機付自転車の所有者を聞き，所有者に盗難の有無について照会したところ，当該原動機付自転車は3日前の10日午後1時30分頃から同日午後4時頃までの間，大井競馬場北門前において，キー付きのまま盗難被害にあったものであることが判明した。

　小西巡査部長は，被疑者に対し，その旨を告げると，被疑者は，下を向きながら両手

が小刻みに震え始め，堪え切れないと判断してか，「3日前の午後2時頃，大井競馬場に行ったとき，金を全部すってしまい，帰りの電車賃もなくなってしまったので，悪いと知りながら，大井競馬場の北門のところにキーの付いたままの原付があったので，盗んでしまいました。」などと前記犯行を自供した。

7　急速を要し裁判官の逮捕状を求めることができなかった理由

　　被疑者は，一定の住居を有せず，かつ，職務質問中も終始逃走の気配が見受けられ，直ちに逮捕しなければ所在不明になるおそれがあった。

8　逮捕時の状況

　　小西巡査部長が，窃盗被疑者と認め緊急逮捕する旨を告げたところ，被疑者は，下を向きながら無言のままであったが，所巡査が被疑者の両手に手錠を掛けて逮捕した。

9　証拠資料の有無

　　あり

　　本職らは，平成○年7月13日午後4時25分，被疑者を警視庁碑文谷警察署司法警察員に引致した。

　　　上記引致の日

　　　　　　　　　　　　　警視庁碑文谷警察署

　　　　　　　　　　　　　　　　　司法警察員巡査部長　　小西　貞夫　㊞

　　　　　　　　　　　　　　　　　　　　　司法巡査　　所　　達雄　㊞

■一口メモ　被害者が駐車した場所と被疑者が窃取したと供述する場所が異なるときは，窃盗罪ではなく占有離脱物横領罪を適用せざるを得ないケースがほとんどである。そのようなときは，重罪性の要件を欠き緊急逮捕はできない。

⑵ 窃　盗 　（車上ねらい）	質店経営者からの通報により，質店から出て来た男を職務質問，贓品照会して

様式第15号（刑訴第210条，第211条，第202条，第203条）

緊急逮捕手続書

下記被疑者に対する　　窃　　盗　　被疑事件につき，被疑事実の要旨及び急速を要し逮捕状を求めることができない旨を告げて被疑者を逮捕した手続は，次のとおりである。

記

1　被疑者の住居，職業，氏名，年齢

　　住居不定（元東京都目黒区碑文谷1丁目2番3号　白樺荘）

　　　無職（元田急木工所工員）

　　　　関　正一郎

　　　　　平成〇年4月8日生（23歳）

2　逮捕の年月日時

　　平成〇年　3月　20日午後　3時　0分

3　逮捕の場所

　　東京都渋谷区渋谷3丁目8番15号

　　　　警視庁渋谷警察署

4　罪名，罰条

　　窃盗　刑法第235条

5　被疑事実の要旨

　　被疑者は，平成〇年3月18日午後2時30分頃から同日午後3時30分頃までの間，東京都渋谷区宇田川3丁目2番1号旭駐車場において，同所に駐車中の普通乗用自動車内から木村一夫所有の現金約2万円及びデジタルカメラ1台（時価約5万円相当）を窃取したものである。

6　被疑者が5の罪を犯したことを疑うに足りる充分な理由

本日午後2時15分頃、本職（竹之内巡査）が渋谷駅前交番で見張勤務中、本署から「管内渋谷区渋谷1丁目の中村質店にデジタルカメラを入質しにきている男がカメラの値段などが分からないのでおかしいという連絡が入った。捜査係員も行くが、質屋から出る年齢23、4歳くらい、身長約175センチメートル、黒色ハーフコート姿の一見サラリーマン風の男（被疑者）を職務質問されたい。」という連絡を受理した。

　　本職は、直ちに中村質店近くに急行し、同店から出てきた前記被疑者を呼び止め職務質問を開始した。被疑者は、本職の姿を見てびっくりした様子であったが、すぐに平静を装い、本職の質問に答えていたものの、本職が、被疑者の所持するデジタルカメラの出所について質問したところ、被疑者は、友達から借りてきたが友達の名前は言えないなどと曖昧な言葉を繰り返すだけであった。そこで、本職は、カメラの提出を受け、カメラのケースなどを見分したところ、ケースの裏側に「木村」とマジックで記載されていた。本職は、この点について追及したところ、被疑者は黙り込んでしまい、そのうち、盗犯捜査係白石巡査部長が到着し、質問を行ったが、要領を得ないことから、職務質問のため、本署に任意同行を求めた。

　　被疑者は渋々同行に応じたので、本署において、デジタルカメラのナンバーにより贓品照会を行った結果、当該品は一昨日午後2時30分頃から同日午後3時30分頃までの間、前記旭駐車場において、同所に駐車中の前記木村一夫の所有する自家用普通乗用自動車（品川333み12-34号）内から現金約2万円とともに盗難被害に遭ったものであることが判明した。

　　本職は、この点について被疑者を追及したところ、被疑者は前記犯行を自供するとともに、窃取した前記デジタルカメラを質屋に入質しようとした旨を申し立てた。

7　急速を要し裁判官の逮捕状を求めることができなかった理由

　　被疑者は、住居不定であり、職務質問中も終始逃走の気配が見受けられ、かつ、盗品を所持しており、直ちに逮捕しなければ逃走及び証拠隠滅のおそれがあった。

8 逮捕時の状況

　本職が被疑者に対し，窃盗被疑者と認め，緊急逮捕する旨を告げたところ，被疑者は，「分かりました。」と申し立てたが，逃走の気配が見受けられたので，白石巡査部長が被疑者の両手に手錠を掛けて逮捕した。

9 証拠資料の有無

　あり

　本職らは，平成○年3月20日午後3時5分，被疑者を警視庁渋谷警察署司法警察員に引致した。

　上記引致の日

　　　　　　　　　　　　　　　警視庁渋谷警察署
　　　　　　　　　　　　　　　　司法警察員巡査部長　白石　芳敏　㊞
　　　　　　　　　　　　　　　　　　司法巡査　竹之内正信　㊞

一口メモ　被疑者を逮捕したときは，直ちに司法警察員に引致しなければならない（刑訴法211条，202条）。ここにいう「直ちに」とは，「即刻」に近い意味である。本事例では，逮捕から引致まで5分という短時間で行われているが，署内での逮捕であるので，当然であろう。

(24) 窃　盗 　（置引き）	ひき逃げ事件の検問中，不審車両を職務質問，車内の所持品を被害者に照会して

様式第15号（刑訴第210条，第211条，第202条，第203条）

緊 急 逮 捕 手 続 書

下記被疑者に対する　　　窃　　盗　　　被疑事件につき，被疑事実の要旨及び急速を要し逮捕状を求めることができない旨を告げて被疑者を逮捕した手続は，次のとおりである。

記

1　被疑者の住居，職業，氏名，年齢

　　東京都新宿区新宿3丁目2番1号　椿荘

　　　　無職（元スナック「葵」店員）

　　　　　上村　正一郎

　　　　　平成○年8月9日生（25歳）

2　逮捕の年月日時

　　平成○　年　7月　9日午　後　10時　20分

3　逮捕の場所

　　東京都小平市喜平町1丁目2番3号

　　　　喜平町交番内

4　罪名，罰条

　　窃盗　刑法第235条

5　被疑事実の要旨

　　被疑者は，平成○年7月8日午後3時30分頃，東京都立川市曙町2丁目3番東日本旅客鉄道株式会社立川駅3番ホーム上において，小沢保が足下に置いていた同人所有又は管理の現金30万円及びビデオカメラ1個等26点在中の黒色革製カバン1個（時価合計約20万円相当）を持ち去り窃取したものである。

6　被疑者が5の罪を犯したことを疑うに足りる充分な理由

本職（山田巡査部長）は，相沢巡査とともに，警視庁立川警察署管内において発生したひき逃げ事件について，宿直責任者田村警部指揮の下，本日午後8時15分から管内小平市上水本町1丁目2番上水本町交差点において，検問に当たっていた。

　本職らは，午後9時10分頃，五日市街道上を立川市若葉町2丁目方面から国分寺街道方面に向かい左前照灯が点灯していない自家用普通乗用自動車が進行して来るのを発見したので，直ちに停止を命じ，運転者（被疑者）に対し，自動車運転免許証の提示を求めたところ，渋々提示したがその態度に落ち着きがなく，かつ，操作しても左前照灯が点灯しないことから，職務質問のため，近くの喜平町交番に任意同行を求めた。

　本職は，同交番において，被疑者の承諾を得て，車内を見たところ，グローブボックス内に茶色革製二つ折財布が無造作に入っており，更に被疑者の承諾を得て同財布内を見たところ，本人の姓と異なる「オザワタモツ」名義のキャッシュカードや小沢保名義で立川駅～東京駅のJR定期券，宅配便の受付票等があり，被疑者に対し，その出所について質問すると，被疑者は，「友人の小沢のもので，小沢は今，何所にいるかわからない。」などと答えた。

　一方，相沢巡査は，前記財布の在中品から小沢保の電話番号を発見し，同人に問い合わせたところ，昨日の7月8日午後3時30分頃，中央線JR立川駅3番ホーム上において，現金30万円やビデオカメラなどを入れておいた黒色革製カバンを足下に置き，新聞を見ていてちょっと目をそらした隙に，盗まれたものであることが判明した。そこで，本職は，その点追及すると，被疑者は観念して，「昨日午後3時30分頃，立川駅ホームで現金30万など在中のカバンを盗んだ。」などと前記犯行を自供した。

7　急速を要し裁判官の逮捕状を求めることができなかった理由

　被疑者は，住居を有するも，職務質問中，「トイレに行かせてくれ。」とか「早く帰らせてくれ。」などと言いながら，乗ってきた車に乗り込もうとするなど終始逃走の気配が見受けられ，かつ，盗品を所持するとともに，盗品の一部も未発見であるところから，

直ちに逮捕しなければ逃走及び証拠隠滅のおそれがあった。

| 8 | 逮捕時の状況 |

　本職が窃盗被疑者として緊急逮捕する旨を告げたところ，被疑者は，下を向きながら両手を差し出したので，相沢巡査が両手に手錠を掛けて逮捕した。

| 9 | 証拠資料の有無 |

　あり

　本職らは，平成○年7月9日午後10時40分，被疑者を警視庁小平警察署司法警察員に引致した。

　　上記引致の日

　　　　　　　　　　　　　　　警視庁小平警察署
　　　　　　　　　　　　　　　　　司法警察員巡査部長　　山田　三男　㊞
　　　　　　　　　　　　　　　　　司法巡査　　相沢　勇一　㊞

一口メモ　本事例は，別件ひき逃げ事件の検問中に不審車両を発見し，職務質問を行い，その結果，緊急逮捕するに至った事案である。このように，別件に従事している際に不審者を発見し，職務質問を実施した場合には，その前提となった別件の職務内容が職務質問の要件を充足しているかを判断する上で重要な要素となり得るので，別件の職務についての具体的勤務態様を記載しておくこと。

(25) 窃 盗 （部品ねらい）	被害者が，盗難被害に遭ったオートバイの部品を取り付けているオートバイを発見，張込みをして

様式第15号（刑訴第210条，第211条，第202条，第203条）

緊 急 逮 捕 手 続 書

下記被疑者に対する　　窃　　盗　　被疑事件につき，被疑事実の要旨及び急速を要し逮捕状を求めることができない旨を告げて被疑者を逮捕した手続は，次のとおりである。

記

1　被疑者の住居，職業，氏名，年齢

住居不詳

　職業不詳

　　自称　岩井　行夫

　　　自称　平成○年12月3日生（20歳）

2　逮捕の年月日時

　平成○　年　7月　17日午後　6時　45分

3　逮捕の場所

　東京都葛飾区平井1丁目25番10号

　　平井1丁目交番内

4　罪名，罰条

　窃盗　刑法第235条

5　被疑事実の要旨

　被疑者は，平成○年7月10日午後11時30分頃，東京都葛飾区平井1丁目2番3号先路上において，同所に駐車中の吉岡勇所有の普通自動二輪車から同人所有のマフラー1個等5点（時価合計約10万円相当）を取り外して窃取したものである。

6　被疑者が5の罪を犯したことを疑うに足りる充分な理由

　本日午後4時10分頃，本職（小林巡査）が平井1丁目交番で見張勤務中，管内葛飾

区平井1丁目2番3号吉岡勇が，血相を変えて駆け込んできて，「1週間くらい前，自宅の横路地に駐車しておいたオートバイから，マフラー，ハンドルやタイヤなどを盗まれ，すぐに警察に届けましたが，その後毎日の様に，盗まれたハンドルなどを自分のオートバイに取り付けていないかと探し回っていたところ，今，それを見つけましたので，すぐ来て下さい。」と訴えたので，同人とともに，その場所に急行した。

　本職は，盗まれた部品を取り付けているというオートバイを見たところ，確かに部品は，最近，取り付けられた痕跡があるとともに，ナンバーは，練馬か43-21号で，ナンバーは折り曲げられていた。

　本職は，被疑者が当該オートバイのところに戻ってくるのではないかと思い，相勤者森田巡査の応援を得て付近に張込みを開始した。張込みを実施して約2時間経過した午後6時15分頃，JR平井駅方向からヘルメットを持った年齢20歳くらい，身長175センチメートルくらい，黄色半袖シャツ姿の一見暴走族風の男（被疑者）が歩いてきて，当該オートバイにまたがりエンジンをかけようとしたので，すぐさま近づき職務質問を開始した。

　本職の質問に対し，被疑者は，「自動車免許証は忘れてきた。住所，職業などは言えない。」などと言って要領を得ないので，本職は，職務質問のため，平井1丁目交番まで同行を求めた。

　本職は，同交番において，オートバイに付いているマフラーやハンドルなどの出所について質問したところ，被疑者は，最初のうちは，「オートバイは買ったときのままで，何も改造していない。」などと頑強に否認していたが，その態度に落ち着きがなく，急に椅子から立ち上がって「トイレに行かせてくれ。」などと口実を設けて逃走する気配が見受けられた。そこで，本職が，「あのオートバイに取り付けられているハンドルなどは私の物だと言って届けに来ている者がいる。」と話したところ，被疑者は観念して，「実は，1週間前の午後11時30分頃，平井1丁目の「吉岡」という表札のある横の路地に止まっ

ていたオートバイから取り外して自分のオートバイに取り付けました。」と前記犯行を自供した。

なお、本件の被害届については、森田巡査が刑事課に照会したところ、被害者吉岡勇から7月11日付でなされていることを確認した。

7　急速を要し裁判官の逮捕状を求めることができなかった理由

被疑者は、氏名、年齢は話すものの、住居については、頑として話さず、かつ職務質問中において色々な口実を設けて逃走する気配が見受けられ、かつ、盗品を所持しているので、直ちに逮捕しなければ逃走、証拠隠滅のおそれがあった。

8　逮捕時の状況

本職が、窃盗被疑者と認め、緊急逮捕する旨を告げたところ、被疑者は、「絶対にばれるとは思わなかったがなあ。」などと独り言を言っており、そわそわして逃走の気配が見受けられたことから、森田巡査が被疑者の両手に手錠を掛けて逮捕した。

9　証拠資料の有無

あり

本職らは、平成〇年7月17日午後7時10分、被疑者を警視庁小松川警察署司法警察員に引致した。

上記引致の日

警視庁小松川警察署

司法巡査　小林　忠　㊞

司法巡査　森田　三郎　㊞

一口メモ　被疑事実の要旨は、逮捕時に判明している事実に基づいて記載する。逮捕後に被害品や被害点数が増えたとしても、被疑事実の要旨を書き換えたり訂正したりしてはならない。このようなときは、別途捜査報告書を作成するなどして対処しておくこと。

| (26) 強　盗
（店舗強盗（コンビニ）） | 逃走車両のナンバー末尾2桁が一致するオートバイに乗り込もうとする男を職務質問，被害者が面通しして |

様式第15号（刑訴第210条，第211条，第202条，第203条）

緊 急 逮 捕 手 続 書

下記被疑者に対する　　強　　盗　　被疑事件につき，被疑事実の要旨及び急速を要し逮捕状を求めることができない旨を告げて被疑者を逮捕した手続は，次のとおりである。

記

1　被疑者の住居，職業，氏名，年齢

　　住居不定（元東京都江戸川区船堀1丁目2番3号）

　　　無職（元金田鉄工株式会社工員）

　　　　曽根　康夫

　　　　　平成○年6月10日生（27歳）

2　逮捕の年月日時

　　平成○　年　7月　29日午後　4時　15分

3　逮捕の場所

　　東京都葛飾区立石3丁目2番1号

　　　立石交番内

4　罪名，罰条

　　強盗　刑法第236条第1項

5　被疑事実の要旨

　　被疑者は，平成○年7月28日午前4時30分頃，東京都葛飾区立石1丁目2番3号コンビニエンスストアAM立石店において，同店従業員武田茂男（当時19歳）に対し，出刃包丁を示しながら，「騒ぐな，金を出せ。」などと言って脅迫し，その反抗を抑圧した上，同店経営者中野隆司管理の現金80万円を奪ったものである。

6　被疑者が5の罪を犯したことを疑うに足りる充分な理由

本職は，本日午後3時15分頃，管内葛飾区四つ木3丁目2番1号先路上を警ら中，昨日7月28日午前4時30分頃，前記コンビニエンスストア「AM立石店」で発生した強盗事件の犯人が逃走に使った黒塗りで末尾ナンバー56と一致する末尾ナンバーのオートバイが同所に駐車しており，前記被疑者が同車に乗り込もうとしたので，直ちに近づき，被疑者に対し職務質問を開始した。

　被疑者は，オートバイについては「友達に借りてきたので，これから返しに行くところだ。」などと申し立てたが，その態度に落ち着きがなく多少手が震えている感じで，要領を得ない返答を繰り返すだけであった。本職は，その場での職務質問は交通の妨害となることから，近くの立石交番へ任意同行を求めた。

　被疑者は当初同行を拒否していたが，本職の説得により，渋々応じたので，同交番において，前記店員武田茂男に面通しをさせたところ，武田は「私に出刃包丁を向けて金を奪ったのは，この男です。」と申し立てた。そこで，本職は，被疑者を追及したところ，被疑者は，「しょうがない。」と言いながら，「昨日の早朝，立石1丁目のコンビニ『AM』で出刃包丁を見せて脅し，現金80万円を奪った。」などと前記犯行を自供した。

7　急速を要し裁判官の逮捕状を求めることができなかった理由

　被疑者は，定まった住居を有せず，かつ，職務質問中も終始隙あらば逃走しようとする気配が見受けられ，犯行に使用した出刃包丁も未発見であり，直ちに逮捕しなければ逃走，罪証隠滅のおそれがあった。

8　逮捕時の状況

　本職が，強盗被疑者と認め緊急逮捕する旨を告げたところ，被疑者は，「金がないので悪いとは知りながらやってしまった。」と言いながら素直に逮捕に応じた。

9　証拠資料の有無

　あり

　本職は，平成〇年7月29日午後4時35分，被疑者を警視庁葛飾警察署司法警察員に

引致した。
上記引致の日
警視庁葛飾警察署
司法警察員巡査部長　猪股　秀章　㊞

一口メモ　強盗罪における暴行・脅迫は，相手方の反抗を抑圧するに足りる程度の強さを要する。本事例のように出刃包丁を示しながら脅迫する態様は，一般的には相手方の反抗を抑圧するに足りるものと評価できるが，凶器の形状や相手方との距離関係等のさまざまな事情によって認定が異なる場合がある。暴行・脅迫が相手方の反抗を抑圧する程度に至っていないと認められるときは，恐喝罪を構成するにとどまる。

(27) 強　盗 　　（金融機関(サラ金)強盗）	届出により似顔絵に似た男を職務質問，被害者が面通しして

様式第15号（刑訴第210条，第211条，第202条，第203条）

緊 急 逮 捕 手 続 書

　下記被疑者に対する　　　強　盗　　　被疑事件につき，被疑事実の要旨及び急速を要し逮捕状を求めることができない旨を告げて被疑者を逮捕した手続は，次のとおりである。

記

1　被疑者の住居，職業，氏名，年齢

　　住居不定（元東京都足立区西新井1丁目2番3号　青華荘）

　　　　無職（元大衆酒場「庄一」店員）

　　　　川原　文夫

　　　　　　平成○年11月3日生（25歳）

2　逮捕の年月日時

　　平成○年　10月　21日午後　5時　50分

3　逮捕の場所

　　東京都新宿区西新宿2丁目3番4号

　　　　新宿駅西口交番内

4　罪名，罰条

　　強盗　刑法第236条第1項

5　被疑事実の要旨

　　被疑者は，消費者金融から現金を強奪しようと考え，平成○年10月16日午後4時30分頃，東京都新宿区歌舞伎町1丁目2番3号ロミス歌舞伎町店において，同店従業員浅野光代（当時28歳）に対し，サバイバルナイフ様の刃物を突きつけながら，「騒ぐな」「金を出せ」などと言って脅迫し，その反抗を抑圧した上，同店店長村瀬岩雄管理の現金150万円を奪ったものである。

6 被疑者が5の罪を犯したことを疑うに足りる充分な理由

　本日午後5時15分頃，成瀬巡査部長が新宿駅西口交番において見張勤務中，管内新宿区西新宿1丁目2番3号パチンコ店「ジャンボ」の店員山崎太郎（50歳）が来所し，「サラ金『ロミス』の強盗犯人」と題する犯人の似顔絵を見せながら「この男とそっくりの男が，今，うちの店でパチンコをやっています。」という訴え出を受けた。

　成瀬巡査部長は，直ちに相勤者安藤巡査部長，曽根巡査とともに，訴出人を同道しながらパチンコ店「ジャンボ」に急行し，同店において遊技をしている年齢25,6歳くらい，黒色カーデガン姿の一見チンピラ風の男（被疑者）に近づき，前記交番に任意同行を求めた。被疑者は，一瞬顔が青ざめ，やや狼狽した様子であったが，「何かありましたか。」などと申し立て平静を装いながら任意同行に応じた。

　同交番において，被疑者は，曖昧な供述を繰り返し「何もしていないのになぜこんな所に連れて来るんだ，人権侵害だ。」などと怒鳴り散らし，交番から出ようとしたが，成瀬巡査部長及び曽根巡査が説得を重ね職務質問を続行した。

　一方，相勤者安藤巡査部長が被害者であるサラリーマン金融「ロミス」の店員浅野光代（28歳）を呼び，同人に面通しさせたところ，同人は，すぐさま，「5日前に，私にサバイバルナイフのような刃物を突きつけて脅し，現金150万円を奪った男に間違いありません。」と申し立てた。

　成瀬巡査部長は，被疑者に対し，この点を追及したところ，被疑者は，被害者から目の前で犯人と名指しされて，急に態度を変え，観念した様子で頭を下げ「すみません。5日前の午後4時30分頃，歌舞伎町西口のロミスに入って，この人にナイフを見せて脅して現金150万円を取りました。奪った現金はこれです。」などと前記犯行を自供し，セカンドバッグの中から100万円余りの現金を取り出して差し出した。

7 急速を要し裁判官の逮捕状を求めることができなかった理由

　被疑者は，住居を転々としてパチンコなどに明け暮れている者であり，職務質問中も

終始何か理由をつけて逃走しようとする気配が見受けられ，また，犯行に使用した凶器も未発見であるところから，直ちに逮捕しなければ，逃走及び証拠隠滅のおそれがあった。

8　逮捕時の状況

　　成瀬巡査部長が強盗被疑者と認め緊急逮捕する旨を告げたところ，被疑者は，「パチンコをやめればよかった。」などとぶつぶつと言いながら半ばふてくされた態度であったが，安藤巡査部長と曽根巡査とが協力し，被疑者の両手に手錠を掛けて逮捕した。

9　証拠資料の有無

　　あり

　　本職らは，平成○年10月21日午後6時15分，被疑者を警視庁新宿警察署司法警察員に引致した。

　　上記引致の日

　　　　　　　　　　　　　警視庁新宿警察署
　　　　　　　　　　　　　　司法警察員巡査部長　　成瀬　徳明　㊞
　　　　　　　　　　　　　　司法警察員巡査部長　　安藤　直久　㊞
　　　　　　　　　　　　　　司法巡査　　曽根　紀明　㊞

一口メモ　数名の警察官が協力して逮捕した場合は，協力，分担の状況を明らかにした記載を心掛け，末尾に各人が署名押印すること。

(28) 詐　欺 （横取り）	手配写真に似た男を職務質問，被害者が面通しして

様式第15号（刑訴第210条，第211条，第202条，第203条）

緊　急　逮　捕　手　続　書

下記被疑者に対する　　詐　　欺　　被疑事件につき，被疑事実の要旨及び急速を要し逮捕状を求めることができない旨を告げて被疑者を逮捕した手続は，次のとおりである。

記

1　被疑者の住居，職業，氏名，年齢

　　住居不定

　　　　無職

　　　　　　小松　徳治

　　　　　　　　昭和○年2月9日生（41歳）

2　逮捕の年月日時

　　平成○年　4月　13日午後　5時　10分

3　逮捕の場所

　　東京都渋谷区恵比寿南2丁目3番4号

　　　　恵比寿駅前交番

4　罪名，罰条

　　詐欺　刑法第246条第1項

5　被疑事実の要旨

　　被疑者は，新聞購読料の名目で現金をだまし取ろうと考え，平成○年4月12日午後2時30分頃，東京都渋谷区恵比寿南3丁目2番1号田中隆夫方において，同人（当時70歳）に対し，真実は新聞購読料の集金権限がないのに，これがあるように装い，「新聞の集金です。先払いは可能ですか。3か月分前払いなら1万2,000円になりますよ。」などとうそを言い，前記田中を被疑者が正当な新聞購読料の集金権限を有して新聞購読料の集金

をしているものと誤信させ、よって、その頃、同所において、前記田中から現金1万2,000円の交付を受け、もって人を欺いて財物を交付させたものである。

6　被疑者が5の罪を犯したことを疑うに足りる充分な理由

　本職（仲本巡査）は、本日午後3時30分頃、本職が管内渋谷区恵比寿南1丁目2番3号サウナ「ミズホ」前道路を警ら中、同サウナから出てきた年齢40歳前後で黒色ジャンパー姿の男（被疑者）の人相等が、交番に就勤する前、上司から、「詐欺犯人」と題する手配書が配付され「この手配写真の男は、3方面地区で多発している、新聞配達員を装って、特に高齢者から新聞購読料の名目で現金をだまし取る男で、人相、特徴は、年齢40歳前後、身長約165センチメートル、やせ型、色浅黒、左頬に粟粒大のホクロがある、髪7・3に分け、一見紳士風の男で、似寄り人相の男を発見した際は、職務質問するように。」と指示があった犯人に似ており、その男（被疑者）は、本職と視線が合うと驚いた様子で、一瞬立ち止まり、慌てて再度サウナに入ろうとしたので、不審と認め、職務質問するため停止を求めた。

　しかし、被疑者は、本職の言葉を無視して、サウナに入らず、今度は足早に歩き出したので、本職は、約15メートル追い掛け、被疑者の背後から回り込むようにして被疑者の前に立ち、停止を求めた。被疑者は、「私が何をしたというのですか。用事がありますので。」などと言いながら、なおもその場から離れようとしたが、その態度には落ち着きがなく、その瞬間、被疑者の顔を見たところ、左頬に粟粒大のホクロがあることを発見した。そこで、本職は、この男が前記上司から指示のあった詐欺犯人ではないかと強く思われたところから、被疑者を職務質問するため、近くの恵比寿駅前交番まで同行を求めたところ、被疑者は無言のまま同行に応じた。

　本職は、同交番において、在所勤務の渡辺巡査とともに、詐欺事件について被疑者を追及したところ、被疑者は、「関係ない。」の一点張りであり、所持品の提示を求めると、突然椅子から立ち上がり、逃走しようとしたので、渡辺巡査が被疑者の肩に軽く手を掛

けたところ，うなだれて椅子に座り直した。

　本職が，再度，所持品の提示を求めたところ，被疑者は，ジャンパーの内ポケットから裸のままの1万円札や千円札を取り出して見せ，「集金した金です。」と答えたが，集金した会社などについては，曖昧な供述を繰り返すだけであった。渡辺巡査が被疑者に対し「もう何もありませんか。」と言って被疑者が着ているジャンパーの胸の付近を触ったところ，ジャンパーの内ポケットに手帳のような物が入っていたので，「これは何ですか。」と言ったところ，被疑者は，「何でもないです，手帳です。」と言って手帳を提示したので，本職は，承諾を得て手帳の中身を見たところ，手帳には，昨日詐欺被害に遭った田中隆夫の住所や氏名，それに金額1万2,000円などの記載があった。

　そこで，本職は，被疑者に対し，「この住所や氏名は何ですか。」と追及したところ，被疑者は，「友達の家です。」などと言って平静を装っていたが，両手指が小刻みに震えており，渡辺巡査が，昨日被害にあったという管内渋谷区恵比寿南3丁目2番1号田中隆夫（70歳）を呼んで面通しをさせたところ，被害者は，「犯人に間違いない」旨を申し立てた。

　被疑者も堪え切れないと観念し，「昨日の午後2時30分頃，恵比寿南3丁目の70歳くらいのおじいちゃんの家に新聞代の集金を装って行き，おじいちゃんから現金1万2,000円をだまし取りました。」と前記犯行を自供した。なお，管内地図を被疑者に示し，犯行場所を確認したところ，被害者の田中隆夫方に間違いないとのことであった。

7　急速を要し裁判官の逮捕状を求めることができなかった理由

　被疑者は，詐欺常習犯で，定まった住居を有せず，かつ，職務質問中にも急に椅子から立ち上がり逃走しようとするなど，直ちに逮捕しなければ，逃走されるおそれがあった。

8　逮捕時の状況

　本職が，詐欺被疑者と認め，緊急逮捕をする旨を告げたところ，被疑者は，「分かったよ。」と言った瞬間，逃走しようとしたので，渡辺巡査が被疑者の右腕を捕まえ，被疑者

の両手に手錠をかけて逮捕した。

9　証拠資料の有無

　あり

　本職らは，平成○年4月13日午後5時35分，被疑者を警視庁渋谷警察署司法警察員に引致した。

　上記引致の日

　　　　　　　　　　　　　　警視庁渋谷警察署
　　　　　　　　　　　　　　　　司法巡査　仲本　忠一　㊞
　　　　　　　　　　　　　　　　司法巡査　渡辺　政史　㊞

一口メモ　本事例では，被疑者が所持している手帳とその記載内容，被害者による面通しがあり，その上で被疑者が自供したことから，緊急逮捕に至ったものである。しかし，被疑者が自供しているだけで手帳や被害者による面通しなどの他の証拠がない場合には，いかに被疑者の自供が具体的であっても，緊急逮捕することは危険である。

(29) 恐 喝	5日前現金等を奪った犯人がいるという被害者の訴えにより同道した被害者が被疑者を指差す

様式第15号（刑訴第210条，第211条，第202条，第203条）

緊 急 逮 捕 手 続 書

下記被疑者に対する　　　恐　　喝　　　被疑事件につき，被疑事実の要旨及び急速を要し逮捕状を求めることができない旨を告げて被疑者を逮捕した手続は，次のとおりである。

記

1　被疑者の住居，職業，氏名，年齢

　　住居不定（元群馬県前橋市大手町1丁目2番3号　寿荘）

　　　無職（元パチンコ店店員）

　　　　大崎　公夫

　　　　　平成○年8月9日生（20歳）

2　逮捕の年月日時

　　平成○　年　3月　22日午後　5時　35分

3　逮捕の場所

　　群馬県前橋市大手町2丁目4番9号

　　　ゲームセンター「ミラノ」店内

4　罪名，罰条

　　恐喝　刑法第249条第1項

5　被疑事実の要旨

　　被疑者は，ビリヤード場の客に因縁をつけて，金品を脅し取ろうと考え，平成○年3月17日午後7時30分頃，群馬県前橋市大手町3丁目4番5号ビリヤード「丸三会館」便所内において，斉藤仁（当時21歳）に対し，同人の胸部を拳骨で殴り，顔面を平手打ちするなどの暴行を加え，「何でガンをつけるんだ。謝って済むと思っているのか。金を少し出せよ。腕に良い時計をはめているじゃないか，それも出せよ。」などと言って金品

の交付を要求し，もしこの要求に応じなければ，同人の身体等にいかなる危害を加えかねない気勢を示して同人を怖がらせ，その頃，同所において，同人から現金8万円及び腕時計1個（時価約10万円相当）の交付を受け，これを脅し取ったものである。

6　被疑者が5の罪を犯したことを疑うに足りる充分な理由

　　本日午後5時30分頃，本職が管内前橋市大手町2丁目4番7号先を警ら中，同町5丁目4番3号大学生斉藤仁（21歳）が，慌てて駆け込んで来て「お巡りさん，5日前の午後7時30分頃，ビリヤード丸三会館便所内で脅かされて現金8万円と腕時計を奪った犯人が今，ゲームセンター『ミラノ』にいますので，捕まえて下さい。被害届はその日のうちに提出しております。」と訴え出た。

　　本職は，直ちに被害者（訴出人）の案内で，同町2丁目4番9号ゲームセンター「ミラノ」に急行すると，年齢20歳くらい，身長約175センチメートル，体格ガッチリ，黒色背広上下，黒色野球帽をかぶった一見暴力団員風の男（被疑者）が店の中央付近でゲームに夢中になっており，被害者は被疑者を指差し，「あの男です。」と申し立てた。

　　本職は，被害者とともに被疑者に近づき，被疑者に対し，被害者を指差し，「この人を知っているでしょう。」と言ったところ，被疑者は観念して，左腕にはめている腕時計を差し出しながら，「どうもすみません。返します。」などと前記犯行を自供したので，被害者にその腕時計を見せたところ，被害に遭ったものであることが確認された。

　　また，捜査係に照会したところ，本件は3月17日付で被害届を受理しているとの回答を得た。

7　急速を要し裁判官の逮捕状を求めることができなかった理由

　　被疑者は，友達の家を泊まり歩き，住居を転々としており，かつ職務質問中も終始逃走する気配が見られ，また贓品である現金も未発見であるところから，直ちに逮捕しなければ，逃走，証拠隠滅のおそれがあった。

8　逮捕時の状況

本職が恐喝被疑者と認め，緊急逮捕する旨を告げたところ，被疑者は，「まさか警察に届けるとは思わなかった。」などと半ばふてくされた態度で逮捕に応じた。

9　証拠資料の有無

　　あり

　　本職は，平成○年3月22日午後6時0分，被疑者を群馬県前橋警察署司法警察員に引致した。

　　上記引致の日

　　　　　　　　　　　　　　　　群馬県前橋警察署

　　　　　　　　　　　　　　　　　司法警察員巡査部長　　高林　義男　㊞

一口メモ　本事例では，引致時刻を「午後6時0分」と記載しているが，パソコンを使用して手続書を作成する場合は，単に，「午後6時」と記載し，「分」を消去して空白部分を詰めてもよい。

(30) 暴力行為 （団体を仮装して）	3日前脅迫された男が来ているという110番により現場へ，被害者が被疑者を指差す

様式第15号（刑訴第210条，第211条，第202条，第203条）

緊 急 逮 捕 手 続 書

　下記被疑者に対する　暴力行為等処罰に関する法律違反　被疑事件につき，被疑事実の要旨及び急速を要し逮捕状を求めることができない旨を告げて被疑者を逮捕した手続は，次のとおりである。

記

1　被疑者の住居，職業，氏名，年齢

　　住居不定（元東京都八王子市八王子1丁目2番3号　青葉荘）

　　　　無職（元パチンコ店店員）

　　　　　白石　一成

　　　　　　平成〇年12月25日生（25歳）

2　逮捕の年月日時

　　平成〇　年　12月　23日午後　10時　50分

3　逮捕の場所

　　東京都新宿区西新宿3丁目2番1号

　　　新宿西口交番内

4　罪名，罰条

　　暴力行為等処罰に関する法律違反同法第1条，刑法第222条第1項

5　被疑事実の要旨

　　被疑者は，平成〇年12月20日午後10時30分頃，東京都新宿区新宿1丁目2番3号スナック「富士」店内において，同店経営者越路文子（当時50歳）に対し，「俺は〇〇組の者だ。ホステスにどんな教育をしているんだ。この店をつぶしてやるぞ。こんな扱いをすると，うちの若い連中は気が短いので何をするかわからない。御天道様の下をまともに歩けなくなるぞ。」などと怒鳴りつけ，同人の身体，財産等にいかなる危害をも

加えかねない気勢を示し、もって団体を仮装して威力を示し脅迫したものである。

6　被疑者が5の罪を犯したことを疑うに足りる充分な理由

　　本日午後10時20分頃、本職（川村巡査部長）が新宿駅西口交番で見張勤務中、「3日前に1度来たことのある男が、また因縁をつけている。場所は新宿区新宿1丁目2番3号スナック『富士』。」という110番指令を無線受令機で傍受したので、直ちに相勤者小島巡査とともに現場に急行した。

　　本職らが同店に入ろうとしたところ、同店勝手口の方から同店経営者越路文子（50歳）が出て来て「3日前に、ホステスの対応が悪いと言って怒り出し、私に対し、『俺は〇〇組の者だ。ホステスにどんな教育しているんだ。この店つぶしてやるぞ。こんな扱いをすると、うちの若い連中は気が短いので何をするかわからない、御天道様の下をまともに歩けなくなるぞ』などと脅されたのですが、その男が今日、また来て因縁をつけています。」などと訴え出た。

　　本職らは、店内に入り、前記越路が申し立てている前記被疑者に対し、新宿駅西口交番に任意同行を求めたところ、被疑者が渋々応じたので、同交番において、本職が、被疑者に対し、3日前の脅迫について追及したところ、被疑者は、「3日前の午後10時30分頃になると思うが、ホステスの応対が悪いからやった。」などと言いながら前記犯行を自供した。

7　急速を要し裁判官の逮捕状を求めることができなかった理由

　　被疑者は、住居不定であり、職務質問中も終始逃走の気配が見受けられ、直ちに逮捕しなければ逃走されるおそれがあった。

8　逮捕時の状況

　　本職が被疑者に対し、暴力行為等処罰に関する法律違反の被疑者と認め、緊急逮捕する旨を告げたところ、被疑者は、半ばふてくされた態度を示したが、小島巡査が被疑者の両手に手錠を掛けて逮捕した。

9	証拠資料の有無
	あり
	本職らは，平成〇年12月23日午後11時15分，被疑者を警視庁新宿警察署司法警察員に引致した。
	上記引致の日

警視庁新宿警察署

司法警察員巡査部長　川村　正純　㊞

司法巡査　小島　幸雄　㊞

一口メモ　本事例は，暴力行為等処罰に関する法律1条違反の事案である。単なる脅迫罪は法定刑の上限が懲役2年であり，緊急逮捕非適用であるが，本条が適用される場合には法定刑の上限は懲役3年であることから，重罪性の要件を満たし，緊急逮捕が可能となる。

第4章 被害届

1 被害届の意義及び重要性

　被害届とは，被害者，届出人又は事件関係者（以下「被害者等」という。）が被害事実を届けた際に，その内容を作成した書類である。

　被害届は，基本書式例や簡易書式例に基づいて定められた書式ではなく，犯罪捜査規範に基づくものであり，本来は被害者等が作成して提出する書類であるが，被害者等から依頼があれば警察官が作成することができる。

　被害届は，捜査の端緒となるばかりでなく，その後の捜査における事実認定や，公判における立証のために広く使用され，また，刑訴法321条1項3号（被告人以外の者の供述書・供述調書）にいう被告人以外の者の供述書として証拠能力が認められている。

　したがって，被害届は，捜査の端緒から公判までの各段階において極めて重要な役割を持つ証拠書類であるので，適切で正確な記載が求められる。

2 被害届を受理するに当たっての留意事項

(1) まず被害者等を落ち着かせ，親身になって受理する。

　被害者等は，届出時に平常心を失っている場合が多いので，まず被害者等を落ち着かせるとともに，被害者等の立場に立ち，親身になって受理する。

(2) 被害内容を正確に把握して受理する。

　前述のとおり，被害届は重要な証拠書類であるので，届出の内容を正確に把握して受理する。また，事件によっては緊急を要する場合があるので，重要事項から先に事情を聴取するなどの配慮を行う。

(3) 公平な態度で受理する。

　被害者等は，被害を届け出れば，警察は犯人を逮捕し被害品等を取り戻してくれるであろうという期待を持っているのが普通であるので，被害届を受理する警察官は，事件の大小，被害者等の態度，あるいは社会的な地位を問わず，公平な態度で受理する。

(4) 事件が管轄区域外であっても届出を受理するとともに，必要に応じて臨場し，初動捜査を講じる。

　犯罪捜査規範61条1項は，「警察官は，犯罪による被害の届出をする者があったときは，その届出に係る事件が管轄区域の事件であるかどうかを問わず，これを受理しなければならない。」と規定しており，管轄区域外の事件であるからといって，受理しないことは許されない。

(5) 管轄権のない事件や自署で捜査することが不適当と認められる事件は，速やかにこれを適当な警察署に移送又は引継ぎをする。

3 被害届の受理要領

(1) 届出を受けた時刻を確認するとともに，それを手帳等に記載しておく。

(2) 届出人と被害者が異なっているときは，両者の関係を明らかにしておく。

(3) 被害内容を聴取する。

　被害届は，捜査の端緒として重要な意味を持つと同時に，被害事実を証明する証拠としても極めて重要な書類であるから，被害の内容を確実に把握し，正確に聴取する。

　聴取すべき事項は事件等によって異なるが，概ね，次の諸点に留意すべきである。

　　ア　いつ被害にあったか。

　　　窃盗事件等で被害者等が気づかないうちに被害に遭っていたような場合

には，被害者等が被害財物を最後に確認した日時及び被害に気づいた日時を聴取する。
　イ　どこで被害にあったのか。
　　被害者等が地理不案内であったり，泥酔などのため被害に遭った場所がはっきりしないときは，地図を用いるか，あるいは被害場所へ案内させるなどして，できるだけ正確な場所を確認する。
　ウ　誰が被害者か。
　エ　届出が遅れたような場合は，その理由を明らかにしておく。
　オ　被害届の提出を求め，又は代書する。
　カ　被害届だけでは被害内容の把握が十分にできないときは，別途参考人・被害者供述調書を作成する。
　キ　被害品を速報する。
　　財産的犯罪の被害の届出を受理したときは，その被害品の特徴を詳細に聴取し，異同識別可能な物については速報する。
　ク　凶悪事件等，初動捜査を必要とする被害の届出を受理したときは優先して初動措置をとる。

4　被害届作成上の留意事項

(1)　作成に当たっては，急所を外さずに，簡潔かつ正確に作成する。
　作成に当たっては，被害者等が言い落としていることや，意味が分かりにくい部分をよく問い質し，ポイントを外さず，簡潔かつ正確に作成しなければならない。

(2)　代書する場合は，必ず被害者等の面前で行い，作成が終わった時点で読み聞かせ，あるいは閲覧させた後，誤りがないかを確かめた上で署名押印させる。

(3)　代書に当たっては，法律用語，警察用語等を用いることなく，被害者等が日常用いている平易な言葉を用いて作成する。

(4) 文字の訂正などは、被害者等自身の印鑑又は指印によって行う。

(5) 傷害事件等で診断書の提出を受けたときは、診断書は、被害届に添付せず契印などもしない。

　被害届と診断書は、別個独立の書類であり、捜査、公判における使用目的や立証趣旨も異なる上、証拠法上、被害届は刑訴法321条1項3号の書面、診断書は同法321条4項の書面であり、取扱いが異なるので、被害届に診断書を添付して契印してはならない。

(6) 届出人は、少なくとも被害の状況が分かり、被害品の処分権限を有する者であることが望ましい。

(7) 未成年者が届け出た場合は、その者にどの程度の判断能力があるかどうかを検討した上で受理する。

(8) 万引き及び乗り物盗の被害届

　万引きについては、少年簡易送致事件を除き、強制事件、任捜事件を問わず、万引き専用被害届（別記様式）を使用する。また、乗り物盗（自転車盗、オートバイ盗、自動車盗、その他）の被害届についても、乗り物盗専用被害届（別記様式）を使用する。

　なお、被害状況が複雑である場合等で、本様式での受理が難しい場合は、別記様式第6号の被害届を使用する。

5　被害届の具体的作成要領（別記様式第6号）

(1) 「罪名」欄

　「次のとおり　　　　被害がありましたからお届けします。」の空欄に罪名等を記入するが、被害届は、前述したように、本来、一般人が作成して提出する書類であるから、法律用語より一般的な用語、例えば、窃盗であれば「盗難」などと記載した方がよい。

　被害届を受理する時点は捜査の初期的段階の場合が多く、その段階では例え

ば，詐欺になるのか横領になるのかがはっきりしないなど，罪名を特定できない場合があるが，そのような場合は，単なる推測によって記載することなく，空白にしておく。

(2) 「年月日」欄

　被害者等が実際に届け出た日を記載する。大部分の書類は，その書類を作成した日を記載するようになっているので，注意を要する。

(3) 「届出人の住居，氏名，電話番号」欄

　被害者が旅行中であったため，全く被害状況を知らないとか，病気で入院中のため被害届を提出できないなど特別な理由がある場合以外は，被害者から直接事情を聴取した上，被害者自身から被害届を提出させるようにする。

　この欄は，実際に届け出た者の住居，氏名を自署させる。例えば，妻が被害者である夫の氏名を記載したり，あるいは，デパートやスーパーなどが届け出る被害届に，従業員が店長などの氏名を記載するようなことはせず，実際に届け出た者に自署させる。そして，後述する「参考事項」欄に被害者との関係を記載する。

　また，届出人が非識字者や負傷などのため自署できず，どうしても代書しなければならないときには，その理由を末尾空欄に記載する。

　電話番号は，後日の再聴取や，送致を受けた検察官が呼出しを行うときに必要であるので，忘れずに記載する。連絡が取りやすいように，自宅の電話番号だけでなく，勤務先や携帯電話の電話番号も併記しておくのが望ましい。

　届出人が個人の立場でなく，会社の役職員の立場で届け出た場合には，会社の所在地を記載した上，届出人の役職を明らかにし，公の立場で届け出たものであることを明確にしておく。

(4) 「宛名」欄

　被害届を受理した警察官が所属する警察署の長（警察署長）を記載する。
　したがって，届出に係る被害が管轄区域外で発生した場合でも，この欄には，その届を受理した警察官の所属する警察署の長（警察署長）を記載する。

⑸ 「被害者の住居，職業，氏名，年齢」欄

　保護法益を侵害された者の住居，氏名等を記載する。ただ単に「届出人に同じ」などと記載している被害届が見受けられるが，届出人と同一であっても，住居，職業，氏名，年齢の全てを記載する。ただし，万引き専用被害届には，「□届出人と同じ」の□にチェックし，乗り物盗専用被害届には「1　届出人に同じ」の1を○で囲む簡易な記載がそれぞれ認められている。

　なお，性犯罪事件等については，被害者保護の観点から，氏名及び年齢のみを記載し，住居及び電話番号等は記載しないなどの配慮が必要な場合があるので注意を要する。被害者と届出人が同じ場合には，届出人欄でも同様の配慮が必要である。

〈罪種別被害者例〉

① 窃盗罪

　盗難被害に遭った際に，被害品を占有していた者が被害者である。
　　ⓐ　上下主従者間の占有（例えば店主と店員の占有）は上位者（店主）
　　ⓑ　委託された包装物の占有（封緘された包装物の内容物）は委託者
　　ⓒ　共同占有は共同占有者全員

　したがって，占有者と所有者は必ずしも同一人とはいえないので，占有者と所有者が異なるときは，占有者を被害者とし，所有者については，後述する「被害金品」欄の「所有者」欄にその名前，会社名等を記載する。

② 強盗及び恐喝罪

　暴行，脅迫を受けた者と財物の占有者，所有者が異なる場合には，両者が被害者であるが，実務上は，暴行，脅迫を受けた者を被害者として被害届に記載している。

③ 詐欺罪

　詐欺罪においても，上下主従の関係に立つ複数人が財物を共同して所持していると認められる場合において問題となるが，下位の者が欺罔された財物を交付した場合には，下位の占有者が，上位の占有者の判断を求め，上位の占有者の指示に従って行動したときは，上位の占有者が被害者である。

④ 横領罪

　被害者は財物の所有者である。

⑤ 器物損壊罪

　被害者は一般には所有者であるが，差押物，物権が設定されている物，賃貸物等が損壊，傷害されたときは，その差押権者，物権取得者，賃貸人等も被害者である。このように，被害者が2人以上いるときは，どちらか一方をこの欄に記載する。

　なお，被害者が犯人の処罰を求めている場合には，別途告訴状を徴し，又は告訴調書を作成する必要がある。また，被害者が法人の場合には，その代表者から告訴状を徴すること。

(6) 「被害の年月日時」欄

　この欄は，犯罪の特定など，極めて重要なところであるので，正確に記載する。

　被害の日時は，被害者が恐喝，詐欺などの面接犯によって被害を受けた場合には，比較的に正確に記載することができるが，窃盗などのように被害者が気づかないうちに被害に遭った場合には，その日時を正確に特定づけることは困難である。

　したがって，被害日時について被害者の認識が曖昧である場合には，ある程度の幅を持たせることもやむを得ない。例えば窃盗の場合には，被害者等が被害財物を最後に認識した日時から盗まれたことに気づいた日時までをこの欄に記載する。

　被疑者の自供によって初めて被害に遭っていたことが判明したといういわゆる未届事件についてこの欄を作成する場合は，被害者等の記憶がはっきりしていないのに，被疑者が自供しているのだから間違いないという考えから，被疑者の自供どおりに被害日時を特定して記載してはならず，あくまでも被害者等の記憶の範囲で記載する。

　複数の犯行が包括一罪となり被害届が1通で足りる場合は，犯行の始期から終期まで記載する。

(7) 「被害の場所」欄

　この欄も，前記「被害の年月日時」欄同様，犯罪の特定上重要なところであるので正確に記載する。

　被害の場所がはっきりしない場合には，地図を用いるとか，あるいは被害者に被害場所へ案内させるなどして，できるだけ正確な被害場所を記載する。

　被害の場所を推測等によって特定し，後日，その場所でなかったというのでは，被害届の信用性が失われることとなるので，注意しなければならない。

(8) 「被害の模様」欄

　ア　被害者等の記憶に基づき，ポイントを外さず被害の状況を要領よくまとめ上げる。被害者等の認識又は記憶していない事実を推測によって記載してはならない。

　イ　面接犯については，犯人の言動を明らかにする。

　ウ　詐欺，傷害などの面接犯や複雑な犯罪については，単に「別添供述調書のとおり」とだけ記載することなく，そのポイントを簡潔に記載する。

　エ　傷害を伴う被害で，診断書を得た場合であっても，「別添診断書のとおり」と記載することなく，傷害の部位，程度，模様を簡記する。また，被害届と診断書は全く別の独立した証拠であるから，両者を契印しない。

(9) 「被害金品」欄

　この欄は，被害金品を特定する上で重要なので，漏れなく，しかも詳しく記載して，他の物と区別できるように記載する。もし，この欄に記入しきれないときは，別紙に記載して，別紙を被害届に添付して契印する。

　ア　「品名」欄

　　(ア)　現金は，合計金額を記載して，その金種・内訳も記載する。

　　(イ)　同種の被害品，あるいは現金であっても，所有者が異なる場合には，所有者ごとに記載する。

　　(ウ)　外国貨幣，外国紙幣は物品として記載する。現金は我が国の通貨（紙幣，貨幣）だけである。

　イ　「数量」欄

　　　品名の数詞（数量の呼称）によって記載する。

ウ 「時価」欄

時価とは相当額のことであるから,「○○円くらい」と記載しない。

万引き事件で別記様式第6号を使用する場合は,時価を販売価格に訂正し,原則として税込み価格で記載する。

エ 「特徴」欄

他の物と識別できるように,銘柄,色,形状,模様,番号等を具体的かつ詳細に記載する。

この欄の記載は,特に捜査資料として重要であるので,保証書等があればそれに基づいて記載する配意が必要である。

オ 「所有者」欄

占有者ではなく,実際の所有者名を記載する。所有者が被害者や届出人と異なる場合には,その者の住所も記載する。また,法人が所有者である場合には,法人名を記載するとともに,法人名の次にその法人の管理者を括弧書きをする。例えば,○○株式会社(代表取締役甲野一郎)のように記載する。

カ 合計の記載

被害品名(現金を除く)が2つ以上あるときには,最後に記載した被害品の下部に「計」と記載し,更に「数量」欄,「時価」欄にそれぞれ合計数量と合計額を記入する。

キ 傷害の場合の記載

この欄は斜線を引き,押印(指印)する。したがって,負傷の部位,程度等はこの欄に記載せず,「被害の模様」欄や供述調書に記載する。

(10) 「犯人の住居,氏名又は通称,人相,着衣,特徴等」欄

面接犯等で犯人の推定年齢,身長,体格等が分かっている場合は,それらを記載する。見方によってかなりずれが生じるので,幅をもった記載をする。

特に,強盗や恐喝事件などの場合は,被害者は恐怖心をもって見ていることがあるので,特に注意しなければならない。後日,犯人が検挙された場合に,被害届の年齢や身長などと真犯人の年齢,身長とがあまりにも違っていたのでは,信用性が疑われる。

⑾ 「遺留品その他参考となるべき事項」欄

この欄には
① 届出人と被害者が異なるとき，その関係
② 遺留品，指紋，足跡等があればそれを
③ 犯行時刻を推定した場合は，その理由と根拠
④ 未届や届出が遅れた場合は，その理由
⑤ スリ被害や面接犯の場合には，被害者の被害時における服装，所持品及び特徴等
⑥ 被害時の天候（風，雨，雪）や付近の祭礼，催し事

など，参考となる事項を記載する。

6 被害届と被害者調書等との関係における留意事項

　これまで述べたように，被害届は，当該刑事事件の事実認定に用いられる重要な証拠書類であり，高度の正確性が求められる。その一方で，被害者たる届出人は，冷静さを失った状態で申告してくる場合もままあり，記憶が曖昧であったり，間違えて記憶していたりすることがあるため，申告内容が確定できず，あるいは誤って申告している場合があり得る。そのため，被害届には間違った内容が記載され，別途供述調書を作成した際に誤りに気づき正しい記憶に基づいて供述したときには，その調書の内容と前に作成された被害届の内容とが食い違ってしまうことになる。また，後日の再聴取においても，前に申告した被害の内容とずれが生じる場合もある。

　このような被害に関する供述内容の変遷は，被害者（届出人）の供述の信用性を低下させる要因となり，被害事実自体が真実と言えるのか，被害品として申告された物の一部が実際には被害に遭っていないのではないか，被害の目撃情報が間違っていて信用できないのではないかなどの疑問を生じさせ，結局，事実認定に重大な支障を来してしまうことになりかねない。

　したがって，このような事態に至らないように，被害届には，曖昧な点を無理に特定したり，推測で記載しないのはもちろんのこと，別途供述調書で被害届とは違う内容を述べた場合や，再聴取の際に以前と異なる供述をした場合には，被害届の申告内容との相違点を指摘した上で，被害届の内容が間違ってい

るのであれば，なぜ被害届で間違った申告をしたのか，なぜ誤りに気づいたのか，なぜ調書で述べたことの方が正しいといえるのかなどの点を聴取し，これらをその調書に盛り込んでおく必要がある。

被害届の作成事例

罪　名	事　例	参照頁
(1) 窃　盗 （空き巣）	買物で外出中に室内が荒らされ現金等が盗難（犯行用具が遺留）	385頁
(2) 窃　盗 （空き巣）	空き巣被害後，後日更に被害品が判明した場合（追加被害届）	387頁
(3) 窃　盗 （空き巣）	外出中に室内のタンス引出内より財布等盗難	389頁
(4) 窃　盗 （忍込み）	夜間就寝中に室内が荒らされ現金等が盗難（遺留足跡）	391頁
(5) 窃　盗 （忍込み）	夜間就寝中に室内が荒らされ現金等が盗難（被害品の一部が近くで発見）	393頁
(6) 窃　盗 （居空き）	家族で夕食中，隣室のタンス引出内より現金が盗難（未届事案，警察からの連絡で届出）	395頁
(7) 窃　盗 （事務所荒し）	会社の事務所内が荒らされ，現金等が盗難（被害品が多く，別紙を使用する場合）	397頁
(8) 窃　盗 （事務所荒し）	会社の事務所が荒らされたが，被害がなかった場合（未遂）	400頁
(9) 窃　盗 （出店荒し）	夜間閉店中のスナックに侵入され，現金等が盗難（土足跡あり）	402頁
(10) 窃　盗 （倉庫荒し）	倉庫内の真鍮板等が盗難	404頁
(11) Ⅰ．窃　盗 （自動車盗）	路上に止めておいた自動車が盗難（専用被害届による場合・別紙を用いる場合）	406頁
(12) Ⅱ．窃　盗 （オートバイ盗）	大学の駐車場よりオートバイが盗難（専用被害届による場合）	408頁
(13) Ⅲ．窃　盗 （自転車盗）	駐輪場に止めておいた自転車が盗難（専用被害届による場合）	409頁

⑭	IV. 窃盗 （乗り物盗その他）	公園入口に置いたキックボードが盗難（専用被害届による場合・代わりの者が届出・警視庁様式）	410頁
⑮	窃　盗 （万引き）	ドラッグストア店内で，鎮痛剤等が万引きされ，店員が現認（専用被害届による場合）	411頁
⑯	窃　盗 （万引き）	コンビニ経営者がコンビニ店内で防犯カメラのモニターで目撃（専用被害届による場合）	413頁
⑰	窃　盗 （万引き）	スーパー警備員がストア内での万引き犯を現認（専用被害届による場合）	415頁
⑱	住居侵入 （窃盗目的）	自宅敷地内勝手口ドア付近に不審者を発見，叫んだところ逃走	417頁
⑲	住居侵入 （のぞき）	自宅敷地内に侵入した男に風呂場をのぞかれ，叫んだところ逃走	419頁
⑳	詐　欺 （無銭）	料理店での無銭飲食	421頁
㉑	詐　欺 （無銭）	タクシーの無賃乗車	423頁
㉒	詐　欺 （無銭）	旅館の無銭宿泊	425頁
㉓	詐　欺 （留守宅）	夫が交通事故を起こしたとの欺罔により，同僚を名乗る訪問者に現金をだまし取られる	427頁
㉔	恐　喝	パチンコ店内で遊んでいた他の客から，脅されて金銭をとられる	429頁
㉕	放　火	自宅車庫内のゴミ箱に放火される	431頁
㉖	放　火	月極駐車場に駐車中の自車が放火される	433頁
㉗	公務執行妨害	職務質問中，パトカーにつばを吐かれ，受令機を奪い取られ，大腿部を足で蹴られる（現行犯逮捕）	435頁
㉘	公務執行妨害・傷害	不審者を職務質問中，顔面を殴られて，負傷	437頁
㉙	暴　行	飲み屋で飲食中，他の客にいいがかりをつけられ殴られる	439頁

⑶⓪	暴　行	自動車事故の相手に殴られる等の暴行を受ける	441頁
⑶⑴	傷　害	道路上で，相手の運転手に殴られて負傷（詳細は，被害者供述調書による場合）	443頁
⑶⑵	傷　害	タクシー乗り場で，割り込み客に殴られ，負傷（届出人が右手負傷のため代書）	445頁
⑶⑶	傷　害	スナック店内で，別の客に殴られ，負傷（現行犯逮捕）	447頁
⑶⑷	傷　害	電車内で携帯電話の使用を注意したところ，それを根にもたれ，駅ホーム上において洋傘で殴られ，負傷	449頁
⑶⑸	傷　害	路上で人とぶつかり，相手に殴られて，負傷	451頁
⑶⑹	脅　迫	隣家の工事音がうるさいので，工事責任者に注意したところ，脅迫される	453頁
⑶⑺	器物損壊	駐車場に止めていた自車のフェンダー等に傷をつけられる	455頁
⑶⑻	器物損壊	酒場内で客が従業員に文句をつけ，椅子を投げて店のガラス戸を破壊	457頁
⑶⑼	器物損壊	通学電車内で，スカートを切られる	459頁
⑷⓪	威力業務妨害	スナック店内で，文句をつけて料理を投げるなどして暴れ，店が営業不能に	461頁
⑷⑴	迷惑防止条例違反 （盗撮）	駅のエスカレーター上で盗撮され，目撃者とともに取り押さえる	463頁

「被害の模様」欄のみ

(42)	学校荒し	465頁上段
(43)	旅館荒し	465頁下段
(44)	病院荒し	466頁上段
(45)	給油所荒し	466頁下段
(46)	工場荒し	467頁上段
(47)	更衣室荒し	467頁下段
(48)	金庫破り	468頁上段
(49)	職権盗	468頁下段
(50)	さい銭ねらい	469頁上段
(51)	部品ねらい	469頁下段
(52)	色情ねらい	470頁上段
(53)	非侵入盗その他（船上ねらい）	470頁下段
(54)	車上ねらい	471頁上段
(55)	工事場ねらい（資材置き場荒し）	471頁下段
(56)	工事場ねらい	472頁上段
(57)	玄関荒し	472頁下段
(58)	非侵入窃盗その他（庭荒し）	473頁上段
(59)	非侵入窃盗その他（野荒し）	473頁下段
(60)	ひったくり	474頁上段
(61)	すり	474頁下段
(62)	仮睡者ねらい	475頁上段
(63)	脱衣場ねらい	475頁下段
(64)	非侵入窃盗その他（電話機荒し）	476頁上段
(65)	自動販売機ねらい	476頁下段
(66)	非侵入窃盗その他（店舗荒し）	477頁上段
(67)	置引き	477頁下段

(1) 窃 盗 （空き巣）	買物で外出中に室内が荒らされ現金等が盗難（犯行用具が遺留）

別記様式第6号（犯罪捜査規範第61条） 　　　　　　　　　　　　　　　　（その1）

被 害 届

平成〇年 4 月 8 日

警視庁　　　小平警察署　　　長 殿

　　　　　　　　　　届出人住居　東京都小平市小川町3丁目2番1号 五月荘1階2号室

　　　　　　　　　　氏　　名　森田 智子　　　　　　　　　　　　　㊞

　　　　　　　　　　　　　　　　　　自宅（電話　　041-321-5432　　）

次のとおり　盗　難　被害がありましたからお届けします。

被害者の住居, 職業, 氏名, 年齢	東京都小平市小川町3丁目2番1号 五月荘1階2号室 　　会社員（㈱小金井自動車営業担当） 　　森田　俊一（45歳）
被害の年月日時	平成〇年4月8日　午前10時45分頃から 　　　　　　　　　午前11時50分頃まで　の間
被害の場所	東京都小平市小川町3丁目2番1号 　五月荘1階2号室6畳間
被害の模様	私は, 昼食の準備のため戸締りをして近くのスーパーに買物に行き, 1時間くらいして帰り, 玄関の錠に鍵を入れたところ, 鍵が掛かっておらず, 不思議に思って中に入ると, 勝手口のガラス窓が破られてドアが開いていたので, 泥棒に入られたと思い調べたところ, 6畳間の整理タンスや洋服タンスの引出しが全部引き出され, 洋服タンスの一番下の引出しに入れておいた現金や預金通帳などが盗まれておりました。

別記様式第6号 (その2)

	被害者氏名	森田　俊一

	品　名	数　量	時　価	特　徴	所有者
被害金品	1. 現金5万円 　内訳 　1万円札	 5枚		株式会社小金井自動車と社名が印刷された中型茶封筒入り	森田　俊一
	2. 銀行預金通帳	1通		森田俊一名義 三井住友銀行杉並支店発行 普通預金残高 1,500,000円	同　　上
	3. 印鑑	1個	2万円	森田と刻印。象牙	同　　上
	計現金ほか	2点	2万円		

犯人の住居,氏名又は通称,人相,着衣,特徴等	わかりません。
遺留品その他参考となるべき事項	1. 私は被害者の妻です。 2. 勝手口のタタキに私どもの物でないドライバー1本が落ちていました。

※　以上本人の依頼により代書した。

　　　　　　　　　　　　　　　　警視庁小平警察署
　　　　　　　　　　　　　　　　　司法巡査　板垣　　修　㊞

届出受理時間	4月8日午後0時30分	届出受理者	係	地域第1	氏名	板垣　　修

注意　1　届出人と被害者とが異なるときは，届出人と被害者との関係及び本人届出の理由を遺留品その他参考となるべき事項欄に記入すること。
　　　2　届出人の依頼によって警察官が代書したときは，※印欄に「以上本人の依頼により代書した。所属，官職，氏名」を記載し，押印すること。

一口メモ　本事例に適用される罪名は，法律的には住居侵入及び窃盗であるが，被害届に記載する罪名は，届出人が通常使用している用語の方がふさわしいので，ここでは「盗難」と記載している。

(2) 窃 盗 　　（空き巣）	空き巣被害後，後日更に被害品が判明した場合（追加被害届）

別記様式第6号（犯罪捜査規範第61条）　　　　　　　　　　　　　　　（その1）

追加 **被 害 届**

平成○年 4 月 10 日

警視庁　　荻窪警察署　　長 殿

　　　　　　　届出人住居　東京都杉並区天沼3丁目2番1号

　　　　　　　氏　　　名　酒井　美子　　　　　　　　　　　㊞
　　　　　　　　　　　ふりがな　さかい　よしこ

　　　　　　　　　　　　　　　自宅（電話　　　03-3397-1821　　　）

次のとおり　盗　難　被害がありましたからお届けします。

被害者の住居, 職業, 氏名, 年齢	東京都杉並区天沼3丁目2番1号 　公務員（杉並区役所年金課） 　　酒井　茂樹（42歳）
被害の年月日時	平成○年4月8日　午前10時15分頃から 　　　　　　　　　午前11時45分頃まで　の間
被害の場所	東京都杉並区天沼3丁目2番1号 　自宅1階8畳間
被害の模様	私は，今月の8日，自宅に空き巣に入られ現金や貴金属などを盗まれ，すぐ御署にお届け致しましたが，その後詳しく調べましたところ，自宅1階8畳間の整理タンスの下から2番目の引出しに入れておいた現金3万円入りの茶封筒とダイヤの指輪1個が盗まれておりましたので，追加被害届をします。

別記様式第6号 (その2)

	品　名	数量	時価	特　徴	所有者
被害金品	1. 現金3万円 内訳 　1万円札	3枚		何も記載されていない茶封筒に入っている	酒井　茂樹
	2. 指輪	1個	15万	18金製　甲丸, 菊の総彫り, サイズ12番 K18. StoYの刻印入り	酒井　美子

被害者氏名　酒井　茂樹

犯人の住居, 氏名又は通称, 人相, 着衣, 特徴等	わかりません。
遺留品その他参考となるべき事項	私は被害者の妻です。

※　以上本人の依頼により代書した。

　　　　　　　　　　　　　　警視庁荻窪警察署
　　　　　　　　　　　　　　司法巡査　上杉　満　㊞

| 届出受理時間 | 4月10日午前11時50分 | 届出受理者 | 係 | 地域第2 | 氏名 | 上杉　満 |

注意　1　届出人と被害者とが異なるときは，届出人と被害者との関係及び本人届出の理由を遺留品その他参考となるべき事項欄に記入すること。
　　　2　届出人の依頼によって警察官が代書したときは，※印欄に「以上本人の依頼により代書した。所属, 官職, 氏名」を記載し，押印すること。

一口メモ　被害金品が現金である場合は，金種内訳を記載しておくこと。金種ごとの枚数（個数）が正確に申告できないときは，「くらい」を付けて概数を書き，金額も「くらい」とすること。

(3) 窃盗 （空き巣）	外出中に室内のタンス引出内より財布等盗難

別記様式第6号（犯罪捜査規範第61条）　　　　　　　　　　　（その1）

被　害　届

平成○年 7 月 28 日

警視庁　　上野警察署　　　長　殿

届出人住居　東京都台東区池之端1丁目2番3号寿荘1階3号室

氏　名　和田　里子（ふりがな　わだ　さとこ）　　　　㊞

自宅（電話）　　03-2345-6789

次のとおり　盗　難　被害がありましたからお届けします。

被害者の住居, 職業, 氏名, 年齢	東京都台東区池之端1丁目2番3号寿荘1階3号室 　無職 　　和田　里子（72歳）
被害の年月日時	平成○年7月28日　午後1時30分頃から 　　　　　　　　　午後2時0分頃まで の間
被害の場所	東京都台東区池之端1丁目2番3号寿荘1階3号室 　自室8畳間
被害の模様	私は，出入口の鍵をしっかり掛けて，30分くらいの間，知り合いのところに遊びに行って帰ってみると，出入口ドアが少し開いており，不思議に思って室内に入ったところ，8畳間の整理タンスの引出しが少しずつ全部引き出され，上から2番目の引出しの中から現金3万入りの財布と整理タンスの上に置いた腕時計が盗まれておりました。

別記様式第6号 (その2)

| | 被害者氏名 | | 和田 里子 |

	品 名	数 量	時 価	特 徴	所 有 者
被害金品	1. 財布 在中 　現金3万円 　　内訳 　　　1万円札 　　　5千円札 　　　千円札	1個 2枚 1枚 5枚	5,000円	婦人物, 赤色, 牛革製, 二ツ折	和田 里子 同　　上
	2. 女物腕時計	1個	5,000円	女物, シチズン・シャレックス, クォーツモデル, 側番号不明, ステンレス側 12型, 角型, 白文字盤, オール棒字, 中三針, 日付, 曜日付, 非防水, 黒革バンド付	同　　上
	計現金ほか	2点	10,000円		

犯人の住居, 氏名又は通称, 人相, 着衣, 特徴等	わかりません。
遺留品その他参考となるべき事項	ありません。

※ 以上本人が右手負傷のため自署できないため, 本人の依頼により代書した。
　　　　　　　　　　　　　　　　警視庁上野警察署
　　　　　　　　　　　　　　　　　　司法巡査　平尾　正志　㊞

| 届出受理時間 | 7月28日午後2時40分 | 届出受理者 | 係 | 地域第2 | 氏名 | 平尾　正志 |

注意　1　届出人と被害者とが異なるときは, 届出人と被害者との関係及び本人届出の理由を遺留品その他参考となるべき事項欄に記入すること。
　　　2　届出人の依頼によって警察官が代書したときは, ※印欄に「以上本人の依頼により代書した。所属, 官職, 氏名」を記載し, 押印すること。

一口メモ　侵入盗の事例では, 被害日時についての被害届の明確な認識がない場合が多い。そのようなときは, 本事例のように幅をもたせた記載をすればよい。

(4) 窃 盗 (忍込み)	夜間就寝中に室内が荒らされ現金等が盗難（遺留足跡）

別記様式第6号（犯罪捜査規範第61条）　　　　　　　　　　　　　　　（その1）

被 害 届

平成○年 2 月 13 日

警視庁　　田園調布警察署　　長 殿

届出人住居　東京都大田区田園調布1丁目2番3号

氏　名　石原　幸子　　　　　　　　　　　㊞
ふりがな　いしはら　さちこ

自宅（電話）　03-1234-5678
夫の会社（電話）　03-3744-1234

次のとおり　　盗　難　　被害がありましたからお届けします。

被害者の住居, 職業, 氏名, 年齢	東京都大田区田園調布1丁目2番3号 　山田商事株式会社総務部長 　　石原　文一（52歳） 　　　ふみかず
被 害 の 年 月 日 時	平成○年2月 12日午後11時15分頃から 　　　　　　　　13日午前 6時30分頃まで の間
被 害 の 場 所	東京都大田区田園調布1丁目2番3号 　自宅1階台所及び洋間
被 害 の 模 様	私は，戸締りをして主人と一緒に1階8畳間に寝ました。朝起きて新聞を取りに行くため，勝手口の方に回ったところ，勝手口の戸が開いており，ドアと柱に何かでこじ破られたような跡があったので，泥棒に入られたと思い，主人を起こして部屋を調べたところ，台所の茶ダンスの引出しに入れておいた現金3万円入りの財布と洋間のピアノの上に置いた腕時計がなくなっておりました。

別記様式第6号 (その2)

| | 被害者氏名 | 石原　文一 |

	品　　名	数　量	時　価	特　　徴	所有者
被害金品	1. 現金3万円 　内訳 　　1万円札 2. 女物腕時計	3枚 1個	 50万円	 オメガ・デビル モデル番号 BC723456 機械番号 55334433 18K ホワイトゴールド側 5型，丸変型，黒色文字盤 18K ホワイトゴールドのブレスバンド付き	石原　文一 石原　幸子

犯人の住居，氏名又は通称，人相，着衣，特徴等	わかりません。
遺留品その他参考となるべき事項	1. 私は被害者石原文一の妻です。 2. 勝手口出入口前と，勝手口から洋間に続く廊下にそれぞれ土足の跡が付いていました。

※　以上本人の依頼により代書した。

　　　　　　　　　警視庁田園調布警察署
　　　　　　　　　　司法警察員巡査部長　丸山　直人　㊞

| 届出受理時間 | 2月13日午前7時0分 | 届出受理者 | 係 | 地域第1 | 氏名 | 丸山　直人 |

注意　1　届出人と被害者とが異なるときは，届出人と被害者との関係及び本人届出の理由を遺留品その他参考となるべき事項欄に記入すること。
　　　2　届出人の依頼によって警察官が代書したときは，※印欄に「以上本人の依頼により代書した。所属，官職，氏名」を記載し，押印すること。

一口メモ　土足痕などの証跡が残されていた場合には，「遺留品その他参考となるべき事項」欄にその旨明記するとともに，速やかに採証活動を行って証拠を保全しておくこと。

(5) 窃盗 （忍込み）	夜間就寝中に室内が荒らされ現金等が盗難（被害品の一部が近くで発見）

別記様式第6号（犯罪捜査規範第61条）　　　　　　　　　　　　　　　（その1）

被 害 届

平成〇年 3月10日

警視庁　　杉並警察署　　　長　殿

　　　　　　　　届出人住居　東京都杉並区梅里1丁目2番3号

　　　　　　　　氏　　　名　有村　優子　　　　　　　　　　㊞
　　　　　　　　　　（ありむら　ゆうこ）

　　　　　　　　　　　　　　　自宅（電話）　　03-5432-1234

次のとおり　盗　難　被害がありましたからお届けします。

被害者の住居，職業，氏名，年齢	東京都杉並区梅里1丁目2番3号 　角紅株式会社営業部長 　　有村　保臣（45歳）
被害の年月日時	平成〇年3月　9日午後11時30分頃から 　　　　　　　10日午前 6時15分頃まで　の間
被害の場所	東京都杉並区梅里1丁目2番3号 　自宅1階茶の間（4.5畳間）
被害の模様	私は，主人が仕事で帰れないというので，戸締りをして2階6畳間に寝ました。 　朝起きて1階へ降りてみると，茶の間（4.5畳間）の整理タンスの引出しが全部引き出され，中にあった衣類が部屋中に投げ出され，整理タンス一番上の引出しの中から現金，上から3番目の引出しの中から指輪やペンダントが盗まれておりました。 　昨晩鍵を掛けておいたはずの玄関ガラス戸の錠が開けられており，また西側の便所のガラス窓の差込錠のところが破られて差込錠がはずされて窓は開いたままになっていました。

別記様式第6号 (その2)

	被害者氏名	有村　保臣

	品　　名	数　量	時　価	特　　徴	所有者
被害金品	1. 現金15万円 　内訳 　　1万円札 　　5千円札 　　千円札	 13枚 3枚 5枚			有村　保臣
	2. 指輪	1個	100万円	プラチナ台，ダイヤ入り 6本立爪，サイズ12番 石目1.08カラット	有村　優子
	3. 指輪	1個	10万円	18K甲丸，菊の総彫り，サイズ12番 K18. YtoYの刻印入り	同　　上
	4. ペンダント	1個	3万円	18K，パール11個入り，パールは和玉で5ミリ〜8ミリくらい，ブドウの形になっている	同　　上
	計現金ほか	3点	113万円		

犯人の住居，氏名又は通称，人相，着衣，特徴等	わかりません。
遺留品その他参考となるべき事項	1. 私は，被害者の妻です。 2. 盗まれたペンダントは隣の公園に捨ててありました。

※　以上本人の依頼により代書した。

　　　　　　　　　　　　　　　警視庁杉並警察署
　　　　　　　　　　　　　　　　司法巡査　田村　康夫　㊞

届出受理時間	3月10日午前7時10分	届出受理者	係	地域第3	氏名	田村　康夫

注意　1　届出人と被害者とが異なるときは，届出人と被害者との関係及び本人届出の理由を遺留品その他参考となるべき事項欄に記入すること。
　　　2　届出人の依頼によって警察官が代書したときは，※印欄に「以上本人の依頼により代書した。所属，官職，氏名」を記載し，押印すること。

一口メモ　「被害の模様」欄には，被害状況や被害結果だけでなく，本事例のように被害前と被害後の現場の違いがあれば，それを記載しておくべきである。

| (6) 窃盗
（居空き） | 家族で夕食中，隣室のタンス引出内より現金が盗難（未届事案，警察からの連絡で届出） |

別記様式第6号（犯罪捜査規範第61条）　　　　　　　　　　　　　　（その1）

被　害　届

平成〇年 6 月 10 日

警視庁　　光が丘警察署　　長 殿

　　　　　　　届出人住居　東京都練馬区大泉学園1丁目2番3号

　　　　　　　氏　　名　工藤　信行　　　　　　　　　　㊞
　　　　　　　（ふりがな　くどう　のぶゆき）

　　　　　　　　　　　自宅（電話）　03-1234-5678
　　　　　　　　　　　会社　　　　　03-4321-1234

次のとおり　盗　難　被害がありましたからお届けします。

被害者の住居，職業，氏名，年齢	東京都練馬区大泉学園1丁目2番3号 　会社員（㈱日立商事営業担当） 　　工藤　信行（38歳）
被害の年月日時	平成〇年5月10日　午後6時20分頃から 　　　　　　　　　　午後6時30分頃までの間
被害の場所	東京都練馬区大泉学園1丁目2番3号 　自宅1階6畳間
被害の模様	先程，御署の係員から，最近盗難被害に遭っていないかどうか，お尋ねを受けましたが，実は，ちょうど1か月前の5月10日に泥棒に入られました。 　その日，私は，家族とともに1階の茶の間で夕食をとっていたのですが，隣の6畳間の方でゴソゴソしているのに気づいたのです。その時は長男が帰って来たものと思っていたのですが，中々長男が茶の間に顔を見せないので，6畳間に入って見ると，整理タンスの引出しが引き出され，現金3万円がなくなっていました。

別記様式第6号 (その2)

	品　　名	数　量	時　価	特　　徴	所有者
被害金品	現金3万円 　内訳 　1万円札	3枚			工藤　信行

被害者氏名：工藤　信行

犯人の住居,氏名又は通称,人相,着衣,特徴等	わかりません。
遺留品その他参考となるべき事項	1. 盗まれたものが現金だけですし，犯人が捕まらないと思い届けませんでした。 2. 被害日時については，被害にあった日が給料日だったので覚えているのです。

※　以上本人の依頼により代書した。

　　　　　　　　警視庁光が丘警察署
　　　　　　　　司法警察員巡査部長　横井　辰男　㊞

届出受理時間	6月10日午後3時10分	届出受理者	係	盗犯捜査係	氏名	横井　辰男

注意　1　届出人と被害者とが異なるときは，届出人と被害者との関係及び本人届出の理由を遺留品その他参考となるべき事項欄に記入すること。
　　　2　届出人の依頼によって警察官が代書したときは，※印欄に「以上本人の依頼により代書した。所属，官職，氏名」を記載し，押印すること。

一口メモ　本事例はいわゆる未届事案である。未届事案は，被疑者の自白が他の証拠に先行しているため，当該自白の信用性が極めて高いと評価できることが多い。したがって，未届事案である場合には，未届けであったことが分かるように，「遺留品その他参考となるべき事項」欄にその旨記載しておくことが必要である。

| (7) 窃盗
（事務所荒し） | 会社の事務所内が荒らされ，現金等が盗難（被害品が多く，別紙を使用する場合） |

別記様式第6号（犯罪捜査規範第61条） (その1)

被 害 届

平成〇年 7 月 8 日

警視庁　　中央警察署　　長殿

届出人住居　東京都北区赤羽1丁目2番3号

氏　　名　　川崎 太二　　　　　　　　　㊞
（ふりがな　かわさき たいじ）

自宅（電話）　03-3903-3211
会社　　　　　03-5651-1234

次のとおり　盗難　被害がありましたからお届けします。

被害者の住居，職業，氏名，年齢	東京都中央区日本橋3丁目2番1号日本橋ビル5階 ㈱山村商会（代表取締役　高林有二　55歳） （たかばやし ゆうじ）
被害の年月日時	平成〇年7月　7日午後8時15分頃から 　　　　　　　8日午前8時20分頃まで　の間
被害の場所	東京都中央区日本橋3丁目2番1号日本橋ビル5階 　㈱山村商会事務所内
被害の模様	私は，昨日事務所を出る時，事務所内の煙草の始末をし，出入口ドアには間違いなく鍵を掛けて帰ったのです。朝出勤して事務所に入りますと，事務所内の机の引出しが全部引き出され，引出し内の書類等は机の上に乱雑に投げ出されておりましたので，泥棒に入られたと思い調べましたところ，次の被害金品のとおり被害を受けました。 　昨日帰るとき，間違いなくドアに鍵を掛けたのですが，発見したとき鍵は開いておりました。

別記様式第6号　　　　　　　　　　　　　　　　　　　　　　　　　（その2）

	品　　　名	数　量	時　価	特　　徴	所　有　者
被害金品	1. 手提金庫	1個	5,000円	トーホー製　緑色 30センチメートル×20センチメートル×10センチメートル	㈱山村商会（代表取締役社長高林有二）
	2. 現金3万6,000円くらい 　内訳 　　1万円札 　　5千円札 　　千円札	 3枚 1枚 1枚くらい			同　　　上
	3. 現金2万円 　内訳 　　1万円札	 2枚		株式会社山村商会と記名のある茶封筒在中	川崎　太二
	4. ビールギフト券	6枚		キリンビール「一番搾り」、1枚大びん2本 キリンギフト券封筒在中	同　　　上
	5. 現金1万円 　内訳 　　1万円札	 1枚			東京都大田区大森東1丁目2番3号 林田　功
犯人の住居, 氏名又は通称, 人相, 着衣, 特徴等	わかりません。				
遺留品その他参考となるべき事項	私は、㈱山村商会の総務担当です。				

※　以上本人の依頼により代書した。

　　　　　　　　　　　　　　　　警視庁中央警察署
　　　　　　　　　　　　　　　　　司法巡査　佐藤　辰夫　㊞

届出受理時間	7月8日午前9時10分	届出受理者	係	地域第2	氏名	佐藤　辰夫

注意　1　届出人と被害者とが異なるときは、届出人と被害者との関係及び本人届出の理由を遺留品その他参考となるべき事項欄に記入すること。
　　　2　届出人の依頼によって警察官が代書したときは、※印欄に「以上本人の依頼により代書した。所属、官職、氏名」を記載し、押印すること。

	品　　名	数　量	時　価	特　　徴	所　有　者
被害金品	6. 現金 6,000 円 　内訳 　　5 千円札 　　500 円硬貨 　　100 円硬貨	 1 枚 1 個 5 個		茶封筒在中	東京都品川区大崎 3 丁目 2 番 1 号 河田　一郎
	7. 電子辞典	1 個	5,000 円	シャープ製卓上型，番号不明	同　　上
	8. 現金 3,560 円くらい 　内訳 　　千円札 　　500 円硬貨 　　50 円硬貨 　　10 円硬貨	 3 枚 1 個 1 個くらい 1 個くらい		白色封筒在中	東京都目黒区下目黒 4 丁目 3 番 2 号 佐藤　道夫
	9. 現金 2,300 円くらい 　内訳 　　千円札 　　100 円硬貨	 2 枚 3 個くらい			東京都渋谷区渋谷 3 丁目 4 番 5 号 佐々木　京子
	10. 指輪	1 個	8 万円	プラチナ製　甲丸 サイズ 12 番 TtoK の刻印入り	同　　上
	計現金ほか	9 点	9 万円		

一口メモ　被害金品が多い場合は，本事例のように本様式の被害金品欄冒頭から順次記載して継続用紙につなげる書き方と，被害金品欄冒頭に別紙記載のとおりと書いて全てを継続用紙に記載する書き方があるが，いずれでも差し支えない。

(8) 窃盗 （事務所荒し）	会社の事務所が荒らされたが，被害がなかった場合（未遂）

別記様式第6号（犯罪捜査規範第61条）　　　　　　　　　　（その1）

被　害　届

　　　　　　　　　　　　　　　　　　　　　平成○年 5 月 9 日

警視庁　　丸の内警察署　　長　殿

　　　　　　　　　届出人住居　東京都江東区深川1丁目2番3号

　　　　　　　　　　ふりがな　　さとう　かつひこ
　　　　　　　　　　氏　　名　佐藤　勝彦　　　　　　　　㊞

　　　　　　　　　　　　　　自宅（電話）　03-5432-8765
　　　　　　　　　　　　　　会社（電話）　03-5255-1234

次のとおり　盗　難　被害がありましたからお届けします。

被害者の住居， 職業，氏名，年齢	東京都千代田区大手町1丁目2番3号山本ビル2階 浅川鉄工株式会社代表取締役社長 あさかわ　しょういちろう 浅川　正一郎（55歳）
被害の年月日時	平成○年5月　8日午後9時15分頃から 　　　　　　　9日午前8時10分頃まで　の間
被害の場所	東京都千代田区大手町1丁目2番3号山本ビル2階 　浅川鉄工株式会社事務所
被害の模様	私は，昨日，事務所の戸締りをして最後に帰りました。今日，出勤して事務所に入ろうとしてドアの取手に手を掛けたところ，錠が壊されていたので，これは泥棒に入られたと思い，事務所内に入ったところ，机の引出しやロッカーなどがこじ破られておりました。 　出勤して来た社員とともに，盗まれた物がないかどうか調べましたが，何も盗まれたものはありませんでした。

第4章 被害届 401

別記様式第6号 (その2)

| | | | | | 被害者氏名 | 浅川 正一郎 |

	品 名	数 量	時 価	特 徴	所 有 者
被害金品					

犯人の住居,氏名又は通称,人相,着衣,特徴等	わかりません。

遺留品その他参考となるべき事項	私は,会社の総務部長です。

※ 以上本人の依頼により代書した。

　　　　　　　　　　　　　　　警視庁丸の内警察署
　　　　　　　　　　　　　　　司法警察員巡査部長　野中　文雄 ㊞

| 届出受理時間 | 5月9日午前11時5分 | 届出受理者 | 係 | 地域第4 | 氏名 | 野中　文雄 |

注意　1　届出人と被害者とが異なるときは,届出人と被害者との関係及び本人届出の理由を遺留品その他参考となるべき事項欄に記入すること。
　　　2　届出人の依頼によって警察官が代書したときは,※印欄に「以上本人の依頼により代書した。所属,官職,氏名」を記載し,押印すること。

一口メモ　被害者が会社であり,その従業員として被害の届出をした場合には,届出人の電話欄には会社の電話番号も記載しておくこと。

(9) 窃　盗 （出店荒し）	夜間閉店中のスナックに侵入され，現金等が盗難 （土足跡あり）

別記様式第6号（犯罪捜査規範第61条）　　　　　　　　　　　　　　（その1）

被　害　届

平成○年 8 月 15 日

警視庁　　西新井警察署　　長 殿

　　　　　　　　　届出人住居　東京都足立区谷在家3丁目2番1号
　　　　　　　　　　　　　　　　　　　メゾン「セントラル」503号室
　　　　　　　氏　　名　高杉　道子　　　　　　　　　　　　㊞
　　　　　　　（ふりがな　たかすぎ　みちこ）

　　　　　　　　　　　　　　自宅（電話）　03-3876-1567
　　　　　　　　　　　　　　店　　　　　　043-223-1234

次のとおり　盗　難　被害がありましたからお届けします。

被害者の住居， 職業,氏名,年齢	東京都足立区谷在家3丁目2番1号　メゾン「セントラル」503号室 スナック「馬酔木」経営 高杉　道子（35歳）
被害の年月日時	平成○年8月　14日午後11時30分頃から 　　　　　　　15日午後 5 時30分頃まで　の間
被害の場所	埼玉県川口市川口1丁目2番3号 　スナック「馬酔木」店内
被害の模様	私は，昨日午後11時30分頃，店の戸締りをして帰宅し，本日午後5時30分頃，店を開けようと思い，出入口ドアの鍵を開けようとしたところ，鍵が壊れてドアが少し開いていたので，びっくりして店内に入ったところ，レジの中から現金5万円と棚から洋酒2本が盗まれておりました。

別記様式第6号 (その2)

	品　名	数量	時価	特徴	所有者
被害金品	1.現金5万円 　内訳 　　1万円札 　　5千円札 　　千円札 2.洋酒	 3枚 3枚 5枚 2本	 2万円	 2本ともジョニー・ウォーカーゴールドラベル	高杉　道子 同　　上
	計現金ほか	2点	2万円		
犯人の住居,氏名又は通称,人相,着衣,特徴等	わかりません。				
遺留品その他参考となるべき事項	カウンター上に土足の跡がありました。				

被害者氏名　高杉　道子

※　以上本人の依頼により代書した。

　　　　　　　　　警視庁西新井警察署
　　　　　　　　　　司法巡査　木原　功夫　㊞

| 届出受理時間 | 8月15日午後6時0分 | 届出受理者 | 係 | 地域第2 | 氏名 | 木原　功夫 |

注意　1　届出人と被害者とが異なるときは，届出人と被害者との関係及び本人届出の理由を遺留品その他参考となるべき事項欄に記入すること。
　　　2　届出人の依頼によって警察官が代書したときは，※印欄に「以上本人の依頼により代書した。所属，官職，氏名」を記載し，押印すること。

一口メモ　本事例は，自署の管轄区域外の事件であるが，届出があった以上はこれを受理しなければならない（犯罪捜査規範61条1項）。

(10) 窃 盗 （倉庫荒し）	倉庫内の真鍮板等が盗難

別記様式第6号（犯罪捜査規範第61条）　　　　　　　　　　　　　　　（その1）

被 害 届

平成○年 1 月 20 日

警視庁　　　赤羽警察署　　　長 殿

届出人住居　東京都北区赤羽3丁目2番1号

氏　　名　小林　晴夫　　　　　　　　　㊞
　　　　（こばやし　はるお）

勤め先（電話　　03-5432-6543　　）

次のとおり　盗　難　被害がありましたからお届けします。

被害者の住居，職業，氏名，年齢	東京都北区桐ケ丘1丁目2番2号 　赤羽工業株式会社 　　（代表取締役社長　髙橋和雄（たかはしかずお）　55歳）
被害の年月日時	平成○年1月 19日午後7時30分頃から 　　　　　　 20日午前8時0分頃まで の間
被害の場所	東京都北区桐ケ丘1丁目2番3号 　赤羽工業株式会社倉庫内
被害の模様	私が，昨日仕事を終えて帰るとき，倉庫の戸締りをし，敷地の表門と裏門の鍵を掛けて帰りました。 　今朝出勤しますと，表門の錠が壊され開戸が少し開いていましたので，もしやと思い倉庫前に行きますと，木製の扉がこじ開けられておりました。 　倉庫内を調べたところ，東側奥隅に積んでおいた真鍮板やニッケル板が盗まれていることが分かりました。

別記様式第6号 (その2)

	被害者氏名					高橋 和雄
	品　　名	数　量	時　価	特　　徴	所有者
被害・金品	1.真鍮板	20枚	70万円	幅50センチメートル，縦1メートル，厚さ1.5センチメートル	赤羽工業株式会社（代表取締役社長高橋和雄）
	2.ニッケル板	30枚	80万円	幅20センチメートル，縦1メートル，厚さ2.5センチメートル	同　　上
	計	50点	150万円		
犯人の住居，氏名又は通称，人相，着衣，特徴等	わかりません。				
遺留品その他参考となるべき事項	1. 私は，会社の倉庫係をしております。 2. 倉庫前に自動車のタイヤの跡がありました。 3. 倉庫出入口から真鍮板やニッケル板を積んでいたところまでの間に土足の跡が3個付いていました。				

※　以上本人の依頼により代書した。

　　　　　　　　　　　　　警視庁赤羽警察署
　　　　　　　　　　　　　　司法巡査　佐々木　国雄　㊞

届出受理時間	1月20日午前8時30分	届出受理者	係	地域第2	氏名	佐々木国雄

注意　1　届出人と被害者とが異なるときは，届出人と被害者との関係及び本人届出の理由を遺留品その他参考となるべき事項欄に記入すること。
　　　2　届出人の依頼によって警察官が代書したときは，※印欄に「以上本人の依頼により代書した。所属，官職，氏名」を記載し，押印すること。

一口メモ　被害金品欄の所有者については，会社が被害者の場合は会社とし，代表者名を括弧書きで記載する。

(11)	Ⅰ. 窃盗 (自動車盗)	路上に止めておいた自動車が盗難（専用被害届による場合・別紙を用いる場合）

別記様式（乗り物盗専用）

<table>
<tr><td colspan="7" align="center">被　害　届　　　　　　　平成○○年○○月○○日</td></tr>
<tr><td colspan="7">　　　○○県○○　警察署長殿
　　　　　届出人住居　　○○県○○市○○町○丁目○番○号
　　　　　職　　業（勤務先）　会社員（株式会社○○商会営業部）
　　　　　氏名（ふりがな）　秋葉　宏（あきば　ひろし）　　㊞　　　　（33 歳）
　　　　　（電話）○○○-○○○○-○○○○　　　携帯○○○-○○○○-○○○○　）
次のとおり盗難（　自転車盗　オートバイ盗　[自動車盗]　その他　）被害がありましたからお届けします。</td></tr>
<tr><td colspan="2">被害者の住居,
職業,氏名,年齢
電話番号</td><td colspan="5">1　届出人に同じ　②　下記のとおり
　○○県○○市○○町○丁目○番○号
　株式会社○○商会（代表取締役社長　湯山　譲（ゆやま　ゆずる）68歳）
（電話）○○○-○○○-○○○○　　　携帯○○○-○○○○-○○○○　　）</td></tr>
<tr><td colspan="2">被害の年月日時</td><td colspan="5">平成○○年○○月○○日（○曜日）午前○時○分ころから
　　　　　（年　　月　　㊥日（　曜日）午前○時○分ころまで　の間</td></tr>
<tr><td colspan="2">被害の場所</td><td colspan="5">○○県○○市○○町○丁目○番○号
○○公園横路上</td></tr>
<tr><td colspan="2">被害の模様</td><td colspan="5">　　　　私　　　　　が，前記場所に止めた車両を盗まれました。</td></tr>
<tr><td colspan="2">品名・数量</td><td>時価等</td><td colspan="3">特　　徴</td><td>所有者</td></tr>
<tr><td rowspan="11">被

害

金

品</td><td>自　転　車
オートバイ</td><td rowspan="4">時価
○万円
相当</td><td>メーカー・車名</td><td colspan="2">トヨタ製・ハイエース</td><td rowspan="4">株式会社
○○商会</td></tr>
<tr><td>種類</td><td>年式・型式・インチ</td><td colspan="2">平成○○年式・○○-○○○○型</td></tr>
<tr><td></td><td>排気量等</td><td colspan="2">2500cc</td></tr>
<tr><td></td><td>登録（標識）番号</td><td colspan="2">○○　333　あ　1234</td></tr>
<tr><td rowspan="7">自　動　車
種類
普通乗用自動車
その他

1 台</td><td rowspan="7">購入年月
平成
○年○月

○万円</td><td>防犯登録番号</td><td colspan="2">なし</td><td rowspan="7"></td></tr>
<tr><td>車台（体）番号</td><td colspan="2">○○○-112233</td></tr>
<tr><td>塗色・形状</td><td colspan="2">白色，ワンボックスタイプ</td></tr>
<tr><td>自転車種類</td><td colspan="2">1 スポーツ　2 ミニサイクル　3 軽快　4 実用　5 その他（　　）</td></tr>
<tr><td>施錠設備の有無</td><td colspan="2">1 無　　②有　（　　　　　　　　　　　　　　　　　）</td></tr>
<tr><td>施錠の状況</td><td colspan="2">1 施錠した。　　エンジンキーはついたままでした。
②施錠せず。　　ドアロックしていませんでした。</td></tr>
<tr><td>変速機・記名・
盗難防止装置の有無，
ガソリン残量等</td><td colspan="2">ボディに黒字で社名が表示してあります。
ガソリンはほぼ満タンでした。</td></tr>
<tr><td colspan="2">積載物等</td><td>数　量</td><td>時　価</td><td colspan="2">特　　徴</td><td>所有者</td></tr>
<tr><td colspan="2">別紙のとおり</td><td></td><td></td><td colspan="2"></td><td></td></tr>
<tr><td colspan="7">犯人の住居,氏名又は通称，人相，着衣，特徴等　　1　犯人は，（
　　　　　　　　　　　　　　　　　　　　　　　②　わかりません。</td></tr>
<tr><td colspan="7">遺留品その他参考
となるべき事項　　1　無　　別紙のとおり
　　　　　　　　　②　有</td></tr>
<tr><td colspan="7">※以上本人の依頼により代書した。
　　　　　　　　　　　　　　　　　　　○○県○○警察署司法警察員巡査部長○○○○　　㊞</td></tr>
<tr><td colspan="2">受理日時</td><td colspan="2">○○月○○日午前○○時○○分</td><td>届出受理者</td><td colspan="2">係　地域第一　氏名　○○○○</td></tr>
</table>

注意1　届出人と被害者とが異なるときは，届出人と被害者との関係及び本人届出の理由を遺留品その他参考となるべき事項欄に記入すること。
　　2　届出人の依頼により警察官が代書したときは，※印欄に「以上本人の依頼により代書した。所属，官職，氏名」を記載し，押印すること。
　　3　選択項目は，該当する番号を○で囲み，記載事項が多岐にわたる場合には別紙（乗り物盗専用）を用いること。

（用紙　日本工業規格 A4）

別紙（乗り物盗専用）

	被害者氏名	株式会社○○商会

	品　　名	数量	時価	特　徴	所　有　者
被害金品	（記載事項　無 ㊒）				
	1　財布	1個	4,000円相当	黒色革製二つ折り長財布	秋葉　宏
	2　現金2万5,000円 　　内訳 　　　1万円札 　　　千円札	 2枚 5枚			 同　　上
	3　手提カバン	1個	2万円相当	茶色布製 メーカー○○	同　　上
	4　自動車検査証 （※上記検査証を当該欄に記載することについては，県によって異なります）	1通		○○運輸支局発行	同　　上
犯人の住居，氏名又は通称，人相，着衣，特徴等	（記載事項 ㊎ 有）				
遺留品その他参考となるべき事項	（記載事項　無 ㊒） ETCカード番号は0000-0000-0000-0000です。 私，秋葉宏は株式会社○○商会の営業係で，この車を使用している者です。				

注　記載事項がある場合には，「有」を○で囲み，必要事項を記載し，記載事項がない場合には，「無」を○で囲むこと。

（用紙　日本工業規格A4）

(12) II. 窃盗（オートバイ盗）

大学の駐車場よりオートバイが盗難（専用被害届による場合）

別記様式（乗り物盗専用）

被 害 届

平成○○年 2 月 1 日

埼玉県 草加 警察署長殿

届出人住居　埼玉県草加市○○町100番地 メゾン○○ 1001号室
職　業（勤務先）　大学生（○○大学2年生）
氏名（ふりがな）　前田 敏（まえだ さとし）　㊞　（20歳）
（電話）　なし　　　　　携帯　090-○○○○-○○○○

次のとおり盗難（ 自転車盗 [オートバイ盗] 自動車盗 その他 ）被害がありましたからお届けします。

項目	内容
被害者の住居, 職業, 氏名, 年齢	① 届出人に同じ　2 下記のとおり
電話番号	（電話）　　　　　　携帯　　　　　　　　）
被害の年月日時	平成○○年 1月30日（土曜日）午後10時30分ころから／同年 2月 1日（月曜日）午前 8時15分ころまで の間
被害の場所	東京都千代田区○○1丁目1番1号　○○大学2号館駐車場
被害の模様	私　　　　　が，前記場所に止めた車両を盗まれました。

被害金品

品名・数量	時価等	特徴		所有者
自転車	時価 10万円相当	メーカー・車名	ホンダ製・タクト	前田 敏
[オートバイ] 種類 原動機付自転車		年式・型式・インチ	平成○○年式・○○-○○○○型	
		排気量等	50cc	
		登録（標識）番号	草加市 あ ○○○	
		防犯登録番号	○○○○○○○○	
		車台（体）番号	○○-○○○○○○○	
自動車 種類 その他 1台	購入年月 平成○年4月 15万円	塗色・形状	赤色，スクータータイプ	
		自転車種類	1スポーツ 2ミニサイクル 3軽快 4実用 5その他（　）	
		施錠設備の有無	1無　②有（ハンドルロック　　　　　　　）	
		施錠の状況	①施錠した。 2施錠せず。	エンジンキーを抜き，ハンドルロックしました。
		変速機・記名・盗難防止装置の有無，ガソリン残量等	ガソリンは満タンでした。	

積載物等	数量	時価	特徴	所有者
ヘルメット	1個	5,000円	黒色，フルフェイス型	前田 敏

項目	内容
犯人の住居,氏名又は通称,人相,着衣,特徴等	1 犯人は， ② わかりません。（　　　　　　　　　　　　　　　）
遺留品その他参考となるべき事項	① 無　2 有（　　　　　　　　　　　　　　　）

※以上本人の依頼により代書した。

埼玉県草加警察署　司法巡査　大野 太郎　㊞

| 受理日時 | 2月1日午前8時50分 | 届出受理者 | 係 | 地域 | 氏名 | 大野 太郎 |

注意 1　届出人と被害者とが異なるときは，届出人と被害者との関係及び本人届出の理由を遺留品その他参考となるべき事項欄に記入すること。
　　 2　届出人の依頼により警察官が代書したときは，※印欄に「以上本人の依頼により代書した。所属，官職，氏名」を記載し，押印すること。
　　 3　選択項目は，該当する番号を○で囲み，記載事項が多岐にわたる場合には別紙（乗り物盗専用）を用いること。

（用紙　日本工業規格 A4）

⑬	III. 窃盗 （自転車盗）	駐輪場に止めておいた自転車が盗難（専用被害届による場合）

別記様式（乗り物盗専用）

被害届

平成〇〇年〇〇月〇〇日

〇〇県〇〇警察署長殿

届出人 住居　〇〇県〇〇市〇〇町〇丁目〇番〇号
　　　　職業（勤務先）　会社員（株式会社〇〇商会営業係）
　　　　氏名（ふりがな）　秋葉 宏（あきば ひろし）　㊞　（33歳）
　　　　（電話）〇〇〇-〇〇〇-〇〇〇〇　　携帯 〇〇〇-〇〇〇〇-〇〇〇〇

次のとおり盗難（ 自転車盗　オートバイ盗　自動車盗　その他　）被害がありましたからお届けします。

被害者の住居,職業,氏名,年齢	① 届出人に同じ　2 下記のとおり
電話番号	（電話　　　　　　　　携帯　　　　　　　　　　）
被害の年月日時	平成〇〇年〇〇月〇〇日（〇曜日）午前〇時〇〇分ころ（から） （　年　月　日（曜日）午前　時　分ころまで）
被害の場所	〇〇県〇〇市〇〇町〇丁目〇番〇号〇〇駅中央口駐輪場
被害の模様	私　　　　　　　　が、前記場所に止めた車両を盗まれました。

被害金品	品名・数量	時価等	特徴		所有者
	自転車	時価 〇万円 相当	メーカー・車名	ミヤタ製	秋葉 宏
	オートバイ		年式・型式・インチ	27インチ	
	種類		排気量等	なし	
			登録（標識）番号	なし	
			防犯登録番号	〇〇〇〇A123456	
			車台（体）番号	JA123456	
	自動車	購入年月 平成 〇年〇月	塗色・形状	青	
	種類		自転車種類	1スポーツ　2ミニサイクル　③軽快　4実用　5その他（　）	
	その他		施錠設備の有無	1無　②有（後輪に馬蹄錠　　　　　　　　）	
			施錠の状況	①施錠した。馬蹄錠をかけました。 2施錠せず。	
	1台	〇万円	変速機・記名・盗難防止装置の有無,ガソリン残量等	後輪の泥よけに秋葉宏と白色で記名してあります。	
	積載物等	数量	時価	特徴	所有者

犯人の住居,氏名又は通称,人相,着衣,特徴等	1 犯人は、 ② わかりません。
遺留品その他参考となるべき事項	① 無 2 有

※以上本人の依頼により代書した。

〇〇県〇〇警察署司法警察員巡査部長〇〇〇〇　㊞

| 受理日時 | 〇〇月〇〇日午前〇〇時〇〇分 | 届出受理者 | 係 | 地域第一 | 氏名 | 〇〇〇〇 |

注意1　届出人と被害者とが異なるときは、届出人と被害者との関係及び本人届出の理由を遺留品その他参考となるべき事項欄に記入すること。
　　2　届出人の依頼により警察官が代書したときは、※印欄に「以上本人の依頼により代書した。所属、官職、氏名」を記載し、押印すること。
　　3　選択項目は、該当する番号を〇で囲み、記載事項が多岐にわたる場合には別紙（乗り物盗専用）を用いること。

（用紙　日本工業規格A4）

(14)	IV. 窃盗 （乗り物盗その他）	公園入口に置いたキックボードが盗難（専用被害届による場合・代わりの者が届出・警視庁様式）

〈警視庁様式〉
別記様式 （乗り物盗専用）

被 害 届

平成○○年 10 月 19 日

警視庁　杉並　警察署長殿
　　　届出人住居　東京都杉並区成田東○丁目○番○号
　　　職　業（勤務先）　無職
　　　氏　　　名　竹田 和子　㊞　　　　年齢（ 39 歳）
　　（電話　03-○○○○-○○○○）　携帯　090-○○○○-○○○○

次のとおり盗難被害がありましたからお届けします。

被害者の住居, 職業, 氏名, 年齢 電話番号	1 届出人に同じ　② 下記のとおり 住居　届出人に同じ 職業　高校生（都立○○高校3年） 氏名　竹田 晃　　　　　年齢（ 18 歳） （電話　届出人に同じ　　　　　携帯　なし）
被害の年月日時	平成○○年 10 月 18 日（日曜日）午後 4 時 30 分頃から ～~~年　月　日（　曜日）~~　午後 6 時 30 分頃までの間
被害の場所	東京都杉並区成田西○丁目○番○号　○○公園西側入口
被害の模様	私の長男　が、キックボード　を前記場所に置いていたところ、盗まれました。

被害金品		時価等	特　　　　　　徴		所有者
	自 転 車		メーカー・車名		
	オートバイ （種類） 原動機付自転車I 原動機付自転車II	時価 2000 円 相当	メーカー・車名	不明	竹田 晃
			年式・型式・インチ	4インチ	
			排 気 量 等	なし	
			登録（標識）番号	なし	
	自 動 車 （種類） （その他） キックボード 1台	購入年月等 平成 ○○年 7 月 5,000 円 くらい	防犯登録番号	なし	
			車台（体）番号	なし	
			塗色・形状	青色	
			自転車種類	1スポーツ 2ミニサイクル 3軽快 4実用 5その他（　）	
			施錠設備の有無	①無　2有（　　　　　　　　　　）	
			施錠の状況	1施錠した。 ②施錠せず。	
			変速機・記名・ 盗難防止装置の有無, ガソリン残量等		
積載物等		数　量	時　価	特　　　徴	所有者
なし					

犯人の住居, 氏名又は通 称, 人相, 着衣, 特徴等	1 犯人は、 ② わかりません。（　　　　　　　　　　　　　　　　　　）
遺留品その他参考 となるべき事項	1 無 ② 有　長男が学校に行っているため届出に来られないので、母親の私が代わりにお届けします。

※以上本人の依頼により代書した。

　　　　　　　　　　　　警視庁杉並警察署　司法巡査　川上 伸一　㊞

| 受理日時 | 10 月 19 日午前 10 時 20 分 | 届出受理者 | 係 | 地域第三 | 氏名 | 川上 伸一 |

注1　届出人と被害者とが異なるときは、届出人と被害者との関係及び本人届出の理由を遺留品その他参考となるべき事項欄に記入すること。
　2　届出人の依頼により警察官が代書したときは、※印欄に「以上本人の依頼により代書した。所属、官職、氏名」を記載し、押印すること。
　3　選択項目は、該当する番号を○で囲み、記載事項が多岐にわたる場合には別紙（乗り物盗専用補充用紙）を用いること。
備考　用紙の大きさは、日本工業規格A4とする。

(15) 窃盗（万引き）

ドラッグストア店内で，鎮痛剤等が万引きされ，店員が現認（専用被害届による場合）

別記様式 （その１）

被　害　届

平成○年 12 月 1 日

警視庁　立川　警察署長殿

届出人住居　東京都中野区東中野１丁目３番５号
職　　業　　店員（株式会社ムーンドラッグ立川店）
氏　　名　　青木　義夫　　　　　　　　　　　㊞　年齢（ 52 歳）
　　　　　　　　　　　　　　　　　　　　　（電話 ○○○-○○○○-○○○○ ）

次のとおり盗難被害がありましたからお届けします。

被害者の住居職業，氏名，年齢	□ 届出人に同じ　　☑ 下記のとおり 住居　東京都立川市曙町２丁目１番１号 職業　　　　　　　　（電話 ○○○-○○○○-○○○○ ） 氏名　株式会社ムーンドラッグ立川店（店長春日　浩　　　（ 35 歳））
被害の年月日時	平成○○年 12 月 1 日（水曜日）午後 7 時 10 分頃から （~~　　年　　月　　日（　曜日）~~）午後 7 時 30 分頃まで　の間
被害の場所	東京都立川市曙町２丁目１番１号 株式会社ムーンドラッグ立川店店内
被害の模様及び目撃状況等	私は，株式会社ムーンドラッグ立川店 の　□ 店長　☑ 店員　　　　　です。 　　　　　　　　　　　　　　　　　　　□ 上記被害の年月日時，場所において　□ 私 　　　　　　　　　　　　　　　　　☑ 春日　浩　（ 店長 ） が　□ 所有する次の被害品を　☑ 盗まれました。 　　☑ 管理　　　　　　　　　☑ 盗んだ（□ 盗もうとした）犯人を捕まえました。 □ 私 ☑ 店員の清水春子 は，犯人が　痛み止め売場の前で鎮痛剤１個を持っていた赤色ハンドバッグに入れるのをレジの防犯カメラで確認し，その後も（~~を見て，不審に思い注意しそ~~）見ていました。 □ 私　　　　　　　　は，☑ 本日　　　　午後 7 時 30 分頃， ☑ 店員の清水　　　　　　□ 犯人が　鎮痛剤１個を盗んだ後，胃腸薬　　　　　　　　　　売場で， 　　　　胃腸薬１個と口内炎薬１個　　　　　　　　　　　　　　　　を 　　　　右肩にかけていた赤色ハンドバッグの中に入れて　　　　盗むところを 　　　　胃腸薬売場の商品棚の陰から　　　　　　　　　　　　　見ました。 ☑ 犯人は，レジで精算せずに外に出て行ったので，清水は，追い掛けて声をかけたところ，犯人は万引きしたことを認め，赤色ハンドバッグの中から，盗んだ鎮痛剤１個と胃腸薬１個と口内炎薬１個を取り出して，清水に手渡しました。 清水が，犯人を事務所まで同行し，万引きの事実について確認したところ，「生活費を捻出するために万引きした。」と事実は認めていたものの，あまり反省している様子はみられなかったとのことです。
既遂未遂の別	☑ 既遂　　　　　□ 未遂

※消費税の取扱いは警視庁での運用　（消費税込み）　　　　　　　　　　（その２）

	品　名	個数	販売価格	特　徴	所　有　者
被害品	1　鎮痛剤	1個	1,500円	エスエス製薬痛み止め EVE A錠	□被害者に同じ。 ☑東京都千代田区霞ヶ関1丁目2番3号 　株式会社ムーンドラッグ 　代表取締社長 　〇〇〇〇㊞
	2　胃腸薬	1個	850円	新三共胃腸薬錠剤	同　上
	3　口内炎薬 □別紙記載のとおり	1個	800円	ペラックT錠	同　上
	計	3点	3,150円		

被害確認状況及び被害品の措置	☑　犯人が盗んだ品物を確認しましたが，当店で取り扱っている商品に間違いありません。 ☑　盗まれた商品は，□　返してもらいました。 　　　　　　　　　　☑　犯人に買い取ってもらいました。 　　　　　　　　　　□
犯人の住居，氏名又は通称，人相，着衣，特徴等	☑　犯人は，立川市緑町に住む　山口めぐみ 　　　　と名乗って　□います。 　　　　　　　　　☑いると　　　警察の方　　　　から聞きました。 ☑　犯人は，☑身長　160　センチメートルくらい 　　　　　　☑体格　やせ型 　　　　　　☑髪型　長く肩までのストレート 　　　　　　☑服装　ピンク色のブラウス，紺色のキュロットスカート 　　　　　　☑年齢　25　歳くらい 　　　の　□男 　　　　　☑女　です。 　□ 　□　わかりません。
その他参考事項	☑　万引きしたことについて，犯人は，「見つかっちゃった。」などと人ごとのように話し，全く反省している様子が窺えませんでしたので厳しく処罰してください。 　□　私 　☑　店員の清水　　　の視力は，裸眼で両目とも1.5で，店内は明るい状態でした。 　☑　私は，当店の店員として，店の商品管理や店長の不在時の代行を任されています。本日は店長に代わり届けを出します。なお，被害を届け出る権限は，店長から与えられています。 　☑　消費税については，商品個々の本体価格に税率を掛け，1円未満の端数を四捨五入する方法で計算しています。

以上本人の依頼により代書した。
　　　　　　　　　　　　　　　　警視庁　立川　警察署
　　　　　　　　　　　　　　　　　司法　警察員巡査部長　　〇〇　〇　㊞

届出受理時間	12月1日午後〇時〇分	届出受理者	係　〇〇	氏名　〇〇　〇

注1　□印のある欄については，該当の□印の中にレを付けること。
　2　届出人と被害者とが異なるときは，届出人と被害者との関係及び本人届出の理由をその他参考事項欄に記入すること。

(16) 窃盗（万引き）

コンビニ経営者がコンビニ店内で防犯カメラのモニターで目撃（専用被害届による場合）

別記様式 　　　　　　　　　　　　　　　　　　　　　　（その1）

被　害　届

平成○○年 3 月 25 日

警視庁 代々木 警察署長殿

届出人住居　東京都渋谷区本町○丁目○番○号
　　職　業　コンビニエンスストア経営（イレブンマート初台店）
　　氏　名　長田 三郎（おさだ さぶろう）　㊞　年齢（ 45 歳）
　　　　　　　　　　　　　　　（電話　03-○○○○-○○○○　）

次のとおり盗難被害がありましたからお届けします。

被害者の住居職業，氏名，年齢	☑ 届出人に同じ　　　□ 下記のとおり 住居 職業　　　　　　　　　　（電話　　　　　　　　　　　　　） 氏名　　　　　　　　　　　　　　　　（　　歳）
被害の年月日時	平成○○年 3 月 25 日（金曜日）午前10時30分頃から （　~~年　月　日（　曜日）~~　）午前10時34分頃まで　の間
被害の場所	東京都渋谷区初台○丁目○番○号 イレブンマート初台店店内
被害の模様及び目撃状況等	私は，イレブンマート初台店　の　□ 店長　□ 店員　☑ 経営者兼店長　です。 上記被害の年月日時，場所において　☑ 私 　　　□ 所有する次の被害品を　☑ 盗まれました。 が　☑ 管理　　　　　　　　　□ 盗んだ（□ 盗もうとした）犯人を捕まえました。 ☑ 私　　　　　は，犯人が入店してきたとき，事務室で防犯カメラのモニターを見ていたのですが，犯人が酔った様子でフラフラしているの　を見て，不審に思い注意して見ていました。 ☑ 私　　　　　は，☑ 本日　　午前10時34分頃， 犯人が　アルコール飲料　　　　　　　　　　売場で， ビールロング缶1本　　　　　　　　　　　　　　　　　　　　　を 手に取り，着ていたパーカーの腹のところに素早く隠し入れて　盗むところを 事務室内の防犯カメラのモニターを通して　　　　　　　　　　見ました。 ☑ 犯人が店の出入口に向かって歩き出したので，私は，事務室を飛び出して追い掛けたのですが，犯人が店の外に出たところで追いつき，「万引きするな。」と言って呼び止めました。
既遂未遂の別	☑ 既遂　　　　　□ 未遂

※消費税の取扱いは警視庁での運用　（消費税込み）　　　　　　　　　　（その2）

	品　名	個数	販売価格	特徴	所有者
被害品	缶ビール	1本	330円	サッポロエビス （500ミリリットル）	☐被害者に同じ。 ☑株式会社タチバナ 　（代表取締役　長田三郎）
	☐別紙記載のとおり				
	計	1点	330円		

被害確認状況 及び 被害品の措置	☑　犯人が盗んだ品物を確認しましたが，当店で取り扱っている商品に間違いありません。 ☑　盗まれた商品は，　☑　返してもらいました。 　　　　　　　　　　　☐　犯人に買い取ってもらいました。 ☐
犯人の住居，氏名又は通称，人相，着衣，特徴等	☑　犯人は，山口　惣一 　　と名乗って　☐いま す。 　　　　　　　☑いると　　　警察の方　　　　　　　から聞きました。 　　☑　犯人は，☑身長　165　　センチメートルくらい 　　　　　　　　☑体格　中肉 　　　　　　　　☑髪型　白髪で頭頂部が薄い 　　　　　　　　☑服装　灰色パーカーに黒ズボン 　　　　　　　　☑年齢　　50　　歳くらい 　　の　☑男　　です。 　　　　☐女 ☐ ☐　わかりません。
その他参考事項	☑　万引きしたことについて，犯人は，私が捕まえたとき「ごめん。」と言っていましたが，万引きによって店の経営が苦しくなっているのが現状ですので，厳しく処罰してください。 ☑　私　　　　　　の視力は，裸眼で左右とも1.0で，店内は明るく，モニターも ☐　　　　　　　見やすい状態でした。 ☑　イレブンマートは株式会社タチバナが経営するコンビニエンスストアで，私は，同社の代表取締役社長兼イレブンマート初台店の店長です。 ☑　消費税については，商品個々の本体価格に税率を掛け，1円未満の端数を四捨五入する方法で計算しています。

以上本人の依頼により代書した。

　　　　　　　　　　　　　　警視庁　代々木　警察署
　　　　　　　　　　　　　　　　　司法　巡査　藤谷　秀一　㊞

届出受理時間	3月25日午前11時10分	届出受理者	係	○○	氏名	藤谷　秀一

注1　☐印のある欄については，該当の☐印の中にレを付けること。
　2　届出人と被害者とが異なるときは，届出人と被害者との関係及び本人届出の理由をその他参考事項欄に記入すること。

(17) 窃盗（万引き）

スーパー警備員がストア内での万引き犯を現認
（専用被害届による場合）

別記様式　　　　　　　　　　　　　　　　　　　　　　　　　　　　　　（その1）

被　害　届

平成○○年 2 月 7 日

警視庁　志村　警察署長殿

届出人住居　埼玉県川口市西青木6丁目4番12号
職　　業　　警備員
ふりがな　たかぎ　しずえ
氏　　名　　高木　静枝　　　　　　　　　㊞　年齢（ 59 歳）
　　　　　　　　　　　　　　　　　（電話　080-3456-○○○○　　）

次のとおり盗難被害がありましたからお届けします。

被害者の住居職業、氏名、年齢	☐ 届出人に同じ　　　☑ 下記のとおり 住居　東京都板橋区小豆沢5丁目4番6号 職業　東京ストア小豆沢店店長　　（電話　03-3969-○○○○　　） ふりがな　よしだ　まこと 氏名　吉田　真　　　　　　　　　　　　　　　　　（ 56 歳）
被害の年月日時	平成○○年 2 月 7 日（日曜日）　午後0時35分頃から （　　　年　　月　　日（　曜日）　午後0時37分頃まで　　）の間
被害の場所	東京都板橋区小豆沢5丁目4番6号 株式会社東京ストア小豆沢店店内
被害の模様及び目撃状況等	私は、株式会社東京ストア小豆沢店　の　☐ 店長　　　です。 　　　　　　　　　　　　　　　　　　　　☐ 店員 　　　　　　　　　　　　　　　　　　　　☑ 警備員 上記被害の年月日時、場所において　☐ 私 　　　　　　　　　　　　　　　　　☑ 東京ストア小豆沢店店長（ 吉田　真 ） が　☐ 所有する次の被害品を　☐ 盗まれました。 　　☑ 管理　　　　　　　　　☑ 盗んだ（☐ 盗もうとした）犯人を捕まえました。 ☑ 私　　　　　　は、犯人が　店内で周囲をキョロキョロと見ながら ☐ うろうろしているの　　　　　　　　を見て、不審に思い注意して見ていました。 ☑ 私　　　　　　は、　☑ 本日　　午後0時35分頃、 　　　　　　　　　　　☐　日 犯人が　デザート　　　　　　　　　　　　　　　　　　　　　　　売場で、 シュークリーム1袋　　　　　　　　　　　　　　　　　　　　　　　を 右手でつかみ、左手に持っていた白いビニール袋に入れて　　　　　盗むところを カップ麺売場の商品棚の脇から　　　　　　　　　　　　　　　　　見ました。 ☑ その後犯人は、レジを通さず、午後0時37分頃、当店出入口から店外に出ていきましたので、私は、すぐに追い掛けて行き、「精算が済んでいませんね。」と声を掛けると、犯人は「ごめんなさい。」と言って万引きを認めました。
既遂未遂の別	☑ 既遂　　　　　　☐ 未遂

※消費税の取扱いは警視庁での運用　（消費税込み）　（その２）

	品　名	個　数	販売価格	特　徴	所　有　者
被害品	シュークリーム	1袋	117円	株式会社モンテール製、2個入り、なめらかシュークリームと記載あるもの	☑被害者に同じ。 ☑株式会社東京ストア （代表取締役　○○○○）
	☐別紙記載のとおり				
	計	1 点	117円		

被害確認状況及び被害品の措置	☑　犯人が盗んだ品物を確認しましたが、当店で取り扱っている商品に間違いありません。 ☑　盗まれた商品は、　☐　返してもらいました。 　　　　　　　　　　　☐　犯人に買い取ってもらいました。 　　　　　　　　　　　☑　返してもらいましたが、食品なので販売せずに廃棄しました。
犯人の住居、氏名又は通称、人相、着衣、特徴等	☑　犯人は，川村　みどり 　　と名乗って　☑います。 　　　　　　　☐いると　　　　　　　　　　　　　　　　　　　　　　から聞きました。 ☑　犯人は、☑身長　155　センチメートルくらい 　　　　　　☑体格　中肉 　　　　　　☑髪型　肩くらいの長さで黒髪 　　　　　　☑服装　白っぽいコート、水色のマフラー 　　　　　　☑年齢　50　歳くらい 　　の　☐男 　　　　☑女　です。 ☐ ☐　わかりません。
その他参考事項	☑　万引きしたことについて，犯人は，警察に言わないでくださいなどと申し立て，事務室に連れて行く途中に逃げ出そうとして小走りになるなど全く反省していない様子でした。 ☑　私　　　　　の視力は、両眼とも裸眼で1.2で、店内は営業時間帯で明るい状態でした。 ☑　私は、株式会社東京ストア小豆沢店に派遣されている警備員ですが、同店店長から被害を申告する権限を与えられていますので、私が店長に代わってお届けします。 ☑　消費税については、商品個々の本体価格に税率を掛け、1円未満の端数を四捨五入する方法で計算しています。

以上本人の依頼により代書した。

警視庁　志村　警察署
司法　巡査　　○○　　○○　㊞

届出受理時間	2月7日午後1時10分	届出受理者	係	○○	氏名	○○　○○

注１　☐印のある欄については、該当の☐印の中にレを付けること。
　２　届出人と被害者とが異なるときは、届出人と被害者との関係及び本人届出の理由をその他参考事項欄に記入すること。

(18) 住居侵入 （窃盗目的）	自宅敷地内勝手口ドア付近に不審者を発見，叫んだところ逃走

別記様式第6号（犯罪捜査規範第61条）　　　　　　　　　　　　　　　（その1）

被 害 届

平成○年 8月18日

警視庁　　青梅警察署　　長 殿

届出人住居　東京都青梅市野上町3丁目2番1号

　　　　　　ふりがな　むらやま　きょうこ
　　氏　　名　村山　京子　　　　　　　　　㊞

自宅（電話　　0428-23-1234　）

次のとおり　住居侵入　被害がありましたからお届けします。

被害者の住居, 職業, 氏名, 年齢	東京都青梅市野上町3丁目2番1号 　　公務員（青梅保健所保健係） 　　　むらやま　こうじ 　　　村山　公二（48歳）
被害の年月日時	平成○年8月18日午前11時30分頃
被害の場所	東京都青梅市野上町3丁目2番1号 　　自宅敷地内
被害の模様	私は，昼食の準備のため近くのスーパーで買物をして自宅に帰って来ましたところ，勝手口ドアのところに人影がするので，ガス検針員かと思って，そっと見ていたところ，その人は，年齢25,6歳くらい，黒色ジャンパー姿の男で，男は勝手口ドアと柱との間に何かを突っ込んで，ドアを開けようとしていたのです。 　私は，その姿を見て，泥棒と思い，大きな声で「泥棒」と叫んだところ，男は慌てて塀を乗り越えて逃げて行きました。 　調べましたところ，何も盗まれておりませんでした。

別記様式第6号 (その2)

| | | | | | | 被害者氏名 | 村山　公三 |

品　名	数　量	時　価	特　徴	所　有　者

被 害 金 品

犯人の住居,氏名又は通称,人相,着衣,特徴等	年齢25,6歳くらい,身長約165センチメートル,やせ型,髪短い,黒色ジャンパー,黒色ズボン姿の一見工員風の男です。
遺留品その他参考となるべき事項	(1)　私は被害者の妻です。 (2)　勝手口ドア前にドライバー1本が落ちていました。 (3)　玄関前,庭,勝手口ドア前に靴の跡がありました。

※　以上本人の依頼により代書した。

警視庁青梅警察署
司法巡査　木村　正一　㊞

| 届出受理時間 | 8月18日午後0時15分 | 届出受理者 | 係 | 地域第2 | 氏名 | 木村　正一 |

注意　1　届出人と被害者とが異なるときは,届出人と被害者との関係及び本人届出の理由を遺留品その他参考となるべき事項欄に記入すること。
　　　2　届出人の依頼によって警察官が代書したときは,※印欄に「以上本人の依頼により代書した。所属,官職,氏名」を記載し,押印すること。

一口メモ　犯人のものと思料される遺留品や足跡等の現場痕跡については,「遺留品その他参考となるべき事項」欄に書いておくこと。

(19) 住居侵入（のぞき）	自宅敷地内に侵入した男に風呂場をのぞかれ、叫んだところ逃走

別記様式第6号（犯罪捜査規範第61条）　　　　　　　　　　　　　　　（その1）

被　害　届

平成〇年 7 月 20 日

警視庁　　　日野警察署　　　長殿

　　　　　　　届出人住居　東京都日野市日野500番地

　　　　　　　氏　　名　　福田　幸子　　　　　　　　　　㊞
　　　　　　　　　（ふくだ　さちこ）

　　　　　　　　　　　　　自宅（電話　　042-586-0033　　）

次のとおり　　住居侵入　　被害がありましたからお届けします。

被害者の住居, 職業, 氏名, 年齢	東京都日野市日野500番地 青果商 福田　祐一（38歳） （ふくだ　ゆういち）
被害の年月日時	平成〇年7月20日午後9時30分頃
被害の場所	東京都日野市日野500番地 　自宅敷地内
被害の模様	私は、夕食を済ませ、風呂に入っていると、高窓が開く様な音がしたので、その方を見たところ、窓の開いたところに男の顔があったので、びっくりして「ギャ」と叫んだのです。すると夫が飛んで来たので、私は「のぞき」と言ったところ、夫は、のぞきが玄関の方に逃げたと思い、玄関の方に行きました。夫が言うには、男の人は東側の塀を乗り越えて逃げて行ったとのことです。 　私の家は高さ1.8メートルのブロック塀で囲まれていますが、その頃はまだ門扉には鍵を掛けていませんでした。

別記様式第6号 (その2)

| | 被害者氏名 | 福田 祐一 |

品　名	数　量	時　価	特　徴	所　有　者
被害金品				

犯人の住居, 氏名又は通称, 人相, 着衣, 特徴等	夫の話ですと，暗かったので逃げて行く男の人の人相等はわからないということでした。
遺留品その他参考となるべき事項	1. 私は，被害者の妻です。 2. 風呂場高窓の下の地面に足跡がありました。

※　以上本人の依頼により代書した。

　　　　　　　　　　　　　　　　警視庁日野警察署
　　　　　　　　　　　　　　　　　司法巡査　山本　等　㊞

| 届出受理時間 | 7月20日午後10時30分 | 届出受理者 | 係 | 地域2係 | 氏名 | 山本　等 |

注意　1　届出人と被害者とが異なるときは，届出人と被害者との関係及び本人届出の理由を遺留品その他参考となるべき事項欄に記入すること。
　　　2　届出人の依頼によって警察官が代書したときは，※印欄に「以上本人の依頼により代書した。所属，官職，氏名」を記載し，押印すること。

一口メモ　住居である建物のほか，これに付属する囲繞地も住居の一部である。本事例では，建物内には侵入していないが，塀で囲まれた敷地内に侵入しているので，住居侵入未遂ではなく既遂と評価できる。

第4章 被害届 421

⒇ 詐　欺 （無銭）	料理店での無銭飲食

別記様式第6号（犯罪捜査規範第61条）　　　　　　　　　　　　　　（その1）

被　害　届

平成○年 10月 25日

警視庁　　千住警察署　　長　殿

　　　　　　　届出人住居　東京都足立区千住3丁目2番1号

　　　　　　　氏　　名　　五十嵐　弓子　　　　　　　㊞
　　　　　　　　　　　　（いがらし　ゆみこ）

　　　　　　　　　　　　　　自宅（電話　　03-4321-3456　　）

次のとおり　無銭飲食　被害がありましたからお届けします。

被害者の住居, 職業,氏名,年齢	東京都足立区千住3丁目2番1号 　飲食店（季節料理「山形」）経営 　五十嵐　弓子（45歳）
被害の年月日時	平成○年 10月 25日　午後 9時 15分頃から 　　　　　　　　　　　午後 10時 50分頃までの間
被害の場所	東京都足立区千住3丁目4番5号 　季節料理「山形」店舗内
被害の模様	私が店で料理を作っていると，初めてのお客さんで，年齢40歳くらいの男が一人で入って来て，入口近くのカウンターに腰掛け，従業員の村田幸子さんに「ビールと焼鳥をくれ」と注文したのです。幸子さんは言われるとおり，ビール1本と焼鳥3本を出しました。男の人は，その後，日本酒や，マグロの刺身，それに湯豆腐などを次々と注文し，気分良さそうに飲んだり，食べたりしながら，カラオケなどを唄っておりました。閉店近くになって男の人は急にそわそわし始めたので，注意して見ていたところ，男の人は便所へ行く振りをして逃げ出そうとしたので，料金を請求したところ，男の人は「金は全然ない。勝手にしろ。」と言うので，初めて無銭飲食されたことに気づきました。 　最初から男が無銭飲食するというのがわかっていれば，そんな人には飲食物は提供しませんでした。

別記様式第6号　　　　　　　　　　　　　　　　　　　　　　　　　　（その2）

	被害者氏名	五十嵐　弓子

	品　　名	数　量	時　価	特　　徴	所　有　者
被害金品	1. ビール	1本	600円	中びん	五十嵐　弓子
	2. 日本酒	3本(6合)	1,500円		同　　　上
	3. マグロの刺身	1皿	1,200円		同　　　上
	4. 湯豆腐	1皿	600円		同　　　上
	5. 焼鳥	3本	450円		同　　　上
	計	9点	4,350円		

犯人の住居, 氏名又は通称, 人相, 着衣, 特徴等	年齢40歳くらい, 身長165センチメートルくらい, 小太り, 丸顔, 髪7・3に分け, 黒色背広上下を着て一見紳士風の男です。パトカーのお巡りさんに連れて行かれました。
遺留品その他参考となるべき事項	1. 男の人に提供した飲食物の伝票を提出します。 2. 従業員の村田幸子さんに店を手伝ってもらっていますが, 男の人との会話などについては村田さんに聞いて下さい。

※　以上本人の依頼により代書した。

　　　　　　　　　　　　　　　　　　　警視庁千住警察署
　　　　　　　　　　　　　　　　　　　　司法巡査　後藤　学　㊞

届出受理時間	10月25日午後11時30分	届出受理者	係	地域第2	氏名	後藤　学

注意　1　届出人と被害者とが異なるときは, 届出人と被害者との関係及び本人届出の理由を遺留品その他参考となるべき事項欄に記入すること。
　　　2　届出人の依頼によって警察官が代書したときは, ※印欄に「以上本人の依頼により代書した。所属, 官職, 氏名」を記載し, 押印すること。

一口メモ　本事例は, 被害者たる経営者が届け出たものであるが, 注文を受けた者は同店従業員であり, 同人が被欺罔者であるので, 詳細を同人からも聴取して, 供述調書を作成しておく必要がある。

(21) 詐 欺 （無銭）	タクシーの無賃乗車

別記様式第6号（犯罪捜査規範第61条）　　　　　　　　　　　　（その1）

被 害 届

平成○年11月9日

警視庁　　福生警察署　　長　殿

　　　　　　　届出人住居　東京都あきる野市秋川3丁目2番1号

　　　　　　　　ふ り が な　　さいとう　じゅうきち
　　　　　　　氏　　　名　斉藤　重吉　　　　　　　　　　㊞

　　　　　　　　　　　　　　　（電話　　042-345-6789　　）

次のとおり　　無賃乗車　　被害がありましたからお届けします。

被害者の住居, 職業, 氏名, 年齢	東京都あきる野市秋川3丁目2番1号 　　個人タクシー運転手 　　　　斉藤　重吉（50歳）
被 害 の 年 月 日 時	平成○年11月9日　午前1時30分頃から 　　　　　　　　　　午前2時30分頃まで　の間
被 害 の 場 所	東京都新宿区新宿1丁目2番JR新宿駅南口から東京都福生市加美平1丁目2番木村一夫方前に至る間
被 害 の 模 様	JR新宿駅南口で乗せた男の人は，乗るなり，「福生警察署近くまでお願いします。」と言うので福生警察署に向けて走り出したのですが，男の人は「今日は競馬で儲けたので飲みすぎた。」などといかにも景気が良さそうなことを言っておりました。 　　男の人は，福生警察署近くまで来た時，急にそわそわし始め，「この近くだがなあー」などといかにも家を探している格好をしておりましたが，そのうち男の人は，「運転手さん，ここで待っていて下さい。」と言い出したので，不審に思い，「料金は8,200円です。」と言って請求したところ背広から金を出すように，背広上衣の内ポケットに手をやったりしていましたが，急に歩き出したので，右腕をつかんで更に料金を請求しました。すると男は下を向きながら「金は一銭も持っていない。」と言い出したので無賃乗車されたことに気づき，110番したのです。

別記様式第6号 (その2)

| 被害者氏名 | 斉藤　重吉 |

品　名	数　量	時　価	特　徴	所　有　者
被害金品				

犯人の住居,氏名又は通称,人相,着衣,特徴等	年齢45,6歳くらい,身長170センチメートルくらい,やせ型,丸顔,メガネ,紺色コートをきた一見紳士風の男です。私の110番で駆け付けたお巡りさんに連れて行かれました。
遺留品その他参考となるべき事項	1. 私が運転したタクシーは白塗,ナンバー多摩55あ12-34号です。 2. 私の身長は170センチメートルでやせております。また無賃乗車されたとき,紺色セーターを着て黒色ズボンをはいていました。

※　以上本人の依頼により代書した。

　　　　　　　　　　　　　　　　警視庁福生警察署
　　　　　　　　　　　　　　　　司法警察員巡査部長　中西　一茂　㊞

| 届出受理時間 | 11月9日午前3時40分 | 届出受理者 | 係 | 地域第3 | 氏名 | 中西　一茂 |

注意　1　届出人と被害者とが異なるときは,届出人と被害者との関係及び本人届出の理由を遺留品その他参考となるべき事項欄に記入すること。
　　　2　届出人の依頼によって警察官が代書したときは,※印欄に「以上本人の依頼により代書した。所属,官職,氏名」を記載し,押印すること。

■一口メモ■　無賃乗車の事例では,被害の場所は乗車区間全体となる。

(22) 詐　欺
　　（無銭）　　　旅館の無銭宿泊

別記様式第6号（犯罪捜査規範第61条）　　　　　　　　　　　　　　　（その1）

被　害　届

　　　　　　　　　　　　　　　　　　　　　　平成○年 11 月 13 日

警視庁　　青梅警察署　　　長　殿

　　　　　　届出人住居　東京都西多摩郡奥多摩町3番地

　　　　　　　　　　　　　　ふりがな　　いしやま　ちよこ
　　　　　　氏　　名　　石山　千代子　　　　　　　　　　　　㊞

　　　　　　　　　　　　　　　（電話　　0428-22-1234　　　）

次のとおり　　無銭宿泊　被害がありましたからお届けします。

被害者の住居, 職業, 氏名, 年齢	東京都西多摩郡奥多摩町3番地 　　旅館「石山」経営者 　　　　いしやま　しんいちろう 　　　　石山　信一郎（63歳）
被害の年月日時	平成○年11月　12日午後6時40分頃から 　　　　　　　　　13日午前6時30分頃まで　の間
被害の場所	東京都西多摩郡奥多摩町3番地 　　旅館「石山」
被害の模様	昨日の夕方，私が店番をしていると，年齢45,6歳くらい，紺色背広上下姿の一見紳士風の男が旅行用カバンを持ち「一晩お願いします。」というので，2階の「富士の間」に案内しました。 　男の人は，部屋でいかにも景気が良さそうに「食事に，刺身があればお願いします。酒もお願いしたい。」と言うので，男の言われるとおり，提供しました。 　今日の朝，顔を洗っていると，玄関の方で足音がするので，こんなに早く何だろうと思って，玄関へ行くと，昨晩のお客さんが旅行用のカバンを持って，玄関から出ようとしていたので，料金を請求したところ，男の人は，「実は一銭もないので，この次まで貸して下さい。」と言うので，これは無銭宿泊と直感し，夫に110番をしてもらったのです。 　男の人は，紳士風だったし，間違いなく料金を支払ってくれるものと思い宿泊させたのです。もし，一銭もないお客でしたら，宿泊させませんでした。

別記様式第6号 (その2)

| | 被害者氏名 | 石山　信一郎 |

	品　名	数　量	時　価	特　徴	所　有　者
被害金品	1. ビール	3本	1,800円	キリン，大びん	石山　信一郎
	2. 清酒	4合	2,000円	菊水	同　上
	3. 刺身の盛り合わせ	1皿	1,500円	マグロ，ハマチなど	同　上
	計	8点	5,300円		

犯人の住居，氏名又は通称，人相，着衣，特徴等	警察の人から，男は 　田崎準一（45歳） ということを聞きました。
遺留品その他参考となるべき事項	1. 私は被害者の妻です。 2. 男が飲み食いした伝票を提出します。 3. 宿泊するだけでは，1万2千円です。

※　以上本人の依頼により代書した。

警視庁青梅警察署
司法巡査　安藤　隆志　㊞

| 届出受理時間 | 11月13日午前7時30分 | 届出受理者 | 係 | 地域1係 | 氏名 | 安藤　隆志 |

注意　1　届出人と被害者とが異なるときは，届出人と被害者との関係及び本人届出の理由を遺留品その他参考となるべき事項欄に記入すること。
　　　2　届出人の依頼によって警察官が代書したときは，※印欄に「以上本人の依頼により代書した。所属，官職，氏名」を記載し，押印すること。

一口メモ　無銭宿泊の被害には，被害金品欄に記載した酒食の提供だけでなく，宿泊等の利便の供与も含まれるので，被疑事実を作成するときは，この点にも留意すること。

(23) 詐　欺 （留守宅）	夫が交通事故を起こしたとの欺罔により，同僚を名乗る訪問者に現金をだまし取られる

別記様式第6号（犯罪捜査規範第61条）　　　　　　　　　　　　　　（その1）

被　害　届

平成〇年 9 月 3 日

警視庁　　葛西警察署　　長　殿

届出人住居　東京都江戸川区船堀1丁目2番3号

氏　　名　渡辺　秋子（ふりがな　わたなべ　あきこ）　　　　　　　　　㊞

自宅（電話　　03-9876-5432　　）

次のとおり　詐　欺　被害がありましたからお届けします。

被害者の住居，職業，氏名，年齢	東京都江戸川区船堀1丁目2番3号 　タクシー運転手（㈱立花交通） 　渡辺　豊彦（ふりがな　わたなべ　とよひこ）（40歳）
被害の年月日時	平成〇年9月3日午前9時10分頃
被害の場所	東京都江戸川区船堀1丁目2番3号 　自宅玄関内
被害の模様	私が茶の間でテレビを見ておりますと，玄関のチャイムが鳴ったのでドアを開けると，主人と同じ会社の島田さんという30歳くらいの男が立っており，私に，「先程電話した者ですが，御主人が交通事故を起こし，会社に知られないために10万円必要なので，御主人から至急10万円をお預かりするように言われました。」と言い，5分前にも島田さんという人からそのような電話があったものですから，すっかり信用してしまい，その男に10万円を手渡したのです。後でおかしいと思うようになり，会社に電話したところ，主人は会社におり，交通事故は起こしていないし，島田という人も知らないということでしたので，全くでたらめということがわかり，だまされたことがわかりました。最初からこの様なことを知っていれば絶対現金は渡しませんでした。

別記様式第6号 (その2)

	品　名	数　量	時　価	特　徴	被害者氏名	渡辺　豊彦
					所有者	
被害金品	現金10万円 　内訳 　1万円札	10枚				渡辺　豊彦

犯人の住居,氏名 又は通称,人相, 着衣,特徴等	年齢30歳くらい,身長170センチメートルくらい,中肉,角顔,黒ぶちメガネ,髪7・3に分け,紺色背広上下,一見会社員風の男で,「島田」と名乗っていました。
遺留品その他参考 となるべき事項	1. 私は被害者の妻です。 2. 私は,年齢38歳,身長155センチメートル,やせ型,犯人にだまされた時,上衣が白色半袖シャツ,ズボンは空色のジーパンをはいていました。

※　以上本人の依頼により代書した。

　　　　　　　　　　　　　　　　　警視庁葛西警察署
　　　　　　　　　　　　　　　　　司法警察員巡査部長　今村　　正　㊞

| 届出受理時間 | 9月3日午前9時45分 | 届出受理者 | 係 | 地域第一 | 氏名 | 今村　　正 |

注意　1　届出人と被害者とが異なるときは,届出人と被害者との関係及び本人届出の理由を遺留品その他参考となるべき事項欄に記入すること。
　　　2　届出人の依頼によって警察官が代書したときは,※印欄に「以上本人の依頼により代書した。所属,官職,氏名」を記載し,押印すること。

一口メモ　被害者欄には,被害現金の所有者である夫を記載しているが,欺罔された者及び現金を交付した者は妻であるから,妻からの詳細な聴取が必要である。

⑷ 恐 喝

パチンコ店内で遊んでいた他の客から，脅されて金銭をとられる

別記様式第6号（犯罪捜査規範第61条） （その1）

被 害 届

平成○年 4 月 6 日

警視庁　　上野警察署　　長殿

　　　　　届出人住居　東京都北区志茂3丁目2番1号

　　　　　氏　　名　宮本 修一郎（ふりがな：みやもと しゅういちろう）　　　　　㊞

　　　　　　　　　　　　　自宅（電話）　03-8765-4321
　　　　　　　　　　　　　会社　　　　　03-3543-1234

次のとおり　恐　喝　被害がありましたからお届けします。

被害者の住居，職業，氏名，年齢	東京都北区志茂3丁目2番1号 会社員（有）川口製作所事務員） 宮本 修一郎（23歳）
被害の年月日時	平成○年4月6日午後3時30分頃
被害の場所	東京都台東区上野1丁目2番3号 台東区立上野1丁目公衆便所裏
被害の模様	私がパチンコ店で，遊んでいると，2人連れの男が来て，「おい，うめーじゃないか，ちょっと顔を貸せよ。」と言うので黙っていると，サングラスをかけた暴力団員風の男が「俺の言うことを聞けないか，時間をとらせないよ。」と言うので，男達の後ろを追って行くと，公園の公衆便所のところまで連れて行かれました。そして，サングラスの男に「パチンコ，儲かっているんじゃないか，ちょっと金を貸せよ。」などとすごまれたので，私は，相手は2人だし，何をされるかわからないので怖くなり，財布から1万円札2枚をサングラスの男に渡しました。男達は「ありがとう。」と言ってどこかへ行ってしまいました。

別記様式第6号 (その2)

| | 被害者氏名 | 宮本 修一郎 |

	品　名	数量	時価	特　徴	所有者
被害金品	現金2万円 　内訳 　　1万円札	2枚			宮本 修一郎

犯人の住居,氏名又は通称,人相,着衣,特徴等	甲—年齢25,6歳くらい,身長175センチメートルくらい,体格ガッチリ,面長,浅黒,サングラス,紺色ダブル背広上下一見暴力団員風の男です。 乙—年齢20歳くらい,身長170センチメートルくらい,丸顔,色白,黒色背広上下,一見店員風の男です。
遺留品その他参考となるべき事項	私の体格等は身長165センチメートル,やせ型,丸顔,色白で,そのとき,私は紺色ジャンパー,黒色ズボン姿で,黒色カバンを持っていました。

※　以上本人の依頼により代書した。

　　　　　　　　　　　　　　　警視庁上野警察署
　　　　　　　　　　　　　　　　司法巡査　大川　修治　㊞

| 届出受理時間 | 4月6日午後4時10分 | 届出受理者 | 係 | 地域第1 | 氏名 | 大川　修治 |

注意　1　届出人と被害者とが異なるときは,届出人と被害者との関係及び本人届出の理由を遺留品その他参考となるべき事項欄に記入すること。
　　　2　届出人の依頼によって警察官が代書したときは,※印欄に「以上本人の依頼により代書した。所属,官職,氏名」を記載し,押印すること。

一口メモ　恐喝,強盗等の事件では,犯人と被害者の体格差が重要な要素となる場合があるので,被害者の体格等についても参考となるべき事項として記載しておくとよい。

⑵⑸ 放　火　｜　自宅車庫内のゴミ箱に放火される

別記様式第6号（犯罪捜査規範第61条）　　　　　　　　　　　　　　（その1）

被　害　届

平成○年 2 月13日

警視庁　　向島警察署　　長 殿

　　　　　　　届出人住居　東京都墨田谷区立花1丁目2番3号

　　　　　　　氏　　名　小林　裕一　　　　　　　　　　㊞
　　　　　　　　ふりがな　こばやし　ゆういち

　　　　　　　　　　　　自宅（電話　　03-3695-1234　　　）

次のとおり　　放　火　　被害がありましたからお届けします。

被害者の住居,職業,氏名,年齢	東京都墨田谷区立花1丁目2番3号 　青果商 　　　小林　裕一（55歳）
被害の年月日時	平成○年2月13日午前6時30分頃
被害の場所	東京都墨田谷区立花1丁目2番3号 　自宅車庫
被害の模様	私の家は，木造モルタル2階建ての家屋と，家屋の北側に家屋と接して，16平方メートルの広さの車庫があります。 　車庫には，自家用車とオートバイ，それに60センチメートル×60センチメートル×90センチメートルの木製のゴミ箱などが置いてあり，車庫には誰でも出入りができます。 　今朝起きて散歩しようと思い，車庫の前を通ったところ，物が焦げる臭いがしたので車庫の方に目をやると，ゴミ箱が燃えて炎が50センチメートルくらい上がっていました。 　すぐ脇には私方家屋があり，炎が燃え移るのではないかと思い，慌ててバケツの水を掛けてなんとか消し止めました。

別記様式第6号 (その2)

| | 被害者氏名 | 小林 裕一 |

	品　名	数量	時価	特　徴	所有者
被害金品	ゴミ箱	1個	2,000円	60センチメートル×60センチメートル×90センチメートル木製	小林 裕一

犯人の住居，氏名又は通称，人相，着衣，特徴等	わかりません。
遺留品その他参考となるべき事項	ありません。

※　以上本人の依頼により代書した。

　　　　　　　　　　　　　　　警視庁向島警察署
　　　　　　　　　　　司法警察員巡査部長　時田　義人　㊞

| 届出受理時間 | 2月13日午前8時30分 | 届出受理者 | 係 | 地域1係 | 氏名 | 時田　義人 |

注意　1　届出人と被害者とが異なるときは，届出人と被害者との関係及び本人届出の理由を遺留品その他参考となるべき事項欄に記入すること。
　　　2　届出人の依頼によって警察官が代書したときは，※印欄に「以上本人の依頼により代書した。所属，官職，氏名」を記載し，押印すること。

一口メモ　本事例は，民家の木製ゴミ箱に火を放った事件であるが，ゴミ箱を焼損する意思で放火したときは建造物等以外放火となり，隣接する被害者方を焼損する意思でゴミ箱に放火して後者だけの焼損に終わったときは，現住建造物等放火未遂となる。なお，被害届に記載する罪名は，いずれの場合でも本事例のように放火でよい。

(26) 放　火	月極駐車場に駐車中の自車が放火される

別記様式第6号（犯罪捜査規範第61条）　　　　　　　　　　　　　（その1）

被　害　届

平成〇年12月15日

警視庁　　竹の塚警察署　　長　殿

届出人住居　東京都足立区保木間1丁目2番3号

氏　名　徳永　弓雄　　　　　　　　　㊞
　　　　（とくなが　ゆみお）

自宅（電話）　03-3850-1234
会社　　　　　03-3850-4321

次のとおり　放　火　被害がありましたからお届けします。

被害者の住居, 職業, 氏名, 年齢	東京都足立区保木間1丁目2番3号 　　会社員　㈱山口リサーム営業相当 　　　徳永　弓雄（45歳）
被害の年月日時	平成〇年12月14日午後8時30分頃から 　　　　　　　　15日午前3時30分頃までの間
被害の場所	東京都足立区保木間1丁目2番10号 　　城北駐車場内
被害の模様	私は、昨夜午後8時30分頃、月極めで借りている家の近くの城北駐車場に自分の乗用車（トヨタクラウン白塗、ナンバー足立333は12-34号）を駐車し、帰宅しました。 　早朝、お巡りさんに起こされて、「あなたの車だと思いますが、焼かれています。すぐ確認して下さい。」と言われ、すぐ城北駐車場の駐車場所に行き、見ますと、私の車が焼け焦げていました。

別記様式第6号　　　　　　　　　　　　　　　　　　　　　　　　　　（その2）

| | | 被害者氏名 | 徳永　弓雄 |

	品　名	数　量	時　価	特　徴	所　有　者
被害金品	自家用普通乗用自動車	1台	150万円	トヨタクラウン 白塗 ナンバー 　足立333は12-34号	徳永　弓雄

犯人の住居,氏名又は通称,人相,着衣,特徴等	わかりません。
遺留品その他参考となるべき事項	（1）車を確認に行ったとき，ガソリンの臭いがしました。 （2）最近，駐車場の近くで，車やゴミ箱などが焼かれる事件があります。

※　以上本人の依頼により代書した。

　　　　　　　　　　　　　　　　　　警視庁竹の塚警察署
　　　　　　　　　　　　　　　　　　　　司法巡査　村上　太一　㊞

| 届出受理時間 | 12月15日午前5時0分 | 届出受理者 | 係 | 地域1係 | 氏名 | 村上　太一 |

注意　1　届出人と被害者とが異なるときは，届出人と被害者との関係及び本人届出の理由を遺留品その他参考となるべき事項欄に記入すること。
　　　2　届出人の依頼によって警察官が代書したときは，※印欄に「以上本人の依頼により代書した。所属，官職，氏名」を記載し，押印すること。

■一口メモ　本事例は建造物等以外放火の事案であるが，本罪が成立するためには，公共の危険が生じたことが必要であり，これが生じなかったときは器物損壊罪が成立するにとどまる。具体的事例において，どちらの罪が適用されるのか微妙なときは，罪名欄は空白とするか，大きく捉えて放火と記載しておけばよい。

⑵7 公務執行妨害　　職務質問中，パトカーにつばを吐かれ，受令機を奪い取られ，大腿部を足で蹴られる（現行犯逮捕）

別記様式第6号（犯罪捜査規範第61条）　　　　　　　　　　　　　（その1）

被 害 届

平成○年 5 月 10 日

警視庁　　目黒警察署　　長殿

届出人住居　東京都世田谷区世田谷1丁目2番3号

氏　名　竹内　正人　　　　　　　　　　　㊞
（ふりがな　たけうち　まさと）

警察署（電話　　03-3710-0110　　）

次のとおり　公務執行妨害　被害がありましたからお届けします。

被害者の住居，職業，氏名，年齢	東京都世田谷区世田谷1丁目2番3号 地方公務員（警視庁目黒警察署地域課第1係巡査長） 竹内　正人（38歳）
被害の年月日時	平成○年5月10日午後9時45分頃
被害の場所	東京都目黒区下目黒1丁目2番3号 城南信用金庫下目黒支店前路上
被害の模様	私は，本日，当番勤務のため，制服，制帽姿で山崎巡査部長が運転する警ら用無線自動車の助手席に乗車して管内を警ら中，山手通りを，右の前照灯だけが点いている自家用普通乗用自動車が中目黒方向から五反田方向へ進行して来るのを発見したので，職務質問するため停止を求めた。 　車は，その場に停車し，車内には運転手だけであったが，運転手の顔が赤く，目が充血し，酒臭がしたので，酒気帯び運転ではないかと思い，運転手に対し車から降りるように言ったところ，運転手はすぐ車から降りたので，自動車運転免許証の提示を求めたところ，運転手は「何で俺の車だけやるんだ。」などと言いながら警ら用無線自動車につばを吐くとともに，いきなり，私の右肩に下げていた無線受令機を奪い取ってその場に捨て，更に大腿部を蹴ってきたので，その場で公務執行妨害の現行犯として逮捕しました。

別記様式第6号　　　　　　　　　　　　　　　　　　　　　　　　　　　(その2)

| 被害者氏名 | 竹内　正人 |

	品　　名	数　量	時　価	特　　　徴	所　有　者
被害金品					

犯人の住居, 氏名又は通称, 人相, 着衣, 特徴等	神奈川県横浜市鶴見区鶴見1丁目2番3号 飲食店（スナック「白樺」）店員 　　川口　一郎（32歳）
遺留品その他参考となるべき事項	ありません。
※	
届出受理時間	届出受理者　係　　　　氏名

注意　1　届出人と被害者とが異なるときは，届出人と被害者との関係及び本人届出の理由を遺留品その他参考となるべき事項欄に記入すること。
　　　2　届出人の依頼によって警察官が代書したときは，※印欄に「以上本人の依頼により代書した。所属，官職，氏名」を記載し，押印すること。

一口メモ　公務執行妨害事件の場合は，被害者（警察官）が受けた暴行・脅迫だけでなく，当該警察官の職務の内容すなわち妨害された公務がいかなるものであったのかが分かるような記載が必要である。

⑳ 公務執行妨害・傷害

不審者を職務質問中，顔面を殴られて，負傷

別記様式第6号（犯罪捜査規範第61条） （その1）

被 害 届

平成○年 9月 3日

警視庁　牛込警察署　長 殿

届出人住居　埼玉県春日部市春日部1丁目2番3号

氏　名　三浦　正二　　　　　　　㊞
　　　　（ふりがな　みうら　しょうじ）

警察署（電話　　03-3269-0110　　）

次のとおり　公務執行妨害及び傷害　被害がありましたからお届けします。

被害者の住居，職業，氏名，年齢	埼玉県春日部市春日部1丁目2番3号 地方公務員（警視庁牛込警察署地域課地域第1係巡査） 三浦　正二（28歳）
被害の年月日時	平成○年9月3日午後11時30分頃
被害の場所	東京都新宿区神楽坂1丁目2番3号 　池田ビル前路上
被害の模様	私は，本日，当番勤務のため，制服，制帽姿で，管内新宿区神楽坂1丁目2番先路上を警ら中，年齢22，3歳くらい，黒色ジャンパー姿の一見暴走族風の男が私と視線が合った際，急に視線をそらし，左側の路地へ足早に曲がったので不審と認め，職務質問するため停止を求めた。 　男は私の停止に耳を貸そうとせず，なお足早に遠ざかろうとするので，男に近づき後方から右肩を軽くたたき停止を求めた。 　男は「何か用事か。急いでいる。」などと最初から非協力的であったが，住居等を聞いたところ，男は，「そんな事答える必要はない。」などと怒鳴り持っていた傘で顔面を殴り，胸付近を突いてきたのです。 　私は，あまりにも突然のことで，まともに殴られてしまい，顔から血が流れてきました。

別記様式第6号 (その2)

| 被害者氏名 | 三浦 正二 |

品 名	数 量	時 価	特 徴	所 有 者
被害金品				

犯人の住居,氏名又は通称,人相,着衣,特徴等	不詳（黙秘） 年齢22〜23歳くらい，身長168センチメートルくらい，やせ型，丸顔，色浅黒，髪短く，黒色ジャンパー姿の一見暴走族風の男で関西訛があった。
遺留品その他参考となるべき事項	診断書は後で提出します。
※	

| 届出受理時間 | | 届出受理者 | 係 | | 氏名 | |

注意　1　届出人と被害者とが異なるときは，届出人と被害者との関係及び本人届出の理由を遺留品その他参考となるべき事項欄に記入すること。
　　　2　届出人の依頼によって警察官が代書したときは，※印欄に「以上本人の依頼により代書した。所属，官職，氏名」を記載し，押印すること。

一口メモ　公務執行妨害事案では，届出人住居及び被害者住居は，勤務官署所在地としても差し支えない。

第4章 被害届 439

| ⑽ 暴 行 | 飲み屋で飲食中，他の客にいいがかりをつけられ殴られる |

別記様式第6号（犯罪捜査規範第61条） （その1）

被 害 届

平成○年 2 月 23 日

警視庁　　三田警察署　　長殿

届出人住居　東京都荒川区東尾久1丁目2番3号

氏　　名　　大久保　忠雄　　　　　　　　　　　　　㊞
（ふりがな　おおくぼ　ただお）

自宅（電話　03-3456-7891　）
会社　　　 03-3454-1234

次のとおり　暴　行　被害がありましたからお届けします。

被害者の住居, 職業, 氏名, 年齢	東京都荒川区東尾久1丁目2番3号 会社員 ㈱三田商会総務担当 大久保　忠雄（28歳）
被害の年月日時	平成○年2月23日午後9時15分頃
被害の場所	東京都港区三田3丁目2番1号 大衆酒場「赤のれん」店舗内
被害の模様	私は，会社の帰り，同僚の山田一夫君と2人で行き付けの一杯飲み屋「赤のれん」に入り，カウンターに腰掛けて酒を飲んでいたのです。すると，同じカウンターで私の右隣に腰掛けて飲んでいた男が，私に向かって「君はどんな飲み方をしているんだ。」といいがかりをつけて来たのです。私は無視していたところ，男が突然立って，「俺を馬鹿にしているのか。」と言いながら，いきなり，右拳骨で殴ってきたのです。私はあまりにも突然のことでまともに顔面を殴られてしまい，強い痛みを感じました。

別記様式第6号　　　　　　　　　　　　　　　　　　　　　　　　　（その2）

| 被害者氏名 | 大久保　忠雄 |

品　名	数　量	時　価	特　徴	所　有　者
被害金品				

| 犯人の住居, 氏名又は通称, 人相, 着衣, 特徴等 | 年齢30歳くらい, 身長175センチメートルくらい, やせ型, 面長, 浅黒, 紺色コート姿の一見チンピラ風の男です。 |
| 遺留品その他参考となるべき事項 | 私は, 身長170センチメートル, 太っており, 黒色オーバー, 紺色の襟巻をしておりました。 |

※　以上本人の依頼により代書した。

　　　　　　　　　　　　　　　　　　　　警視庁三田警察署
　　　　　　　　　　　　　　　　　　　　　司法巡査　今田　勝夫　㊞

| 届出受理時間 | 2月23日午後9時55分 | 届出受理者 | 係 | 地域第2 | 氏名 | 今田　勝夫 |

注意　1　届出人と被害者とが異なるときは, 届出人と被害者との関係及び本人届出の理由を遺留品その他参考となるべき事項欄に記入すること。
　　　2　届出人の依頼によって警察官が代書したときは, ※印欄に「以上本人の依頼により代書した。所属, 官職, 氏名」を記載し, 押印すること。

一口メモ　暴行, 傷害等の粗暴犯事件では, その他参考となるべき事項として被害者の体格等も記載し, 犯人との体格差が分かるようにしておくとよい。

⑽ 暴 行	自動車事故の相手に殴られる等の暴行を受ける

別記様式第6号（犯罪捜査規範第61条） （その1）

被 害 届

平成○年12月23日

警視庁　　板橋警察署　　長　殿

届出人住居　東京都江東区亀戸1丁目2番3号

氏　　名　千田　亮一　（ふりがな　ちだ　りょういち）　　　　　　　㊞

自宅（電話）　03-3699-1234
会社　　　　　03-3641-4321

次のとおり　　暴　行　　被害がありましたからお届けします。

被害者の住居，職業，氏名，年齢	東京都江東区亀戸1丁目2番3号 　　会社員（㈱亀戸商会営業担当） 　　　千田　亮一（32歳）
被害の年月日時	平成○年12月23日午前11時30分頃
被害の場所	東京都板橋区常盤台1丁目52番3号 　　㈱板橋自動車前路上
被害の模様	得意先に行くため，会社の車（普通乗用自動車，トヨタマークX，黒塗り，ナンバー品川333は12-34号）を運転して会社を出ました。板橋の常盤台1丁目の環状7号線上を，豊玉陸橋方面から鹿浜橋方面に向かい走行しているとき，前方の対向右折車と軽い衝突事故を起こしてしまい，私はその場に止まり，車外に出ました。 　相手の車は私の車の前に止まり，年齢22，3歳くらい，紺色セーター姿の男が車から出て近づいてきて「どこを見て運転しているんだ。」と怒鳴ったので，私は「私の方が直進だから，優先だろう。」と言ったところ，男は，「何」と言いながら，いきなり私の顔を殴ってきたのです。私はあまりに突然のことで，まともに殴られてしまい，その拍子に倒れてしまいました。さらに，男は，倒れている私の腹部を足蹴りしたのです。

別記様式第6号 (その2)

| 被害者氏名 | 千田　亮一 |

品　　名	数　量	時　価	特　　徴	所　有　者

被害金品

犯人の住居, 氏名又は通称, 人相, 着衣, 特徴等	年齢22〜23歳くらい, 身長170センチメートルくらい, やせている, 丸顔, 色浅黒, 髪スポーツ刈, 紺色セーター, 空色ジーパン一見暴走族風の男。自家用普通乗用自動車（ニッサンマーチ白塗り, ナンバー足立533 み 43-21号）に乗車していました。
遺留品その他参考となるべき事項	私の身長は175センチメートルで, どちらかというと太っており, 殴られたりしたとき, 私は紺色セーター, 黒色ズボン姿でした。私は, 会社の車（トヨタマークX, 黒塗り, 品川333 は 12-34号）を運転していました。

※　以上本人の依頼により代書した。

　　　　　　　　　　　　　　　警視庁板橋警察署
　　　　　　　　　　　　　　　　司法巡査　高野　有一　㊞

| 届出受理時間 | 12月23日午後0時30分 | 届出受理者 | 係 | 地域3係 | 氏名 | 高野　有一 |

注意　1　届出人と被害者とが異なるときは, 届出人と被害者との関係及び本人届出の理由を遺留品その他参考となるべき事項欄に記入すること。
　　　2　届出人の依頼によって警察官が代書したときは, ※印欄に「以上本人の依頼により代書した。所属, 官職, 氏名」を記載し, 押印すること。

一口メモ　本事例は, 自動車事故を発端とした事案であり, 被害届出時点では被害者に傷害はないと思料されるものの, 後に診断書が提出されたときには, その傷害が本件暴行によるものなのか, それに先行する自動車事故によるものなのかが問題となるので, 注意して捜査すること。

| ⑶1 傷 害 | 道路上で，相手の運転手に殴られて負傷（詳細は，被害者供述調書による場合） |

別記様式第6号（犯罪捜査規範第61条）　　　　　　　　　　　　　　（その1）

被 害 届

平成〇年 5 月 10 日

警視庁　　大崎警察署　　　長 殿

届出人住居　東京都西東京市田無本町1丁目2番3号

氏　　名　山村　真一　　　　　　　　　　　㊞
　　　　　（ふりがな：やまむら しんいち）

自宅（電話）　042-467-4321

次のとおり　傷　害　被害がありましたからお届けします。

被害者の住居，職業，氏名，年齢	東京都西東京市田無本町1丁目2番3号 　秋川大学経済学部3年 　　山村　真一（22歳）
被害の年月日時	平成〇年5月10日午後3時30分頃
被害の場所	東京都品川区東五反田3丁目2番1号 　城南信用金庫前路上
被害の模様	私は，自家用普通乗用自動車（ニッサンスカイライン，シルバー，品川333さ12-34号）を運転して大崎広小路交差点を通過したところ，後ろの方からクラクションを鳴らされたので「何だろう。」と思っていたところ，ライトバン（ニッサンアトラス，白塗，品川44は43-21号）が，私の運転する車の前方に停車し，私の車も止まるように言うので，ライトバンの後ろに止まったのです。するとライトバンの運転手が降りて来て「降りろ。」と怒鳴るので，降りて行くと，その運転手に胸倉をつかまれ「どんな運転しているんだ。」と言って顔を数回殴られて怪我をしました。 　詳しくは別に供述調書で申し上げます。

444

別記様式第6号 (その2)

| | 被害者氏名 | 山村 真一 |

	品　　名	数　量	時　価	特　　徴	所　有　者
被害金品					

犯人の住居, 氏名又は通称, 人相, 着衣, 特徴等	1. 年齢30歳くらい, 身長175センチメートルくらい, 体格ガッチリ, 角顔, 色黒, 髪短い, カーキ色作業姿の一見工員風の男です。 2. その男はライトバン（ニッサンアトラス, 白塗, 品川44は43-21号）を運転していました。
遺留品その他参考となるべき事項	私は, 身長165センチメートル, 中肉でカーキ色ジャンパー, 黒色ズボン姿で, ニッサンスカイライン, シルバー, 品川333さ12-34号を運転しておりました。

※　以上本人の依頼により代書した。

警視庁大崎警察署
司法巡査　今田　徹夫　㊞

| 届出受理時間 | 5月10日午後4時5分 | 届出受理者 | 係 | 地域第2 | 氏名 | 今田　徹夫 |

注意　1　届出人と被害者とが異なるときは, 届出人と被害者との関係及び本人届出の理由を遺留品その他参考となるべき事項欄に記入すること。
　　　2　届出人の依頼によって警察官が代書したときは, ※印欄に「以上本人の依頼により代書した。所属, 官職, 氏名」を記載し, 押印すること。

一口メモ　被害に至るまでの経緯や被害状況が被害届だけでは書き表せないときは, 更に被害者の供述調書を作成しておくこと。なお, 実務上は, 被害届だけでは十分といえないケースが多いため, 別途被害者の供述調書を作成していることがほとんどである。

第4章 被害届 445

| ⑶2 傷 害 | タクシー乗り場で、割り込み客に殴られ、負傷（届出人が右手負傷のため代書） |

別記様式第6号（犯罪捜査規範第61条）　　　　　　　　　（その1）

被 害 届

平成○年 1 月 17 日

警視庁　　町田警察署　　長 殿

届出人住居　東京都町田市旭町5丁目4番3号

氏　名　田口　栄一（たぐち えいいち）　　　　　㊞

自宅（電話　042-764-3211　）

次のとおり　傷　害　被害がありましたからお届けします。

被害者の住居,職業, 氏名, 年齢	東京都町田市旭町5丁目4番3号 上杉大学文学部2年 田口　栄一（20歳）
被害の年月日時	平成○年1月16日午後11時10分頃
被害の場所	東京都町田市旭町1丁目2番 JR町田駅タクシー乗り場
被害の模様	私は、自宅へ帰るためタクシー乗り場の列に並んでいると、酒に酔った男が割り込んで来てタクシーに乗ろうとするので、「並んで下さい。」と注意したところ、男は、少し酒に酔っていたようで、「何、文句があるか。」と言いながら、いきなり右手の拳骨で顔面を続けざまに数回殴ってきたのです。 　私は、突然のことで、まともに殴られてしまい、そのはずみで、その場に倒れてしまったのですが、男は、倒れた私の顔や腹などを数回足蹴りしたのです。顔からは血が流れ出し、また、足蹴りを避けるため、右手で受けたのですが、その時、右手指を怪我してしまいました。医者に診てもらったところ、顔面打撲傷及び右手親指骨折で、加療1か月を要するとのことでしたので、診断書を提出します。

別記様式第6号 (その2)

| | 被害者氏名 | 田口 栄一 |

	品　　名	数　量	時　価	特　　徴	所　有　者
被害金品				㊞	

犯人の住居, 氏名又は通称, 人相, 着衣, 特徴等	年齢35,6歳くらい, 身長175センチメートルくらい, 体格ガッチリ, 面長, 浅黒, 黒色ダブル背広上下, 一見暴力団員風の男です。
遺留品その他参考となるべき事項	私は, 身長165センチメートル, やせており, 黒色オーバーを着て黒色カバンを持っておりました。

※　以上本人が右手を負傷して字が書けないため, その本人の依頼により代書した。
　　　　　　　　　　　　警視庁町田警察署
　　　　　　　　　　　　　　司法巡査　赤井　勇二　㊞

| 届出受理時間 | 1月17日午前2時50分 | 届出受理者 | 係 | 地域第3 | 氏名 | 赤井　勇二 |

注意　1　届出人と被害者とが異なるときは, 届出人と被害者との関係及び本人届出の理由を遺留品その他参考となるべき事項欄に記入すること。
　　　2　届出人の依頼によって警察官が代書したときは, ※印欄に「以上本人の依頼により代書した。所属, 官職, 氏名」を記載し, 押印すること。

一口メモ　医師の診察, 治療を受けてから届出に至った事例であり, 医師発行の診断書の提出を受けておくこと。なお, 診断書に不明確な記載や疑問があるときには, 担当医師に問い合わせて, 傷病名や加療（全治）期間等を明らかにしておくこと。

㉝ 傷　害	スナック店内で，別の客に殴られ，負傷（現行犯逮捕）

別記様式第6号（犯罪捜査規範第61条）　　　　　　　　　　　　　　　（その1）

被　害　届

平成〇年 6 月 3 日

警視庁　　府中警察署　　長 殿

届出人住居　東京都府中市府中町2丁目20番地の3

氏　　名　小島　清　　　　　　　　　　　㊞
　　　　　（ふりがな　こじま　きよし）

自宅（電話）042-361-3211
会社（電話）03-5432-1234

次のとおり　傷　害　被害がありましたからお届けします。

被害者の住居，職業，氏名，年齢	東京都府中市府中町2丁目20番地の3 　会社員（佐藤商事株式会社総務係） 　　小島　清（20歳）
被害の年月日時	平成〇年6月3日午後10時45分頃
被害の場所	東京都府中市宮町1丁目2番3号 　スナック「由木」店舗内
被害の模様	私は，同僚の送別会の後，同僚の佐々木君と京王線府中駅前のスナック「由木」に入り，カラオケで歌ったり，飲酒したりしたのです。カラオケで3曲目を歌うためステージのところに行き，歌おうとしたところ，少し酒に酔った年齢20歳前後の男の人が近づいて来て，「おまえだけ，何曲歌うんだ。」と言うので，私は「ハァー」と言ったところ，男は「ハァーでないよ，何様と思っているんだ。」と言うので，黙っていると，男は私の持っているマイクをいきなり奪い，頭部をそのマイクで殴ってきたのです。私はあまりにも突然のことで，まともに殴られてしまいました。私は痛いと思って，頭を押さえたところ，頭から血が流れてきました。すぐ医者に診てもらったところ，右側頭部挫創ということで，加療10日間を要するということです。

別記様式第6号 　　　　　　　　　　　　　　　　　　　　　　　　　（その2）

品　名	数　量	時　価	特　徴	所　有　者
被害金品				被害者氏名　小島　清

犯人の住居, 氏名又は通称, 人相, 着衣, 特徴等	殴った男を，すぐ警察官に逮捕してもらいましたが，その男の名前は鈴木一夫（20歳）ということを聞いております。
遺留品その他参考となるべき事項	私は，身長168センチメートル，やせていて，紺色背広上下を着ておりました。

※ 以上本人の依頼により代書した。

　　　　　　　　　　　　　　　　　　　警視庁府中警察署
　　　　　　　　　　　　　　　　　　　司法警察員巡査部長　岩田　留男　㊞

| 届出受理時間 | 6月3日午後11時45分 | 届出受理者 | 係 | 地域第2 | 氏名 | 岩田　留男 |

注意　1　届出人と被害者とが異なるときは，届出人と被害者との関係及び本人届出の理由を遺留品その他参考となるべき事項欄に記入すること。
　　　2　届出人の依頼によって警察官が代書したときは，※印欄に「以上本人の依頼により代書した。所属，官職，氏名」を記載し，押印すること。

一口メモ　現行犯逮捕した事例であるが，凶器として使用されたマイクについては，逮捕の現場において押収しておくこと。

| ㉞ 傷　害 | 電車内で携帯電話の使用を注意したところ，それを根にもたれ，駅ホーム上において洋傘で殴られ，負傷 |

別記様式第6号（犯罪捜査規範第61条）　　　　　　　　　　　　　（その1）

被　害　届

平成〇年 8 月 13 日

警視庁　　荒川警察署　　　長　殿

届出人住居　東京都荒川区西日暮里1丁目2番3号

氏　名　松田　泰男　　㊞
　　　　　（まつだ　やすお）

自宅（電話）　03-3801-1234
会社（電話）　03-5255-4321

次のとおり　傷　害　被害がありましたからお届けします。

被害者の住居，職業，氏名，年齢	東京都荒川区西日暮里1丁目2番3号 会社員（㈱東京商会営業係） 松田　泰男（45歳）
被害の年月日時	平成〇年8月13日午後6時25分頃
被害の場所	東京都荒川区西日暮里3丁目2番 JR西日暮里駅3番・4番ホーム上
被害の模様	私は，会社から帰宅するため，東京駅から京浜東北線の後ろから3番目の車両に乗りましたが，車内は少し混んでおり，座席に座ることができず，ドア近くに立っておりました。 　上野駅を発車してすぐの頃でしたが，私の前に立っている年齢25，6歳，白半袖シャツ姿の男の人の携帯電話が鳴り出したのです。私は突然の音でびっくりしましたが，その男の人はその電話に応対しておりました。電話は電車が鶯谷駅を出発するまで続いており，周囲の人達はいやな顔をしておりましたので，私は，その男の人に対し，電話をやめるように言ったのです。 　男の人は，黙っていましたが，私は目的地の西日暮里駅に降りると，その男の人も降りて来て，ホーム上で，私に対し，「偉そうなことを言うんじゃないよ。」と言うので，私は，「電車内での電話はよくない。」と言ったところ，男の人は持っていた洋傘を振り上げて私の顔を殴ってきたのです。あまりに突然のことでしたので，まともに殴られてしまい，顔からは血が流れてきました。

別記様式第6号 (その2)

| | 被害者氏名 | 松田　泰男 |

品　名	数　量	時　価	特　徴	所　有　者
被害金品				

犯人の住居，氏名又は通称，人相，着衣，特徴等	年齢25，6歳くらい，身長175センチメートルくらい，体格ガッチリ，丸顔，色浅黒，髪7・3に分け，白色半袖シャツ，一見会社員風の男です。
遺留品その他参考となるべき事項	私の身長は170センチメートル，丸顔，色白，髪長い，やせており，私は，殴られたとき，灰色半袖シャツ，黒色ズボン姿でした。

※　以上本人の依頼により代書した。

　　　　　　　　　　　　　　警視庁荒川警察署
　　　　　　　　　　　　　　　司法警察員巡査部長　沼田　三郎　㊞

| 届出受理時間 | 8月13日午後7時30分 | 届出受理者 | 係 | 地域1係 | 氏名 | 沼田　三郎 |

注意　1　届出人と被害者とが異なるときは，届出人と被害者との関係及び本人届出の理由を遺留品その他参考となるべき事項欄に記入すること。
　　　2　届出人の依頼によって警察官が代書したときは，※印欄に「以上本人の依頼により代書した。所属，官職，氏名」を記載し，押印すること。

| ⑶5 傷 害 | 路上で人とぶつかり，相手に殴られて，負傷 |

別記様式第6号（犯罪捜査規範第61条） (その1)

被 害 届

平成〇年 12 月 3 日

警視庁　　渋谷警察署　　長 殿

届出人住居　東京都渋谷区渋谷3丁目2番1号 青空荘2号室

氏　名　中谷　準一　　　　　　　　　　　㊞
（ふりがな　なかたに　じゅんいち）

自宅（電話）　03-3496-1234
店 （電話）　03-3763-4321

次のとおり　傷　害　被害がありましたからお届けします。

被害者の住居，職業，氏名，年齢	東京都渋谷区渋谷3丁目2番1号 青空荘2号室 店員（㈱城南ストア） 中谷　準一（21歳）
被害の年月日時	平成〇年12月3日午後10時45分頃
被害の場所	東京都渋谷区宇田川町1丁目2番3号 パチンコ店「ダイヤモンド」前路上
被害の模様	私は，同僚の高橋隆君と2人で一杯飲み屋で酒を飲み，途中別れて一人で自宅に向かいました。商店街のパチンコ店前を歩いていると，前から来た男とぶつかりそうになったので，謝ったところ，その男は「どこを見て歩いているんだ。」と怒鳴りつけてきました。その男はチンピラ風の男で，酒に酔っているようだったので，私は，関わってはまずいと思い，そのまま歩き出したところ，男は近づいて来て「この野郎，何やっているんだ。」と言うが早いか，いきなり右拳骨で私の顔面を2，3発殴ってきたので，避けることができず，まともに受けてしまいました。あまりの痛さに両手で顔を押さえると，顔から血が流れてきました。

別記様式第6号 (その2)

| 被害者氏名 | 中谷 準一 |

品　名	数　量	時　価	特　徴	所　有　者
被害金品				

犯人の住居, 氏名又は通称, 人相, 着衣, 特徴等	年齢25, 6歳くらい, 身長175センチメートルくらい, 中肉, 丸顔, 色の付いたメガネを掛けている。黒色ジャンパー姿の一見チンピラ風の男です。
遺留品その他参考となるべき事項	私は, 身長168センチメートル, 太っていて, 紺色オーバーを着ていました。

※　以上本人の依頼により代書した。

警視庁渋谷警察署
司法巡査　村岡　定夫　㊞

| 届出受理時間 | 12月3日午後11時50分 | 届出受理者 | 係 | 地域第2 | 氏名 | 村岡　定夫 |

注意　1　届出人と被害者とが異なるときは, 届出人と被害者との関係及び本人届出の理由を遺留品その他参考となるべき事項欄に記入すること。
　　　2　届出人の依頼によって警察官が代書したときは, ※印欄に「以上本人の依頼により代書した。所属, 官職, 氏名」を記載し, 押印すること。

㊱ 脅迫

隣家の工事音がうるさいので，工事責任者に注意したところ，脅迫される

別記様式第6号（犯罪捜査規範第61条） (その1)

被　害　届

平成○年 6 月 18 日

警視庁　　大森警察署　　長　殿

届出人住居　東京都大田区山王1丁目2番3号

氏　名　山形　幸代（やまがた　さちよ）　　㊞

自宅（電話　　03-3771-1234　　）

次のとおり　脅　迫　被害がありましたからお届けします。

被害者の住居, 職業, 氏名, 年齢	東京都大田区山王1丁目2番3号 　　無職（主婦） 　　山形　幸代（39歳）
被害の年月日時	平成○年6月18日午前11時15分頃
被害の場所	東京都大田区山王1丁目2番3号 　　自宅庭
被害の模様	私の家の隣の本多さんの家が，今，工事中ですが，家を壊すときに出るほこりなどが私の家の方に入ってくるし，工事中の人達の声が大きく子供が寝つかれないので，庭から塀越しに「少し静かにして下さい。」と言ったところ，工事の責任者と思われる男の人が私をにらみつけながら，「お姉ちゃん，もうすぐ終わるよ，隣同士だからあまり言わない方がいいよ，小さい子供がいるんだし，そのきれいな顔のままでいたくないか。」などと脅されました。 　詳しくは，別途供述調書で申し上げます。

別記様式第6号 (その2)

| 被害者氏名 | 山形　幸代 |

	品　名	数　量	時　価	特　徴	所　有　者
被害金品					

犯人の住居, 氏名又は通称, 人相, 着衣, 特徴等	工事の責任者と思われる男で 年齢45歳くらい，身長170センチメートルくらい，体格ガッチリ，丸顔，色浅黒，カーキ色作業衣上下，黒色野球帽をかぶっている一見暴力団員風の男です。
遺留品その他参考となるべき事項	私の身長は160センチメートルで，小太り，髪を長くしています。私は，当時，白色地に赤のバラの花模様のワンピース姿でした。

※　以上本人の依頼により代書した。

　　　　　　　　　　　　　　　　　　　警視庁大森警察署
　　　　　　　　　　　　　　　　　　　　司法巡査　小林　有紀　㊞

| 届出受理時間 | 6月18日午前11時45分 | 届出受理者 | 係 | 地域2係 | 氏名 | 小林　有紀 |

注意　1　届出人と被害者とが異なるときは，届出人と被害者との関係及び本人届出の理由を遺留品その他参考となるべき事項欄に記入すること。
　　　2　届出人の依頼によって警察官が代書したときは，※印欄に「以上本人の依頼により代書した。所属，官職，氏名」を記載し，押印すること。

一口メモ　本事例のような事案では，事件発生のきっかけとなった工事の実施方法の不適切さを明らかにしておく必要がある。そのためには被疑者と被害者の取調べだけではなく，必要に応じ，工事の依頼主である隣家の家人や，他の工事関係者等も取り調べておくこと。

(37) 器物損壊	駐車場に止めていた自車のフェンダー等に傷をつけられる

別記様式第6号（犯罪捜査規範第61条）　　　　　　　　　　　　（その1）

被 害 届

平成〇年 7 月 20 日

警視庁　　小岩警察署　　長 殿

届出人住居　東京都江戸川区東小岩1丁目2番3号

氏　　名　加藤　隆造　　　　　　　　　　　　㊞
　　　（ふりがな　かとう　りゅうぞう）

自宅（電話　　　03-3671-1234　　）

次のとおり　器物損壊　被害がありましたからお届けします。

被害者の住居,職業,氏名,年齢	東京都江戸川区東小岩1丁目2番3号 　飲食店（とんかつ「丸正」）経営 　　加藤　隆造（48歳）
被害の年月日時	平成〇年7月 19日午後8時30分頃から 　　　　　　　　20日午前7時30分頃まで の間
被害の場所	東京都江戸川区東小岩1丁目3番4号 　旭ケ丘駐車場内
被害の模様	私は，昨晩，知人宅から車で帰ってきて，車を月極めで借りている自宅近くの駐車場に止めて自宅に帰りました。 　今朝，車に乗ろうと思い，止めておいたところに行き，運転席ドアの取手に手を掛けたところ，運転席側ドアから後部フェンダーにかけて線状に傷を付けられているのを発見したのです。 　私の左右の車を見ましたところ，その2台も同じ様に傷付けられておりました。

別記様式第6号　　　　　　　　　　　　　　　　　　　　　　　　　　　　（その2）

	品　　　　名	数　量	時　価	特　　徴	所　有　者
被害金品	自家用普通乗用自動車右側ドアパネル及びフェンダー		20万円	ニッサンキューブ 白色 ナンバー品川 555 は 12-34 号	加藤　隆造

被害者氏名：加藤　隆造

犯人の住居, 氏名又は通称, 人相, 着衣, 特徴等	わかりません。
遺留品その他参考となるべき事項	（1）　駐車場は，間口50メートルくらい，奥行き80メートルくらいの広さで，屋根の設備はなく，出入口も何も設備されていませんので，誰でも自由に出入りができます。 （2）　止めていた位置，駐車場の出入口に向かって右側端の奥から4番目の「A-5」という番号のところです。 （3）　告訴状を提出しますので，犯人を厳重に処罰して下さい。

※　以上本人の依頼により代書した。

　　　　　　　　　　　　　　　　　　　警視庁小岩警察署
　　　　　　　　　　　　　　　　　　　　司法警察員巡査部長　今村　良夫　㊞

届出受理時間	7月20日午前8時15分	届出受理者	係	地域第1	氏名	今村　良夫

注意　1　届出人と被害者とが異なるときは，届出人と被害者との関係及び本人届出の理由を遺留品その他参考となるべき事項欄に記入すること。
　　　2　届出人の依頼によって警察官が代書したときは，※印欄に「以上本人の依頼により代書した。所属，官職，氏名」を記載し，押印すること。

一口メモ　器物損壊罪は親告罪であるので，告訴状を徴しておくこと。なお，告訴期間は，告訴権者が犯人を知った日から6か月であるので，この期間を無為に徒過させないように注意すること。

(38) 器物損壊

酒場内で客が従業員に文句をつけ，椅子を投げて店のガラス戸を破壊

別記様式第6号（犯罪捜査規範第61条） （その1）

被 害 届

平成○年 3月 10日

警視庁　　高島平警察署　　長 殿

　　　　　　　届出人住居　東京都練馬区錦3丁目2番1号

　　　　　　　　ふりがな　たけだ　よしお
　　　　　　　氏　　名　竹田　芳男　　　　　　　　　㊞

　　　　　　　　　　　　　　　自宅（電話　　03-8765-4321　　）

次のとおり　　器物損壊　　被害がありましたからお届けします。

被害者の住居，職業，氏名，年齢	東京都練馬区錦3丁目2番1号 　　飲食店（酒場「樽」経営） 　　　たけだ　よしお 　　　竹田　芳男（50歳）
被害の年月日時	平成○年3月10日午後11時00分頃
被害の場所	東京都板橋区徳丸1丁目2番3号 　　酒場「樽」
被害の模様	私が店でお客さんと世間話をしているとき，酒に酔った年齢30歳くらいの男の人が入って来て，従業員の高野京子さんにビールと焼鳥を注文したのです。しばらくすると男は，「焼鳥はまだか。」と騒ぎ出したので，私が男に対し「もう少し待って下さい。」と言ったところ，男は「いつまで待たせるんだ。」と言いながら，いきなり腰掛けていた椅子を持ち上げて，出入口のガラス戸に向けて投げつけたのです。ガラス戸のガラスは全部割れてしまいました。

別記様式第6号 (その2)

| | 被害者氏名 | 竹田　芳男 |

	品　　名	数　量	時　価	特　　徴	所　有　者
被害金品	ガラス	12枚	12万円	曇りガラス 1枚の大きさ 　30センチメートル×50センチメートル	竹田　芳男

犯人の住居，氏名又は通称，人相，着衣，特徴等	年齢30歳くらい，身長165センチメートルくらい，やせ型，面長，色白，黒ぶちメガネ，紺色背広上下，一見会社員風の男です。
遺留品その他参考となるべき事項	告訴状を提出しますので，犯人を厳重に処罰して下さい。

※　以上本人の依頼により代書した。

　　　　　　　　　　警視庁高島平警察署
　　　　　　　　　　　司法巡査　田村　隆司　㊞

| 届出受理時間 | 3月10日午後11時50分 | 届出受理者 | 係 | 地域第3 | 氏名 | 田村　隆司 |

注意　1　届出人と被害者とが異なるときは，届出人と被害者との関係及び本人届出の理由を遺留品その他参考となるべき事項欄に記入すること。
　　　2　届出人の依頼によって警察官が代書したときは，※印欄に「以上本人の依頼により代書した。所属，官職，氏名」を記載し，押印すること。

一口メモ　本事例は，ガラス戸を破壊した事案なので，器物損壊であるが，柱や壁を破壊したのであれば，建造物損壊となる。また，本事例は，店の営業を妨害しており，威力業務妨害にもなり得る。

(39) 器物損壊 | 通学電車内で，スカートを切られる

別記様式第6号（犯罪捜査規範第61条） 　　　　　　　　　　　　　　　　　（その1）

被 害 届

平成○年4月6日

警視庁　　三田警察署　　長　殿

　　　　　　　届出人住居　神奈川県横浜市鶴見区鶴見1丁目2番3号

　　　　　　　氏　　名　加藤　道子　　　　　　　　　　　㊞
　　　　　　　（ふりがな　かとう　みちこ）

　　　　　　　　　　　　　　　　自宅（電話）　045-331-1234

次のとおり　　器物損壊　　被害がありましたからお届けします。

被害者の住居，職業，氏名，年齢	神奈川県横浜市鶴見区鶴見1丁目2番3号 　私立山田高等学校2年 　　　加藤　道子（16歳）
被害の年月日時	平成○年4月6日　午前7時40分頃から午前8時10分頃まで　の間
被害の場所	神奈川県横浜市鶴見区鶴見JR鶴見駅から東京都港区三田JR田町駅に向かい進行中の京浜東北線大宮駅行電車2両目電車内
被害の模様	私は，学校へ行くため，制服で鶴見駅から京浜東北線の前から2番目の電車内に乗り，目的駅である田町駅に向かったのです。車内は身動きができない程混雑していました。 　田町駅に降りて学校へ向かったのですが，改札口を通過して約30メートルくらい歩いたとき，後ろから年齢40歳くらいの女性から「スカートが切られてますよ。」と言われてスカートの後ろの方を見たところ，約30センチメートルくらい切られておりました。 　電車に乗っているとき，スカートを引っ張られるような感じがしたので，電車内で切られたのだと思います。

別記様式第6号　　　　　　　　　　　　　　　　　　　　　　　　　　　　　　　　　　（その2）

| | 被害者氏名 | 加藤　道子 |

	品　　　名	数　量	時　価	特　　　徴	所　有　者
被害金品	スカート	1枚	2万円	私立山田高等学校制服 紺色地に白い1本線が横に入っている 縦に長さ30センチメートルの切断痕	加藤　道子

犯人の住居, 氏名又は通称, 人相, 着衣, 特徴等	わかりません。
遺留品その他参考となるべき事項	（1）先生が，昨日も同じ電車で2年生の生徒がスカートを切られ，警察へ届け出た，と言っていました。 （2）この様なことをする人間は許せませんので厳重に処罰して下さいますよう，告訴状を提出します。

※　以上本人の依頼により代書した。

　　　　　　　　　　　　　　　　　警視庁三田警察署
　　　　　　　　　　　　　　　　　　司法巡査　武田　一郎　㊞

| 届出受理時間 | 4月6日午前9時5分 | 届出受理者 | 係 | 地域2係 | 氏名 | 武田　一郎 |

注意　1　届出人と被害者とが異なるときは，届出人と被害者との関係及び本人届出の理由を遺留品その他参考となるべき事項欄に記入すること。
　　　2　届出人の依頼によって警察官が代書したときは，※印欄に「以上本人の依頼により代書した。所属，官職，氏名」を記載し，押印すること。

一口メモ　告訴権者において犯人を特定できなくても，告訴することはできる。

⑷0 威力業務妨害　スナック店内で，文句をつけて料理を投げるなどして暴れ，店が営業不能に

別記様式第6号（犯罪捜査規範第61条）　　　　　　　　　　　　　　　（その1）

被　害　届

平成〇年 7 月 10 日

警視庁　　蒲田警察署　　長　殿

届出人住居　東京都大田区西蒲田1丁目2番3号

氏　名　　西崎　富太郎　　　　　　　　　　㊞
　　　　　（ふりがな　にしざき　とみたろう）

自宅（電話　　03-3731-1234　　）
店　（電話　　03-3731-4321　　）

次のとおり　威力業務妨害　被害がありましたからお届けします。

被害者の住居,職業,氏名,年齢	東京都大田谷区西鎌田1丁目2番3号 　飲食店（スナック「翼」）経営 　西崎　富太郎（にしざき　とみたろう）
被害の年月日時	平成〇年7月10日午後10時15分頃から 　　　　　　　　10日午後10時45分頃まで　　の間
被害の場所	東京都大田谷区西鎌田3丁目2番1号 　スナック「翼」店舗内
被害の模様	私の店に，以前から度々来ている暴力団小林組の佐々木という男が1人で来て飲んでいたのですが，そのうち，「従業員の態度が悪い。」と言って怒り出し，「俺を誰だと思っているんだ。小林組の若い者を連れてくるぞ，支配人を出せ。」などと大声で怒鳴りながら，水の入ったコップを投げつけ，料理の盛られていた皿を他の客のテーブルに投げつけるなどして，店舗内が約30分間くらいにわたり騒然としましたので，営業が出来なくなりました。 　佐々木という人は小林組の幹部ということを聞いておりますが，酒ぐせが悪く，今日も注意していたのですが，たびたびこんなことをされては困りますのでお届けします。

別記様式第6号 (その2)

	被害者氏名	西崎 富太郎

品　名	数　量	時　価	特　徴	所　有　者
被害金品				

犯人の住居, 氏名又は通称, 人相, 着衣, 特徴等	暴力団小林組の幹部, 佐々木幸雄 (41歳) という男です。身長175センチメートルくらい, 体格ガッチリ, 角顔, 色浅黒, 髪パンチパーマ, 黒色ダブル背広上下一見暴力団員風です。
遺留品その他参考となるべき事項	ありません。

※　以上本人の依頼により代書した。

　　　　　　　　　　　　　　　　警視庁蒲田警察署
　　　　　　　　　　　　　　　　　司法巡査　朝日奈　久雄　㊞

届出受理時間	7月10日午後11時30分	届出受理者	係	地域3係	氏名	朝日奈 久雄

注意　1　届出人と被害者とが異なるときは，届出人と被害者との関係及び本人届出の理由を遺留品その他参考となるべき事項欄に記入すること。
　　　2　届出人の依頼によって警察官が代書したときは，※印欄に「以上本人の依頼により代書した。所属，官職，氏名」を記載し，押印すること。

| (41) 迷惑防止条例違反
（盗撮） | 駅のエスカレーター上で盗撮され，目撃者とともに取り押さえる |

別記様式第6号（犯罪捜査規範第61条）　　　　　　　　　　　　　　　　　（その1）

被 害 届

平成〇年 6 月 10 日

警視庁　　巣鴨警察署　　長殿

届出人住居

氏　名　鈴木　花枝（ふりがな　すずき　はなえ）　　　　　　　　　　㊞指印

（電話　　　　　　　　　　）

次のとおり　　盗撮　　被害がありましたからお届けします。

被害者の住居，職業，氏名，年齢	鈴木　花枝（25歳）
被害の年月日時	平成〇年6月10日午前0時42分頃
被害の場所	東京都豊島区駒込1丁目42番所在東京地下鉄株式会社南北線駒込駅南口3番出口上りエスカレーター上
被害の模様	私は，本日午前0時40分頃，駒込駅近くに住んでいる友人に会うため，地下鉄南北線駒込駅で下車し，上りエスカレーターで地上出口に向かっていたところ，すぐ後ろにいた男にスマートフォンでスカート内を盗撮されました。 　私は，盗撮されたエスカレーターに一緒に乗っていた目撃者の人に協力してもらい捕まえました。

別記様式第6号 (その2)

| | 被害者氏名 | 鈴木　花枝 |

品　　名	数　量	時　価	特　　徴	所　有　者
被害金品				

犯人の住居，氏名又は通称，人相，着衣，特徴等	犯人は，年齢30歳くらい，グレーっぽい色のTシャツを着た，背中にリュックサックを背負った男です。警察の方に，犯人は小泉一という名前の32歳の男だと聞きましたが，今まで会ったことはありませんし，全く知らない人です。
遺留品その他参考となるべき事項	1. 私は，犯人を盗撮された場所のエスカレーターが上りきったところで，目撃者の人に協力してもらい捕まえました。 2. 私が被害にあった時の服装は白色ワンピースで，灰色のトートバッグを持ち，白色のハイヒールを履いていました。

※　以上本人の依頼により代書した。

　　　　　　　　　　　　　　　　　　警視庁巣鴨警察署
　　　　　　　　　　　　　　　　　　　　司法巡査　寺田　　進　㊞

| 届出受理時間 | 6月10日午前3時20分 | 届出受理者 | 係 | 地域第2 | 氏名 | 寺田　進 |

注意　1　届出人と被害者とが異なるときは，届出人と被害者との関係及び本人届出の理由を遺留品その他参考となるべき事項欄に記入すること。
　　　2　届出人の依頼によって警察官が代書したときは，※印欄に「以上本人の依頼により代書した。所属，官職，氏名」を記載し，押印すること。

一口メモ　性犯罪事件では，被害者保護の視点から，届出人欄及び被害者欄に住居や電話番号等を記載しないなどの配慮が必要な場合が多いので，被害者の意向を確認するなどして，記載内容に十分留意すること。

⑷2 学校荒し

被害の模様	私は，今朝出勤して職員室に入るため，ドアの取手に手を掛けたところ，ドアが少し開いており，ドアの錠の部分が壊れていたので，泥棒に入られたのではないかと思い，室内に入りました。 室内のほとんどの机の引出し等は物色されており，机の上には書類などが投げ出され，引出しという引出しはほとんど引き出されたままになっていました。 私は，急いで盗まれた物がないかどうか調べましたところ，机の下に置いていた現金入りの手提金庫がなくなっておりました。また，他の先生方にも聞きましたところ，ほとんどの先生方も現金などが盗まれており，盗まれたものは，「被害金品」欄のとおりです。

⑷3 旅館荒し

被害の模様	私は，同僚の中村功君と2人で観光旅行のため予約していた箱根グランドホテルにチェックインして502号室に入りました。 夕食の前に風呂に入ろうと思い，中村君と2人で露天風呂に入り，約30分後に部屋に戻ると，間違いなく施錠して部屋を出たのに，ドアが少し開いていたので不審に思い，すぐロッカー内を調べましたところ，背広上衣内ポケットに入れておいた現金入り財布が盗まれておりました。 中村君もロッカー内の背広上衣内ポケットに入れておいた現金入りの財布がなくなっていると言っておりました。

⑭ 病院荒し

被 害 の 模 様	私は，糖尿病を患って先月6日から病室302号室に入院している者です。 　302号室は一人部屋で，私だけが入っておりますが，今日，2部屋隣の談話室でテレビを見て，約1時間して病室に戻ったところ，茶ダンスの引出しが少し引き出されており，不思議に思って引出し内を調べたところ，現金5万円などを入れていた財布が盗まれておりました。

㊺ 給油所荒し

被 害 の 模 様	私は，昨晩給油所の事務所に鍵を掛けて帰宅しました。 　今朝，出勤しますと，事務所のドアのところが壊されており，事務所内の机の引出しがほとんど引き出され，机の上には書類等が散乱していたので，泥棒に入られたと思い調べましたところ，机の引出しに入れておいた現金などが盗まれておりました。

(46) 工場荒し

被害の模様	私が働いている会社の工場は，精密器具を製造しておりますが，今朝，出勤して工場内に入ろうとしたところ，出入口ドアに鍵が掛かっていないので，不思議に思って工場内に入ったところ，表側のガラス窓が割られておりました。 　私は，泥棒に入られたと思い，調べましたところ，製図器具やノギスなどが盗まれておりました。

(47) 更衣室荒し

被害の模様	私は，今朝出勤して更衣室で着替えて仕事をしました。 　勤務時間が終了したので，背広に着替えようとして更衣室に行きますと，ロッカーのドアが壊され，ドアが少し開いていたので，これは泥棒にやられたと思い，ロッカー内のハンガーに掛けていた背広上衣の内ポケットを見たところ，現金5万円や自動車運転免許証などを入れておいた財布が盗まれておりました。

(48) 金庫破り

被害の模様	私は，昨晩，会社の事務所の戸締りをして最後に帰りました。今朝，出勤して事務所に入ろうとしたところ，出入口ドアの取手のところが壊れており，ドアが少し開いていたので，もしや泥棒に入られたのではないかと思って事務所内に入ったところ，机の引出しなどはいじられた跡はないのですが，奥のパソコンなどのある部屋に入ったところ部屋の奥で据付金庫が倒され，金庫の裏の方が破られていました。金庫内を調べたところ，現金150万円と手形や小切手などが盗まれておりました。 　また，出勤してきた社員などに聞いたところ，盗まれた人はいませんでした。

(49) 職権盗

被害の模様	私が洋間でテレビを見ていたところ，曇りガラス窓に人の姿が映り，男の声で「ガスの検針です。」と言ってその姿がガスメーターの方向へ向かって行ったので，何も感じずに，そのままテレビを見ていたのです。5，6分くらい経って「すみません。」と言って帰って行ったのですが，何か胸騒ぎがしたので，茶の間に行って茶ダンスの引出しの中を見たところ，現金35,000円などが入っていた財布が盗まれておりました。

(50) さい銭ねらい

被害の模様	私は、今朝、起きて寺の本堂の前に行き、さい銭箱を開けようとしてさい銭箱を見たところ、さい銭箱が壊されており、さい銭箱の中には一銭も現金はありませんでした。 　近くに浮浪者のような男がいて、立ち去ろうとしたので呼び止めたところ、走って逃げて行きました。

(51) 部品ねらい

被害の模様	私は、昨晩、仕事から帰り、いつも駐車しておく駐車場に車（自家用普通乗用自動車、トヨタカローラ、品川533は12-34号）を止めて自宅に帰りました。 　今朝、会社へ出勤するため、車のところに行ったところ車のタイヤが4本とも盗まれておりました。

(52) 色情ねらい

被 害 の 模 様	私は，昨晩洗濯をして，裏庭の物干場に私の下着などを干して寝ました。 　朝起きて物干場を見ると物干竿が落ちており，不思議に思って見ると，私，長女，次女の下着だけが盗まれておりました。

(53) 非侵入盗その他（船上ねらい）

被 害 の 模 様	私は，昨晩仕事を終えて，いつも係留しておく木村一夫さん方前の川岸に船を係留しておきました。 　朝，乗ろうとして昨晩係留しておいた所に行くと，船のガラス窓が割られ，船内から，リールやつり竿などが盗まれておりました。

(54) 車上ねらい

被 害 の 模 様	私は，昨晩，会社から帰宅し，月極めで借りている自宅近くの駐車場に車を止めて自宅に帰りました。 　今朝，会社へ出勤するため，昨晩止めた車のところに行き運転席ドアの鍵穴にキーを入れようとしたところ，鍵穴が壊れており，ドアが独りでに開くので，おかしいと思い，車内を調べたところ，グローブボックス内に入れておいた私の免許証や車検証，それに小銭が盗まれておりました。

(55) 工事場ねらい（資材置き場荒し）

被 害 の 模 様	私方会社では，昨年12月から北区赤羽3丁目2番1号にメゾン「赤羽」というマンションを建設中でありますが，その建設に必要な銅板などの資材が昨晩届きましたので，会社横の資材置場に入れておきました。 　本日8時頃，私が出勤して，昨晩入場した銅板などの資材を赤羽の現場まで運搬しようとしたところ，資材置場から，銅板などの資材が全部盗まれておりました。

(56) 工事場ねらい

被　害　の　模　様	私は，JR品川駅前における高層ビル建設現場のプレハブ仮宿舎に寝起きしながら，同現場で働いていますが，昨晩は，現場を一回りして寝ました。 　朝起きて現場へ行きますと，昨晩見回した時に間違いなくあった配管用レーザー機やコンプレッサーなどの道具類や鋼板，鉄板，ニッケル板などの建設資材などが盗まれておりました。

(57) 玄関荒し

被　害　の　模　様	私は，近くのスーパーマーケットに買物に行き，買った物と現金3万円入りの財布を玄関の下駄箱の上に置き，孫を連れて裏の公園に行きました。 　20分くらいして，自宅に戻ったところ，公園に行く前に間違いなく置いた財布がなくなっておりました。 　財布を置いたところは，道路から見えるところですので，誰か盗んで行ったものと思います。

(58) 非侵入窃盗その他（庭荒し）

被 害 の 模 様	私は，盆栽が趣味で，庭には松や欅などの盆栽を20鉢並べ，毎日水をやったりしながら眺めているのですが，昨晩見た時は何ら異状がなかったのに，今朝水をやろうとして庭に出ましたところ，松の盆栽2鉢と欅の盆栽1鉢が盗まれておりました。

(59) 非侵入窃盗その他（野荒し）

被 害 の 模 様	私は，畑に早生のメロンとスイカを栽培しておりますが，朝その畑に行って見ますと，熟れたメロン，スイカだけがなくなっておりました。 　昨年もメロンとスイカが盗まれましたので，注意していたのですが，畑には私方の車と違うタイヤの跡がありました。

(60) ひったくり

被害の模様	私は，近くのコンビニで買った野菜や肉類など，それに銀行で払い戻した現金5万円入りの財布を手提布袋にしまい，その布袋を自転車の前籠に入れて自転車に乗って家に向かいました。 　自宅近くまで来た時，後ろからバイクが来たと思った瞬間，バイクの荷台に乗っていた男が通り抜けざまに右手を延ばし，前籠の布袋を持ち，そのままバイクは走り去ったのです。 　私は，「泥棒」と叫びましたが，2人乗りのバイクはスピードを上げてどこかへ行ってしまいました。

(61) すり

被害の模様	私は，会社に出勤するため，いつものように，総武線秋葉原駅から新宿駅に向かって電車の先頭から4両目の車内に乗りました。 　車内の混雑は身動きができない状態ではなく，少し余裕がありました。新宿駅に着いたので下車し煙草を買おうとしたところ，確かに家を出る時，背広上衣内ポケットに入れた現金5万円やカード類在中の財布がなくなっていました。 　秋葉原駅で電車に乗る時，財布は間違いなく確認しておりますし，落とすことは考えられませんので，盗まれたものと思います。

⑹2 仮睡者ねらい

被 害 の 模 様	私は，今夕，社員の送別会があり，いつもより酒を飲みすぎ，駅のベンチで寝てしまいました。 　すると，私をゆり動かす人がいたので目を覚ましますと，その人が「今，背広から何か盗まれませんでしたか。」と言うので，すぐ背広上衣の内ポケットを見ましたところ，現金や免許証などが入っている財布がなくなっていました。 　起こしてくれた人と一緒に盗んだ人を探しましたが，見つけることはできませんでした。

⑹3 脱衣場ねらい

被 害 の 模 様	私は，毎日近くの大衆浴場を利用しておりますが，今日，残業で遅くなったので，家に帰らず会社からの帰り直接浴場に行ったのです。 　浴場には，時間が遅いせいか，客が4，5人しかいなかったので，大丈夫と思い，脱いだ背広やはずした腕時計は脱衣籠に入れたまま浴槽に入ったのです。私は，約20分で上がり背広上衣の内ポケットを見たところ，現金5万円，免許証それにカード類の入っている財布や腕時計などがなくなっていました。

(64) 非侵入窃盗その他（電話機荒し）

被害の模様	私は，設置してある公衆電話ボックスを回って電話機の電話料金収納箱から料金を集めておりますが，本日，JR巣鴨駅前に設置してある公衆電話ボックス（巣鴨105）内の電話機から料金を集めようとしたところ，電話料金収納箱が壊されており，その中から現金が盗まれておりました。 公衆電話ボックス前のたばこ屋の主人に聞いたところ，昨晩の午後8時頃まで異状はなかったということでした。

(65) 自動販売機ねらい

被害の模様	私は，店の前に設置してあるたばこの自動販売機の管理を頼まれている者ですが，今日の朝，新たに自動販売機にたばこを入れようとして自動販売機の扉を開けたところ，たばこがほとんどなく，また料金収納箱を見たところ，そこには現金もほとんどなく，その代わりに現金500円硬貨に似ている金属片が多数入っておりました。 おそらくその金属片を使って現金やたばこを盗んで行ったものと思います。

⑹ 非侵入窃盗その他（店舗荒し）

被 害 の 模 様	私は，いつも店内で一人でお客さんに応対したり，商品の整理などをしていますが，今日，店の奥で商品の整理をしてレジのところに戻ったところ，レジが少し引き出されており，不思議に思って見ましたところ，1万円札，5千円札，千円札だけがなくなっていました。 　商品の整理に要した時間は約10分間です。その間，誰か店に入って来たと思ったのですが，まさかレジから現金を盗まれるとは思いませんでした。

⑹ 置引き

被 害 の 模 様	私は，連休を利用して，東北旅行するため，東京駅に行き，新幹線16番・17番ホームの待合室のテーブル下に，現金やカメラ，それにみやげの入っているカバンを置いたまま便所に行きました。用を足して約5分後に戻って見るとバッグはありませんでした。 　待合室にいた人達に聞きましたところ，若い男の人が持って行ったと言っておりました。

〈各作成事例の一覧〉

現行犯人逮捕手続書（甲）の作成事例

1 「現に罪を行っている」現行犯人

罪　名	事　例	参照頁
(1) 公務執行妨害	保護しようとした警察官に，無線受令機を奪い地面にたたきつけるなどの暴行（送致手続まで）	35頁
(2) 公務執行妨害	飲食店で暴れている男を制止しようとした警察官にその者が暴行	37頁
(3) 公務執行妨害	傷害罪で逮捕連行中の警察官にその者が暴行	39頁
(4) 公務執行妨害	強盗事件の緊急配備中，職務質問した警察官にその者が暴行	41頁
(5) 公務執行妨害	酒酔い運転の疑いで同行を求めた警察官にその者が暴行	43頁
(6) 公務執行妨害	めい規法違反で制止しようとした警察官にその者が暴行	45頁
(7) 住居侵入	アパートに侵入し，部屋のドア錠を破ろうとしている男を現認	47頁
(8) 傷　害	酒場内で暴力団員風の男が顔面から血を流している男性を殴ったのを現認	49頁
(9) 暴　行	スナック店内で暴力団員風の男が客の顔面を殴ったのを現認	51頁
(10) 暴　行	飲食店内で顔見知りの暴力団員が暴行に及んだのを現認	53頁

(11)	未成年者誘拐	110番指令により検索中，被害者の手を引いて歩いている被疑者を現認	55頁
(12)	窃　盗 （空き巣）	110番により現場に急行し，犯行を現認	57頁
(13)	窃　盗 （オートバイ盗）	通行人の訴え出により，現場で犯行を現認	59頁
(14)	窃　盗 （車上ねらい）	目撃者の訴え出により，現場で犯行を現認	62頁
(15)	詐欺未遂	届出により銀行の窓口において盗難通帳で現金を払い戻そうとしている男を現認	65頁
(16)	恐　喝	警ら中，犯行を現認	67頁
(17)	恐喝未遂	被害者からの届出により張込み中，現金を受け取りに来た男を現認	69頁
(18)	公用文書毀棄	反則切符を作成，署名押印を求めたところ反則切符を破棄	72頁
(19)	器物損壊 （自動車のタイヤ）	多発したことから張込み中，犯行を現認	74頁
(20)	暴力行為等処罰に関する法律違反 （数名共同して）	警ら中，公園内で犯行を現認	76頁
(21)	覚醒剤取締法違反	窃盗事件で捜索中，白色粉末を発見，予試験して陽性	78頁
(22)	覚醒剤取締法違反	任意同行途中の交通事故の当事者が捨てた覚醒剤らしき物を予試験して陽性	80頁
(23)	覚醒剤取締法違反	外車を職務質問，交番で予試験して陽性	82頁
(24)	銃砲刀剣類所持等取締法違反	職務質問し，車内のカバンから拳銃を発見	85頁
(25)	軽犯罪法違反 （侵入用具，軽微事件の現行犯人）	職務質問し，カバン内に隠し持っていたガラス切り等を発見	87頁

2 「現に罪を行い終った」現行犯人

罪　名	事　例	参照頁
(1) 公然わいせつ	犯行直後，被害者が現場で被疑者を指差す（釈放手続まで）	90 頁
(2) 強制わいせつ	犯行直後，駅ホーム上で被害者が被疑者を訴える	92 頁
(3) 強制わいせつ	犯行直後，被害者が犯行場所の草むらから飛び出した男を指差す	94 頁
(4) 殺　人	犯行直後，現場である自宅で被疑者が認める	96 頁
(5) 傷　害	警ら中，犯行直後の状態を現認	98 頁
(6) 傷　害	犯行直後，現場のスナック店内で被害者が被疑者を訴える	100 頁
(7) 傷　害	犯行直後，現場において被害者が被疑者を指差す	102 頁
(8) 傷　害	犯行直後，被害者が現場付近を歩いている被疑者を指差す	104 頁
(9) 傷　害	犯行直後，現場の被害者宅で被害者が被疑者を訴える	106 頁
(10) 監　禁	片手錠の中国人が逃走直後近くの監禁場所へ案内し，同所にいた被疑者を指差す	108 頁
(11) 窃　盗 （空き巣）	帰宅直後に犯行を目撃した被害者の訴え出を受け，被害者方に向かったところ，勝手口付近で被疑者を発見	110 頁
(12) 窃　盗 （電話機荒し）	犯行直後，訴出人である目撃者が，現場付近で被疑者を指差す	112 頁
(13) 強　盗	警ら中，犯行直後の状態を現認	114 頁
(14) 詐　欺 （クレジットカード）	犯行直後，被欺罔者が現場付近で下2桁のナンバーが一致する車両の運転手を指差す	116 頁
(15) 恐喝未遂	訴え出により犯行直後の状態を現認し，逃走した被疑者を追跡	119 頁

	罪名	事例	参照頁
(16)	恐喝	犯行直後，訴え出により被害者と検索中，被害者が現場付近で被疑者を指差す	122頁
(17)	器物損壊	犯行直後，現場から飛び出して来た被疑者を追跡	124頁
(18)	暴力行為等処罰に関する法律違反（示凶器脅迫）	犯行直後，現場のコンビニエンスストア店内で被害者が被疑者を訴える	126頁
(19)	暴力行為等処罰に関する法律違反（持凶器傷害）	犯行直後，被害者を病院に搬送途中，被害者が現場付近で被疑者を指差す	128頁
(20)	暴力行為等処罰に関する法律違反（団体仮装）	現場の酒場内で被害者が被疑者を訴える	131頁

③ 準現行犯人

	罪名	事例	参照頁
〈追呼されているとき〉			
(1)	窃盗未遂（空き巣）	被害者に追い掛けられている被疑者を引き留めたところ，追いついた被害者が被疑者を指差す	133頁
(2)	恐喝	被疑者の後を無言で追い掛けていた被害者が偶然居合わせた警察官に訴え出る	135頁
〈贓物を所持しているとき〉			
(3)	窃盗（居空き）	検索中，発見した似寄り人相の男がカバン内に贓物を所持	137頁
(4)	窃盗（置引き）	検索中，発見した似寄り人相の男が贓物を所持	139頁
(5)	窃盗（ひったくり）	ひったくった現金の費消が予想された場所で，ナンバー下2桁が一致するオートバイに乗った男がポケット内等に贓物を所持	141頁
(6)	窃盗（車上ねらい）	目撃者等と検索中，目撃者が指差した男がジャンパーのポケットに贓物を所持	144頁

(7)	窃　盗 （色情ねらい）	逃走方向を検索中，発見した不審な男がズボンのポケット内に贓物を所持	146頁
(8)	強盗致傷 （事後強盗）	被疑者を見失った現場付近を検索中，被害者が指差した男がカバン内に贓物を所持	148頁
(9)	恐　喝	奪った現金の費消が予想されたためパチンコ店で被害者とともに被疑者を検索中，被害者が指差した男がハーフコートのポケット内に贓物を所持	150頁

〈明らかに犯罪の用に供したと思われる凶器を所持しているとき〉

(10)	傷　害	検索中，発見した似寄り人相の男が，犯行に使用した棒を所持	152頁
(11)	過失運転致死等 （ひき逃げ）	検索中，発見した手配人相に酷似した男が，フロントガラス破損等，手配ナンバーの車両を運転	154頁
(12)	強　盗 （タクシー強盗）	検索中，発見した似寄り人相の男が，犯行に使用したカッターナイフを所持	156頁

〈明らかに犯罪の用に供したと思われるその他の物を所持しているとき〉

(13)	窃　盗 （居空き）	検索中，発見した似寄り人相の男が，犯行に使用したピッキング用具を所持	159頁
(14)	公職選挙法違反 （自由妨害）	検索中，発見した似寄り人相の男が，犯行に使用したマジックを所持	162頁

〈身体に犯罪の顕著な証跡があるとき〉

(15)	強制性交等未遂	逃走方向を検索中，発見した似寄り人相の男の右小指等に被害者にかまれた傷跡を認める	164頁

〈被服に犯罪の顕著な証跡があるとき〉

(16)	強盗致傷 （コンビニ強盗）	緊急配備検問中，逃走車両と下2桁のナンバーが一致するオートバイに乗車していた男のジャンパー右袖部分に生々しい血痕が付着	167頁
(17)	強制わいせつ	検索中，発見した似寄り人相の男のワイシャツに口紅が付着	170頁

⒅	傷　害	検索中，発見した似寄り人相の男の背広右袖に生々しい血痕が付着	173頁

〈誰何されて逃走しようとするとき〉

⒆	詐　欺 （留守宅）	検索中発見した似寄り人相・服装の男に声を掛けたところ逃走	175頁
⒇	強制わいせつ	検索中，似寄り人相の男を発見したので背後から声を掛けたところ逃走しようとした	177頁

現行犯人逮捕手続書（乙）の作成事例

罪　名	事　例	参照頁
(1) 住居侵入	帰宅した家人が、自宅敷地内にいた男を追跡して逮捕	183頁
(2) 住居侵入（のぞき目的）	浴場をのぞかれた妻の叫び声を聞いた夫が、逃走男を追跡して逮捕	185頁
(3) 強制わいせつ	電車内で痴漢された女性が、駅ホーム上で痴漢男を逮捕	187頁
(4) 強制わいせつ	犯行を目撃した通行人が、逃走男を追跡して逮捕	189頁
(5) 傷　害	スナック経営者が、スナック店内において客を灰皿で殴り傷害を負わせた男を逮捕	191頁
(6) 傷　害	訴え出により駆け付けた駅助役が犯行を目撃、その場で逮捕	193頁
(7) 傷　害	パチンコ店従業員が、一緒に注意した同僚の顔面をドル箱で殴り傷害を負わせた男を逮捕	195頁
(8) 傷害（逮捕者が負傷し緊急入院のため署名押印が不能）	同僚が、車の通行走法に激高し頭突きなどして傷害を負わせた男を逮捕	198頁
(9) 窃　盗（空き巣）	帰宅した家人が、自宅玄関内から飛び出した窃盗犯人を追跡して逮捕	201頁
(10) 窃　盗（車上ねらい）	車の所有者が、車内を物色している男をその場で逮捕	203頁
(11) 窃　盗（置引き）	被害者に追い掛けられている男を追跡して逮捕	206頁
(12) 窃　盗（色情ねらい）	家人が、物干場の方から下着の様な物を持って逃走して行く男を追跡して逮捕	209頁
(13) 窃　盗（居空き）	家族団らん中、家人が、階下6畳間で物色している男をその場で逮捕	211頁

⑭	窃　盗 （自動販売機ねらい）	犯行を目撃した自動販売機設置場所の隣人が，自称中国人をその場で逮捕	213頁
⑮	窃　盗 （ひったくり）	「泥棒」という女性の叫び声により逃げて行く男を見た通行人が，追跡して逮捕	216頁
⑯	窃　盗 （仮睡者ねらい）	電車内で犯行を目撃した乗客が，被害者と追跡して逮捕	218頁
⑰	強　盗 （事後強盗）	スーパー保安係員の逮捕を免れるために暴行を加えた男を，その保安係員が逮捕	221頁
⑱	強盗・銃刀法違反	通行人が，女性の叫び声で，文化包丁所持の強盗犯人を逮捕	224頁
⑲	詐　欺 （無銭）	タクシー運転手が，無賃乗車した男を逮捕	227頁
⑳	詐　欺 （無銭）	焼肉店経営者が，無銭飲食した男を店内で逮捕	230頁
㉑	迷惑防止条例違反 （痴漢）	電車内で痴漢された女性が男を逮捕	233頁
㉒	迷惑防止条例違反 （盗撮）	駅エスカレーター上で盗撮犯を目撃者が逮捕	236頁
㉓	迷惑防止条例違反 （カメラの差し向け）	コンビニ内での盗撮犯を店長が逮捕	239頁

現行犯人逮捕及び捜索差押手続書((簡)様式第1号)の作成事例

罪　名	事　例	参照頁
(1) 傷　害	車の運転走法に激高した運転手が相手の運転手の顔面を殴り傷害を負わせたのを現認	247頁
(2) 傷　害	犯行直後，現場である大衆酒場内で店主が被疑者を指差す	248頁
(3) 暴　行	スナック店内で客が他の客に暴行したのを現認	249頁
(4) 窃　盗 （玄関荒し）	被害者が犯行直後，現場付近で被疑者を指差して	250頁
(5) 窃　盗 （自動車盗）	犯行直後，盗難車と一致するナンバーの車両を発見	251頁
(6) 窃　盗 （オートバイ盗）	被害者が，犯行直後，盗難オートバイを運転し信号待ちをしていた男を指差す	252頁
(7) 窃　盗 （万引き）	犯行直後，現場付近を歩いている万引きした男を発見	253頁
(8) 詐　欺 （無銭）	タクシー運転手が無賃乗車した男を指差す	254頁
(9) 詐　欺 （無銭）	酒場経営者が無銭飲食した男を指差す	255頁
〈軽微な現行犯人〉		
(10) めい規法違反 （警察官の制止に従わない）	酒に酔った男が駅の階段付近で粗野・乱暴な言動をしていたので，これを制止したが従わず更に犯行に及ぶ	256頁
(11) 軽犯罪法違反 （刃物）	不審者がジャンパーのポケットに切り出しを隠し持っていたのを発見	257頁
(12) 軽犯罪法違反 （侵入用具）	不審者が所持していたカバン内にガラス切りや合鍵などを隠し持っていたのを発見	258頁
(13) 軽犯罪法違反 （はり札）	電柱にビラを貼っているのを現認	259頁

現行犯人逮捕手続書（(簡)様式第3号）の作成事例

	罪　名	事　例	参照頁
(1)	傷　害	スナック店内で飲酒中，男が同僚を殴り傷害を負わせたのを現認し逮捕	262頁
(2)	暴　行	一緒に歩行中の同僚が顔面を殴られたのを現認し逮捕	263頁
(3)	窃　盗 （車上ねらい）	車内を物色していた男が逃走，追跡して逮捕	264頁
(4)	窃　盗 （万引き）	スーパーマーケット保安係員が万引きした男を目撃し逮捕	265頁
(5)	窃　盗 （さい銭ねらい）	ジョギング中，住職がさい銭を盗んだ男を追い掛けている現場に出遭い，追跡して逮捕	266頁
(6)	窃　盗 （庭荒し）	庭から飛び出した男を追跡して逮捕	267頁
(7)	詐　欺 （無銭）	旅館経営者が逃げようとした無銭宿泊の男を逮捕	268頁

緊急逮捕手続書の作成事例

	罪　名	事　例	参照頁
(1)	強制わいせつ （逮捕状発付まで）	昨夜被害に遭った女性が偶然犯人を発見	278頁
(2)	住居侵入，強制性交等	立ち回りが予想されたので張込み中，犯人が現れる	281頁
(3)	強制性交等	現場付近に立ち回った犯人と思われる男を同行，被害者が面通しして	284頁
(4)	殺　人	実母を殺害した男が自首	287頁
(5)	傷　害	不審者を職務質問，3日前発生事件の犯人に酷似，被害者が面通しして	290頁
(6)	傷　害	交番に入ってきて，同所で職務質問中の血痕付着の男を指差す	293頁
(7)	傷　害	病院からの110番により付近を検索中，酷似する男を職務質問，被害者が面通しして	296頁
(8)	傷　害	発生直後，服装が異なるが人相が酷似していた男を職務質問，被害者が面通しして	300頁
(9)	傷　害	あらかじめ指示された犯人と酷似する男を職務質問，被害者が面通しして	303頁
(10)	逮捕監禁致傷 （中国人同士）	渡航費用未払いに伴う中国人同士による犯行	306頁
(11)	窃　盗 （空き巣）	不審者がいるという110番により検索中，不審者を職務質問，所持品を被害者に照会して	309頁
(12)	窃　盗 （空き巣）	ピッキング用具を所持している男の指紋と遺留指紋との緊急鑑定により	312頁
(13)	窃　盗 （出店荒し）	匿名の電話により貴金属所持の中国人を職務質問，所持品を被害者に照会して	315頁
(14)	窃　盗 （出店荒し）	職務質問を受けた者が所持していた小切手を被害者に照会して	318頁

(15)	窃　盗 （出店荒し）	職務質問した中国人が所持していたコインロッカーの鍵から貴金属を発見，付いていた正札の店に照会して	321頁
(16)	窃　盗 （事務所荒し）	質店から出て来た男を職務質問，所持品を贓品照会して	324頁
(17)	窃　盗 （ひったくり）	無灯火の原付を職務質問，所持品を被害者に照会して	327頁
(18)	窃　盗 （自動車盗）	不審車両の運転者を職務質問，ナンバーから所有者を知り同人に照会して	330頁
(19)	窃　盗 （自動車盗）	駐車違反の車両が盗難車両と判明，その場で張込みをして	333頁
(20)	窃　盗 （自動車盗）	高速道路で発報のあった盗難車両を検索中，発見して	336頁
(21)	窃　盗 （オートバイ盗）	ナンバープレートが折り曲げられている原付を職務質問，贓品照会して	339頁
(22)	窃　盗 （オートバイ盗）	ひったくり重点地区を密行中，不審原付を職務質問，所有者に照会して	342頁
(23)	窃　盗 （車上ねらい）	質店経営者からの通報により，質店から出て来た男を職務質問，贓品照会して	345頁
(24)	窃　盗 （置引き）	ひき逃げ事件の検問中，不審車両を職務質問，車内の所持品を被害者に照会して	348頁
(25)	窃　盗 （部品ねらい）	被害者が，盗難被害に遭ったオートバイの部品を取り付けているオートバイを発見，張込みをして	351頁
(26)	強　盗 （店舗強盗（コンビニ））	逃走車両のナンバー末尾2桁が一致するオートバイに乗り込もうとする男を職務質問，被害者が面通しして	354頁
(27)	強　盗 （金融機関（サラ金）強盗）	届出により似顔絵に似た男を職務質問，被害者が面通しして	357頁
(28)	詐　欺 （横取り）	手配写真に似た男を職務質問，被害者が面通しして	360頁

⑵9)	恐　喝	5日前現金等を奪った犯人がいるという被害者の訴えにより同道した被害者が被疑者を指差す	364頁
⑶0)	暴力行為 （団体を仮装して）	3日前脅迫された男が来ているという110番により現場へ，被害者が被疑者を指差す	367頁

被害届の作成事例

	罪　名	事　例	参照頁
(1)	窃　盗 （空き巣）	買物で外出中に室内が荒らされ現金等が盗難（犯行用具が遺留）	385頁
(2)	窃　盗 （空き巣）	空き巣被害後，後日更に被害品が判明した場合（追加被害届）	387頁
(3)	窃　盗 （空き巣）	外出中に室内のタンス引出内より財布等盗難	389頁
(4)	窃　盗 （忍込み）	夜間就寝中に室内が荒らされ現金等が盗難（遺留足跡）	391頁
(5)	窃　盗 （忍込み）	夜間就寝中に室内が荒らされ現金等が盗難（被害品の一部が近くで発見）	393頁
(6)	窃　盗 （居空き）	家族で夕食中，隣室のタンス引出内より現金が盗難（未届事案，警察からの連絡で届出）	395頁
(7)	窃　盗 （事務所荒し）	会社の事務所内が荒らされ，現金等が盗難（被害品が多く，別紙を使用する場合）	397頁
(8)	窃　盗 （事務所荒し）	会社の事務所が荒らされたが，被害がなかった場合（未遂）	400頁
(9)	窃　盗 （出店荒し）	夜間閉店中のスナックに侵入され，現金等が盗難（土足跡あり）	402頁
(10)	窃　盗 （倉庫荒し）	倉庫内の真鍮板等が盗難	404頁
(11)	Ⅰ．窃　盗 （自動車盗）	路上に止めておいた自動車が盗難（専用被害届による場合・別紙を用いる場合）	406頁
(12)	Ⅱ．窃　盗 （オートバイ盗）	大学の駐車場よりオートバイが盗難（専用被害届による場合）	408頁
(13)	Ⅲ．窃　盗 （自転車盗）	駐輪場に止めておいた自転車が盗難（専用被害届による場合）	409頁

(14)	IV. 窃盗 （乗り物盗その他）	公園入口に置いたキックボードが盗難（専用被害届による場合・代わりの者が届出・警視庁様式）	410頁
(15)	窃　盗 （万引き）	ドラッグストア店内で，鎮痛剤等が万引きされ，店員が現認（専用被害届による場合）	411頁
(16)	窃　盗 （万引き）	コンビニ経営者がコンビニ店内で防犯カメラのモニターで目撃（専用被害届による場合）	413頁
(17)	窃　盗 （万引き）	スーパー警備員がストア内での万引き犯を現認（専用被害届による場合）	415頁
(18)	住居侵入 （窃盗目的）	自宅敷地内勝手口ドア付近に不審者を発見，叫んだところ逃走	417頁
(19)	住居侵入 （のぞき）	自宅敷地内に侵入した男に風呂場をのぞかれ，叫んだところ逃走	419頁
(20)	詐　欺 （無銭）	料理店での無銭飲食	421頁
(21)	詐　欺 （無銭）	タクシーの無賃乗車	423頁
(22)	詐　欺 （無銭）	旅館の無銭宿泊	425頁
(23)	詐　欺 （留守宅）	夫が交通事故を起こしたとの欺罔により，同僚を名乗る訪問者に現金をだまし取られる	427頁
(24)	恐　喝	パチンコ店内で遊んでいた他の客から，脅されて金銭をとられる	429頁
(25)	放　火	自宅車庫内のゴミ箱に放火される	431頁
(26)	放　火	月極駐車場に駐車中の自車が放火される	433頁
(27)	公務執行妨害	職務質問中，パトカーにつばを吐かれ，受令機を奪い取られ，大腿部を足で蹴られる（現行犯逮捕）	435頁
(28)	公務執行妨害・傷害	不審者を職務質問中，顔面を殴られて，負傷	437頁
(29)	暴　行	飲み屋で飲食中，他の客にいいがかりをつけられ殴られる	439頁

⑶₀	暴　行	自動車事故の相手に殴られる等の暴行を受ける	441頁
⑶₁	傷　害	道路上で，相手の運転手に殴られて負傷（詳細は，被害者供述調書による場合）	443頁
⑶₂	傷　害	タクシー乗り場で，割り込み客に殴られ，負傷（届出人が右手負傷のため代書）	445頁
⑶₃	傷　害	スナック店内で，別の客に殴られ，負傷（現行犯逮捕）	447頁
⑶₄	傷　害	電車内で携帯電話の使用を注意したところ，それを根にもたれ，駅ホーム上において洋傘で殴られ，負傷	449頁
⑶₅	傷　害	路上で人とぶつかり，相手に殴られて，負傷	451頁
⑶₆	脅　迫	隣家の工事音がうるさいので，工事責任者に注意したところ，脅迫される	453頁
⑶₇	器物損壊	駐車場に止めていた自車のフェンダー等に傷をつけられる	455頁
⑶₈	器物損壊	酒場内で客が従業員に文句をつけ，椅子を投げて店のガラス戸を破壊	457頁
⑶₉	器物損壊	通学電車内で，スカートを切られる	459頁
⑷₀	威力業務妨害	スナック店内で，文句をつけて料理を投げるなどして暴れ，店が営業不能に	461頁
⑷₁	迷惑防止条例違反（盗撮）	駅のエスカレーター上で盗撮され，目撃者とともに取り押さえる	463頁

「被害の模様」欄のみ

(42)	学校荒し	465頁上段
(43)	旅館荒し	465頁下段
(44)	病院荒し	466頁上段
(45)	給油所荒し	466頁下段
(46)	工場荒し	467頁上段
(47)	更衣室荒し	467頁下段
(48)	金庫破り	468頁上段
(49)	職権盗	468頁下段
(50)	さい銭ねらい	469頁上段
(51)	部品ねらい	469頁下段
(52)	色情ねらい	470頁上段
(53)	非侵入盗その他（船上ねらい）	470頁下段
(54)	車上ねらい	471頁上段
(55)	工事場ねらい（資材置き場荒し）	471頁下段
(56)	工事場ねらい	472頁上段
(57)	玄関荒し	472頁下段
(58)	非侵入窃盗その他（庭荒し）	473頁上段
(59)	非侵入窃盗その他（野荒し）	473頁下段
(60)	ひったくり	474頁上段
(61)	すり	474頁下段
(62)	仮睡者ねらい	475頁上段
(63)	脱衣場ねらい	475頁下段
(64)	非侵入窃盗その他（電話機荒し）	476頁上段
(65)	自動販売機ねらい	476頁下段
(66)	非侵入窃盗その他（店舗荒し）	477頁上段
(67)	置引き	477頁下段

〔編著者紹介〕

殿井憲一（とのい けんいち）　元東京区検察庁総務部長兼上席の検察官

【編著者略歴】

平成10年4月副検事任官

静岡地方検察庁沼津支部，東京地方検察庁交通部，同庁八王子支部，同庁刑事部，東京区検察庁刑事部勤務を経て，平成20年4月法務省法務総合研究所教官。その後，立川区検察庁統括副検事，東京区検察庁総務部副部長，同庁刑事部副部長，同庁道路交通部長，同庁公判部長，同庁刑事部長，同庁総務部長兼上席の検察官を歴任し，令和元年11月退官。地域・刑事実務研究会顧問。

★本書の無断複製（コピー）は，著作権法上での例外を除き，禁じられています。また，代行業者等に依頼してスキャンやデジタルデータ化を行うことは，たとえ個人や家庭内の利用を目的とする場合であっても，著作権法違反となります。

罪種別・事例中心
現行犯人逮捕手続書・緊急逮捕手続書・被害届
作成ハンドブック

| 平成28年9月1日 | 第1刷発行 |
| 令和4年3月1日 | 第5刷発行 |

編著者　殿　井　憲　一
発行者　橘　　　茂　雄
発行所　立　花　書　房

東京都千代田区神田小川町3-28-2
電話　03-3291-1561（代表）
FAX　03-3233-2871
https://www.tachibanashobo.co.jp

© 2016 Kenichi Tonoi　　（印刷・製本）明和印刷／和光堂
乱丁・落丁の際は本社でお取り替えいたします。

「現行犯逮捕」「行政警察活動の強制令状」にも対応! 大ヒット本!!

立花書房 好評書
部内用

令状請求の視点から見た
令和時代の ブロック式
刑事事件令状請求マニュアル【第2版】

現行犯人逮捕についても解説!

東京簡易裁判所判事
元東京地方検察庁検事 恩田 剛 編著

第2版のポイント
○現行犯逮捕の基礎知識について解説&現行犯人逮捕手続書のブロック式解説
○警職法上の保護、保護許可状の請求、触法少年事件に係る捜索差押許可状の請求について解説

現役の令状担当簡易裁判官による、とにかく分かりやすい指南書!

通常逮捕、緊急逮捕、捜索・差押え・検証、身体検査、鑑定処分に関する令状請求について、なぜ、その記載が必要なのかを理解した上で、「簡潔・正確・十分に伝える」起案ができるようになる!

犯罪事実の書き方、疎明資料の準備についてもフォロー!

令状請求に必要な犯罪事実や、逮捕手続書・被害届・実況見分調書・捜査報告書といった疎明資料についても、記載要領を解説。記載例付きで分かりやすい!

A5判・並製・448頁
定価2750円
(本体2500円+税)

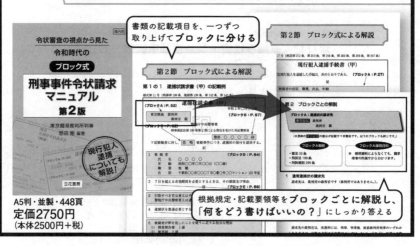